Docteur **BOISSARIE**

LOURDES

Depuis 1858 jusqu'à nos jours.

PARIS

SANARD ET DERANGEON

174, RUE SAINT-JACQUES

LOURDES

DEPUIS 1858 JUSQU'A NOS JOURS

DOCTEUR BOISSARIE

LOURDES

DEPUIS 1858 JUSQU'A NOS JOURS

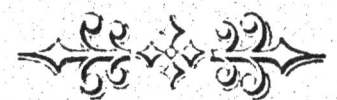

PARIS

SANARD ET DERANGEON

174, RUE SAINT-JACQUES

1894

PRÉFACE

Je veux résumer l'ensemble des faits merveilleux qui se répètent depuis plus de trente ans autour de la Grotte de Lourdes.

La tâche est difficile; elle est même périlleuse pour un médecin.

Au milieu de ces guérisons étranges qui échappent à toute règle, à toute loi, il en est un très grand nombre qui présentent des garanties scientifiques, irrécusables, et défient toute critique.

Mais dans ces matières, trop souvent, on ne connaît ni tolérance, ni droit au libre examen. Dans nos Académies, nos écoles, Lourdes est un mot mal sonnant. On ne le prononce qu'avec réserve. C'est une question jugée d'avance, par tous ceux qui conduisent à notre époque le mouvement des opinions et des idées : Question de foi, nous disent-ils, qu'il faut abandonner à l'enthousiasme, à l'entraînement des foules.

Ce n'est pas du haut d'une chaire, sans aucun

élément d'information, que l'on peut donner la signification d'un fait inconnu. On nous donne l'écho d'une doctrine, d'une conviction déjà faite, d'une idée préconçue.

Le véritable témoin et le seul juge, c'est le médecin du malade. Il parle en clinicien, en homme d'expérience: il parle de faits qui lui sont familiers, de résultats qui se passent sous ses yeux. Écrite sur ses indications et sous sa dictée, l'histoire de Lourdes repose sur des bases indiscutables.

L'opinion s'est émue devant des témoignages aussi importants que nombreux. Les écoles de la Salpêtrière et de Nancy, rompant avec les traditions du passé, ont compris qu'il fallait sortir d'une négation systématique.

Elles ont reconnu qu'il y avait autour de la Grotte des guérisons capables de frapper d'étonnement les spectateurs les plus instruits; mais ces guérisons, disent-elles, doivent trouver, dans les théories de la suggestion, une explication décisive. Comment expliquer alors que toutes les suggestions réunies ne produisent nulle part ailleurs de pareils effets?

J'ai voulu lire et vérifier les observations relevées à Lourdes depuis 1858 par des médecins instruits, consciencieux; j'ai compris que ces médecins avaient retracé, en narrateurs fidèles, des faits qui s'étaient passés sous leurs yeux, et que ces faits sortaient absolument du cadre habituel de nos études.

A ceux qui pourraient me dire : On ne discute pas les miracles, on passe à côté en soulevant les épaules, en détournant la tête, je répondrai par cette parole de Diday : « Entre tout croire et tout nier, sans vouloir regarder, il n'y a que l'épaisseur de la plus mince circonvolution cérébrale; c'est dans l'un et l'autre camp que se recrutent les armées de l'intolérance. »

Le médecin est l'homme de l'observation. Avant de s'occuper de la doctrine, il doit grouper tous les éléments qui peuvent servir de base à ses conclusions.

J'ai demandé à mes confrères de me renseigner sur les guérisons dont ils avaient été les témoins. J'ai pu surprendre moi-même, sur des malades de ma clientèle, ces modifications instantanées, et les juger en connaissance de cause. Pendant plusieurs années, durant les pèlerinages, assis au Bureau des médecins, j'ai vu ces interminables défilés de malades, de guéris, de ressuscités; je me suis habitué au bruit, à l'enthousiasme des foules. J'ai pu distinguer l'illusion qui console, la foi qui ranime, et toutes ces modifications passagères, effort suprême de la volonté.

J'ai vu des guérisons qui ne pouvaient recevoir aucune interprétation scientifique, et ce que j'ai vu, des centaines de médecins l'ont vu comme moi.

C'est moins une œuvre personnelle qu'un travail de critique et de compilation que je vais écrire. Je prends les faits tels que les exposent les hommes les mieux placés pour les bien connaître. Je les groupe, je les rapproche de faits analogues, et je cherche s'ils peuvent recevoir, par quelque côté, une explication naturelle. Les différences profondes qui séparent ces résultats de ceux que nous observons sont d'une évidence telle qu'ils doivent frapper tous les esprits.

Les miracles de nos hôpitaux, qui marquent le dernier degré de la puissance de la nature ou de l'art, ne sont qu'un jeu à côté de cette force mystérieuse qui se révèle à Lourdes. Là où finit l'action de l'homme, commence à peine l'action surnaturelle. Le médecin, qui assiste pour la première fois au bouleversement de toute loi, s'arrête étonné, interdit, et cherche vainement des points de repère.

Mais, nous dira-t-on, si les faits ont cette réalité,

cette évidence, comment soulèvent-ils de pareils doutes et de telles protestations?

A moins que le malade ne soit un de vos clients, de vos proches ou de vos amis, il est bien difficile de vous faire en quelques instants une opinion sur la nature et l'importance des modifications qui s'opèrent sous vos yeux. Il faut une enquête approfondie, il faut que le temps consacre ces résultats. J'ai attendu quatorze ans avant de publier l'observation d'une de mes malades.

Cette sagesse, cette lenteur, ces enquêtes longuement conduites, ne sont pas du goût de la foule. De là souvent des notes discordantes sur une même question.

Dans notre société positive et sceptique, il se fait un étrange retour vers le mystérieux. Le XIXe siècle finit au milieu de manifestations et d'idées qu'il reléguait naguère dans le domaine des impostures. Que penseront nos successeurs de la suggestion à distance, des phénomènes de transfert, de la puissance de l'aimant?

Les guérisons de Lourdes élèvent notre pensée plus haut, mais ne soulèvent pas de plus difficiles problèmes. Une plaie qui se ferme, une tumeur qui s'efface, sont en effet plus faciles à constater qu'une suggestion à échéance fixe ou un changement de personnalité. Sans doute, pour interpréter ces guérisons, il faut sortir des conditions qui régissent la matière. Mais la conception de l'univers et les harmonies du monde soulèvent aussi d'insolubles questions. Dans la notion de l'infini, il y a plus de surnaturel que dans tous les miracles connus.

C'est cette pensée que Pasteur développait dans un magnifique langage, dans son discours de réception à l'Académie française :

« Au delà de cette voûte étoilée, qu'y a-t-il? De nouveaux cieux étoilés, soit : et au delà?

» L'esprit humain, poussé par une force invincible, ne cessera jamais de se demander : qu'y a-t-il au delà?

» Veut-il s'arrêter soit dans le temps, soit dans l'espace? Comme le point où il s'arrête n'est qu'une grandeur finie, à peine commence-t-il à l'envisager, que revient l'implacable question.

» Il ne sert rien de répondre : Au delà sont des espaces, des temps et des grandeurs sans limites. Nul ne comprend ces paroles.

» Celui qui proclame l'existence de l'infini, et personne ne peut y échapper, accumule dans cette affirmation, *plus de surnaturel qu'il n'y en a dans tous les miracles de toutes les religions :* la notion de l'infini a ce double caractère de s'imposer et d'être incompréhensible.

» La notion de l'infini dans le monde, j'en vois partout l'inévitable expression. Par elle, le surnaturel est au fond de tous les cœurs. L'idée de Dieu est une forme de l'idée de l'infini. »

Que pouvons-nous ajouter à ces paroles du plus grand maître de la science moderne? Elles sont la réfutation aussi éloquente qu'autorisée de toutes les doctrines matérialistes, dont nous subissons depuis trop longtemps la loi.

***

J'ai hésité longtemps avant de publier mes premières observations. Un médecin ne peut s'engager sans crainte sur un terrain où tout est pour lui surprise, inconnu. Le vénérable P. Sempé, le supérieur général des Pères de Lourdes, comprit mes incertitudes; il me tendit la main :

« Je fais appel, me dit-il, au concours de tous les hommes spéciaux. Je voudrais qu'il y eût ici, auprès de nous, une clinique toujours ouverte pour étudier les guérisons qui se produisent. C'est le vœu que formulait Louis Veuillot pendant la dernière visite qu'il nous fit. C'est le but que je poursuis. J'ai eu le bonheur de le voir en grande partie réalisé. Nous avons auprès de nous un médecin, savant interprète, qui est en permanence auprès de la Grotte : il recueille les observations que lui envoient ses confrères.

» La moisson est abondante, venez avec nous, étudiez, observez en toute liberté; vous nous ferez part de vos impressions. »

Je serrai la main qui se tendait vers moi; et, pendant plusieurs années, j'ai pu suivre, interroger les nombreux malades qui venaient faire constater leur guérison.

Avec le Dr de Saint-Maclou, j'ai pu m'initier à des études qui demandent des connaissances spéciales, une prudence excessive. Les Pères de Lourdes ont facilité mes recherches, m'ont ouvert leurs archives, m'ont communiqué tous les dossiers. J'ai lu tout ce qui a été publié; j'ai analysé deux ou trois cents certificats. C'est le résumé de ces études que je vais exposer dans le cours de cet ouvrage.

BERNADETTE

LOURDES

DEPUIS 1858 JUSQU'A NOS JOURS

CHAPITRE PREMIER

HISTOIRE ET LÉGENDE

Les historiens de Lourdes. — Incrédules et croyants. — Les maladies et les guérisons. — Grâces et miracles. — Les maladies organiques et les maladies nerveuses. — Chacun écrit à sa guise l'histoire de Lourdes. — Les erreurs inévitables.

L'histoire de Lourdes a été écrite bien souvent. Elle a été écrite par des hommes qui avaient connu Bernadette, qui avaient été témoins des apparitions et avaient vu les premières guérisons s'opérer sous leurs yeux. Elle a été écrite par des historiens d'un talent consommé, par des savants et des médecins.

Tout le monde a lu le livre d'Henri Lasserre. Il a été traduit en vingt-deux langues et tiré à plus d'exemplaires que les ouvrages les plus vantés ou les plus bruyants du siècle (1). Avec les *Annales*, dont la publication remonte à 1868 et qui forment aujourd'hui un recueil de vingt-six volumes, nous avons le bulletin officiel de l'œuvre : œuvre si considérable, que nul historien ne pourra désormais l'embrasser dans son entier. Là sont recueillis, jour par jour, tous les événements, dans leur ordre de succession et avec les couleurs fugitives que l'on ne peut reproduire à distance.

Cette succession, un peu monotone, de faits qui se répètent avec les mêmes caractères, finit par s'imposer à l'attention, entraîne la conviction. Les rédacteurs, les témoins, les personnages changent ; les faits conservent la même physionomie. La Vierge, qui avait ravi Bernadette, avait gravé dans son esprit le souvenir d'un type parfait, immuable ; et la main de cette Vierge, depuis plus de trente ans, semble laisser une empreinte égale dans ses manifestations.

En faisant dans les *Annales* le relevé des observations les plus importantes, on trouverait les matériaux d'une œuvre considérable.

On y trouverait la preuve, éclatante comme la lumière, que les faits de Lourdes n'empruntent pas aux sciences humaines leurs moyens d'action, leur méthode toujours lente, graduelle, et leurs résultats souvent mal assurés.

Ce travail sera certainement fait. On reprendra dans ces archives toutes ces observations pour les classer, les mettre en regard et les placer sous le patronage de tous les médecins qui les couvrent de leur autorité. On aura, de la sorte, un travail clinique du plus grand

---

(1) DRUMONT, *La dernière bataille*.

intérêt. On aura dégagé, de cette œuvre aux aspects multiples, un des côtés les plus surprenants.

Nous sommes encore trop près de ces événements pour leur donner cette consécration dernière que le temps seul apporte. Il est impossible de dégager cette étude des préoccupations, du choc des opinions, des jugements préconçus. Chacun écrit à sa guise son histoire et se fait une opinion personnelle.

D'après l'incrédule, à Lourdes, la raison perd ses droits. L'homme le plus sensé s'égare; on vit dans un milieu suggestionné, et la folie en commun règne à l'état endémique. C'est une tache sombre dans notre siècle de progrès. C'est une évocation, une tradition du moyen âge et de ses préjugés. Semblable à ces grandes ruines qui nous transmettent d'âge en âge les souvenirs du passé, Lourdes, dans sa Grotte et sur les bords du Gave, tend la main à cette forteresse, à ce château féodal qui domine sa vallée, conserve aussi intactes dans les esprits toutes les erreurs des siècles précédents, que, dans les murs de son donjon, les appareils et les grandes lignes de l'architecture du moyen âge. Le soleil éclatant, qui depuis 89 refoule les ténèbres accumulées du passé, n'a pu détruire cette ombre épaisse qui se profile dans le contrefort des montagnes.

Aussi n'hésite-t-on pas à nous dire qu'il faut se hâter de renverser les œuvres des préjugés et de l'ignorance. « Les foyers de superstition, nous dit le Dr Diday, sont comme les foyers d'épidémie; s'ils ont leur mode de propagation commun, ils ont aussi leurs communes mesures répressives. Un intérêt supérieur commande de les détruire, même au prix de quelques souffrances infligées à ceux qui, pour n'importe quel motif, s'obstinent à les entretenir. »

Pour les pèlerins qui viennent de toutes les parties du monde, Lourdes est la terre des miracles, et quiconque foule son sol sacré en retire des bienfaits signalés. On va plus loin, on affirme que toutes les guérisons ont un caractère surnaturel. On analyse et on discute les faits. On leur donne une interprétation contestable. On néglige parfois une guérison importante, on souligne à côté un fait d'ordre naturel.

Ces impressions sont reproduites par la presse, dans les conversations, commentées de cent façons différentes, et il est souvent difficile de reconnaître le fait discuté, tant sa physionomie première a été altérée en passant de bouche en bouche.

Ainsi, tandis que chez les incrédules, on nie d'avance et sans examen, à l'autre extrémité de l'échelle, on affirme sans preuves suffisantes, et on apporte dans ces études un esprit mal préparé pour la solution de ces questions.

De là est née, autour de l'histoire de Lourdes, une légende accommodée aux goûts, aux principes de chacun. De là une confusion qui, de nos jours, n'est pas encore dissipée, et entretient souvent dans l'esprit des méfiances insurmontables.

Les médecins ont pensé longtemps — ils sont moins affirmatifs aujourd'hui — qu'il n'y avait, dans l'histoire de Lourdes, qu'une question de foi, d'entraînement religieux. Les guérisons les plus extraordinaires en apparence, ne devaient être que des troubles nerveux mal interprétés.

Mais la plupart de ceux qui critiquent ou jugent les événements de Lourdes ne les connaissent pas, ou les connaissent mal; ils les jugent d'après leurs théories, leurs systèmes, ou sur quelques exemples qui circulent sans garanties suffisantes. Les adversaires les plus irréconciliables ne se sont jamais mêlés à ces foules qui se pressent autour de la Grotte; ils n'ont jamais voulu remonter à une source sérieuse d'informations.

Il est essentiel de bien établir les conditions de milieu et de faire connaître les moyens de contrôle: c'est sur ces bases que va s'édifier le récit des événements qui vont suivre.

Les malades.

Les malades de Lourdes ressemblent aux malades que l'on trouve dans tous les hôpitaux. Pendant le pèlerinage national, vous en trouvez 2000 réunis autour de la Grotte; c'est une population supérieure à celle de l'Hôtel-Dieu de Paris.

Supprimez les affections aiguës, fièvres éruptives, pneumonies, fièvres typhoïdes, vous avez autour de vous toutes les variétés des affections chroniques, la phtisie et le cancer, les maladies de l'estomac sous les formes les plus diverses, les maladies nerveuses dans toutes leurs manifestations. Vous avez la femme du monde, qui a suivi toutes les eaux thermales, consulté toutes les sommités médicales. Vous avez la pensionnaire de la Salpêtrière qui, couchée dans la salle des grands infirmes ou classée dans les incurables, a servi de sujet d'étude et subi tous ces traitements qui se renouvellent et se modifient chaque année.

Il ne se fait parmi ces malheureux aucune sélection de parti pris. Ceux qui prétendent que l'on ne rencontre que des maladies nerveuses n'ont jamais vu ces grandes agglomérations. Il y a la reproduction de toutes nos misères physiques; l'enfant lymphatique, avec ses tumeurs blanches, ses caries et ses plaies, les malheureux poitrinaires qui semblent toucher au terme de leurs souffrances, toutes les variétés de paralysie, les sourds-muets de naissance, les aveugles.

Il y a ce que vous trouverez partout où les malades viennent chercher un soulagement. A côté des infirmités physiques, il y a des infirmités morales. Il y a le type de toutes les épreuves, de toutes les misères qui peuvent affliger l'humanité. C'est un sombre tableau qui nous rappelle que, dans la vie de l'homme, la félicité tient moins de place que la souffrance; tableau bien intéressant pour celui qui, oubliant toute idée préconçue, cherche les grands enseignements qui se dégagent de ces multitudes assemblées; tableau triste, mais coloré pourtant d'une douce lumière, car une confiance sans bornes soutient et fait mouvoir tous ces malheureux qui semblent renaître à la vie, en retrouvant un rayon d'espérance.

Voilà donc les clients de Lourdes. Ils sont de tous points semblables à ceux que nous trouvons à chaque pas devant nous.

On affirme trop souvent que les malades atteints de troubles fonctionnels ou nerveux peuvent seuls éprouver une commotion salutaire, et que les autres, victimes d'une illusion passagère, ne retirent jamais un bénéfice durable de leur pèlerinage.

Il se produit, à Lourdes, un très grand nombre de guérisons qui ne sont pas contraires aux lois naturelles. Pour le malade, elles peuvent être une grande grâce, une faveur insigne : la main de Dieu peut effacer la souffrance sous toutes ses formes. Mais, pour le médecin, elles ne présentent aucun caractère surnaturel. Ces faits, mal interprétés par les foules, auxquels on accorde parfois une importance exagérée, donnent lieu à des confusions. Mais on oublie qu'ils n'ont pas d'éditeurs responsables, ou qu'on ne les donne pas comme exemples de guérisons surnaturelles.

M. le D*r* de Saint-Maclou, dans un article sur *la grâce et le miracle*, nous dit combien il est important de distinguer ces deux ordres de faits; combien il importe de ne pas assimiler aux miracles des guérisons, surprenantes peut-être, mais que les médecins voient partout se réaliser dans les hôpitaux ou ailleurs, sans l'intervention d'aucune cause surnaturelle.

Si les guérisons sont l'œuvre de Dieu, l'interprétation est l'œuvre de l'homme, et l'homme est toujours faillible. Qui peut compter les erreurs commises dans les divers ordres des connaissances humaines?

En réalité, on rencontre à Lourdes des guérisons de toutes sortes de maladies. Il y a les guérisons des maladies organiques, des tumeurs, des plaies, et pour ces faits, on ne peut trouver aucune explication naturelle. Il y a toutes les guérisons d'accidents nerveux, guérisons souvent fort intéressantes, qui peuvent donner lieu aux considérations les plus élevées, mais qui imposent à nos jugements la plus grande réserve.

Ces résultats sont appréciés, discutés par les foules

qui se pressent sur les bords du Gave. Les médecins qui se trouvent à Lourdes étudient avec soin toutes les modifications qui se passent sous leurs yeux; mais le médecin du malade peut seul se prononcer avec une entière compétence et une autorité indiscutable.

Entre des témoins d'ordres si divers, les divergences sont inévitables.

Assurément, il serait désirable que tout le monde pût parler le langage de la raison et de la science. Mais cet idéal cherché n'est réalisé nulle part.

Avant que l'histoire ne fixe, par des lignes sévères et dans un cadre exact, le récit d'un événement, la légende a pris naissance et s'est accommodée aux goûts, aux passions de chacun. La presse religieuse peut quelquefois mal interpréter les faits qui lui sont soumis, elle peut les admettre sans contrôle, sans données suffisantes; elle attend rarement l'épreuve du temps. Mais elle est l'écho de la foule que l'émotion ou l'enthousiasme soulève, qui comprend mal le langage scientifique et qui ne peut attendre ni la critique, ni la discussion du fait. A chacun son rôle. Laissons aux malheureux, aux infirmes, une espérance fondée ou une illusion qui console; laissons aux journaux de propagande leurs affirmations prématurées, leurs diagnostics sommaires. Nous devons recommander la prudence ; mais sur ce terrain, notre responsabilité n'est pas engagée, aucun principe n'est compromis.

Les médecins qui se trouvent à Lourdes peuvent aussi se tromper.

Je me suis surpris souvent moi-même au milieu d'erreurs involontaires. Peut-il en être autrement, en présence de malades que nous ne connaissons pas, de guérisons dont nous ne pouvons apprécier exactement ni l'importance, ni la durée? Je dois dire pourtant que les précautions les plus grandes sont prises pour nous mettre à l'abri de toute confusion. Mais, parfois, les éléments d'information nous font défaut. Les certificats délivrés par les médecins sont d'un laconisme désespérant, et laissent souvent ignorer tout ou partie de la vérité.

On cherche même à nous induire en erreur. Je me souviens d'avoir vu, pendant le pèlerinage national, une femme forte, robuste, haute en couleur, qui voulait nous faire constater qu'elle avait été guérie de trois maladies mortelles : un cancer, un kyste de l'ovaire, une tumeur blanche de la hanche. Son médecin, un juif, déclarait avoir constaté sur elle ces trois maladies. C'était beaucoup, c'était trop. Son embonpoint, sa bonne mine, tout nous indiquait que si cette femme avait été malade, il y avait longtemps. Le piège était grossier; nous eûmes quelque peine à l'éconduire, elle voulait absolument être classée dans les miraculés.

Il nous arrive parfois que le temps ne consacre pas nos premières espérances.

Un religieux, paralysé depuis de longs mois, se redresse et marche au sortir de la piscine; quelques mois après, il est repris des mêmes accidents. C'était un cas de paralysie nerveuse.

Un malade, atteint depuis cinquante ans d'une double hernie, vient nous faire constater sa guérison. Tous les organes nous paraissent en place : les orifices même nous semblent fermés. Bien plus, un médecin du bureau de bienfaisance de Paris, qui soigne ce malade depuis plusieurs années, l'examine avec soin à son retour, et lui délivre un certificat concluant sans réserve dans le sens de la guérison. Toutes les garanties semblaient ici réunies. Nous écrivions dans les *Annales* (tome XX, p. 105) : « La guérison de ce vieux pèlerin, *si elle résiste à l'épreuve du temps,* comptera parmi les plus importantes. » Elle n'a pas résisté à cette épreuve. Dans le courant de l'hiver, j'ai voulu revoir le malade, et j'ai constaté que la hernie descendait de nouveau. Quelques renseignements d'ordre moral m'ont fait, d'autre part, suspecter l'intention ou la bonne foi du pèlerin.

Les malades nous apportent parfois des certificats contradictoires, et au milieu d'avis différents, nous ne pouvons nous faire une opinion personnelle. Nous sommes ainsi obligés de laisser de côté des observations importantes.

Mais tout cela n'atteint pas l'œuvre dans son ensemble. Ces faits sont exceptionnels. Nous en avons relevé quelques-uns, dans le cours de plusieurs années, au milieu d'un nombre très considérable de guérisons. On nous oblige à nous prononcer d'une façon hâtive, et avec des éléments d'information incomplets. L'opinion impatiente nous presse. De là des erreurs de détail qui ne peuvent guère se produire que dans les grands pèlerinages et sous la plume de médecins ne connaissant pas les malades.

Mais, si vous demandez à un de nos confrères de se prononcer sur un malade qui, depuis des mois ou des années, est sous sa direction, dont il connaît le tempérament et tous les antécédents, vous aurez des renseignements sûrs, et qui pourront défier toute controverse. Le médecin n'arrive pas avec son seul témoignage : il parle devant tous les témoins du fait, et sa parole est contrôlée par tous les médecins appelés avec lui.

Là, tous les rapprochements théoriques, hypnotisme et suggestion, ne sont pas de mise. Il faut discuter pied à pied avec des hommes compétents, et, sur ces bases, l'histoire des guérisons de Lourdes est inattaquable.

Les adversaires du surnaturel et du miracle s'attachent à prouver que ces guérisons ont été mal interprétées, et qu'elles ne sont pas en opposition avec les lois naturelles. Ils choisissent pour cela quelques exemples qui paraissent venir à l'appui de leur démonstration, et les présentent sous un jour favorable à leur thèse.

Mais cette façon de raisonner n'est pas concluante.

Il ne s'agit pas de prouver, en effet, que quelques observations, relevées dans le groupe si nombreux des guérisons de Lourdes, peuvent s'accommoder d'une explication scientifique. Nous sommes tous d'accord là-dessus.

Il s'agit d'établir si, parmi ces guérisons, il en est un certain nombre, cent, vingt ou dix, peu importe, si même il en est une seule, qui présente des preuves irrécusables d'une action surnaturelle. Il s'agit de savoir si nous pouvons arriver à la démonstration scientifique du miracle. Ce n'est pas une question de nombre, mais une question de principe. On pourra relever contre nous toutes les erreurs d'observations que l'on voudra; nous ne serons pas atteints, si, par un seul exemple clair, précis, indiscutable, nous montrons que toutes les lois physiologiques admises sont renversées, et que les résultats obtenus sont absolument en dehors de la portée des forces physiques, telles que nous les connaissons.

L'histoire de Lourdes n'est pas une pieuse légende. Pour la mettre à néant, il ne suffit pas de démontrer que quelques faits ont été mal interprétés. C'est une étude qui renferme de graves enseignements, et qui s'impose aux méditations de tous les hommes sincères.

Le corps médical s'est engagé plus complètement qu'on ne le croit dans ce grand débat : il y a, dans ces enquêtes, des garanties scientifiques qu'on ne peut méconnaître, et qu'il importe de bien mettre en lumière. C'est ce que nous nous proposons de faire dans le cours de ce travail.

CHAPITRE II

PREMIERS TÉMOINS DE LOURDES

Les médecins, premiers témoins des événements de Lourdes. — L'histoire de Lourdes repose sur une base scientifique. — Bernadette. — Les médecins étudient son état mental. — Leurs appréciations contradictoires. — Encore le surnaturel dans notre siècle. — Division du sujet.

Quand on étudie, avec soin et dans ses détails, l'histoire de Lourdes, depuis 1858 jusqu'à nos jours, quand on cherche sur quelles bases scientifiques reposent les guérisons dont les *Annales* nous ont conservé le récit, on est frappé de voir avec quelle méthode rigoureuse chaque fait est exposé, discuté, élucidé.

Depuis les premières apparitions, le contrôle médical n'a jamais fait défaut à cette œuvre, qui devait être l'événement religieux le plus considérable de notre siècle.

Les médecins, dès les premiers jours, ont suivi Bernadette dans tous les détails de sa vie. Sa famille, son enfance, son éducation, tout a été analysé, percé à jour; il n'y a pas une heure, dans son existence, qui ait pu échapper à la critique ou à l'examen.

Je ne connais pas de figure qui ait été plus fouillée, plus étudiée que celle de cette enfant. Diday, de Lyon, la déclare hallucinée. Voisin, de la Salpêtrière, affirme qu'elle est enfermée dans une maison d'aliénés. D'un autre côté, Dozous se complaît à nous décrire tous les dons de son cœur, toutes les qualités de son esprit. Il écarte toutes les hypothèses qui peuvent mettre en doute l'équilibre parfait de ses facultés. Le médecin de Nevers, qui la voit chaque jour, nous a laissé sur elle une page désormais historique, page d'une importance capitale.

Toutes ces affirmations contradictoires projettent sur cette physionomie des lueurs assez vives pour ne laisser aucun trait dans l'ombre, pour nous permettre de tracer aujourd'hui son portrait d'une main sûre; jamais le corps médical n'a été mêlé plus directement et avec plus de suite à des événements de cette nature.

En limitant nos études à cette première période, entièrement remplie par Bernadette, nous pourrons établir que les apparitions ne furent ni une illusion de ses sens, ni le résultat d'un trouble de son esprit. Mettant en parallèle, d'un côté, les facultés de cette enfant, si ignorante, si bornée; de l'autre, la vision de cette Vierge idéale, création d'un type inconnu que le génie des plus grands artistes n'avait pas entrevu et a eu de la peine à reproduire, nous montrerons la distance qui sépare l'intelligence de l'enfant des révélations qu'elle a faites.

Le nom de cette Vierge, les paroles qu'elle a prononcées, tout est en disproportion avec l'entendement du sujet.

Il est évident que jamais l'esprit et la mémoire de Bernadette n'avaient pu recevoir l'image ou entendre l'écho de ce qu'elle a vu et entendu à la Grotte.

Sans nous appuyer sur la connexité qui existe entre

les apparitions et les guérisons, sans rappeler que si les guérisons portent un cachet divin, l'apparition doit être divine, puisque c'est elle qui en a été le point de départ, nous pourrons déjà montrer que la médecine ne peut donner une explication naturelle et plausible des apparitions.

Mais si portant nos regards plus loin, nous voulons apprécier dans leur ensemble les événements qui se sont accomplis à Lourdes, alors la question s'agrandit et prend une importance considérable.

Depuis le 25 février 1858, jour où, sous la main de Bernadette, l'eau avait commencé à sourdre d'abord, à jaillir ensuite du fond de la Grotte, plus de trente ans se sont écoulés, et, depuis lors, les guérisons les plus extraordinaires n'ont cessé de se produire autour de cette source, au contact de cette eau bénie.

« Ces guérisons étonnent également par leur nombre déjà incalculable ; par leur continuité, qui en fait comme les anneaux ininterrompus d'une longue chaîne s'étendant jusqu'à nous ; par la violation, le bouleversement complet de toutes les méthodes thérapeutiques ; par cette espèce de dédain avec lequel elles se jouent de l'ancienneté et de la résistance du mal.

» Il y a là certainement une force supérieure à celles qui ont été départies à la nature, une force étrangère à l'eau dont elle se sert pour les manifestations de sa puissance (1). » Nous ajouterons : Il y a, dans cet ensemble de faits, qui se succèdent ainsi depuis plus de trente ans, un spectacle bien étrange pour notre âge.

(1) Rapport du Dʳ Vergez.

Dans un siècle où l'esprit humain est si fier de ses conquêtes, alors que la médecine apporte, dans l'étude et le contrôle des maladies, des moyens d'une précision mathématique, au lendemain des découvertes de Pasteur, nous voyons en France, dans les pays les plus cultivés et les plus instruits, se produire et se renouveler chaque jour des faits surprenants, absolument en contradiction avec ce que nous avons l'habitude, nous, médecins, d'observer et surtout d'obtenir.

Les savants nous avaient promis d'éclairer d'un jour si vif notre époque, que toute autre lueur en serait effacée ; ils nous disaient que les superstitions suggérées par la foi devaient disparaître comme des ombres, sous le flambeau de la vérité scientifique.

C'est à ce rendez-vous qui nous est assigné, c'est à ce point culminant, qui devait marquer le dernier triomphe de l'intelligence humaine, que nous allons trouver un problème insoluble pour la raison. Le surnaturel n'est plus seulement dans les ténèbres du passé ; il est là, sous nos yeux, dans une lumière qu'on ne saurait méconnaître.

L'œuvre de Lourdes était bien humble dans ses débuts. C'était la voix d'une enfant qui appelait les foules, c'était le contrôle d'un seul médecin qui venait appuyer la voix de cette enfant. Le Dr Vergez est venu bientôt après apporter dans ces questions le poids de son autorité. Enfin, de nombreux médecins, sans entente préalable, aussi différents de pays que de doctrines, ont été les témoins des premiers prodiges et ont raconté les guérisons extraordinaires qu'ils avaient observées chez leurs malades.

Les *Annales* ont conservé les récits de ces faits merveilleux, enregistré tous les certificats des médecins.

Sous l'impulsion du Dʳ de Saint-Maclou, un dernier et important progrès a été réalisé.

On avait la tradition écrite, on a la tradition par la parole et par l'enseignement. On a l'étude, qui saisit chaque fait sur le vif, au milieu du cadre qui l'entoure, des circonstances qui le complètent, des nombreux témoins qui lui donnent force et autorité.

Il y a loin de là à une œuvre de pur enthousiasme, sans moyen de contrôle ou de discussion.

Lourdes, du reste, comme toutes les œuvres de grande portée, a dû à la contradiction, à la négation systématique, ses meilleurs moyens de propagande, les preuves les plus sûres, les mieux établies. De nos jours, lorsqu'on a voulu confondre les miracles avec l'hypnotisme, les plus indifférents ont regardé, étudié de près ces questions qui, jusqu'alors, leur étaient restées étrangères.

L'hypnotisme, avec ses théories multiples et éphémères, ne tient plus ses promesses, perd ses côtés merveilleux.

Il nous reste des études plus approfondies des grandes manifestations de Lourdes. Désormais, chacun veut se faire une opinion personnelle. Les médecins surtout veulent étudier attentivement ces phénomènes, juger à fond, non pas de parti pris, mais par expérience, et de leurs propres yeux, cette grande question du surnaturel.

Ils seront heureux de trouver dans ces études les noms de nombreux confrères qui ont été leurs devanciers et qui leur ont tracé la voie où ils peuvent sûrement s'engager à leur suite.

L'histoire de Lourdes s'étend depuis le 11 février 1858 jusqu'à nos jours. Elle se divise en quatre périodes principales :

1° La première est remplie par les apparitions et par Bernadette.

2° La seconde comprend toutes les guérisons qui se sont passées sous les yeux des D⁽ˢ⁾ Dozous et Vergez : le travail de la Commission d'enquête.

3° La troisième commence avec la publication des *Annales*, en 1868, et arrive jusqu'à nos jours.

4° Dans la quatrième, nous avons les dernières études faites au bureau des constatations; nous avons l'ouverture de la clinique de Lourdes pendant les grands pèlerinages.

CHAPITRE III

LES APPARITIONS

Les deux premières apparitions. — La description de la Vierge. — La quinzaine. — L'extase. — Les appels irrésistibles. — Les visions font défaut. — Résumé de la quinzaine. — L'apparition du 25 mars. — « Je suis l'Immaculée-Conception ! »

Sur une grande plaque de marbre blanc, magnifiquement encadrée, scellée dans le rocher, à côté de la Grotte, on lit l'inscription suivante :

DATES DES DIX-HUIT APPARITIONS
ET PAROLES DE LA SAINTE VIERGE

L'AN DE GRACE 1858,
DANS LE CREUX DU ROCHER OU L'ON VOIT SA STATUE,
LA SAINTE VIERGE APPARUT A BERNADETTE SOUBIROUS
DIX-HUIT FOIS :
LE 11 ET LE 14 FÉVRIER;
CHAQUE JOUR, DEUX EXCEPTÉS (1), DU 18 FÉVRIER AU 4 MARS;
LE 25 MARS; — LE 7 AVRIL; — LE 16 JUILLET.
LA SAINTE VIERGE DIT A L'ENFANT, LE 18 FÉVRIER :
« VOULEZ-VOUS ME FAIRE LA GRACE DE VENIR ICI PENDANT QUINZE JOURS?
JE NE VOUS PROMETS PAS DE VOUS RENDRE HEUREUSE
DANS CE MONDE, MAIS DANS L'AUTRE;
JE DÉSIRE QU'IL VIENNE DU MONDE. »
LA VIERGE LUI DIT PENDANT LA QUINZAINE :
« VOUS PRIEREZ POUR LES PÉCHEURS; VOUS BAISEREZ LA TERRE
POUR LES PÉCHEURS.
PÉNITENCE! PÉNITENCE! PÉNITENCE!
ALLEZ DIRE AUX PRÊTRES DE FAIRE BATIR UNE CHAPELLE.
JE VEUX QU'ON Y VIENNE EN PROCESSION,
ALLEZ BOIRE A LA FONTAINE ET VOUS Y LAVER,
ALLEZ MANGER DE CETTE HERBE QUI EST LA. »
LE 25 MARS, LA VIERGE DIT :
« JE SUIS L'IMMACULÉE CONCEPTION »

(1) On admet généralement qu'il n'y eut pas d'apparition le 22 et le 26 février.

Première et deuxième apparitions.

Une enfant de quatorze ans, connue sous le nom familier de Bernadette, sans aucune instruction, ne parlant que l'idiome de son pays, fille de parents très pauvres, était occupée, le 11 février 1858, à ramasser des débris de bois sur le bord du Gave, avec sa sœur et une de ses compagnes.

Un coup de vent éclate à côté d'elle, et l'enfant se lève, étonnée de cet ébranlement soudain dans ce calme parfait de l'air. Pas une branche ne remue aux peupliers de la rive. Le souffle passe une seconde fois; l'enfant effrayée se redresse et regarde la Grotte.

Un magnifique églantier croissait alors dans la niche et penchait jusqu'à terre ses branches dépouillées; elle le voit légèrement agité. Tout à coup, la niche et le rosier s'illuminent, et, au milieu de la clarté, sous l'arcade du rocher, une Dame brillante, jeune, admirablement belle, les pieds posés sur l'églantier, semble, d'un geste gracieux, saluer l'enfant et lui adresser le plus doux des sourires.

Bernadette, éblouie, tombe à deux genoux.

Instinctivement, elle cherche son chapelet; elle veut porter la main à son front; elle n'en a pas la force.

La Dame, prenant alors un chapelet qui pendait à son bras, et que l'enfant n'avait pas vu, fait un grand signe de Croix; Bernadette en fait autant.

La Dame joint les mains et fait glisser entre ses doigts les grains de son chapelet; Bernadette récite aussi son chapelet.

Un quart d'heure environ se passe dans cette contemplation ; l'enfant, toujours à genoux, regarde cette femme mystérieuse, si douce et si belle.

L'apparition semble faire signe à l'enfant d'approcher, mais celle-ci n'ose remuer.

Enfin, la Dame étend les bras, s'incline doucement, sourit et disparaît.

Bernadette revoit le rocher froid, l'églantier nu, la niche vide. Elle se relève, traverse le canal, et rejoint ses compagnes.

Les enfants reprennent le chemin de la ville, en portant leurs fagots de bois. Dans le trajet, Bernadette ne peut garder son secret, elle raconte à sa sœur ce qu'elle a vu, et lui décrit, en son langage, sa merveilleuse vision.

L'apparition se reproduit le 14.

« Je ne sais quelle est cette Dame, dit Bernadette en partant pour la Grotte, peut-être est-ce quelque chose de méchant ; je veux emporter de l'eau bénite. »

Aussitôt que la vision paraît, Bernadette, tirant la bouteille d'eau bénite de sa poche, envoie une aspersion rapide devant elle. Elle s'avance, recommence ses aspersions en disant : « Si vous venez de la part de Dieu, approchez. » La vision sourit et se rapproche.

L'enfant, rassurée, cesse d'asperger l'églantier, reste un moment immobile, absorbée dans sa contemplation. Puis, elle dit à ses compagnes : « Mais elle est là, elle nous regarde,..... elle sourit..... Maintenant, elle tourne la tête. Voyez ses pieds, sa ceinture vole, elle a le chapelet enroulé autour de son bras. Oh ! qu'elle est belle !..... »

Bernadette récite son chapelet ; à la fin de sa prière, la vision s'évanouit.

La forme entrevue dans la première apparition se précise, mais ne varie pas. Bernadette a bien la pleine possession d'elle-même. Elle cause avec ses compagnes, elle s'agenouille, se relève, s'avance, jette son eau bénite.

« Voyez, dit-elle, ses pieds, ses mains, sa robe. » Toutes les objections que l'on pourra formuler plus tard n'ont ici aucun fondement.

Nous n'avons pas les entraînements de la foule, et l'enfant est dans d'excellentes conditions pour voir et observer.

Ces deux premières apparitions forment comme le prologue des événements qui vont suivre.

Désormais, l'enfant ne craint plus. Elle pourra recueillir les enseignements qui lui seront donnés. Si, le 11 février, la parole de la Vierge eût retenti tout à coup à ses oreilles, sans doute l'enfant, effrayée, se serait enfuie; une surprise trop brusque était au-dessus des forces de sa nature.

Par cette gradation ménagée, par cette préparation lente, Bernadette pourra répondre à tout ce qu'on attend d'elle.

L'ordonnance des apparitions est visible. C'est une divine épopée, dont le plan se relève clairement.

Après ce prologue si simple, si naturel, sorte d'éducation donnée à la bergère, nous allons entrer dans la grande quinzaine. Ce seront chaque jour des ordres et des enseignements nouveaux; le plan de l'apparition va se dérouler en son ensemble.

A distance, ce récit a le charme d'une légende.

Nous ne le retrouvons pas aujourd'hui dans sa simplicité primitive, mais dans le cadre magnifique que lui forment tous les événements qui se sont succédé. La littérature et l'art se sont plu à l'embellir.

Ceux qui le recueillirent de la bouche de Bernadette eurent bien de la peine à démêler, dans cette description, faite par une enfant, la trace d'une vision surnaturelle.

Bernadette ne parlait pas le français, elle se servait de son idiome local, du patois de Lourdes.

Agée de quatorze ans, elle paraissait à peine en avoir douze. Elle venait de passer plusieurs mois chez sa mère nourrice, chargée de la garde des troupeaux. Elle avait une piété naturelle, mais sans rien d'exagéré. C'était une âme simple, que le contact du monde n'avait pas effleurée.

C'était un esprit sans culture, qui pouvait recevoir toutes les impressions, mais qui n'était pas capable d'une association d'idées bien étendue.

On l'a comparée à ces lacs perdus, aux sommets des montagnes, aux pieds des glaciers, qui reflètent directement l'image du ciel, et que les souffles impurs de la plaine n'ont pas altérés.

Comme ces plaques sensibles, sur lesquelles se fixent toutes les images, son âme reflétait fidèlement le témoignage de ses yeux, de tous ses sens.

La quinzaine.

Bernadette ne craignait plus; une confiance sans bornes livrait son âme à cette femme mystérieuse, si douce et si belle.

Le 19 février, Bernadette s'avance vers l'Apparition et lui présente du papier, une plume et de l'encre, en lui demandant d'écrire qui elle est et ce qu'elle veut.

« Ce que j'ai à vous dire, répond la Vierge, je n'ai pas besoin de l'écrire ; *faites-moi la grâce de venir pendant quinze jours.*

— Je vous le promets, » dit l'enfant.

La Vierge reprend : « Et moi, *je vous promets de vous rendre heureuse, non point dans ce monde, mais dans l'autre.* »

Les amies de Bernadette lui disent : « Demande-lui si nous pouvons venir avec toi.

— Elles peuvent venir, répond la Dame, vous et d'autres encore ; je désire y voir du monde. »

Pour la première fois, la Vierge a parlé ; *elle demande à l'enfant de venir pendant quinze jours consécutifs.*

Fidèle à sa promesse, l'enfant viendra chaque jour à la Grotte, jusqu'au 4 mars ; elle y viendra sans autre appui que l'attrait mystérieux qui l'appelle ; au milieu d'obstacles de tout genre, malgré la défense, les menaces de la police ; alors que tout semble ligué contre elle, que le clergé lui-même se montre plutôt hostile que favorable à sa mission.

La Vierge promet à l'enfant de *la rendre heureuse, non pas dans ce monde, mais dans l'autre.*

Est-ce à quatorze ans, à l'aurore de la vie, quand tout autour de nous nous retient, nous captive, quand nos rêves ont la durée de l'heure qui passe, que nous allons porter brusquement nos regards au delà de la tombe ? Mettez la main sur le cœur d'un enfant et dites-moi s'il bat pour l'éternité.

La nature ne perd pas si facilement ses droits.

Le premier cri de ces jeunes âmes, libres de choisir leurs conditions de bonheur, est en harmonie avec leur âge, leur éducation. C'était un enseignement trop grave pour jaillir spontanément de cette intelligence à peine formée.

Je veux y voir du monde, dit encore la Vierge.

Elles étaient trois jeunes filles pour recueillir cette parole.

Le lendemain, 19 février, plus de cent personnes se trouvent à la Grotte dès le lever du soleil.

Le 20 février, à la même heure, il y en a quatre ou cinq cents.

Le 21, c'est par milliers qu'on les compte.

Le 4 mars, dernier jour de la quinzaine, plus de vingt mille personnes sont réunies autour de la Grotte.

Et si nous portons nos regards plus loin, nous trouvons, le 4 avril 1864, soixante mille pèlerins groupés autour de l'évêque de Tarbes, le jour de la prise de possession de la Grotte.

Au mois de juillet 1876, lorsque Pie IX couronnera Notre-Dame de Lourdes, plus de cent mille catholiques assisteront à ces fêtes.

De nos jours, un million de pèlerins ou de visiteurs viennent chaque année à Lourdes.

Croyez-vous que ces résultats ne dépassent pas la portée de la voix d'un enfant? S'il faut des souffles puissants pour remuer jusqu'aux abîmes les vagues de l'Océan, ne faut-il pas des souffles plus puissants encore pour remuer l'humanité tout entière?

Devant ces entraînements sans exemple, qui ne font que s'accroître d'année en année, il faut chercher une cause plus haute. La parole des plus grands génies n' pas de pareils échos.

L'extase

Bernadette, en arrivant à la Grotte, entrait en extase ; il se faisait en elle un merveilleux changement de visage ; la foule était captivée par sa beauté étrange, par son recueillement inouï.

Elle était belle, nous disent les *Annales*, non de la fraîcheur rosée et vive qui nous fait sourire devant un visage d'enfant ; mais d'une beauté mystérieuse.

Ses joues étaient extrêmement pâles, l'œil élevé et bien ouvert ; pas un sourcillement n'agitait ses paupières.

Sur tout son visage, se lisait un respect, une admiration profonde. Les spectateurs essayaient de découvrir quelque reflet de la vision sur son visage ; ils y fixaient leurs yeux comme sur un miroir, pour y trouver l'image qui la rendait si ravissante.

Puis, n'apercevant rien, ils regardaient anxieusement dans la niche.

Cependant, la foule recevait toujours le contre-coup de la transformation qui se faisait dans la physionomie de Bernadette. Le silence devenait plus profond ; un recueillement religieux planait sur l'assemblée. M. Estrade, employé des contributions à Lourdes, nous a bien traduit l'émotion qu'il ressentit lui-même à ce spectacle.

Je me trouvais à la Grotte, dit-il, à la quatrième apparition. « Au milieu de cette foule, qu'agitaient des sentiments divers, j'étais calme, et je n'avais pas la pensée qu'il ne pût y avoir rien que de très naturel dans ce qui allait se passer.

» Bernadette arriva, se mit à genoux, fit son grand signe de Croix; je ne perdais pas un seul de ses mouvements et de ses gestes.

» Tout à coup, son visage, sa physionomie, tout son être paraît se transfigurer, s'animer d'une vie étrange, céleste. On voyait dans ses yeux comme le reflet d'une lumière qui l'illuminait intérieurement. Cette enfant du peuple, si simple, si commune dans sa mise, dans ses allures, que l'on ne distinguait pas au milieu de ses compagnes, devenait tout à coup d'une distinction extraordinaire et ressortait au milieu de la foule. Une auréole paraissait l'entourer.

» Sans m'en douter, je m'étais découvert, j'avais mon chapeau à la main. Tout le temps que dura l'extase, je ne pus détacher mes regards de l'enfant. Immobile comme elle, je cherchais à surprendre quelque chose de ce colloque mystérieux dont sa physionomie trahissait les nuances.

» Dès ce jour, ma conviction fut faite; mes doutes s'évanouirent. Le soir, au cercle, je fis part de mes impressions à mes amis, et j'eus le regret de me séparer d'eux sur l'appréciation de ces événements.

» Cependant, ajoute-t-il, chaque jour nous recrutions des adhérents; au bout de quelques mois, les convaincus étaient en majorité, et à la fin de l'année, les dissidents étaient en bien petit nombre. »

On ne peut entendre ce récit de la bouche de M. Estrade sans éprouver quelque chose de l'émotion qu'il dut ressentir en voyant Bernadette en extase.

Il répète ce qu'il a vu, avec une grande simplicité, sans jamais se lasser; ce spectacle, qui l'a ravi, a suffi pour éclairer son âme et embellir désormais sa vie tout entière.

On dirait qu'un reflet des apparitions s'est fixé sur lui et lui communique encore ce charme incomparable qui s'attache à ses souvenirs.

Cette extase ne faisait pas perdre à Bernadette sa personnalité, sa volonté. Elle portait, elle donnait des ordres, elle faisait rallumer son cierge, elle n'oubliait rien au réveil. Elle n'avait pas ces hallucinations folles, cette mobilité de sentiments et d'idées, apanage des maladies nerveuses, cette excitation désordonnée que l'on observe avec l'hypnotisme, cette sorte d'ivresse que donnent les poisons. Il y avait chez elle une évolution puissante, régulière, ordonnée des opérations de l'esprit.

Les attitudes que prennent les extatiques ne peuvent assurément servir de preuve pour établir le caractère surnaturel d'une vision ou d'une apparition. Elles expriment l'étonnement, l'admiration, la frayeur, et chacun traduit ses sentiments avec les moyens dont il dispose.

J'ai vu chez le Dr Luys, à la Charité, un premier sujet qui entrait en extase lorsqu'on lui joignait les mains dans l'attitude de la prière, et traduisait parfaitement le recueillement, la ferveur.

Ce premier phénomène n'avait rien de bien surprenant, mais si on venait à diriger son regard vers un angle du plafond, elle voyait aussitôt Notre-Dame de Lourdes qu'elle décrivait, avec quelques variantes, lui donnant une robe bleue au lieu d'une robe blanche, etc. C'était l'extase expérimentale, avec hallucinations suggérées ; c'était le résultat de l'entraînement. Cette femme récitait une leçon, chez elle tout était automatique, cherché ou imposé.

On trouvait bien dans sa physionomie le reflet d'un sentiment intérieur, mais rien de naturel, de spontané ou de libre ; au réveil, tout était oublié.

L'angle du plafond donnait invariablement Notre-Dame de Lourdes, et pendant la vision, l'état hypnotique était évident, le sujet était étranger au monde extérieur, et toutes ses impressions étaient provoquées ou apprises.

Quand un médecin a été témoin de ces expériences, son jugement est fait. Il ne confondra jamais ces manifestations avec les phénomènes observés chez Bernadette.

Il ne suffisait pas de mener Bernadette devant la Grotte, comme la malade de la Charité devant son plafond, pour lui faire évoquer à son gré ses apparitions. Elle est bien souvent venue prier à la Grotte, et la Vierge n'apparaissait ni au gré de ses désirs, ni à la place qu'elle avait choisie.

Bernadette n'avait aucune trace, aucun stigmate de maladie nerveuse ; elle était arrivée à l'âge de quatorze ans sans que rien eût fait soupçonner chez elle une prédisposition de ce genre. Dans l'espace de deux mois, elle a dix-huit extases, et puis tout cesse, elle rentre dans la vie commune, et jamais, dans tout le cours de son existence, elle n'aura d'autres manifestations.

Mais peut-on devenir ainsi, pour un jour, sans préparation, nerveuse et extatique, et retrouver ensuite, sans le moindre faux pas, un équilibre parfait dans son économie? C'est une maladie commode et d'un genre nouveau, trouvée bien à propos pour venir à l'appui d'une théorie qui a précédé l'étude sérieuse des faits.

Si Bernadette a eu des extases, comme en témoignent des milliers de témoins, si, dans ses extases, elle a eu des visions, comme en témoigne son récit, les paroles qu'elle a rapportées, les ordres donnés et tous les événements qui ont suivi; si, d'un autre côté, son esprit était parfaitement équilibré, comme le prouvent sa vie entière et les affirmations des médecins qui l'ont étudiée, il y a une inconnue qu'il faut dégager, un troisième facteur qu'il faut rechercher.

Extase et vision ne peuvent se comprendre dans de pareilles conditions. L'esprit de Bernadette, bien somnolent jusque-là, a dû recevoir un choc, entrevoir une lueur dont elle n'avait en elle ni le point de départ ni le foyer.

Comment cette pauvre bergère, atteinte à la fois et d'extase maladive et d'hallucination, aurait-elle pu conserver une sûreté de mémoire, une sagesse, une puissance de conception bien au-dessus de son âge, de son éducation et de son entendement? Ne faut-il pas se mettre l'esprit à la torture pour ne voir dans tout cela qu'un phénomène naturel d'observation usuelle.

Ah! s'il n'était pas admis, dans un certain monde, que, pour parler du surnaturel, il faut être atteint de névrose, que si l'on s'engage sur ce terrain on retombe dans les ténèbres du moyen âge, on pourrait chercher une explication plus haute, on pourrait établir que jamais une intelligence malade ou troublée, que jamais l'esprit d'un enfant de quatorze ans et d'une bergère ignorante n'a pu s'élever à la contemplation d'un idéal aussi pur, aussi bien défini, et n'a pu prêter à cette Vierge, aux proportions si harmonieuses, un langage d'une portée si haute.

La maladie n'engendre que le désordre et ne peut créer le talent ou le génie. Pour recevoir l'empreinte d'une semblable vision et remplir le monde de ces retentissants échos, le génie de l'homme lui-même, abandonné à ses propres forces, eût été impuissant, au-dessous d'une semblable tâche ; que pouvait l'esprit sans culture d'une enfant de quatorze ans ?

Les appels mystérieux.

Bernadette n'a pas trouvé dans sa volonté seule la force nécessaire pour rester fidèle à la parole donnée. Elle aurait été impuissante à triompher de tous les obstacles accumulés autour d'elle. Elle aurait pu ignorer et l'heure et le jour des appels de la Dame, si une force mystérieuse et sensible ne l'eût avertie et poussée vers la Grotte.

Cette force, qui dirigeait l'enfant, n'est-elle pas analogue à celle qui soulève les malades sur leurs brancards, qui fait marcher des infirmes, des agonisants, d'un pas assuré ?

Mlle Gimard, couchée depuis dix-neuf ans, était immobile sur son grabat, à côté de la Grotte ; au moment du passage du Saint-Sacrement, elle se sentit soulevée comme par une vague puissante, qui la secouait fortement, et cette sensation fut le premier indice de sa guérison.

« Ce mouvement de flot, nous disait-elle, qui m'a soulevée tout entière, je ne l'ai jamais ressenti dans ma vie, je ne puis ni le comprendre, ni l'expliquer ; il était indépendant de ma volonté, et d'une puissance bien supérieure à ma nature. »

Marguerite Savoye était arrivée à Lourdes, pâle, sans voix ; elle était effrayante à voir. Agée de vingt-cinq ans, elle pesait 40 livres, le poids d'un enfant. Depuis six ans, elle n'avait pas quitté le lit, elle n'avait pris aucune nourriture solide. Le vendredi, 16 septembre 1892, on l'avait déposée sur son brancard, devant la Grotte ; une impulsion violente la soulève sur sa couche et la projette violemment à terre.

Elle se retrouve à genoux, au pied de son brancard. Elle se redresse en criant : « Je suis guérie ! »

C'était plus qu'une guérison, c'était une résurrection. Une flamme illuminait son regard, naguère éteint, et tout semblait renaître en elle.

Une force mystérieuse et sensible avertissait Bernadette des appels de la Dame, et la poussait vers la Grotte. Elle ressentait chaque jour ses appels, mais ils étaient plus impérieux à certains moments.

Deux fois, les visions ont fait défaut pendant la quinzaine ; il est certain que si ces visions n'avaient existé que dans l'esprit de Bernadette, il n'y avait aucune raison pour les voir cesser aussi brusquement. Bernadette était à la place où elle priait chaque jour, entourée de la même foule, avide comme elle de surprendre la présence de la Dame. Vainement, elle prolongea sa prière, rien n'y fit.

Cette enfant n'avait donc pas le pouvoir d'évoquer, à son gré, les visions de la Grotte.

Dans toute la disposition, dans le plan des apparitions,

il y a un ordre que la jeune fille ne peut ni modifier, ni connaître.

La Vierge confie à l'enfant trois secrets, et jamais, dans l'intimité ou dans un moment d'abandon, elle n'a fait même une allusion aux confidences qu'elle avait reçues.

Je ne crois pas qu'il y ait d'autre exemple d'une enfant de quatorze ans, gardant toute sa vie, avec cette fidélité, une série de secrets. Que l'on parle après cela d'hallucination ou de folie ; une nature déchue, impressionnable ou nerveuse, aurait eu sur ce point de nombreuses défaillances.

*
* *

Pendant cette quinzaine, Bernadette a recueilli précieusement les paroles de la vision, paroles dont le retentissement doit être sans égal, et qui, toutes, auront leur exécution comme des ordres venus du ciel.

Au nom de *la Dame*, l'enfant demande une église, et Lourdes se couvre d'une végétation d'édifices sacrés et de maisons religieuses ; elle demande des processions, des foules autour de la Grotte, des cierges qui brûleront sans cesse. Elle découvre la fontaine et nous dit d'aller boire et nous laver à cette fontaine. Le monde entier vient boire et se laver à cette fontaine. Enfin, s'élevant aux enseignements les plus graves, elle nous convie à la pénitence, à la prière pour les pécheurs. Elle va donner à la vision le nom d'un dogme à peine défini par l'Église.

Comme tout cela est en dehors des préoccupations d'une enfant et dépasse la portée de son esprit !

La quinzaine terminée, l'apparition avait cessé.

Bernadette vient vainement chaque jour à la Grotte, suivie d'une foule immense; elle ne voit rien. Elle prie à cette même place; la Dame ne se montre pas. Elle venait seule, sans bruit, elle s'enfonçait dans l'intérieur de l'excavation, pour réciter son chapelet, mais elle ne ressentait plus ses appels mystérieux.

L'apparition du 25 mars.

Je suis l'Immaculée Conception.

Le 25 mars, l'enfant entend de nouveau cette voix qui l'appelait d'une façon irrésistible vers la Grotte. Elle prend aussitôt le chemin des roches Massabielles (1).
« Son visage rayonnait d'espérance. Elle sentait en elle-même, nous dit Lasserre, que, devant ses yeux charmés, le Paradis allait une fois de plus entr'ouvrir ses portes éternelles.

» Ce pressentiment joyeux ne l'avait pas trompée. La voix qui l'appelait était bien la voix de la Vierge fidèle.

» Dès que l'enfant fut tombée à genoux, l'apparition se manifesta. Comme toujours, rayonnait autour d'elle une auréole ineffable, dont la splendeur était sans limites, dont la douceur était infinie. Comme toujours, son voile et sa robe aux chastes plis avaient la blancheur des neiges éclatantes; sa ceinture était bleue comme le firmament. »

Bernadette avait déjà plusieurs fois prié la Dame mystérieuse de lui dire son nom; elle n'avait obtenu que des sourires.

---

(1) Lasserre, *Bernadette*, p. 173.

Se souvenant dans cette nouvelle extase que M. le curé de Lourdes lui avait instamment recommandé de le demander, elle dit : « Madame, voulez-vous avoir la bonté de me dire qui vous êtes? »

La vision sourit et ne répond pas. L'enfant répète trois fois sa demande. A la troisième fois, la Vierge détache son regard de l'enfant, écarte ses mains et fait glisser sur son bras droit son chapelet. Ses mains allongées se rejoignent au devant de sa poitrine. Son regard se fixe vers le ciel avec un sentiment d'un indicible amour.

Elle prononce alors ces paroles :

« *Je suis l'Immaculée Conception.* »

Sans autre regard sur l'enfant, et sans autre sourire, sans l'adieu accoutumé, elle disparaît dans la même attitude, laissant à Bernadette son nom.

Ce nom, la jeune fille ne pouvait le comprendre, elle le répétait tout le long du chemin, afin de rapporter au curé de Lourdes les paroles exactes de la vision.

La Vierge venait ainsi de confirmer le dernier dogme défini par Pie IX. Elle venait de prendre, par son nom, le privilège glorieux que le monde catholique lui décernait depuis quatre ans.

C'est ainsi que la parole du ciel faisait écho aux acclamations de la terre, associait le pèlerinage de Lourdes à l'acte le plus solennel que l'Église ait accompli en l'honneur de la Mère de Dieu.

« Dans l'après-midi de ce jour, nous reçûmes, ma sœur et moi, nous dit M. Estrade, la visite de Bernadette. Elle nous reproduisit la scène du matin, en nous répétant ces paroles de la vision. Elle disait alors : *Con-chep-tion*, et nous dûmes lui apprendre à prononcer ce mot. Elle nous demanda avec beaucoup de simplicité ce que signifiait cette expression. Elle savait que cette dénomination s'appliquait à la Sainte Vierge, mais elle n'en comprenait pas le sens littéral.

» Cette demande ingénue nous prouvait bien que cette phrase n'était pas une invention de l'enfant; car, si on ment, ajoute M. Estrade, c'est avec des mots que l'on connaît, et non avec des mots dont on ne comprend pas le sens. »

La Vierge avait laissé pendant vingt jours sa messagère et tout le peuple dans l'attente. Le 25 mars, dans une apparition mémorable entre toutes, qui méritait bien d'être détachée du groupe, elle donne son nom, elle consacre, par sa signature, tous les enseignements qui précèdent.

Elle se montrera encore, le 7 avril et le 16 juillet. Deux fois, dans le cours de la quinzaine, elle avait manqué au rendez-vous donné. Veut-elle dédommager l'enfant de ses absences? ou plutôt, de même que, par deux fois, elle avait préparé Bernadette à sa mission, elle veut sans doute, avant de la quitter, la préparer à cette séparation dernière.

Par deux fois encore, elle paraîtra devant ses yeux; silencieuse, muette, mais dans tout l'éclat de son auréole. Avec son sourire accoutumé et ses gestes bien connus, elle lui fera ses adieux.

Dix-huit fois, la Vierge apparaîtra sous les mêmes traits, enveloppée des mêmes lueurs, et, chaque fois, elle marquera sa venue par une disposition spéciale, par un enseignement bien précis.

CHAPITRE IV

BERNADETTE EN PRÉSENCE DES MÉDECINS
LES PERSÉCUTIONS

Bernadette après les apparitions. — Objet de la curiosité générale. — Elle répète son récit devant des milliers de témoins. — Sa pauvreté. — Son désintéressement. — Les persécutions. — Le commissaire. — M. Estrade. — Le procureur. — Le curé de Lourdes.

La mission de Bernadette est terminée. Jamais, dans tout le cours de la vie, elle n'aura ni visions, ni apparitions.

Elle rentre dans la foule. Rien ne la distingue désormais de ses compagnes. Si son esprit est droit, son jugement sûr, elle n'a pourtant aucune des qualités brillantes qui mettent en relief; c'est avec peine qu'elle pourra recevoir les éléments d'une instruction limitée.

Voilà donc la messagère choisie par Dieu pour nous transmettre ces ordres qui, depuis près d'un demi-siècle, ont remué la France et le monde entier, qui ont fait revivre ces grands pèlerinages oubliés depuis les croisades : messagère dont le rôle est si court, instrument bien débile et qui ne conserve aucun reflet de la haute mission qui lui fut un moment départie.

Sous cette humilité, sous cet abaissement voulu, elle aura pourtant un rayon de grandeur que rien ne pourra ternir. Pendant huit ans, à Lourdes, objet de toutes les curiosités, rien ne pourra troubler la simplicité de son âme; toujours elle reproduira son récit avec le même sens et dans les mêmes termes; jamais on ne la trouvera en défaut. Toutes les subtilités viendront échouer devant la sûreté et la fidélité de ses souvenirs.

Quel singulier témoin, pourtant! C'est une enfant qui voit, qui entend ce que personne ne voit ni n'entend autour d'elle. Ses affirmations, sans preuves, sans garanties matérielles, vont, comme un levier puissant, tout soulever autour d'elle. Comme tout cela confond les données ordinaires de la sagesse humaine!

Ah! je comprends le grand mouvement de doute et d'incrédulité, de raillerie et de dédain, qui est venu faire écho à ces grandes manifestations de foi, inouïes pour notre âge. Je comprends que les incrédules, que les savants, en grand nombre, aient tout nié; je comprends que les catholiques aient hésité avant de donner leur sanction à la réalité des apparitions; je comprends toutes les réserves et tous les doutes; je les ai longtemps partagés. Rarement pareil défi a pu paraître jeté à la raison. Dans Bernadette, il y a, pour ainsi dire, deux personnalités, deux intelligences distinctes et opposées. D'un côté, une enfant sans culture, d'une intelligence médiocre; de l'autre, une enfant d'un sens rare, d'un jugement que rien ne trouble et que l'on ne pourra jamais prendre au dépourvu, ni trouver en défaut.

« Leçon apprise! direz-vous..... — Prenez garde! »

Bernadette reste huit ans à Lourdes. Pendant huit ans, elle sera soumise à des interrogatoires, à des examens de tous les instants; elle devra, vingt fois par jour, faire le récit de ce qu'elle a vu et entendu; elle devra répondre à toutes les objections, à tous les doutes. Jamais, au milieu de tous les pièges qui lui seront tendus, elle ne variera dans ses explications ; son esprit restera inébranlable dans ses souvenirs, comme son cœur saura résister à toutes les séductions.

Pendant huit ans, elle a été le champ et le thème de toutes les discussions ; elle a été le livre ouvert dans lequel chacun a pu lire. Jamais âme d'enfant ou de jeune fille n'a été disséquée de la sorte.

Ses historiens nous disent (1) : Bernadette était à Lourdes, mais elle ne s'appartenait pas ; les étrangers se disputaient ses heures et lui enlevaient sa liberté. Personne, peut-être au monde, en ce temps-là, n'était visité comme cette chétive et indigente enfant. Il y avait comme une passion de la voir. Paraître, paraître encore, raconter les apparitions, répondre à des milliers de questions ; subir la contradiction, l'importunité, la louange, l'humiliation, c'était sa vie. Il lui en coûtait de se montrer toujours, à toute heure. Elle souffrait de sa liberté perdue, mais elle se prêtait sans murmure, sans marque d'ennui, et quoique son souffle laissât sentir la fatigue de ses poumons, elle ne ménageait ni sa personne, ni sa parole.

Elle faisait sa narration, mille fois répétée, nue, sèche, puis se taisait. Mais, à toutes les questions, elle avait des réponses satisfaisantes, parfois lumineuses ; la contradiction la rendait intéressante, et elle avait des traits frappants de soudaineté et de justesse.

Cette jeune bergère étonne et réduit au silence, par

---

(1) *Les Annales* (Petite histoire de Notre-Dame de Lourdes.)

des éclairs de bon sens et d'esprit, les hommes les plus instruits qui luttaient contre elle, avec l'avantage d'une parole exercée.

Oui, Bernadette, devenue le témoin vivant des apparitions, n'était plus l'humble et timide bergère des coteaux de Bartrès. Si on essayait de combattre ses affirmations, un rayon, un reflet surnaturel venait subitement éclairer son intelligence. Il se faisait une étonnante métamorphose dans cette enfant sans vivacité, lorsqu'elle avait à défendre la vérité et l'honneur des souvenirs dont elle était la dépositaire. Cette transformation a frappé tous les esprits réfléchis; elle donne à sa physionomie une expression singulière et bien intéressante.

Bernadette était pauvre, et cette pauvreté pouvait être un péril, une tentation. La fortune l'a sollicitée sous toutes les formes. Pour se faire accepter, elle a été délicate, affectueuse; rien n'a pu faire fléchir son désintéressement, même l'extrême besoin. Jamais, pour ses parents dans la gêne, elle n'a voulu accepter aucun don.

Quelle garantie morale n'apporte pas cette vertu portée à un degré si élevé? Ces notes exquises ne sont pas l'apanage des natures dégénérées. Chez les hallucinées ou les folles, on n'observe pas cette délicatesse de sentiments qui indique une harmonie parfaite entre tous les ressorts de la vie physique et les facultés de l'âme.

Les persécutions.

Au début, tout fut contre Bernadette. Les médecins la déclarèrent hallucinée, l'eau devint une eau minérale, et le préfet fit fermer la Grotte, déclarant qu'elle n'était qu'un oratoire public non autorisé.

Cette enfant devait sombrer cent fois! d'autant que le clergé la laissait seule, sans défense, et attendait, impassible, que la lumière se fît. A ce moment, pour rendre la question plus obscure encore, de fausses visions eurent lieu à Lourdes et dans les environs.

Si l'intelligence de Bernadette n'était pas à la hauteur des enseignements qu'elle nous avait transmis, sa volonté devait être bien impuissante à triompher des obstacles de tout genre qu'elle allait rencontrer.

Sa volonté n'avait jamais eu l'occasion de s'exercer.

Elle est soumise à ses parents, obéit à tous leurs désirs.

Entre les mains de la Vierge, elle est une esclave docile.

Elle se traîne sur les genoux, baise la terre, trempe ses lèvres dans une eau bourbeuse. Cette enfant, roseau flexible, va soutenir le premier choc d'une opposition générale.

Ce sera la lutte de la faiblesse, de l'ignorance, contre la force et la science. Elle s'avancera dans un chemin à peine tracé, au milieu d'une double haie d'adversaires.

Si elle triomphe, ce sera un véritable défi jeté à la raison.

Du reste, nous ne sommes plus au moyen âge, dans des siècles de foi; nous sommes en plein XIXe siècle, et le rationalisme règne en maître dans nos écoles.

Les affirmations de Bernadette ne vont soulever que le dédain, en attendant qu'elles rencontrent l'opposition la plus persévérante et la plus absolue.

La lutte fut vive et prolongée, et suivit tous les degrés de la hiérarchie. Du commissaire, elle arriva jusqu'à l'empereur, en passant par le préfet et le ministre des cultes.

Le préfet usa de tout son pouvoir pour arrêter dans son germe ce qu'il considérait comme une superstition naissante.

Dans la nuit du 3 au 4 mars, il avait fait explorer toutes les cavités de la Grotte, pour bien s'assurer qu'il n'y avait ni personnage caché, ni mise en scène préparée pour entretenir la légende des apparitions.

Il fit dépouiller la Grotte de tous les ex-voto, et la fit entourer d'une palissade.

Enfin, il fit examiner Bernadette par une Commission de médecins, et, s'autorisant du mot d'hallucination, qu'il trouva dans leur rapport, il voulut faire enfermer l'enfant comme folle. Sans la résistance inattendue du curé de Lourdes, qui menaçait de le poursuivre pour séquestration arbitraire, il aurait mis son projet à exécution.

L'empereur, fatigué de ces luttes, qui exaspéraient les populations, donna l'ordre au préfet de laisser les fidèles prier en toute liberté.

Pour donner une idée des tracasseries de tout genre qu'eut à subir Bernadette, nous pouvons rappeler ici son interrogatoire du 21 février, devant le commissaire de police, devant Jacomet, dont le nom est désormais historique.

C'était un homme fort intelligent, très au courant des habitudes des gens du pays; il ne doutait pas un instant de trouver le mobile qui poussait l'enfant, ou de découvrir les complices qui la faisaient agir.

Son interrogatoire est un modèle du genre.

Le commissaire.

Le commissaire prit d'abord très exactement la déposition de l'enfant. Bernadette fit le récit, si plein de charme, de la première apparition. Elle entra dans tous les détails d'âge, de costume, de physionomie de la Dame, et cela, dit M. Estrade, avec tant de simplicité convaincue, que sa sincérité ne pouvait être mise en doute.

« Mais, enfin, cette Dame, la connais-tu ?

— Je ne la connais pas.

— Tu dis qu'elle est belle. Comme qui est-elle belle ?

— Plus belle que toutes les dames que j'ai vues.

— Cette Dame agit-elle ? parle-t-elle, ou bien demeure-t-elle à sa place comme une statue d'église ?

— Oh ! elle remue, sourit et parle comme nous ; elle m'a demandé si je voulais avoir la bonté de revenir pendant quinze jours à la Grotte.

— Qu'as-tu répondu ?

— Que j'y reviendrais. »

Le commissaire prit sa feuille de notes et essaya de faire tomber la voyante dans la contradiction.

« Tu dis que la Dame est âgée de dix-neuf à vingt ans ?

— Non, j'ai dit de seize à dix-sept.

— Qu'elle avait une robe bleue et une ceinture blanche ?

— Non, c'est le contraire, une robe blanche et une ceinture bleue. »

Bernadette reprit ainsi tous les détails de son premier récit, sans se laisser entraîner dans la plus légère variante.

Jacomet vit qu'il n'avait rien à gagner de ce côté.

Il avait commencé par la persuasion, il devint menaçant.

« Tu vas me promettre de ne plus revenir à la Grotte.

— Monsieur, j'ai promis à la Dame d'y revenir.

— Si tu ne prends pas l'engagement de n'y plus revenir, je te fais mettre en prison. »

L'enfant fut impassible.

Cet interrogatoire avait eu un témoin : M. Estrade, receveur des contributions indirectes, qui logeait dans la maison du commissaire. Le récit de l'enfant lui avait paru bien extraordinaire.

« Il n'est pas d'elle, lui disait Jacomet, il est trop bien limé.

— Cependant, le tableau qu'elle a vu, répondait M. Estrade, est resté bien vivant devant ses yeux ; en le reproduisant, elle calque.

— C'est une erreur, elle récite.

— Mais il est des accents qui ne s'imitent guère, et puis, dans quel but cette histoire ?

— L'avenir nous l'apprendra. »

M. Estrade nous a laissé tous les détails de cet interrogatoire ; il ne croyait pas alors au surnaturel, et ne voyait, dans ces visions, que les séductions trompeuses d'une brillante imagination.

Jacomet lui-même était sincère. Il ne pouvait admettre, en ce moment, la réalité des apparitions. Il y avait dix jours à peine que Bernadette avait eu sa première vision. Dans sa famille, dans son entourage, on se demandait si tout cela n'était pas une illusion.

Devons-nous regretter la rigueur mise dans cette

enquête? Non, cette enquête, conservée dans les archives de Lourdes, reste comme un témoignage irrécusable, rendu par un adversaire intelligent, bien renseigné, qui a dû se déclarer vaincu. C'est ce même commissaire, qui parle aujourd'hui de prison, qui interdit à l'enfant de reparaître à la Grotte, qui, le 5 octobre suivant, s'inclinera devant la conviction de la foule et fera amende honorable de toutes les difficultés qu'il aura suscitées à l'œuvre naissante.

Du reste, tous les opposants de la première heure étaient sincères. Les représentants de l'administration ou de la magistrature croyaient faire une œuvre utile et ils la firent bien; en effet, grâce à eux, nos démonstrations s'appuient sur des enquêtes que personne ne peut récuser.

A la fin de sa carrière, M. Dutour, procureur impérial de Lourdes, disait : « Bernadette ne nous aurait pas résisté un instant, si la Vierge n'eût été derrière elle. Avec tous les moyens dont nous disposions, nous aurions trouvé, dès le premier jour, le secret des apparitions, le mobile qui pouvait faire agir cette enfant et sa famille, si ce mobile et ce secret eussent été dans la main des hommes. »

Pour un magistrat versé dans ce genre de recherches, dans un milieu aussi restreint, avec une enfant de quatorze ans, qui avait tous les yeux fixés sur elle, au milieu d'une population en grande partie incrédule, le résultat ne pouvait être douteux.

Mais nous avons eu affaire à plus forte partie; à notre insu, nous avons pris contact avec le surnaturel.

« Ce qui semble prouver, nous dit M. Estrade, que

tous ces opposants de la première heure rentraient dans le plan voulu par la Providence, c'est qu'ils n'ont jamais cessé d'être couverts de sa maternelle protection. »

Le préfet Massy, le maire Lacadé, le commissaire Jacomet, sont morts dans des sentiments les plus religieux, un prêtre à leur côté et le crucifix sur les lèvres.

Le clergé de Lourdes s'était absolument tenu en dehors de cette agitation; il refusait d'aller à la Grotte il invitait tous les prêtres à imiter son exemple. L'évêque de Tarbes hésita longtemps avant de se prononcer; sur les instances du préfet, et dans un but de conciliation, il fit même recommander à Bernadette de ne plus aller à la Grotte en dehors des jours où elle se sentait appelée d'une façon irrésistible.

L'évêque attendit six mois avant de nommer une Commission d'enquête; il devait attendre quatre ans avant de porter un jugement sur les apparitions. Il était difficile de pousser plus loin la prudence et la réserve.

Le rôle joué par les médecins du pays offre le plus grand intérêt.

Dès les premiers jours, la question fut posée sur le terrain où nous la trouvons encore discutée après trente-cinq ans d'étude.

CHAPITRE V

BERNADETTE EN PRÉSENCE DES MÉDECINS

Les médecins de Lourdes. — Dozous se sépare de ses collègues. — Le miracle du cierge. — Le rapport des médecins. — Ils parlent d'hallucination et d'extase. — Ils écartent la folie.

Les apparitions avaient provoqué, dès les premiers jours, une émotion considérable. Les médecins, interrogés, consultés par leurs amis, leurs clients, par les autorités administratives et judiciaires, durent prendre position et se prononcer.

Étaient-ils incrédules? Plutôt indifférents; mais sans hostilité systématique. L'un d'eux m'a dit souvent : « La dévotion à la Sainte Vierge m'avait été léguée comme une tradition de famille; cependant, je n'eus pas un instant la pensée que ces visions pouvaient avoir une cause surnaturelle. »

Leur première parole fut une condamnation et une condamnation sans examen. Ils nièrent tout.

Un des médecins de Lourdes, le Dr Dozous, se séparait pourtant sur ce point de ses confrères. Insouciant, sceptique par caractère, il a passé la plus grande partie de sa vie éloigné de la religion; mais sa curiosité et sa droiture naturelle le poussèrent à tout contrôler par lui-même. Il était, le 21 février, auprès de Bernadette, et il y resta jusqu'à la fin, étudiant avec soin toutes les circonstances des apparitions. Dozous était un des médecins les plus répandus de Lourdes, il vait concouru pour l'agrégation à la Faculté de Montpellier, il était dans la force de l'âge. Très au courant des habitudes et du caractère des gens du pays, médecin de la famille de Bernadette, sa parole devait avoir dans ce débat une importance considérable.

En se séparant de ses confrères, il leur dit nettement : « De tels phénomènes sont rares, et, pour mon compte, je ne manquerai pas cette occasion de les analyser avec soin; les partisans du surnaturel les jettent trop souvent à la face de la médecine pour que je ne sois pas curieux, puisque les voilà aujourd'hui à la portée de mes yeux, de les étudier attentivement, et de vider à fond et par expérience cette célèbre question. »

Pour bien déterminer l'état réel de cette jeune fille, Dozous s'attache à ses pas avec une extrême persistance : « J'examinai, dit-il, avec une grande attention, son intelligence, ses dispositions morales; les longues études que je fis dans ce sens ne me donnèrent que ce résultat : c'est que Bernadette était douée d'une sage raison, d'une rare bonté de caractère, d'une intelligence ordinaire, qui ne pouvait en aucune façon la disposer à l'exagération d'idées et de pratiques religieuses. »

Ces faits étant bien établis, afin de détruire toutes les impressions que l'on cherchait à accréditer contre Bernadette, Dozous put se rendre à la Grotte, l'esprit libre de toute préoccupation étrangère. Il fut témoin du miracle du cierge, du jaillissement de la source; témoin chaque jour de l'état extatique de Bernadette, que des milliers de personnes ont constaté avec lui.

Pendant l'apparition du 7 avril, l'enfant, à genoux,

tenait d'une main un cierge allumé, qui s'appuyait à terre; durant l'extase, elle rapprocha ses mains, et ses doigts se croisèrent faiblement au-dessus de la flamme, qu'ils enveloppèrent dans l'espèce de voûte qui les séparait. Le cierge brûlait; la flamme montrait sa pointe entre les doigts, activée en ce moment par un courant d'air assez fort. Mais cette flamme ne lui parut produire sur la peau, qu'elle atteignit, aucune altération.

« Étonné de ce fait étrange, dit-il, j'empêchai que personne ne le fit cesser; et, prenant ma montre, je pus, durant un quart d'heure, l'observer parfaitement. Sa prière terminée, Bernadette se leva. Elle se disposait à s'éloigner de la Grotte, je la retins un moment et je lui demandai de me montrer sa main que j'examinai avec le plus grand soin. Je ne trouvai nulle part la moindre trace de brûlure. Essayant alors de placer par surprise la flamme du cierge sous sa main, Bernadette la retira vivement, en me disant : « Vous me brûlez. »

Ce fait a été souvent mal interprété. Il renferme deux éléments d'appréciation bien distincts : l'insensibilité et l'absence de brûlure. Bernadette en extase aurait pu perdre le sentiment de la douleur; c'est un phénomène que l'on observe dans les maladies nerveuses, sous l'influence de l'hypnotisme, avec le chloroforme, la cocaïne, etc. L'anesthésie peut être produite dans les conditions physiques déterminées, interprétée d'une façon naturelle; mais la brûlure, la destruction des tissus, par la chaleur, se produit toujours fatalement et sans tenir compte de la douleur. Approchez un fer rouge d'un cadavre, vous carbonisez les tissus; un fer rouge d'une personne endormie par le chloroforme, vous la brûlez ; mettez pendant un quart d'heure votre main en contact avec la flamme d'une bougie, que vous en ayez conscience ou non, l'épiderme, la peau, les parties profondes même seront noircies, détruites, brûlées.

Que l'on cherche toutes les explications ; que l'on accumule les hypothèses, on ne pourra nous démontrer d'une manière plausible comment, dans ces conditions, les mains de Bernadette ont pu rester intactes.

Non seulement le Dr Dozous a été témoin de ce fait, qu'il décrit en détail, mais toutes les personnes présentes, qui pouvaient atteindre Bernadette de leurs regards, virent la flamme monter par-dessus ses doigts entrelacés, et, sans l'intervention de Dozous, les personnes les plus rapprochées de l'enfant lui auraient retiré le cierge des mains. Ce fait, nous le rapportons en détail, parce qu'il a été souvent mal compris, mal interprété, et qu'il était nécessaire de lui conserver sa signification véritable.

Dozous nous parle encore de la découverte de la fontaine, et nous dit : « Peut-on penser que tous les actes accomplis par Bernadette, pour arriver à ce résultat, soient le produit d'un cerveau malade ? L'aurait-on vue, sous l'influence de la maladie, quitter la place qu'elle occupait au haut des grottes, puis se diriger d'abord vers le Gave, afin de boire et de laver son visage, pour revenir vers la fontaine quand la Dame l'avertit de son erreur ? Quel trouble mental put lui indiquer avec précision l'endroit où devait surgir la source destinée à tant de célébrité ? »

Pendant que Dozous poursuivait ses études, la lutte des opinions était vive autour de lui.

mais non pas que les foules ont entraîné Bernadette.

Cette inversion dans les rôles respectifs indique, chez le rapporteur, une lutte entre l'idée et le fait. Le médecin avait une théorie qu'il voulait appliquer; il avait sous les yeux des événements auxquels sa théorie s'appliquait mal. Il était difficile de mettre tout cela d'accord. De là ce défaut de logique, qui n'était pas dans les habitudes de son esprit.

En résumé, voilà une enfant qui a des visions, qui tombe en extase, qui entraîne les foules, et on ne nous dit pas quelle est la cause de ces phénomènes. Le rapport se termine, en affirmant que tout cela ne peut faire courir aucun risque à la santé de cette enfant. « Il est vraisemblable, dit le rapporteur, que lorsque Bernadette ne sera plus harcelée par la foule, elle cessera de songer à la Grotte et à toutes les choses merveilleuses qu'elle raconte. »

Toujours le même cercle vicieux.

Mais, puisque l'hallucination et la folie ont été les grandes objections des médecins, suivons-les sur ce terrain et voyons si cette thèse présente quelque apparence de vérité.

CHAPITRE VI

BERNADETTE EN PRÉSENCE DES MÉDECINS
(Suite.)

L'hallucination et le D' Diday. — Insinuations et rapprochements fantaisistes. — L'hallucination scientifique. — Ses principes et ses lois. — Historien et sculpteur. — La Vierge, ses paroles, ses ordres. — Faiblesse de l'instrument, grandeur du résultat. — L'hallucination chez les grands personnages. — Raison et folie. — Le D' Voisin.

Les apparitions avaient eu lieu, la source avait jailli, les guérisons les plus éclatantes se répétaient chaque jour ; et, à toutes les questions, à tous les doutes, les représentants de la science officielle répondaient par un seul mot : *hallucination*.

Les visions, les paroles de la Vierge, les ordres donnés, tout cela n'était qu'un rêve de Bernadette, comparable aux rêves qui envahissent notre esprit pendant le sommeil ; ce n'était qu'un songe, mais un songe à l'état de veille. L'halluciné, en effet, voit des images, entend des sons, sans qu'il existe un objet extérieur capable de produire ces sensations. Tout cela n'était pas même une illusion ; car « l'illusion, dit Lasègue, est à l'hallucination ce que la médisance est à la calomnie, elle s'appuie sur la réalité, mais elle la brode ; dans l'hallucination, aucun objet extérieur ne frappe le regard. »

Ainsi, d'un mot, la question était jugée et le mot était heureusement choisi. D'un sens mal défini, peu connu du vulgaire, il rendait toute discussion superflue, opposait la question préalable à toute incursion dans le monde immatériel.

En procédant ainsi, on n'étudiait ni le caractère de Bernadette, ni les apparitions, ni les faits dans tous les détails qui pouvaient leur donner une signification exacte. Il y avait une lacune dans ce raisonnement; il y avait matière à objection sérieuse. Le Dr Diday, de Lyon, le comprit; il poussa plus avant son examen, il entra dans le vif du sujet.

Il était, du reste, importuné par cette rumeur croissante qui portait en tous lieux le nom de Lourdes. « Poussé par une curiosité bien naturelle, dit-il, je voulus être exactement renseigné. Je pris l'ouvrage de M. Lasserre et je le lus en entier. Emporté par ce récit surhumain tracé en style magique, subjugué par l'étrangeté des guérisons dont il foisonne, un moment je me suis demandé : Mais, la vérité n'est-elle pas là? Un moment, j'ai cru..... que j'allais croire..... Mais, à côté de l'homme fasciné, le médecin veillait, et c'est lui, lui seul, qui avait le droit de tenir la plume. »

Le médecin, en effet, avait parfaitement le droit de faire une enquête sérieuse sur ces événements; et si le Dr Diday était resté fidèle à son programme, il aurait apporté dans son étude des qualités maîtresses; il aurait maintenu la discussion sur son véritable terrain.

Pour résoudre la question, il suffisait de s'entourer de tous les éléments d'information. Le Dr Diday pouvait demander à ses confrères de Lourdes des renseignements plus explicites, reprendre et discuter tous les éléments du débat, voir Bernadette qui vivait encore, faire répéter devant lui toute l'histoire des apparitions, et, par un rapprochement qui s'imposait, montrer comment il trouvait dans toutes ces données les symptômes bien connus de l'hallucination.

Qu'a-t-il fait? Il a découpé des lambeaux de chapitres ou de phrases, dans le livre de Lasserre, il les a rapprochés de phrases, détachées de la même manière, de l'ouvrage du Dʳ Brierre de Boismont. « Le Dʳ Brierre, nous dit-il, est un auteur religieux, et son témoignage ne peut être suspect à mes adversaires. » Nous l'acceptons volontiers, n'ayant pour le choix de l'auteur aucune préférence. Mais le procédé de discussion nous semble puéril ou, tout au moins, peu scientifique.

Lasserre avait dit : « Jusqu'à quatorze ans, Bernadette passait ses journées sur des côteaux déserts où paissait son humble troupeau. Elle ne savait ni lire ni écrire; elle ne connaissait que son pauvre patois pyrénéen. Quoiqu'elle eût quatorze ans, c'est tout au plus si on lui en eût donné onze ou douze. » Tout cela vous semble innocent? Prenez garde! Avec dix lignes d'un homme, on peut toujours le compromettre.

Le Dʳ Brierre dit, en regard, «que la solitude produit souvent une sorte d'hallucination, que dans les campagnes, elle est empreinte d'un caractère de superstition, qu'elle s'observe chez les esprits médiocres, comme sur les intelligences les plus élevées et que les sujets sont souvent des enfants fort jeunes. »

Ce qui ne veut pas dire qu'il suffit d'être *bergère*, *jeune* et *ignorante* pour avoir des visions ou des extases. C'est un rapprochement cherché, une insinuation qui n'autorise aucune conclusion.

Dans l'église de Lourdes, dit Lasserre, tous les autels sont dédiés à la Mère de Dieu; et Brierre nous fait remarquer que les statues, les tableaux répandus dans les édifices religieux sont l'origine des figures des personnages vus dans les apparitions. La Vierge de Bernadette était-elle, avant cette époque, représentée dans les églises de Lourdes? Je ne le crois pas. Et le principe rappelé par Diday vient à l'encontre de la thèse qu'il soutient. Nous allons, tout à l'heure, reprendre cet argument pour lui donner le développement qu'il comporte.

Le Dr Diday n'est pas plus heureux dans la citation suivante. A mesure qu'il veut préciser, les contrastes et les oppositions se dessinent. « Le 5 avril, Bernadette laissa, pendant un quart d'heure, ses mains sur le bout d'un cierge allumé, sans s'en apercevoir. » Hoffmann, répond-il, a constaté que, pendant les accès, les sujets devenaient insensibles. A notre avis, un médecin n'a pas le droit de confondre ainsi la lésion avec la douleur qu'elle provoque. On carbonise les tissus d'un cadavre, et le cadavre ne souffre pas. C'est dans l'absence de brûlure et non de douleur, que se trouve le côté inexplicable de l'observation. On regrette de trouver ces confusions sous la plume d'un médecin.

Après quelques emprunts faits dans ces conditions au livre de M. Lasserre, le Dr Diday découpe, dans le mandement de l'évêque de Tarbes, les phrases qu'il peut mettre en opposition avec les assertions de son auteur.

L'évêque fait observer que Bernadette a vu, non pas une fois seulement, mais dix-huit fois; et Diday, sans relever cette succession régulière des apparitions qui semblent se reproduire suivant un plan arrêté d'avance, Diday répond que, chez une femme observée par Hoffmann, on a vu des accès d'extases se renouveler plus de cent fois dans l'espace de quarante jours. De la sorte, il a l'air d'ignorer que ce n'est pas le nombre seulement qui est ici en cause, mais l'ordonnance des visions et leur mode de succession.

L'évêque dit encore : « Elle voyait des choses qu'elle n'avait jamais vues, entendait un langage qu'elle n'avait jamais entendu, et dont elle conservait le souvenir sans en comprendre le sens. »

L'hallucination, affirme Brierre, porte à un très haut degré le développement des facultés intellectuelles. Mais il me semble que, d'après la citation qui précède, l'esprit de Bernadette ne s'élevait pas très haut, puisqu'elle ne comprenait pas ce qu'on lui disait. Quant à voir ce qu'elle n'avait jamais vu, entendre ce qu'elle n'avait jamais entendu, ceci nous semble absolument supérieur à la puissance d'un rêve même à l'état de veille, rêve qui ne peut parfaire ainsi en un instant notre instruction, apporter à notre esprit les dons qui lui font défaut. Tout cela nous paraît contraire à ce que nous observons d'ordinaire.

Le Dr Diday conclut en disant à M. Lasserre qu'il vient de lui montrer que tout ce qu'il nous présente dans son ouvrage, comme preuve de la réalité de l'apparition, s'explique très naturellement, d'après Brierre, par une hallucination.

Il dit ensuite à l'évêque de Tarbes qu'il a méconnu, dans son mandement, les caractères propres à cet état mental, et qu'il eût sagement fait, dans l'intérêt de tous, de prendre l'avis d'un médecin spécial, d'un aliéniste.

Ces conclusions ne peuvent se défendre sur les bases fragiles où elles sont élevées.

Un médecin doit donner à son argumentation une forme plus sévère et mieux préciser les termes du débat. L'hallucination est aujourd'hui une chose bien connue. Dans tous les auteurs, à côté de considérations et de doctrines discutables, nous trouvons des règles et des lois qui définissent parfaitement le champ de l'hallucination scientifique.

Ce n'est pas seulement dans Brierre de Boismont, qui écrivait il y a quarante-cinq ans, mais dans les ouvrages les plus récents, dans tous les auteurs spéciaux, que nous trouvons ces principes formulés avec une précision, un accord qui ne laissent place à aucun doute. Nous sommes liés par eux; ils doivent servir de base à nos appréciations. *L'hallucination n'est jamais que le souvenir d'une sensation déjà perçue.* Elle ne peut donner la représentation exacte d'une chose inconnue. Vous ne pouvez voir dans vos rêves Saint-Pierre de Rome, si vous ne l'avez visité, si, par la peinture ou le dessin, son image n'a été gravée dans votre esprit. Vous ne pouvez reproduire un tableau de Meissonier ou de Corot, si jamais ces tableaux n'ont passé sous vos yeux.

L'hallucination ne crée ni n'invente rien; elle n'existe pas pour l'aveugle-né ou le sourd de naissance. Les yeux du premier, l'oreille du second ne peuvent reproduire un dessin ou répercuter un son. « J'ai cent fois, dit Christian, interrogé les malades qui voyaient Dieu, la Vierge ou les saints. C'était invariablement sous la forme qu'ils avaient, soit dans les livres de religion, soit dans les tableaux ou images qui décorent l'église de leur village, que ces personnages leur apparaissaient. »

Suivant la culture intellectuelle du sujet, l'hallucination peut être plus ou moins compliquée. Raphaël ou Le Tasse mettent leur génie dans leurs compositions, et doivent retrouver dans leurs rêves les éclairs de ce génie; d'ordinaire, on ne rencontre pourtant chez les hallucinés rien de neuf, rien d'inédit; on est même frappé de la pauvreté d'imagination, de la stérilité d'invention que l'on remarque chez eux. (Nous trouvons ces indications dans le dictionnaire encyclopédique des sciences médicales, dans un mémoire signé Christian.)

Ces principes, absolument vrais, indiscutés, vont nous servir de règle pour apprécier les visions de Bernadette.

Voilà une petite fille de la campagne, qui n'a de remarquable que son ignorance et sa simplicité. Un jour, une vision céleste lui apparaît. Si cette vision est une hallucination, elle sera la reproduction de quelque image peinte ou sculptée qui se sera gravée dans l'imagination de la pauvre bergère. Dans cette composition, nous devrons retrouver des notes en harmonie avec l'intelligence sans culture d'une enfant de quatorze ans.

Il n'en est rien! La grâce, la pureté, la sainteté, la douceur, une beauté surnaturelle sont admirablement exprimées dans l'image merveilleuse. Comment supposer un instant que la ravissante Vierge de Lourdes soit une création artistique de la pauvre Bernadette? — Dans l'hallucination, l'imagination n'a pas cette précision, cette sûreté de conception; ce sont des formes vaporeuses et changeantes. Ici, dès la première apparition, c'est un type parfait, immuable. Aucun trait ne variera désormais; rien ne pourra modifier le souvenir ou l'empreinte laissée dans l'esprit de la voyante. Observons-la, du reste, en présence du sculpteur Fabisch ou de son historien Lasserre.

Fabisch, sculpteur distingué, avait accepté la mission difficile de faire revivre sur le marbre la beauté qui avait ravi Bernadette. Il vint à Lourdes, soucieux pour son œuvre. Il s'inquiétait du récit que lui ferait cette enfant ignorante : il craignait de ne trouver pour sa Vierge qu'un type vulgaire, avec des vêtements sans grâce et sans dignité. Toute création de cette jeune bergère devait être renfermée dans ces limites.

Cette préoccupation dénotait chez l'artiste une connaissance approfondie de son art. La vue de Bernadette ne le rassura guère. Mais, dès les premières questions, l'artiste fut délivré de toute sollicitude. Il demanda le mouvement et la pose de la Vierge quand elle disait : *Je suis l'Immaculée Conception.* L'enfant fit ce geste du ciel, qui a si souvent étonné et tant fait verser de larmes. « Ce fut pour moi une révélation, écrit Fabisch; ma statue était composée. Non, tant que je vivrai, je n'oublierai cette ravissante expression.

» J'ai vu en Italie et ailleurs les chefs-d'œuvre des plus grands maîtres, des Pérugin, des Raphaël, de ceux qui ont excellé à rendre les élans de l'amour divin et de l'extase. Dans aucun d'eux je n'ai trouvé tant de suavité et de ravissement. Chaque fois que j'ai demandé à Bernadette cette pose, toujours la même expression est venue changer, éclairer, transfigurer sa tête. »

Le sculpteur modifia son travail sur les observations de l'enfant jusqu'à ce qu'elle y reconnût la copie fidèle de l'Immaculée Conception. L'artiste éminent croyait posséder l'idéal divin qui avait posé vivant sous les yeux de Bernadette. Quand la Vierge de marbre fut mise devant ses yeux, l'enfant s'écria : « C'est bien beau, mais ce n'est pas « elle ». Oh non ! la différence est comme de la terre au ciel. »

Plusieurs années après, mécontente de ces représentations qui lui semblaient impuissantes à reproduire ce qu'elle avait vu, elle devait dire : « Si j'étais peintre, et assez habile pour retracer ce que j'ai dans l'esprit et dans la mémoire ! » Eh bien ! qu'aurait-elle fait ? Si elle avait pu jeter sur la toile ou sculpter sur le marbre l'idéal de sa contemplation et de son souvenir, elle aurait certainement exprimé une figure plus divinisée que celle que la main des hommes avait essayé de rendre.

Comment la pensée de cette enfant aurait-elle pu s'élever ainsi d'un élan et d'un coup d'aile à la contemplation d'un idéal aussi pur, idéal que ne pouvait atteindre l'artiste le plus éminent, le plus exercé ? Comment, dans un moment d'hallucination et de rêve, aurait-elle vu ce que l'esprit de l'homme ne pouvait concevoir, si elle n'avait pas vu de ses yeux ce que l'œil du génie lui-même ne sait point voir ?

Avec son historien, son récit allait prendre une précision, une lucidité plus grandes. Il ne suffisait plus de retracer des poses, des attitudes ou des gestes ; il fallait reproduire par la parole toutes les expressions de la physionomie, peindre et exprimer d'un mot propre tous les détails des attitudes et des costumes ; il fallait mettre en harmonie les paroles et les gestes de la Vierge. Aussi, pendant des semaines et des mois, Bernadette eut-elle à répondre aux mêmes questions, posées sous mille formes par l'esprit le plus investigateur. L'épreuve était rude pour une enfant si jeune, parlant à peine le français, ignorant tous les artifices du langage, n'ayant eu aucun contact avec le monde.

Comment aurait-elle pu, avec des hallucinations fugitives, garder le souvenir d'un type aussi constant et aussi pur ? Pendant ces interrogatoires, sous des assauts réitérés, elle avait des traits inattendus qui éclairaient son récit de lueurs surprenantes. Jamais elle n'a pris ses points de comparaison parmi les personnes ou les choses qui frappaient chaque jour ses regards.

La Vierge avait toutes les apparences et toutes les formes humaines ; mais elle restait toujours un idéal plus parfait, plus pur que tous les modèles qu'elle voyait autour d'elle. La lumière qui l'environnait ne ressemblait pas aux lueurs de la terre. Auprès de sa robe virginale, toute blancheur était pâle et tout tissu grossier. Toutes les nuances du bleu ont passé sous son regard ; elle n'a pas retrouvé la teinte de la ceinture. La nacre et le cristal étaient moins transparents que les grains du chapelet, l'or de la chaîne tout autre et plus beau que notre or.

« Mais enfin, lui dit un jour Lasserre, la pressant plus vivement de ses questions, quel âge avait donc la Dame ? » Et Bernadette, le regardant de son regard si franc, si limpide, répond sans hésitation : « Mais, la Dame, Monsieur, elle n'avait pas d'âge ! » (1) Parole profonde que l'historien traduit et développe en un magnifique langage : « Dans ses traits aux lignes divines se mêlaient en quelque sorte les beautés successives et isolées des quatre saisons de la vie humaine, l'innocente candeur de l'enfant, la pureté absolue de la vierge, la gravité tendre de la plus haute des maternités, une sagesse supérieure à celle de tous les siècles. »

De même qu'il avait dit : « Les vêtements d'une étoffe inconnue et tissés sans doute dans l'atelier mystérieux où s'habille le lis des vallées, étaient blancs comme la neige immaculée des montagnes et plus magnifiques en leur simplicité que le costume éclatant de Salomon dans sa gloire. »

Quelle disproportion n'y a-t-il pas entre cette apparition merveilleuse, entre cette Vierge idéale que ni la sculpture ni la poésie ne peuvent reproduire, et cette enfant du peuple qui devient l'interprète devant laquelle se dévoile et se révèle une beauté qu'on n'a jamais entrevue. Même en faisant la plus large part à l'imagination, à toutes les causes de l'ordre physique, Bernadette pouvait-elle atteindre un pareil résultat ? Du reste, lorsque les apparitions ont pour témoins des enfants, ne faut-il pas chercher, en dehors des témoins, des garanties d'un autre ordre ? C'est le personnage mer-

(1) Bernadette a toujours dit que la Vierge paraissait avoir de seize à dix-sept ans.

veilleux lui-même, ses paroles, ses actes, son but qu'il faut soumettre à la critique. Et nous entrons alors dans un genre de preuves supérieur au témoin.

Les paroles de la Vierge à Bernadette, nettes et concises dans leur expression, ont été accomplies comme des ordres venus du ciel. Le nom de la Vierge transmis à Bernadette n'avais jamais été prononcé devant elle. Elle le répète pour le fixer dans sa mémoire, sans en comprendre le sens. Et cette source inconnue, qui jaillit des profondeurs de la roche, qui donc a conduit vers elle la pensée et la main de l'enfant?

Enfin, le mouvement qui a suivi les apparitions est un mouvement inouï, inconnu depuis les Croisades. Il y a eu dans tous les temps des hallucinés et des visionnaires; il n'y pas eu un pareil retentissement. Comme nous sommes loin du point de départ! Comme la faiblesse de l'instrument fait mieux ressortir l'intervention d'une force supérieure!

Jamais les apparitions n'ont été soumises dans leur développement à l'action de Bernadette; elles se sont continuées suivant un plan arrêté d'avance, se sont supprimées deux fois, alors qu'elle les attendait. A la dix-huitième, tout a été fini, et Bernadette est rentrée dans la foule sans être favorisée d'aucun don particulier. Elle était le témoin du passé, mais sa mission était terminée, et c'est lorsque l'enfant s'efface que l'œuvre s'affirme. Singulière hallucination que celle qui s'empare aussi brusquement de l'imagination d'une enfant, pour disparaître au bout de six semaines sans laisser aucune trace de son passage; hallucination sans proportion avec l'imagination du sujet qui nous laisse le type idéal d'une Vierge inconnue jusqu'alors, et nous transmet des ordres qui remuent le monde entier.

En rangeant Bernadette parmi les hallucinés, on la mettait, du reste, en bonne compagnie. D'après le dictionnaire des sciences médicales, « c'est l'hallucination qui, sur le chemin de Damas, change soudain les résolutions de saint Paul; qui, plus tard, triomphe des dernières hésitations de Constantin; qui soutient Jeanne d'Arc, lui donne le courage, la résolution nécessaires pour quitter son village et se mettre à la tête des armées; qui dicte la mission d'Ignace de Loyola. Socrate, Pascal ont été des hallucinés, comme Luther, comme les sorciers du moyen âge. Œuvre de Dieu ou œuvre du diable, il est telle période de notre histoire, où tout un pays, tout un peuple ont semblé vivre dans un état de perpétuelle hallucination. » L'article que nous citons est signé d'un maître spécial en la matière, le Dr Christian.

Pour englober ainsi toute l'histoire du monde dans un pareil cadre et se débarrasser des faits qui gênent, ou des personnages incommodes, le procédé est expéditif.

Le Dr Diday nous dit que Bernadette était atteinte d'une forme d'hallucination compatible avec la raison. Mais cette forme n'existe pas, elle est admise pour les besoins d'une thèse difficile à défendre; jamais un médecin versé dans l'étude des maladies mentales ne pourra l'accepter ou la décrire. C'est pour se débarrasser des faits qui gênent, depuis saint Paul jusqu'à Bernadette, que l'on a créé cette variété. Quant aux préoccupations, aux images ou aux idées fixes qui ont parfois hanté l'esprit de personnages historiques ou de certains savants, nous savons que lorsque ces troubles étaient compatibles avec la raison, ils laissaient au sujet le champ libre pour redresser son jugement et se rendre parfaitement compte de ce que ces voisins avaient d'imaginaire.

Les hallucinations envahissent rarement tous les sens à la fois : celles de la vue, de l'ouïe ou du tact, sont d'ordinaire isolées. Mais une hallucination aussi complète, qui aurait envahi tous les sens de Bernadette, eût certainement laissé dans son esprit une empreinte profonde, ineffaçable, et amené une perturbation sans remède : elle serait devenue folle.

Le Dr Voisin, médecin de la Salpêtrière, très compétent en ces matières, prenant les apparitions de Lourdes pour des hallucinations, affirme sans enquête que Bernadette est devenue folle. Il va plus loin : il va jusqu'à nous donner l'adresse de la maison de santé où elle est enfermée. Son affirmation est par trop téméraire ; nous aurons occasion de la relever, mais ici elle vient, pour une part, à l'appui de la thèse que nous soutenons.

Le Dr Voisin reconnaît, bien plus, il affirme *a priori* et sans examen, que le cerveau d'un enfant ne peut, dans des conditions normales, subir de pareils troubles, et qu'il est impossible d'admettre que Bernadette ait conservé l'intégrité de ses facultés : un sens droit, un jugement sûr, un équilibre parfait de son esprit. Si donc elle a joui jusqu'à la fin de sa vie de tous ces dons, c'est qu'elle n'a été que le témoin d'apparitions bien réelles, dont elle a conservé le fidèle souvenir.

CHAPITRE VII

BERNADETTE EN PRÉSENCE DES MÉDECINS
(Suite.)

Le Dr Voisin affirme qu'elle est enfermée dans un asile d'aliénés. — On lui donne la preuve de son erreur. — Il refuse de se rétracter. — Le Dr Robert Saint-Cyr déclare que Bernadette est un modèle de raison. — Le Dr Voisin n'a jamais vu Bernadette. — Le Dr Robert Saint-Cyr la voit chaque jour pendant les dix dernières années de sa vie. — Dozous et Balencie. — Les médecins de Lourdes et les médecins étrangers. — Bernadette et Jeanne d'Arc.

L'Union médicale du 27 juin 1872 reproduisait une des conférences du Dr Voisin, sur les maladies mentales. Dans cette conférence, le Dr Voisin, médecin de la Salpêtrière, développait la thèse que presque toujours les hallucinations aboutissent à la folie, et, pour preuve, il disait : « 1° le miracle de Lourdes a été affirmé sur la foi d'une enfant hallucinée, qui est maintenant enfermée dans le couvent des Ursulines de Nevers; 2° j'ai encore aujourd'hui, dans une de mes salles, une femme qui, depuis son adolescence, voit la Sainte Vierge dans le ciel, et qui a ainsi rempli le principal rôle dans le miracle de La Salette. »

Aussitôt, Monseigneur l'évêque de Nevers adresse au journal *L'Univers* la lettre suivante :

Cher Monsieur,

Comme vous le savez très bien, un professeur de la Salpêtrière, en développant ses théories sur les hallucinations, a prétendu, il y a déjà quelque temps, que Bernadette Soubirous, en religion Sœur Marie-Bernard, était enfermée comme folle dans le couvent des Ursulines de Nevers. Seriez-vous assez bon pour publier cette lettre par laquelle j'ai l'honneur de déclarer :

1° Que la Sœur Marie-Bernard n'a jamais mis le pied dans le couvent des Ursulines de Nevers;

2° Que, résidant à Nevers, il est vrai, dans la maison-mère des Sœurs de Charité et de l'Instruction chrétienne, elle y est entrée et y reste tout aussi librement que n'importe quelle autre Sœur;

3° Que loin d'être folle, c'est une personne d'une sagesse peu commune et d'un calme dont rien n'approche;

De plus, je me permettrai d'inviter le susdit professeur illustre à venir vérifier en personne l'exactitude de cette triple affirmation.

S'il avait la bonté de me faire connaître le jour de son arrivée, je me chargerais de le mettre en rapport avec la Sœur Marie-Bernard, et, pour qu'il ne puisse concevoir aucun doute sur son identité, je prierai M. le procureur de la République de vouloir bien la lui présenter. Il lui serait ensuite octroyé de l'envisager, de la questionner aussi longtemps qu'il lui plairait.

Personnellement, je promets la plus aimable figure d'hôte.

✝ AUGUSTIN, *évêque de Nevers.*

3 octobre, 1872.

M. Artus, catholique militant, qui ne se payait pas de mots en matière de raisonnement, adressa, sous le nom de défi public, une sommation impérative à tous les négateurs du surnaturel et du miracle.

« Il m'a paru, disait-il, très utile de raconter la stratégie fort curieuse de la philosophie incroyante devant ces faits qui la renversent, et de montrer l'attitude de ses plus fiers représentants, en présence du défi net et précis que leur a jeté au visage un chrétien indigné de leurs mensonges, qui a voulu peser dans sa main ce que ces gens avaient de sérieux, et ce qu'ils avaient de loyal. »

Les diverses brochures de M. Artus, œuvres d'esprit et de verve intarissable, eurent une immense publicité. La première, contenant le défi public, a eu vingt-cinq éditions.

Au Dr Voisin, M. Artus disait :

J'ai déposé dix mille francs chez M. Turquet, mon notaire, offrant de prouver : 1° Que Bernadette, la voyante de Lourdes, n'est pas et n'a jamais été enfermée dans le couvent des Ursulines de Nevers; 2° Que Mélanie, qui a rempli le principal rôle dans le miracle de La Salette, n'est pas et n'a jamais été dans vos salles d'hôpital.

Cette lettre fut insérée dans *Le Monde* du 16 août 1872, et dans *L'Univers* du 18 du même mois. M. Voisin ne répondit pas, pas plus qu'il n'avait répondu à l'évêque de Nevers. Les journaux, *Le Siècle* et autres, qui avaient bruyamment commenté les assertions du Dr Voisin, n'insérèrent pas la réponse de M. Artus. M. Artus écrivit vainement une seconde lettre qui se terminait par ce dernier appel à la conscience du savant :

Eh bien! Monsieur, lui disait-il, je ne vous propose pas de pari, je fais mieux; je souscris l'engagement de vous payer la somme de dix mille francs, si, après enquête faite par trois de vos confrères de la Faculté de Paris, tirés au sort, il n'est pas démontré :

1° Que Mélanie, la bergère de La Salette, n'a jamais mis le pied dans vos salles;

2° Que Bernadette, la voyante de Lourdes, n'a jamais été enfermée dans le couvent des Ursulines de Nevers.

N'allez pas, Monsieur, pour refuser cette enquête, prétendre que vous n'avez que faire de mes dix mille francs. Vous traversez chaque jour des quartiers pauvres ; l'hôpital de la Salpêtrière est plein de malheureux. On ne refuse pas une somme qu'on pourrait employer si utilement. Votre prétexte ne tromperait ni moi, ni personne. Je suis résolu à ne vous laisser aucun faux-fuyant.

Ou un aveu pur et simple

Ou un silence équivalent à un aveu

Ou une enquête qui vous confonde.

Vous ne pouvez sortir de là.

M. le Dr Voisin resta muet, ne voulant ni rétracter, ni répondre, et donnant ainsi le droit à M. Artus de lui adresser ces paroles sévères :

Permettez-moi, Monsieur, de terminer par une réflexion qui s'adresse à tous ceux qui, comme vous, par la parole ou la plume, ont l'honneur de parler au public. Tout homme qui, dans ces conditions, affirme ou nie des faits d'une telle portée, sans les avoir vérifiés ou étudiés, commet un crime social, car il fausse ou trouble la conscience de ces classes innombrables, qui n'ont ni le temps ni la faculté de faire par elles-mêmes un semblable examen et qui s'en rapportent en leur ignorance à ceux qui se donnent la mission de les enseigner.

Dans les questions de doctrine, on peut admettre la bonne foi, on peut croire à la sincérité, à la conviction d'un auteur, même lorsqu'il soutient une fausse thèse. Dans les questions de fait, il n'en est pas ainsi ; la vérité est facile à établir et, dès lors, elle s'impose. On ne peut dire d'un homme qu'il est mort s'il est vivant, d'une personne qu'elle est aliénée et enfermée dans un asile, alors qu'elle est attachée à une maison d'enseignement et qu'elle jouit de la plénitude de ses facultés.

Si le Dr Voisin avait eu des doutes après la lettre de l'évêque de Nevers, les affirmations avec preuve de M. Artus, il n'avait qu'à consulter son confrère Robert Saint-Cyr, de Nevers, médecin de Bernadette. Le Dr Damoiseau, président de la Société des médecins de l'Orne, avait écrit au Dr Robert Saint-Cyr, président de la Société des médecins de la Nièvre, pour le prier de lui donner des renseignements positifs sur l'état d'esprit de Bernadette. Il reçut la réponse suivante :

Nevers, 3 septembre 1873

Mon cher confrère,

Vous ne pouviez vous adresser mieux pour avoir sur la jeune fille de Lourdes, aujourd'hui Sœur Marie-Bernard, les renseignements que vous désirez. Médecin de la Communauté, j'ai donné des soins pendant longtemps à cette jeune Sœur, dont la santé très délicate nous inspirait de vives inquiétudes. Aujourd'hui, cet état s'est amélioré; et de malade, elle est devenue mon infirmière, s'acquittant dans la perfection de sa besogne.

Petite, d'apparence chétive, elle a vingt-sept ans. Nature calme et douce, elle soigne ses malades avec beaucoup d'intelligence et sans rien omettre des prescriptions faites; aussi jouit-elle d'une grande autorité, et, de ma part, d'une entière confiance.

Vous voyez, mon cher confrère, que cette jeune Sœur est bien loin d'être aliénée. Je dirai mieux : sa nature calme, simple et douce, ne la dispose pas le moins du monde à glisser de ce côté.

Je suis heureux, mon cher confrère, de cette occasion de causer avec vous et de vous être agréable, en vous fournissant les renseignements demandés, etc.

Signé : ROBERT SAINT-CYR,
Président de la Société des médecins de la Nièvre.

Cette lettre mettait fin au débat, et pour tout homme

sérieux, la question était jugée. Les affirmations si téméraires du Dʳ Voisin laissent une fâcheuse impression et l'on cherche vainement une explication, une circonstance atténuante pour en interpréter le sens ou en saisir le mobile. Mais dans un sujet si vaste, si plein d'intérêt, notre unique souci est de rétablir la vérité ; et, sans nous arrêter à des opinions personnelles, voyons en résumé quel a été le jugement porté par les médecins sur Bernadette.

Les docteurs Dozous et Balencie.

Au moment des apparitions, nous trouvons, dans le corps médical de Lourdes, deux hommes dans la pleine maturité de l'âge et du talent.

L'un est catholique de race et de conviction ; l'autre sceptique par nature.

Dozous est incrédule ; mais, entraîné par l'ardeur de son tempérament, il veut tout voir.

Son confrère, plus froid, plus méthodique, refuse d'accompagner Bernadette. — Qu'a-t-il besoin de voir? Tout cela était bon dans les siècles d'ignorance et de superstition. Mais, aujourd'hui, c'est parfaitement connu. C'est au nom de la science et avec ses données qu'il va se prononcer.

Dozous est subjugué par la simplicité, la sincérité de l'enfant. Il est ébloui par la transfiguration de son visage, qui semble refléter un éclat divin. Tous ses préjugés s'écroulent. Il touche le surnaturel ; il le reconnaît.

Il apporte à l'examen des faits qui se passent sous ses yeux le soin le plus scrupuleux ; mais il est témoin de tant de guérisons inexplicables, opérées par l'eau jaillie en sa présence, que tout son scepticisme finit par se fondre. Quelques années après, il résume ses observations dans un livre auquel il donne pour épigraphe : *J'ai cru, parce que j'ai vu.*

Son confrère est appelé, lui aussi, à se prononcer sur le caractère de ces événements. Il le fait dans un rapport officiel qui lui est demandé par l'administration de Lourdes. Ce rapport est une pièce importante que nous avons pu discuter en toute liberté d'esprit.

Entre ces deux hommes, également instruits et sincères, la discussion était intéressante à suivre. L'accord devait se faire ; ils avaient sans cesse sous les yeux les éléments du débat.

Qu'est-il arrivé ?

Dozous, tout en proclamant le surnaturel, ne conforme pas sa conduite à ses croyances ; il reste éloigné de la religion la plus grande partie de sa vie.

Son confrère porte d'abord sur les guérisons le même jugement que sur les apparitions ; il n'y voit que des effets naturels. Mais devant ces faits étranges qui se renouvellent chaque jour, son esprit s'éclaire de lueurs inattendues. A son tour, il voit, il touche le surnaturel.

Je ne dirai pas que le Dr Balencie est aujourd'hui plus convaincu que moi ; il l'est autant. Il est notre collaborateur, notre guide ; il est l'homme de la tradition, le témoin vivant du passé.

A ses côtés, il est toujours facile de refaire l'histoire de ces événements, qu'il connaît dans leurs moindres détails. Pendant les derniers pèlerinages, on essayait, au milieu de l'auditoire mêlé qui nous entourait, auditoire où les hommes de lettres et les correspondants de journaux étaient en majorité, de créer une légende sur Bernadette : c'était la victime, l'enfant séquestrée. On l'avait envoyée vivre et mourir loin du théâtre de la gloire.

Nous avons vu notre confrère se redresser vivement et fixer son regard sur ses interlocuteurs; avec une parole pleine d'autorité, avec cet accent qui donne une conviction absolue : « Bernadette séquestrée, dit-il, mais c'est une invention, c'est le contraire de la vérité! Elle était la chose de tout le monde; à toute heure on pouvait la demander et la voir; si vous étiez venu, on ne vous l'aurait pas refusée.

» J'étais médecin de l'hôpital et j'ai dû intervenir bien souvent pour protéger sa santé menacée; on abusait de ses forces; si elle n'était pas partie pour la communauté elle serait morte à la peine. C'est pourtant de son plein gré qu'elle est partie et qu'elle a voulu vivre et mourir loin de Lourdes. »

Tous ces événements sont encore contemporains; il est intéressant de recueillir la déposition des derniers témoins qui vivent encore.

Dozous, avons-nous dit, a rendu sur cette enfant un témoignage public d'une portée indiscutable. Il l'a rendu en présence de tous les témoins des événements, en présence de tous les médecins de Lourdes. Le moment était certainement favorable pour poser les bases d'une enquête sérieuse, et cette enquête a été poursuivie pendant plusieurs années, alors que les premiers mouvements d'agitation et de controverse étaient depuis longtemps apaisés.

Les confrères du Dr Dozous n'avaient voulu voir

dans ces apparitions que le jeu d'une imagination malade ils formèrent le premier groupe d'opposants, et protestèrent au nom de la science dont ils étaient les dépositaires. Mais, à Lourdes, ils ne pouvaient absolument rester étrangers aux événements qui se déroulaient autour d'eux : malgré eux, ils furent les témoins et les juges des guérisons qui se répétaient chaque jour. Devant ces faits étranges, sans cesse renouvelés, qui renversaient toutes les lois, tous les principes connus, ils reconnurent franchement leur erreur et vinrent rendre hommage à la vérité. Comme leur confrère Dozous, mais plusieurs années après, ils s'inclinèrent devant le nombre et l'évidence des preuves qui leur étaient données. Combien de médecins ont imité leur exemple! Après avoir protesté bien haut au nom de la science, ils n'ont pas craint de reconnaître, dans des certificats clairs, explicites, sans réserve, que les guérisons de Lourdes étaient contraires à toutes les lois connues.

Les adversaires du surnaturel ont mis tout en œuvre pour expliquer les apparitions d'une façon naturelle. Et l'on sait combien les idées préconçues nous rendent ingénieux et persévérants dans l'étude et la discussion des faits qui viennent à l'encontre de nos théories.

Cette grande enquête, poursuivie par tant de témoins divers, a démontré la sincérité de Bernadette, l'équilibre parfait de toutes ses facultés. Et plus tard, pendant sa vie religieuse, elle a été attachée au service de l'infirmerie, en contact journalier avec le médecin de la maison, le Dr Robert Saint-Cyr; la lettre que nous avons reproduite nous montre l'impression que cette nature, calme et douce, pleine de sens et d'esprit pratique, avait laissée dans l'esprit de notre confrère.

Ainsi, tous ceux qui ont vu et connu cette enfant, depuis Dozous, Vergez, jusqu'à Robert Saint-Cyr, tous les contemporains, tous les hommes instruits qui l'ont approchée, tous ont été unanimes pour rendre hommage aux qualités de cette humble bergère, qui, placée brusquement au premier plan des préoccupations générales, avait conservé les vertus les plus difficiles, les plus rares : la simplicité et le désintéressement.

Si tous ceux qui l'ont vue et connue l'ont appréciée de la sorte, comment a-t-on pu, à distance, porter sur elle des jugements opposés et tout aussi affirmatifs ? Comment, sans étude préalable, sans aucun élément d'information, a-t-on pu l'accuser d'hallucination et de folie ?

Pour comprendre les divergences profondes qui séparent des hommes également instruits, il faut quitter la question de fait et remonter aux principes qui ont inspiré ces jugements différents ; il faut se rappeler que, parmi les médecins, un certain nombre considèrent les pratiques de la vie chrétienne comme les symptômes d'une névrose : névrose aiguë dans certains cas qui tranchent sur le cours ordinaire de la vie ; névrose chronique qui se confond avec l'hystérie et est endémique dans les couvents.

« Les miracles, dit Littré, sont dans ce domaine particulier où la médecine confine à l'histoire ; on les range dans la catégorie des troubles du système nerveux. Toute révélation est une hallucination. La religion relève de la médecine. Ses fondateurs, ses grands personnages sont des malades. »

Gardons-nous de croire que ces principes ne représentent que des préjugés disparus. Voici le texte d'une affiche collée sur les murs de Paris, dans les premiers jours de septembre 1889 :

SCIENCE VULGARISÉE
ANTHROPOLOGIE

Aujourd'hui, il est acquis que toutes les religions ont été créées par les hommes.

MM. Broca, de Mortillet, Karl Yoght *(sic)*, Herbert Spencer, etc., etc., anthropologues, l'ont établi d'une façon irréfutable.

Il ne reste plus aux prêtres catholiques, protestants, israélites et autres, qu'à se renfermer dans l'enseignement de la morale ou dans l'étude de *l'austère* religion du devoir formulée par Castelar.

LES PROFESSEURS D'ANTHROPOLOGIE.

Sh. Paris, imprimerie P. Dubreuil, 18 et 18 bis, rue des Martyrs.

Avec des points de départ si différents, une entente ou même une discussion paraît difficile ; cependant, à côté des questions de doctrine, il y a toujours, nous l'avons dit, les faits qui s'imposent dans toute leur rigueur et n'admettent pas de divergences. Le Dr Voisin en a fait à ses dépens l'expérience cruelle. Comment se fait-il que dans des questions si graves, qui touchent par tant de côtés à la dignité de l'homme, qui soulèvent de si nombreux, de si difficiles problèmes, comment se fait-il que nos éducateurs et nos guides ne veuillent les entendre que d'un esprit distrait et d'une oreille inattentive?

C'est ainsi que des hommes éminents, oubliant leur mission, refusent de soumettre à leur analyse des faits, des événements sur lesquels ils laissent s'engager des confusions regrettables. Mais si l'on traitait ainsi devant eux les questions médicales, avec quelle énergie ne nous rappelleraient-ils pas au respect de nos traditions et de nos procédés scientifiques! Pourquoi faut-il que ces grands esprits aient ainsi des défaillances voulues et des résistances insurmontables?

Nous devons reconnaître pourtant qu'il s'est fait dans ces derniers temps un mouvement considérable parmi nous. Chaque année, nous voyons de plus nombreux confrères, secouant le joug de préjugés surannés, venir étudier, observer par eux-mêmes ces intéressantes questions. Aujourd'hui on ne pourrait plus impunément traiter Bernadette de folle et la placer dans un asile d'aliénés. On ne pourrait découper dans un traité de maladies mentales des phrases détachées, pour les mettre en regard de sa biographie et conclure qu'elle devait *être hallucinée parce qu'elle a gardé les troupeaux, habité la campagne.*

Aujourd'hui, un grand souffle d'indépendance a passé sur nous. Chacun peut, en ces matières, se faire une opinion personnelle. Chacun peut soutenir et défendre ses convictions. Les aveugles de parti pris ne sont plus de saison et ne font plus école.

Aujourd'hui — nous l'établirons dans le cours de cette étude, — des centaines de médecins, ayant en main tous les éléments d'information, se sont prononcés sur ces questions avec une entière indépendance et une compétence indiscutable.

En parlant de l'hommage rendu par nos confrères aux enseignements de Lourdes, un souvenir bien touchant revient à mon esprit, je ne puis résister au désir de le transcrire ici.

Il y a quelques mois, un de mes amis, secrétaire d'une importante société de médecine, me disait : J'ai reçu ces jours derniers une lettre d'un médecin du Nord qui m'est absolument inconnu.

Dans sa lettre, ce confrère m'écrit : « Je viens vous demander un service important ; je n'ai aucun titre pour me recommander auprès de vous ; mais l'honorabilité de votre caractère et vos convictions bien connues me permettent d'espérer que vous ferez bon accueil à ma demande.

» Il y a bien des années déjà, lorsque je faisais ma thèse, j'insérai dans mon travail une phrase injurieuse à l'adresse des pèlerinages de Lourdes.

» C'était le tribut payé aux doctrines, aux idées de l'école. En dehors de la science, telle qu'on nous l'enseignait, je ne voyais que superstition, ignorance ou mauvaise foi.

» Cette phrase a pesé comme un remords sur ma vie entière.

» A tout prix, je voudrais pouvoir l'effacer. Il ne reste presque plus d'exemplaires de ma thèse, mais il en est un qui ne m'appartient pas, c'est celui que j'ai dû déposer dans les archives de la Faculté.

» Voulez-vous me rendre le service d'aller à la bibliothèque ? vous demanderez la collection des thèses, telle année, tel mois, tel jour. Quand vous arriverez à la page que je vous indique, vous effacerez toute trace de cette phrase malheureuse que je réprouve absolument. Quand vous l'aurez fait, écrivez-moi.

» Je serai désormais tranquille et ma reconnaissance a plus vive vous sera acquise. »

Quel prix n'a pas cette confidence intime, faite sans entraînement, sans aucune préoccupation d'intérêt? Hommage spontané rendu dans toute l'indépendance de l'esprit et du cœur; c'est le cri d'une conscience qui a longtemps souffert, qui veut reconnaître et réparer ses erreurs.

Je livre ce récit à la méditation de mes confrères. Je le livre à la méditation de tous ceux qui peuvent croire encore à la légende du médecin toujours incrédule et sceptique.

Ils verront quelle vivacité, quelle ardeur, les convictions religieuses bien raisonnées prennent souvent parmi nous. Ils verront comment nous savons nous dégager des préjugés qui nous ont trop longtemps enchaînés.

Bernadette. — Jeanne d'Arc.

L'histoire de Bernadette, sa vie, sa mission providentielle, le bruit qui s'est fait autour de son nom, tout confond, tout surprend dans ce récit merveilleux qui sort des conditions de la vie réelle.

Son exemple pourtant n'est pas sans précédent dans notre histoire.

« Il y a plus de trois siècles, une jeune fille âgée de seize ans, ne sachant de son propre aveu ni A ni B, occupée, dès son bas âge, à coudre, à filer, à mener paître son troupeau, affirme qu'elle est envoyée de Dieu pour sauver le royaume de France. Son affirmation ne rencontre que l'incrédulité dans sa famille, le dédain parmi les hommes d'épée, la défiance chez les gens d'Église. Elle triomphe de tout..... Étrangère à l'art de la guerre, auquel elle n'entend rien, elle fait lever le siège d'une grande ville à des généraux expérimentés, elle fait reculer une armée toujours victorieuse jusque-là. Elle ramène enfin la victoire sous nos drapeaux.

» Quelques années après, il ne restait plus un étranger sur le sol de la patrie, la France était libre, indépendante, et, de cette lutte de tout un siècle, il ne restait que le souvenir d'un drame gigantesque, dénoué par la main d'une enfant (1). »

Comme Jeanne d'Arc, Bernadette, à peine âgée de quatorze ans, ignorante, timide, sans aucune instruction, occupée jusque-là à la garde des troupeaux, devient la messagère choisie par Dieu pour faire entendre au monde les plus graves enseignements. Elle nous convie à la pénitence, à la prière; elle proclame le dogme à peine connu de l'Immaculée Conception. Elle soulève des élans de foi dignes des premiers âges de l'Église: elle couvre la terre de Lourdes d'une végétation d'édifices sacrés et de maisons religieuses. Il n'y a pas un peuple dans l'univers qui ne connaisse, ne bénisse et n'implore la Vierge dont elle nous a laissé la ravissante image.

Michelet, en écrivant la vie de Jeanne d'Arc, fait une réflexion bien profonde :

« Ce qui m'a le plus frappé chez cette jeune fille, c'est son rare bon sens. »

Alors que tout le monde avait perdu la tête, que le

(1) Discours de Mgr Turinaz, évêque de Nancy.

roi doutait de lui-même et de sa mission, que les généraux n'avaient plus confiance, Jeanne remit toutes choses en place; elle rendit le courage à l'armée, l'espérance au roi, et trouva pour chacun le langage qui lui convenait.

La timide enfant de Lourdes, en présence des savants et des incrédules, avait aussi des éclairs de bon sens qui réduisaient au silence tous ses contradicteurs.

Ni Jeanne, ni Bernadette ne purent s'imposer à la foi comme à l'admiration de leurs contemporains.

Les simples se rendirent vite; ces surprenantes apparitions leur semblaient venues du ciel; tant de pureté unie à tant de simplicité les subjuguait. Mais les grands personnages, les docteurs, se tenaient sur la réserve, les théologiens eux-mêmes délibérèrent longtemps.

Pour expliquer leurs deux vies, on aura beau multiplier les hypothèses, il y aura toujours du merveilleux dans leur histoire.

Le curé de Domrémy, cité en témoignage dans le procès de revision, disait en parlant de Jeanne : « Je ne connus jamais sa pareille. »

L'abbé Peyramale, curé de Lourdes, a dépensé toutes les énergies de sa vie pour défendre et protéger son humble bergère.

Voilà donc deux bergères qui jouent un rôle bien surprenant dans notre histoire. L'une délivre la France et termine la guerre de Cent ans; l'autre, au milieu d'une société qui semble vouloir retourner au paganisme, qui nie le Christ et ses Apôtres, qui, depuis un siècle, divinise la raison, l'autre, disons-nous, fait fléchir le genou à tout un monde et semble mettre le ciel en communication directe avec la terre.

Jeanne meurt sur le bûcher, méconnue, trahie. Mais, après plus de trois siècles, sa mémoire excite parmi nous un enthousiasme général et tout un peuple se retourne vers elle. Son nom devient un cri d'espérance, et le souvenir de cette gloire nationale se réveille à la fois dans tous les esprits.

Bernadette a connu l'épreuve. Les murmures de la contradiction, les sarcasmes de l'impiété sont arrivés jusqu'à elle, mais l'outrage ne l'a pas abattue. La science l'a combattue par tous les moyens. On a déclaré qu'elle était menteuse, folle, hallucinée, mais les médecins qui l'ont connue ont proclamé sa sagesse et sa raison ; ils ont rendu un public hommage à toutes ses qualités : modestie, simplicité, désintéressement.

De son vivant, elle a vu ses prédictions réalisées, comme des ordres venus du ciel. Elle a vu les foules se presser sur les bords du Gave, et les guérisons les plus éclatantes nous ont donné la preuve de sa mission surnaturelle.

C'est une page bien surprenante pour notre âge que celle qui s'écrit depuis plus de trente ans à Lourdes ! Il faut remonter jusqu'à l'histoire du peuple de Dieu pour trouver des pages comparables à celle-là.

Jeanne d'Arc, Bernadette, nous rappellent les grandes figures des femmes de la Bible : messagères choisies par Dieu pour manifester plus ouvertement sa puissance, pour converser plus familièrement avec nous, pour nous transmettre ses ordres ou ses enseignements.

LES PREMIÈRES GUÉRISONS

CHAPITRE PREMIER

LES PREMIÈRES GUÉRISONS

Les guérisons surnaturelles confirmant la réalité des apparitions. — Louis Bourriette et le Dr Dozous. — La Commission d'enquête et le Dr Vergez. — Blaisette Soupenne, blépharite. — Bouhohorts, athrepsie. — Henri Busquet, plaie lymphatique. — Théorie de la formation des tissus. — Le Dr Diday cherche une explication naturelle. — Son embarras. — Ses distinctions subtiles. — Maladies organiques et maladies nerveuses. — Le Dr Diday reconnaît que ces guérisons dépassent la portée des moyens naturels. — L'eau de Lourdes. — Son analyse. — L'hypnotisme. — Dr Vergez.

Si l'histoire de Lourdes s'arrêtait à cette première période, entièrement remplie par les apparitions et par Bernadette, l'écho de ces visions serait bien affaibli, s'il n'était effacé, la polémique, toujours ardente sur cette question, serait depuis longtemps apaisée.

En outre, comment pourrions-nous comprendre le plan ou le but des apparitions? Les apparitions ne pouvaient être un objet de pure curiosité; l'œuvre de Lourdes serait incomprise si elle se limitait à cette première période. Mais elle devait recevoir, dans les événements qui vont suivre, une consécration profonde et durable.

Les guérisons qui se succèdent depuis plus de trente ans forment dans notre siècle un événement considérable. Si on peut les discuter, essayer de les faire rentrer dans les lois naturelles, on ne peut contester leur existence. Elles vont se présenter devant nous, appuyées de ces garanties, de ce contrôle sérieux, que nous avons déjà signalé dans la première partie de cette histoire. C'est sous les yeux des médecins que ces modifications surprenantes s'opéreront, et c'est une page de clinique bien curieuse à étudier que nous allons parcourir.

§ 1er

Louis Bourriette. — La première guérison est celle de Louis Bourriette, un des plus anciens clients de Dozous. Vingt ans auparavant, Bourriette travaillait dans les environs de Lourdes, avec son frère Joseph, à extraire de la pierre. Une mine, mal dirigée, avait fait explosion à côté d'eux. Joseph était tombé raide mort. Louis, violemment renversé sur le cadavre de son frère, resta plus de deux heures sans connaissance, les mains et le visage affreusement brûlés. Ce malheureux fut atteint d'une méningite violente, accompagnée *d'un délire furieux.*

L'affection cérébrale dura trois mois; mais une agitation nerveuse incessante le contraignit, pendant deux ans, à mener une existence vagabonde. Lorsqu'il voulut reprendre son travail, il s'aperçut que sa vue saisissait d'une manière si confuse les objets de petite dimension qu'il lui était impossible de se livrer à la taille de la pierre. De nouveau, il se rendit chez le Dr Dozous, le priant d'examiner ses yeux, et d'améliorer sa vue par tous les moyens possibles.

Le docteur constata que l'œil droit avait été blessé profondément sur le bas de la circonférence de la cornée, à son point de jonction avec la sclérotique, et que la pupille, fort dilatée, était à peine sensible à l'action de la lumière. En effet, quelle que fût l'intensité de l'éclairage, on ne retrouvait que quelques lueurs confuses. Après bien des essais infructueux, le docteur dut faire comprendre à Bourriette que l'œil droit était perdu, et qu'il devait en prendre son parti.

L'accident survenu était tellement grave qu'il devait faire penser que la mort en serait la suite. L'amaurose, consécutive à la blessure de l'œil, et à cet ébranlement nerveux considérable, n'était curable par aucun moyen à la disposition de la science humaine. « Peut-on comprendre, dit-il, que cet œil, privé de vision, depuis plus de vingt ans, ait pu reprendre en un instant l'intégrité de ses fonctions? Il y a là un fait de la plus grande importance, fait visible pour tous, et qui peut nous faire apprécier la puissance de l'agent curatif employé par ce malheureux ouvrier. »

Ayant entendu parler de la source miraculeusement jaillie à la Grotte, Bourriette appelle sa fille : « Va me chercher de cette eau, lui dit-il, la Sainte Vierge, si c'est elle, n'a qu'à le vouloir pour me guérir. » Une demi-heure après, l'enfant apportait un peu de cette eau, encore bourbeuse. Le père en lave son œil malade, et, presque aussitôt, il pousse un grand cri et se met à trembler, tant son émotion était grande. Pendant qu'il lavait son œil avec cette eau bienfaisante, le jour grandissait sous son regard et il distinguait nettement les objets.

Le lendemain, il rencontre le Dr Dozous, et il court à lui : « Je suis guéri, lui dit-il. — Pas possible! s'écrie le médecin, vous avez une lésion organique qui rend votre mal absolument incurable. » En même temps, le docteur tire un agenda de sa poche et écrit quelques mots au crayon ; puis, d'une main, il ferme l'œil valide de Bourriette et présente à l'œil droit, qu'il savait entièrement perdu, la petite phrase qu'il vient d'écrire : « Bourriette a une amaurose incurable, et il ne guérira jamais. » Et Bourriette, de son œil naguère mort, regarde et lit sans la moindre hésitation.

Le Dr Dozous reconnut et proclama, sans hésiter, dans cette guérison soudaine, l'action d'une puissance supérieure.

« J'examinai, dit-il, les deux yeux de Bourriette, qui ne me parurent offrir, dans leur forme et l'organisation de leurs diverses parties, aucune différence. Les deux pupilles fonctionnaient régulièrement sous l'action de la lumière. Sur l'œil droit, la cicatrice existait encore : c'était la seule trace qui restait, sur cet organe, de l'action de l'agent vulnérant (1). »

A partir de ce moment, nous dit encore Dozous, je m'attachai d'une manière particulière aux malades qui se rendaient chaque jour par centaines devant les roches. J'ai étudié avec un soin infini et une grande persistance toutes les guérisons qui se sont produites sous l'action de l'eau de la fontaine. Sans ces exemples répétés, mon esprit, peu enclin à accepter une explication miraculeuse quelconque, n'aurait cédé que bien difficilement même sur un fait si remarquable sous tant de rapports. »

Le moment n'était pas encore venu d'analyser tous

(1) Nous avons pris le texte de cette observation et des observations qui vont suivre dans l'*Histoire de Lourdes* de M. Lasserre.

LES PREMIÈRES GUÉRISONS

ces faits avec les données de la science et de la raison.

Huit mois se passèrent ainsi, pendant lesquels un certain apaisement put se faire dans les esprits. Pendant huit mois, ces guérisons, devenues le thème de toutes les discussions, furent jugées et appréciées par les témoins de ces événements.

Ce ne fut que le 17 novembre que la Commission, nommée par Mgr Laurence, se rendit à Lourdes, pour faire un examen approfondi sur toutes les guérisons extraordinaires accomplies par l'eau de la Grotte.

A ce moment, nous voyons entrer en scène un médecin entouré d'une autorité et d'une considération incontestées : le Dr Vergez, inspecteur des eaux de Barèges, professeur agrégé à la Faculté de Montpellier.

Barèges offrait à cette époque une clinique sans rivale pour l'étude des maladies chroniques. Vergez avait porté très loin l'éclat de son nom et de sa renommée. Observateur très apprécié, il allait faire preuve, dans cette enquête, de qualités supérieures. Pendant plus de vingt ans, il est resté le témoin et le juge de ces grands événements.

Surpris par des faits si nouveaux pour lui, son esprit s'est éclairé de lueurs surprenantes, et il a traduit dans un magnifique langage ses premières impressions. On avait remis entre ses mains les rapports faits par les médecins particuliers sur les guérisons les plus importantes. Il sut distinguer :

1° Les cas qui n'offraient que des probabilités de miracles ;

2° Ceux qui pouvaient recevoir par quelque côté une explication scientifique ;

3° Ceux qui, sans contestation, étaient hors des lois ordinaires de la vie.

Après ce travail, il partit avec les commissaires pour aller dans les villes et les bourgs étudier à nouveau, auprès des sujets eux-mêmes et sur les attestations des témoins oculaires, l'histoire de leurs maladies et de leurs guérisons.

Dans cette enquête à domicile, on ne s'occupa que des faits jugés d'avance surnaturels par l'autorité de divers médecins. Parmi la multitude des événements extraordinaires, qui, dans la seule année 1858, avaient fait crier au miracle, la Commission choisit sept cas qui lui parurent au-dessus des lois de la nature et des procédés au pouvoir de la science médicale.

Le premier était celui de Louis Bourriette.

§ 2

Le deuxième, celui de Blaisette Soupenne, de Lourdes. Son observation peut être facilement interprétée par les personnes étrangères à la médecine.

Blaisette, âgée de cinquante ans, était atteinte depuis trois ans d'une inflammation des yeux, avec renversement des paupières. Les paupières, éraillées, dépouillées des cils, étaient couvertes d'une multitude d'excroissances charnues; les larmes s'écoulaient continuellement sur les joues. Elle avait cet aspect particulier, repoussant, que présentent ces malades avec leurs deux yeux constamment ouverts et entourés d'un cercle cicatriciel formé de chairs saignantes et violacées.

Cette malade avait vainement demandé sa guérison aux eaux de Barèges, Cauterets et Gazots. Ces affections exigent un traitement longtemps continué, et sont extrêmement rebelles. Deux lotions d'eau de la Grotte, faites à quelques heures de distance, suffirent pour amener une guérison complète. Les yeux cessèrent d'être larmoyants, les paupières s'étaient redressées; les excroissances charnues avaient disparu. A partir de ce jour, les cils revinrent.

La déclaration de cette femme a été confirmée par son médecin, qui avait vainement combattu cette grave infirmité et avait été témoin de sa guérison. Du reste, tous les médecins appelés à examiner la malade ont reconnu que sa guérison présentait un caractère surnaturel. La lésion matérielle était profonde et parfaitement appréciable. Comment expliquer que les paupières aient pu reprendre en un instant leur jeu, leur mobilité, leur souplesse? Cette infirmité réclamait, pour guérir, ou l'excision des chairs saignantes ou tout ou moins leur cautérisation énergique. Il avait suffi de deux lotions d'eau pour faire disparaître toute trace du mal

§ 3

Le jeune Bouhohorts est un enfant de deux ans, chétif, malingre, d'une maigreur extrême et d'un teint cadavéreux. Il n'a jamais pu faire un pas, et il semble n'avoir qu'un souffle de vie. On le plonge le 18 février 1858, par un froid très vif, dans le bassin glacé que remplissait l'eau de la Grotte. Sa mère l'y maintient un quart d'heure, au grand étonnement de la nombreuse assistance qui ne savait trop qu'attendre de cette apparente cruauté. Et voilà qu'une vraie résurrection s'opère en lui. Dès le lendemain, l'enfant se lève sans le secours de sa mère, et se met à marcher pour la première fois de sa vie, à la stupéfaction des parents et des voisins.

On a beaucoup disserté dans ce fait sur l'influence de l'eau froide dans les affections adynamiques graves; mais on n'emploie guère l'hydrothérapie sur des enfants de deux ans, et, dans tous les cas, on ne l'emploie pas de cette façon. « Jamais, dit Vergez, un médecin n'aurait prescrit à un enfant épuisé, presque mourant, un bain d'eau glacée de la durée d'un quart d'heure, au mois de février. La femme Croisine a demandé la guérison de son fils à des procédés condamnés par l'expérience et la raison. Et non seulement la guérison a été instantanée, mais l'enfant, qui n'avait jamais marché, s'échappe du berceau et fait ses premiers pas avec l'assurance que donne l'habitude. Il est guéri parfaitement et sans convalescence, c'est-à-dire en dehors de toutes les règles connues. »

§ 4

Catherine Latapie a, depuis deux ans, une très grande faiblesse dans le bras droit, faiblesse consécutive à une luxation de l'épaule. Les deux derniers doigts de la main sont fléchis et repliés d'une façon permanente. Elle plonge sa main dans l'eau de la Grotte, et à l'instant ses doigts s'ouvrent sans effort, son bras retrouve sa souplesse et sa force perdues.

Il ne s'agissait pas ici d'une paralysie spontanée, mais d'une paralysie consécutive à une luxation de l'épaule. Aussi le bras, depuis longtemps contracturé ou immobilisé, n'aurait dû reprendre ses mouvements et ses fonctions que d'une façon lente et graduelle.

§ 5

Le cinquième fait est celui d'Henri Busquet de Nay ; c'est un des plus importants. Ce jeune enfant avait eu, à la suite d'une fièvre typhoïde, une série d'abcès ganglionnaires du cou. Ces abcès, en se renouvelant, avaient fini par déterminer une vaste plaie qui avait les caractères d'un ulcère scrofuleux. Elle s'étendait sur tout le haut de la poitrine. Depuis deux ou trois ans, les moyens employés étaient restés sans résultat. Le 28 avril 1858, cette plaie est lavée et recouverte d'un linge imbibé d'eau de Lourdes.

Busquet est trop souffrant pour se rendre à la Grotte.

L'enfant s'endort. A son réveil, on trouve la plaie entièrement guérie. Le sommet de la poitrine porte la trace du mal terrible qui, pendant deux ans, avait sévi sur ce pauvre enfant, mais la cicatrice ne laisse rien à désirer.

Les médecins qui examinent Busquet nous disent : « Les affections de cette nature sont lentes à guérir. Elles se rattachent à la diathèse scrofuleuse. La soudaineté et la permanence de la guérison démontrent que ce fait s'écarte absolument des lois scientifiques ; nous le rangeons parmi les faits qui possèdent pleinement et d'une manière évidente le caractère surnaturel. »

Bourriette, avec son œil perdu depuis vingt ans, sa pupille dilatée et immobilisée par la cicatrice; Blaisette Soupenne, avec ses deux yeux entourés d'un demi-cercle de chairs violacées et saignantes; Busquet, avec son vaste abcès scrofuleux, qui depuis trois ans résiste à tous les traitements, nous fournissent des observations concluantes.

En présence de lésions matérielles bien constatées que tout le monde peut apprécier, la discussion est facile à conduire. On sait à quelles lois sont soumises dans leur évolution ces plaies et ces altérations profondes. Sur ce terrain, les merveilles opérées par l'imagination ont une limite, et cette limite n'est pas loin ; c'est d'abord la loi même de la formation des tissus organiques.

Les nerfs ne peuvent seuls restaurer les tissus ; il leur faut des matériaux nouveaux apportés par le sang. Dans certaines circonstances, la restauration est absolument impossible aux forces ordinaires de la vie. Un membre amputé ne peut se reproduire ; un œil enlevé ne se reforme pas. Dans ces conditions, la guérison est toujours miraculeuse.

Mais pour les tissus qui peuvent se régénérer comme la peau, les muscles ou les os, une restauration instantanée est encore supérieure aux lois de la nature, à la puissance de l'organisme. Les tissus se reforment comme ils se sont formés, au moyen de cellules nouvelles engendrées sur place. Et, pour cette opération, il faut que le courant sanguin apporte des matériaux ; rien de tout cela ne peut être instantané. Voilà pourquoi une plaie étendue, ancienne, dont on ne peut rapprocher les bords, ne peut guérir en quelques heures.

Attribuer ce résultat à des émotions morales, comme le font quelques médecins en parlant des guérisons de Lourdes ; croire que l'imagination a une puissance assez forte pour modifier les lois de la formation des tissus c'est se mettre en opposition avec les principes les plus incontestés de notre science. Autant vaudrait imiter Bacon, qui se proposait de rechercher si l'imagination ne parviendrait pas à mûrir des nèfles en vingt-quatre heures. L'illustre chancelier ne paraît pas avoir réussi dans sa tentative. Nous ne pensons pas que personne, même parmi ses plus fervents disciples, ait continué ses recherches.

Le Dr Diday, en voulant combattre le caractère surnaturel des guérisons de Lourdes, a parfaitement compris le danger qu'il y avait pour lui à s'aventurer sur ce terrain; afin d'éviter cet écueil, il a recours à une argumentation subtile et qui montre bien son embarras. « Ce sont, dit-il, les maladies nerveuses qui devront être les plus influencées par le contact de l'eau de Lourdes. » Et il se garde bien de parler des maladies organiques.

Alors, il élargit à son gré le cadre des maladies nerveuses et englobe sous cette dénomination tous les cas qui le gênent, tous ceux qui, par une synonymie éloignée, peuvent avoir un lien de parenté avec ces maladies. « Je comprends par là, ajoute-t-il, tous les cas qui sont de purs troubles nerveux, ou ceux qui ont *une origine résidant dans le système nerveux.* » Ainsi un coup de revolver dans la tête, un abcès ou des tubercules qui détruisent une partie du cerveau, une surdité ou une cécité de naissance : maladies ayant une origine résidant dans le système nerveux. La formule ou la définition sont par trop élastiques.

« Bourriette, nous dit-il négligemment, a une amaurose : affection nerveuse; » et il oublie que ce malheureux.

dans un éclat de mine, a failli perdre la vie, qu'il a eu une méningite des plus graves, que son œil a été profondément blessé, et qu'il est resté aveugle vingt ans. Tout cela méritait au moins mention. *Maladies nerveuses :* telle est la sentence sans appel.

Mais voici venir les plaies de tous genres, les tumeurs, etc..... Comment le Dʳ Diday va-t-il concilier ces guérisons instantanées avec les lois de restaurations des tissus que nous énoncions plus haut? Il va plaider les circonstances atténuantes, chercher chicane au bon Dieu sur la manière dont il opère. Car, malgré toutes les ressources de son esprit, il commence évidemment à s'embarrasser. « Tandis que chez les sujets atteints de maladie nerveuse, dit-il, la guérison a été instantanée, au contraire, chez les derniers sujets, là où le mal était matériel, l'effet a été moins prompt. Chez la femme Cazeaux, il a fallu un ou deux verres d'eau; une nuit pour Busquet. »

Pour le vaste ulcère qui date de trois ans, une nuit! Une nuit, une minute ou une heure ne change rien à la donnée de ce problème; il faudrait des mois pour combler cette vaste perte de substance. Deux jours pour la femme Soupenne, pour refaire des paupières détruites, et les refaire sans opération, sans traitement! C'est encore un délai qui serait insuffisant pour le médecin ou pour la nature réduite à ses seules ressources. « Quant à cet enfant de deux ans, qui retrouve la vie dans un bain d'eau glacée d'un quart d'heure, cette guérison, dit Diday, s'explique par une cause toute naturelle, par un agent qu'emploie chaque jour la médecine ordinaire. » Je doute que ce moyen ait été souvent conseillé dans ces conditions. Le système nerveux d'un enfant si jeune me paraît bien délicat pour subir avec avantage de pareilles commotions.

Diday est importuné par la persistance des cicatrices ou des traces que ces guérisons laissent après elles. « Si la main a été divine, le vestige est tout humain, nous dit-il dans un style dont il a le secret. » Il ajoute : « Si les traces matérielles de l'ancien traumatisme avaient disparu chez Bourriette; si, chez le scrofuleux, l'ulcère s'était fermé sans laisser de cicatrice, toute enquête devenait superflue; à moins de nier qu'il n'y eût eu ulcère, on ne pouvait nier qu'il y eût eu miracle. » A moins de nier qu'il n'y eût eu ulcère!

C'est peut-être pour cela même que Dieu a voulu qu'il restât une preuve ineffaçable de son intervention. Car enfin, il faudrait s'en rapporter aux témoignages du malade, de son entourage ou de son médecin. Et ce témoignage pèse souvent d'un faible poids dans la balance. Que de motifs de récuser des faits dénués de preuves encore visibles !

Diday demande, comme le curé de Lourdes, la floraison de l'églantier en plein hiver. Si l'arbuste eût fleuri, il ne l'aurait certainement pas constaté. C'était bien loin, sans intérêt pour lui en ce moment. Ces fleurs depuis longtemps effeuillées, ne changeraient guère les conditions de l'enquête que nous poursuivons.

Malgré tout, néanmoins, les conclusions du Dr Diday ne ressemblent pas à ses prémisses. « Je l'avoue, dit-il en terminant, et il ne m'en coûte pas de le répéter, les guérisons racontées par M. Lasserre sont surprenantes, extraordinaires, dépassent, et de beaucoup, ce que nous avons l'habitude, nous, médecins, d'observer et surtout d'obtenir. Assurément, il y a là de quoi frapper d'étonnement les spectateurs les plus instruits, je le déclare sans arrière-pensée. Et je comprends à merveille la stupéfaction des témoins, la reconnaissance des heureux privilégiés. »

Voilà pourtant l'aveu que l'on rencontre sous la plume de l'homme qui a le plus combattu les guérisons de Lourdes. Le médecin, vaincu par l'évidence, rend hommage à la vérité, et le même médecin, retenu par ses préjugés et ses doctrines, use de distinctions subtiles pour se soustraire à la logique des faits. Cette opposition a été fort bien mise en relief par M. Artus, dans sa polémique avec notre éminent confrère.

« Eh bien ! oui, Monsieur, lui dit-il, autant je reconnais la compétence du médecin, quand il s'agit de constater la réalité matérielle d'un fait, autant je nie celle du libre penseur. Ce n'est pas que je ne considère le libre penseur comme des plus intelligents. Il est très habile, trop habile même. Mais je connais ce phénomène du philosophe tuant le savant, et du libre penseur étouffant le médecin, phénomène qui s'est produit chez un trop grand nombre de vos collègues. »

Les adversaires du surnaturel avaient tout mis en œuvre pour expliquer les apparitions d'une façon naturelle. L'on sait combien les idées préconçues nous rendent ingénieux et persévérants dans la discussion des faits qui viennent à l'encontre des théories.

On avait essayé de reproduire par des jeux de lumière des apparences humaines sur le seuil de la Grotte; on voulut que l'eau de la source devînt une eau minérale.

Un pharmacien du pays, M. Latour de Trie, ami du préfet, conseiller général, chimiste réputé dans la région, fit une analyse concluante dans ce sens.

Mais Filhol, le chimiste le plus expert de l'époque pour l'analyse des eaux, démontra que cette source était de tous points semblable à l'eau du Gave.

Si l'on avait réfléchi, on n'aurait pas eu même besoin d'analyse, cette eau n'agissait pas à la manière des eaux minérales.

Une eau minérale ne guérit pas indistinctement toutes les maladies.

Les eaux de Cauterets ne guérissent pas les mêmes malades que celles de Vichy ou les bains de Salies. Elles ont chacune leurs indications. La source de la Grotte guérissait les affections les plus diverses. Son effet était souvent instantané. On guérissait en buvant, en faisant des lotions, à distance, de cent façons différentes, en faisant une prière : l'eau était un moyen de guérison, mais n'était pas le seul.

Une même explication ne pouvait suffire pour interpréter tous ces résultats ; dans ces derniers temps, les applications nouvelles de l'hypnotisme, la connaissance plus approfondie des maladies nerveuses, ont ouvert devant nous des voies inexplorées. Sur ce terrain, on a cru trouver l'explication des guérisons de Lourdes. Charcot, Bernheim ont affirmé la chose d'une façon plus ou moins explicite ; à leur suite, un grand nombre de médecins ont accepté cette thèse comme chose jugée, démontrée. Mais la démonstration n'a jamais été faite.

Dans les événements qui se sont succédé depuis 1858, il y a des coïncidences bien remarquables à noter. Quelques années après l'apparition, ont commencé les études sur l'hypnotisme et la suggestion.

Tout d'abord, on semble toucher au merveilleux ; on porte les forces naturelles à des limites qui nous étaient inconnues ; on devait trouver dans ces études le secret des guérisons de Lourdes, si ce secret était au pouvoir de l'homme ou dans les limites des lois naturelles.

Toutes ces découvertes ont marqué d'une façon plus précise les différences qui séparent les guérisons de Lourdes des guérisons que nous constatons dans nos hôpitaux ; elles n'ont pu nous servir pour les interpréter, elles ne nous ont pas donné le moyen de les reproduire. Depuis trente ans, ces études parallèles se poursuivent et, depuis trente ans, les guérisons de Lourdes accentuent davantage leur caractère.

Au début, tout le monde niait, refusait de voir, et maintenant, les adhérents se multiplient dans des proportions qui vont sans cesse en augmentant.

Les adeptes de l'hypnotisme sont découragés ; Charcot en faisait franchement l'aveu dans les derniers jours de sa vie. « Assez d'hypnotisme, disait-il quelques jours avant sa mort, les esprits sont affolés, les appétits sont déchaînés. »

Personne n'ose nier les abus et le danger de la méthode. Quant à ses avantages, ils sont de plus en plus contestables ; je puis citer ici l'opinion d'un homme, dont le nom fait autorité en ces questions et qui est un des plus brillants élèves de Charcot :

« L'hypnotisme, me disait-il, a été étudié sans règle

et sans méthode, par des hommes peu préparés à ce genre d'études, par des hommes de loi, par des savants étrangers à la médecine, et par des empiriques; il en est résulté des études un peu fantaisistes et des données contradictoires.

» Nous n'observons pas dans nos hôpitaux toutes ces merveilles que l'on nous signale comme des phénomènes d'observation usuelle. L'hypnotisme a du roman dans son histoire.

» Quant à ces guérisons instantanées, à ces surprises que nous réserve l'hystérie, à ces modifications à vue, qui renversent toutes les lois, il faut en rabattre aussi. Nos hystériques guérissent mal, et, malgré la suggestion, les aimants et toutes les ressources nouvelles, elles restent, comme dans le passé, longtemps dans les salles d'hôpital; elles conservent toujours ou le germe, ou les manifestations de leur diathèse.

» Les cures merveilleuses et les changements à vue sont une illusion ou une espérance, mais bien rarement une réalité. »

C'est néanmoins sur de pareilles données que l'on a voulu édifier toute une théorie pour expliquer les guérisons de Lourdes.

Dans la première enquête, dirigée par Vergez, nous trouvons la guérison de la veuve Rizan de Nay, celle de Mlle Moreau; ce sont des exemples importants à retenir. C'est sous cette forme que les guérisons se produisent souvent à Lourdes; ce sont des faits d'observation usuelle, dont l'analyse est souvent délicate. Ces guérisons portent d'ordinaire tout le poids des objections de nos adversaires.

Nous allons résumer, d'après M. Henri Lasserre, l'histoire de la veuve Rizan (1).

« Depuis vingt-quatre ou vingt-cinq ans, la vie de cette femme n'avait été qu'une longue suite de douleurs. Frappée en 1832 par le choléra, elle était demeurée paralysée de tout le côté gauche; l'une de ses mains était entièrement atrophiée, son tempérament général ne s'était guère moins ressenti que ses membres des suites du terrible fléau: elle était en proie à de continuels vomissements de sang. L'estomac était hors d'état de supporter des aliments. Depuis dix-huit mois, son état s'était aggravé; elle ne pouvait quitter le lit; elle ne pouvait même y faire un seul mouvement tant elle était infirme. On était obligé de la retourner de temps en temps et de la changer de position. Elle n'était plus qu'une masse inerte, ses membres s'étaient pour ainsi dire ramassés et repliés sur eux-mêmes.

La position constante que son malheureux corps était obligé de garder avait fini par produire une double plaie, l'une au creux de la poitrine, l'autre à l'aine. Sur le côté, en plusieurs endroits, sa peau était usée par le long frottement du lit, et laissait voir la chair toute dénudée et sanglante. La malade ne parlait presque plus, une teinte livide se répandait sur son visage amaigri, et, le 16 octobre, le Dr Subervielle, en la quittant, dit à la famille : « Elle mourra dans la nuit ou au plus tard à la naissance du jour. »

Vers minuit, au milieu d'un silence profond et qui n'était interrompu que par la respiration pénible de la

---

(1) *Notre-Dame de Lourdes*, par HENRI LASSERRE, livre IX.

malade, la mourante appelle sa fille : « Va chez notre amie, Mme Nassans, demande-lui un verre d'eau de la Grotte. C'est cette eau qui doit me guérir; la Sainte Vierge le veut.

— Ma mère, répondit la fille, il est trop tard, j'irai demain matin dès la première heure. » La malade rentra dans le silence, la nuit se passa et fut longue. Le matin, l'enfant courait chez la voisine et rapportait aussitôt une bouteille d'eau de la Grotte. Mme Rizan porta le verre à ses lèvres et en avala quelques gorgées.

« O ma fille! s'écria-t-elle, c'est la vie que je bois. Il y a la vie dans cette eau. Frotte-moi le visage, le bras, tout le corps. »

Et à mesure que l'enfant épongeait, à l'aide d'un linge mouillé, les membres paralysés et tuméfiés de la malade, elle voyait l'enflure énorme s'affaisser et disparaître sous le mouvement rapide de sa main, et la peau, violemment tendue et luisante, reprendre son aspect naturel.

Subitement, pleinement, sans transition, la santé, la vie renaissaient sous ses doigts. Tout cela s'était accompli en un instant; en une minute ou deux, le corps agonisant de Mme Rizan, épongé par sa fille, avait retrouvé la plénitude de ses forces. « Je suis guérie! s'écriait la bienheureuse femme; » puis, se tournant vers sa fille : « J'ai faim, dit-elle, je veux de la viande et du pain, je n'ai pas mangé depuis vingt-quatre ans. » Il y avait là quelques viandes froides, un peu de vin. Mme Rizan but et mangea. « Et maintenant, dit-elle, je veux me lever. » Elle demanda ses vêtements. Ils étaient depuis bien des mois repliés et mis à leur place dans l'armoire d'une pièce voisine ; on pensait qu'ils ne serviraient plus. La jeune fille sortit pour aller les chercher. Mais en rentrant, arrivée sur le seuil de la porte, elle aperçut sa mère qui avait sauté du lit et était allée s'agenouiller devant une statue de la Vierge. Il était environ sept heures du matin. Plusieurs personnes amies ou voisines entrèrent dans la maison pour soutenir ou consoler l'enfant. Et en voyant la figure de la jeune fille bouleversée : « Elle est donc morte, votre bonne mère ? Vous la reverrez au ciel, lui dirent-elles. — Ma mère est ressuscitée, » répondit l'enfant d'une voix étranglée par une émotion indicible ; et Mme Rizan, qui s'était habillée, s'avançait à son tour en disant : « Je suis guérie, remercions tous la Sainte Vierge. »

En résumant cette observation, nous voyons d'abord qu'il est difficile de caractériser d'un mot l'ensemble des symptômes qui forment la maladie de la veuve Rizan.

Voilà une femme âgée de cinquante-huit ans, dont la vie semble atteinte dans ses sources ; qui, depuis vingt-cinq ans, subit une déchéance organique sans arrêt. Chez elle, la nutrition ne se fait plus ; il y a des paralysies avec atrophies, des hydropisies et des plaies. Elle garde le lit depuis des années. Elle est repliée sur elle-même au point que sa poitrine s'appuie sur ses genoux.

Tout cela peut-il disparaître en un instant, comme ces douleurs fugaces qui disparaissent avec la rapidité de l'éclair ? Cette femme peut-elle sauter à bas de son lit et retrouver sans transition une santé qui paraissait à jamais perdue ? Pas un médecin, ayant quelque expérience de son art, ne vous répondra d'une façon affirmative.

Nous avons des plaies résultant d'un séjour trop prolongé dans le lit, l'hydropisie qui s'efface à vue d'œil, etc..... Mais, même en faisant abstraction de ces lésions, il n'y a là, pour celui qui consent à étudier les faits et pour le médecin qui rencontre chaque jour des maladies semblables, qu'un problème dont la solution lui est connue. C'est une affection dont l'issue est fatale, et qui se jouera de tous nos efforts. Pour l'enrayer brusquement, il faut une puissance supérieure à la nôtre, supérieure à tous nos moyens d'action.

Ce sont là des exemples probants, fournis par des guérisons que l'on critique à la légère, sans les apprécier ou sans les connaître. Le médecin seul peut leur donner leur signification véritable, et il importe, pour éviter toute erreur, qu'elles ne soient pas abandonnées à l'appréciation de la foule. Elles sont alors, en effet, présentées sous de fausses couleurs, avec des traits mal agencés. Elles perdent leur caractère ou leur signification et sont le germe, en apparence fondé, de toutes les méfiances, de tous les jugements de parti pris.

Nous venons de voir que, parmi la multitude des faits extraordinaires qui, dès les premières années, avaient été signalés, les médecins avaient choisi sept cas qui leur avaient paru sortir absolument des règles établies, être en dehors ou au-dessus de toute explication scientifique.

Il y avait des plaies guéries instantanément. Et ces premières guérisons n'ont pu être infirmées ni par les explications du Dr Diday, ni par les théories de la suggestion.

Vergez, en présence de faits si nouveaux, si inattendus, voyait s'effondrer autour de lui et principes reçus, et convictions assises; il ne trouvait plus ses points de repère habituels, il faisait l'aveu de l'impuissance de son art, et du bouleversement de ses lois.

Il a résumé ses premières impressions dans une page éloquente, que nous devons reproduire ici, car jamais ces grands et difficiles problèmes n'ont été éclairés de plus vives lueurs :

« En jetant, disait-il, un coup d'œil d'ensemble sur les sept faits de guérisons qui précèdent, on est frappé tout d'abord de la facilité, de la promptitude, de l'instantanéité avec lesquelles ils sortent du sein de leur cause productive. Ne dirait-on pas une violation ouverte, un bouleversement complet des méthodes thérapeutiques, une contradiction déclarée des préceptes et des prévisions de la science? C'est avec une sorte de dédain qu'elle se joue de l'ancienneté, de la profondeur et de la résistance du mal. Ce soin caché, mais réel néanmoins, avec lequel toutes les circonstances sont arrangées et combinées, montre bien qu'il y a, dans la guérison qui s'opère, un événement en dehors de l'ordre de la nature. De tels phénomènes dépassent la portée de l'esprit humain. Comment comprendrait-il, en effet, de telles oppositions : la simplicité du moyen et la grandeur du résultat; l'unité du remède et la diversité des maladies; la courte durée de l'application de l'agent curatif, et la longueur des traitements indiqués par l'art ou la science; l'efficacité soudaine du premier, la longue inutilité des seconds, la chronicité du mal et l'instantanéité de la guérison?

» Il y a là certainement une force contingente supérieure à celles qui ont été départies à la nature ; étrangère, par conséquent, à l'eau dont elle se sert pour manifester sa puissance. »

C'est ainsi que Vergez, surpris par ces révélations inattendues, l'esprit tout ébloui d'une lumière nouvelle, préludait à ces grands enseignements dont il devait conserver la direction jusqu'à la fin de sa vie ; dès les premiers jours, il marquait d'un trait ineffaçable le véritable caractère de ces événements, et vingt ans plus tard, il devait dire encore : « Si on me demande ce que j'ai vu à Lourdes je puis répondre :

» Par l'examen des faits les plus authentiques, placés au-dessus du pouvoir de la science et de l'art, j'ai vu, j'ai touché l'œuvre divine, le miracle.

» J'ai vu de l'eau naturelle, douée d'une vertu contingente, supérieure aux forces dont peut disposer la nature et d'une divergence d'action absolue. Cette eau, toujours la même, invariable, je l'ai vue produire des effets surnaturels très différents, sans analogie entre eux.

» Arracher un enfant agonisant à la mort ; rétablir la vue dans un œil insensible à la lumière par suite d'une lésion traumatique profonde ; rendre la plénitude des mouvements à des membres paralysés ; guérir un ulcère chronique, étendu, très rebelle ; telles ont été ses premières opérations.

» Celles qui les ont suivies ne sont ni moins étonnantes ni moins concluantes.

» Quelques-unes ont porté sur des maladies réputées incurables : phtisie élevée à sa période ultime ; cancer, ataxie locomotrice.

» La moisson a été riche, abondante, et de longue durée. Elle continue, s'exécutant sous le contrôle d'un savant interprète, en résidence auprès de la Grotte. C'est toujours le miracle passé à l'état de permanence. »

L'âme du chrétien se révèle tout entière dans cette déclaration. Du reste, le Dr Vergez profitait de chaque occasion pour professer ouvertement sa foi.

Ses affirmations rencontrèrent, à l'origine, des médecins d'abord incrédules, hostiles, mais qui devaient bientôt s'incliner sous la logique des faits. Elles rencontrèrent aussi des négateurs obstinés, car elles froissaient trop directement les principes et les préjugés de l'école. Ces négateurs allaient nous contraindre à jalonner la route que nous devions parcourir, à donner à notre argumentation une forme plus sévère. Mais il n'y a pas d'étude sérieuse sans controverse. C'est en reprenant, sous vingt formes diverses, le récit des mêmes événements, en discutant dans tous les détails les maladies et leur guérison, c'est en faisant un faisceau de toutes les preuves, que nous avons pu donner à ces faits une consécration à l'abri de toute critique.

CHAPITRE II

APERÇU GÉNÉRAL SUR LES GUÉRISONS DE LOURDES

Trois grandes divisions : 1° Les tumeurs et les plaies. — Mlle Montagnon, hydropique : le Dr Chétail. — Pierre de Rudder, jambe cassée instantanément soudée après huit ans. — Marie Marcellin, tumeur volumineuse : le Dr Audibert. — 2° Les maladies organiques. — Mlle Poupel, phtisique et le professeur Regnault, de Rennes. — Mlle de Laverrie et le Dr Jouon, de Nantes. — 3° Troubles fonctionnels et maladies nerveuses. — Les poitrinaires. — Chouat, paralysie. — James Tombridge, mal de Pott. — Marie Souchet, ulcère de l'estomac.

A chaque page, dans les *Annales*, nous rencontrons des faits plus surprenants peut-être que ceux relevés par Vergez.

Au milieu des plaies, des tumeurs, de toutes les lésions matérielles, nous constatons des résultats qui échappent à toute interprétation scientifique. Ils sont non seulement supérieurs aux forces naturelles, mais contraires à toutes les lois connues. Leur caractère surnaturel s'impose. Pour les interpréter, il n'est besoin ni d'études préalables ni de connaissances spéciales; ils frappent les foules d'étonnement, et donnent à l'histoire de Lourdes le caractère le plus merveilleux.

Le Dr Chétail, de Saint-Étienne, soigne depuis ouze ans une jeune hydropique, Mlle Montagnon. Il a pratiqué onze ou douze ponctions et retiré chaque fois vingt-deux litres d'eau; efforts inutiles, le ventre se distend de nouveau après chaque ponction.

La jeune fille commence une neuvaine, met une compresse d'eau de Lourdes, s'endort presque aussitôt et se réveille guérie. Son ventre, tout à l'heure si volumineux, si tendu, est absolument vide. Cependant, il n'y a pas d'eau dans son lit, sur le plancher, et personne ne s'est aperçu de rien.

« Qui me dira, écrit le Dr Chétail, où est passé, sans laisser aucune trace, ce volume considérable d'eau ? Et ce ventre et ces côtes qui reprennent leur place ; cet estomac refoulé qui retrouve sa position ; ces douleurs terribles instantanément arrêtées, et tout cela pendant une nuit et un sommeil bienfaisant ? »

Je ne crois pas qu'il soit possible de rencontrer une guérison plus étonnante, plus en désaccord avec toutes les lois connues, que celle de Pierre de Rudder, ouvrier belge. De Rudder a eu la jambe cassée, il y a huit ans, par la chute d'un arbre, et depuis huit ans il n'y a pas de soudure, la jambe dans son milieu est mobile dans tous les sens. Au fond d'une vaste plaie en suppuration, on aperçoit les deux fragments de l'os cassé distants de trois centimètres.

Après quelques minutes de saisissement et de prières, Pierre se relève seul et suit les exercices du pèlerinage.

Sa jambe est guérie, les parties disjointes sont soudées, les plaies ont disparu. Un léger sillon indique seul la place de la fracture. Ce fait mérite plus qu'une simple mention, nous le reprendrons pour lui donner le développement qu'il comporte.

Le Dr Audibert, chef de clinique des hôpitaux de Marseille, se trouve à Lourdes, en 1886, à l'arrivée de

Marie Marcellin, qui vient demander la guérison d'une énorme tumeur ovarique.

Il nous décrit avec soin le volume, le siège de cette tumeur, et, quelques instants après, tout disparaît, tout s'efface. C'est sous ses yeux que la guérison s'opère, et il ne reste aucune trace de toutes les lésions qu'il vient de constater.

Ah! l'esprit a de la peine à se faire à la réalité de pareils récits, et je comprends que les hommes qui, dans le cours ordinaire de leurs études, cherchent à trouver la cause et l'enchaînement de tous les faits, ne puissent accepter sans transition le bouleversement de toute loi. Pour détruire ainsi des convictions arrêtées, il faut plus que le récit décoloré, incomplet d'une guérison, récit transmis souvent par la bouche ou par la plume d'un homme incompétent ; il faut voir par soi-même, étudier sérieusement, appliquer toutes les puissances de son raisonnement à l'analyse de ces observations.

Il est bien rare que l'on procède ainsi. Le Dr Talamon était le voisin, l'ami de la veuve Rizan; il devait connaître tous les détails de sa maladie, de sa guérison. Lorsque M. Lasserre se présente chez lui pour lui demander ses impressions :

« Il y a longtemps, dit le docteur, que cela s'est passé ; ma mémoire ne se souvient que d'une manière fort vague de ce dont vous me parlez, et puis, je suis un vieux médecin. Je sais que les lois de la nature ne sont jamais bouleversées. Pour vous parler franchement, je ne crois pas à tous ces miracles.

— Mais enfin, lui dit M. Lasserre, la médecine est

une science expérimentale, l'expérience est sa loi, et vous avez manqué à cette loi fondamentale qui vous ordonne d'affronter l'étude des faits pour en tirer des enseignements. Si vous étiez absolument convaincu de l'erreur commise et de la fausse interprétation que l'on donnait de la guérison de la veuve Rizan, pourquoi refuser d'en faire la preuve et de convaincre ainsi d'imposture un miracle qui mettait tout le pays en émoi?

— Je n'y avais pas songé, répondit le Dr Talamon, mais peut-être, en me plaçant a point de vue que vous exprimez, eussé-je mieux fait d'examiner. »

Aveu tardif, que la plupart des médecins ne consentent même pas à faire, et qui nous montre avec quelle indifférence on reste d'ordinaire le témoin de ces guérisons soudaines et inexplicables.

Dans le second groupe, nous avons les maladies internes.

Là, les guérisons demandent une étude préalable, la connaissance approfondie du sujet; les médecins seuls peuvent nous renseigner avec certitude, et le temps doit confirmer les premiers résultats acquis.

Il n'y a pas ces changements à vue que l'on observe avec des plaies qui se ferment en un instant, des tumeurs qui disparaissent dans la piscine, des paralytiques qui se redressent, abandonnant leurs béquilles et marchant d'un pas assuré.

Cependant, lorsqu'un poitrinaire, consumé par la fièvre, arrive, se soutenant à peine, ne pouvant supporter aucune nourriture, avec ces yeux caves, cette face amaigrie, cet aspect si caractéristique, que tout le monde connaît; lorsque, dans ces conditions, il a le courage de se plonger dans l'eau glacée, on ne peut le suivre sans un étonnement mêlé d'effroi. Les médecins de Lourdes cherchent toujours à le détourner d'une tentative imprudente; mais pourtant, s'il sort de la piscine transformé, avec des forces et une énergie depuis longtemps perdues, si une vie nouvelle semble circuler en lui, n'est-ce pas une résurrection surprenante et bien capable de frapper d'étonnement tous les témoins de sa guérison? Et, qu'on ne croie pas que ce tableau que nous traçons ici soit fait à plaisir. Il est pris sur nature. Écoutez le Dr Régnault, professeur à l'école de Rennes, et le Dr Jouon, professeur à Nantes. Ce sont des maîtres autorisés, et personne ne peut suspecter leur témoignage.

« Mlle Coupel, nous dit le Dr Régnault, gardait le lit depuis trois ans; elle avait des tubercules au sommet des deux poumons; elle était arrivée au dernier degré de la faiblesse et de l'épuisement. Le lendemain de son pèlerinage à Lourdes, on put s'assurer, par un examen attentif de la poitrine, que tout état maladif avait disparu. »

Mlle Émilie Le Maignan de Laverrie a une pleurésie très grave; des douleurs rhumatismales paralysent ses jambes, le cœur est très atteint; elle arrive à Lourdes dans le plus triste état; elle se plonge deux fois dans la piscine. Au point de vue médical, un bain froid avec une pleurésie, une maladie du cœur, des douleurs rhumatismales, c'était une folie. La guérison est instantanée, complète. « Cette guérison, dit le Dr Jouon, est une grâce insigne que la Sainte Vierge obtient quelquefois pour ses serviteurs dévoués, et, à ce titre, cette jeune fille était bien désignée pour une telle faveur. »

J'ai vu à Lourdes, pendant le pèlerinage national, M. Le Maignan de Laverrie, le père de l'heureuse miraculée. Après m'avoir rappelé dans ses principaux traits tous les détails de cette magnifique guérison, il me disait : « Ma fille est aujourd'hui mariée, mère de famille ; sa santé, parfaitement affermie, ne nous a jamais causé d'inquiétude. » Dix ans se sont écoulés depuis cette époque, et le temps a donné sa consécration à un fait si remarquable sous tous les rapports.

Nous ne pouvons voir dans ce résultat une amélioration momentanée, une coïncidence fortuite, une surprise faite à l'économie ; c'est une guérison définitive et complète, produite par un bain froid, contrairement à toutes les règles, à tous les principes admis.

Le troisième groupe est celui qui a servi de plateforme à toutes les objections, à toutes les critiques.

L'on ne cesse de dire et de répéter que les maladies nerveuses sont les seules dont la guérison a été obtenue à Lourdes, et que ces maladies sont également et facilement curables par les moyens dont la médecine dispose. C'est une double erreur.

Dans le groupe des affections nerveuses, on confond les lésions organiques les plus graves et les mieux constatées, et l'on suppose qu'il suffit d'un mot, d'un geste, d'un ordre, pour effacer toutes les manifestations de ce genre. Comment se fait-il, alors, que les malheureuses victimes de cette cruelle névrose passent la plus grande partie de leur vie dans les hôpitaux ?

Les maladies nerveuses forment un groupe bien complexe, composé d'éléments divers, et ces maladies sont souvent des plus rebelles, des plus difficiles à guérir.

Mais le public, qui généralise volontiers et conclut vite, admet cette thèse en son entier, comme chose démontrée et consacrée par la science. Il n'admet ni discussion, ni examen.

Nous verrons que la guérison des maladies nerveuses que nous observons à Lourdes s'écarte de toutes les règles connues.

On considère les paralysies comme des troubles fonctionnels, accidents transitoires de leur nature, et ne pouvant servir de preuve pour établir l'incurabilité d'une maladie. Cependant, il nous semble bien difficile d'interpréter suivant les lois naturelles l'observation suivante.

Le Dr Payan, d'Aix, membre correspondant de l'Académie de médecine, nous dit que Mlle Vachier, atteinte d'une paralysie des membres inférieurs, garde le lit depuis 17 ans. Elle a des escarres, des plaies profondes; et voilà qu'au sortir de la piscine, ses membres retrouvent le mouvement et la vie, ses plaies sont cicatrisées, toutes ses fonctions sont rétablies dans des conditions normales.

Le Dr Thorens, protestant, médecin du bureau de bienfaisance; son collègue, Mac Greven, également protestant, nous racontent que leur client James Tombridge est paralysé des jambes. On le porte à Lourdes sur un brancard; il a un mal de Pott avec des abcès, des plaies étendues, sa poitrine est profondément atteinte, et une toux incessante indique l'usure organique qui s'est faite chez lui.

On le plonge mourant dans la piscine, et il se relève, s'habille seul. Il était arrivé couché dans un wagon, et il repart portant son sac et sa couverture et marchant d'un pas ferme et décidé.

Pouvons-nous ne pas accorder une mention à toutes ces affections de l'estomac qui se présentent en si grand nombre et dont la guérison subite a parfois le caractère d'une véritable résurrection?

Mme Marie Souchet arrive de Cochin (août 1885,) Elle est atteinte depuis six ans d'une gastrite chronique à forme ulcéreuse; elle a des vomissements de sang noir. Depuis deux ans, elle n'a pas quitté son lit et, pendant le trajet de Paris à Lourdes, elle est mourante.

En sortant de la piscine, son appétit est revenu, ses forces se sont retrouvées. Toute la journée, elle suit les processions sans fatigue.

Elle est arrivée, réduite à cet état de maigreur extrême, conséquence d'une inanition prolongée et, au moment de son départ, deux jours après, elle paraît revenue à un degré normal d'embonpoint. Les médecins, les personnes qui l'accompagnent sont unanimes dans l'appréciation de ce fait. La nature ne procède jamais ainsi, ne répare pas en un jour les désordres produits par dix ou vingt ans de maladie et de souffrance.

Nous avons terminé l'étude des premières guérisons opérées sous les yeux des Drs Dozous et Vergez; ces guérisons ont souvent servi de thème à toutes les polémiques, à toutes les discussions, mais elles ont reçu la consécration du temps; elles appartiennent désormais à l'histoire. Ce n'est plus autour d'elles que s'agitent les opinions opposées.

On ne les discute plus au point de vue du fait, de ses nuances, de ses détails. La plupart des malades, les principaux témoins ont disparu de la scène. On les juge par analogie, en les comparant aux observations récentes, en leur appliquant les théories et les doctrines que des courants nouveaux font surgir chaque jour autour de nous.

Les faits qui vont suivre présentent plus d'intérêt. Nous allons retrouver les noms de médecins bien connus, de collègues qui furent nos condisciples, qui sont restés nos amis, ou devenus nos maîtres.

Nous retrouverons peut-être l'histoire de malades que nous avons soignés, et dont nous connaissons déjà l'observation dans ses principaux traits. Sous le contrôle d'hommes autorisés, avec des indications précises et nettes, nous allons pouvoir étudier, discuter tous ces faits, les soumettre à une critique rigoureuse et scientifique. Nous allons, j'en ai la confiance, pouvoir faire la lumière dans une question trop longtemps obscurcie à dessein, et autour de laquelle les malentendus sont accumulés.

Nous ne reproduirons pas ici toutes les observations dont les Annales nous ont conservé le récit. Nous ne pouvons que résumer les faits les plus importants, mettre sous les yeux des lecteurs les certificats des médecins qui n'ont pas craint de mêler leur nom à ces études et de faire connaître sans réserve leurs opinions.

Nous ne pouvons faire qu'une analyse sommaire des principales guérisons ; mais ce travail, fait par un médecin, peut offrir des garanties plus grandes. La lecture sera peut-être moins attrayante, le récit plus aride ;

mais on reconnaîtra plus aisément dans ces guérisons le point de départ et l'empreinte d'une action surnaturelle.

Depuis longtemps, on demande de tous côtés une enquête sérieuse; c'est le vœu formellement exprimé à diverses reprises par notre Saint-Père le Pape Léon XIII.

Nos adversaires nous reprochent à tort d'abandonner la solution de ces questions à l'enthousiasme des foules.

Vergez a consacré sa vie à l'étude de ces grands enseignements. A Lourdes, le Dr de Saint-Maclou, véritable Bénédictin par la science et le travail, a continué l'œuvre de son prédécesseur; nous la reprenons à notre tour.

Des professeurs, des élèves de nos Facultés libres, des médecins catholiques de tous pays descendent dans l'arène. Nous ne faisons que marcher sur leur trace; tous nos efforts réunis arriveront certainement à consacrer l'alliance de la science et de la religion.

Avant d'entrer dans le détail des diverses guérisons, nous devons nous arrêter un instant sur les certificats que nous apportent les malades. Ils sont parfois d'un laconisme désespérant, laissent souvent ignorer tout ou partie de la vérité.

Les malades qui viennent à Lourdes demander leur guérison vont d'ordinaire trouver leur médecin pour avoir le nom de leur maladie et le récit de ses diverses manifestations. Le médecin refuse souvent toute déclaration, et, s'il donne un certificat, il le rédige en termes vagues, ambigus. Comme dans les oracles de l'antiquité, il y a une double clé qui correspond à deux solutions opposées. Que le malade guérisse ou qu'il conserve ses infirmités, le résultat a été plus ou moins prévu.

Mais, avant de blâmer mes confrères, je dois dire que j'ai fait comme eux; j'ai partagé leurs préoccupations, j'ai refusé de donner des certificats. En racontant avec quelques détails un fait qui m'est personnel, je donnerai une idée assez exacte de la position prise par le corps médical.

CHAPITRE III

LES CERTIFICATS MÉDICAUX

Les médecins refusent de constater les guérisons, de constater les maladies, de prononcer le nom de Lourdes. — Constantin James et Charcot. — Certificats contradictoires, de complaisance. — La prudence des médecins de Lourdes.

Dans les derniers mois de l'année 1871, peu de temps après la guerre, la supérieure d'une communauté de Saint-Vincent de Paul vint me demander de constater dans un certificat la guérison d'une de ses religieuses. Pendant un pèlerinage, cette religieuse avait été guérie d'une façon subite, et dans des conditions absolument extraordinaires. Elle était là, devant moi, et elle portait bien sur sa figure l'empreinte visible d'une santé parfaitement affermie.

Cependant, la proposition qu'on me faisait me parut étrange, et je dissimulai mal la surprise ou l'ennui qu'elle me causait. Je ne pouvais me faire à l'idée d'apposer mon nom sur une pièce de cette nature. D'abord, cela ne me regardait pas, n'était pas de mon domaine. Que le clergé portât tel ou tel jugement, c'était son affaire; mais moi, me mêler de semblables questions, c'était une folie!

Je connaissais pourtant cette jeune Sœur, et je ne pouvais douter de sa sincérité; je l'avais soignée pendant de longs mois, et tous mes efforts, tous mes traitements avaient été inutiles. Elle avait une maladie grave de l'estomac ; elle vomissait absolument tous les aliments et même une seule cuillerée d'eau ; elle était arrivée aux dernières limites de la faiblesse, du marasme, et je la voyais devant moi transformée, pleine de force, animée d'une vie nouvelle. Comment ce changement si prompt, si complet avait-il pu se produire ?.....

Ah ! je n'étais pas curieux et je ne tenais pas à le savoir. Du moment où le procédé sortait de notre méthode, cela ne me regardait pas. Que diraient d'ailleurs mes amis, mes confrères, en lisant mon nom au bas d'un certificat de ce genre ?

Je voyais déjà leur sourire moqueur. Je ne pouvais décemment m'engager dans une voie qui semblait marquer la première étape de ma décadence intellectuelle. Mes souvenirs d'école, mes traditions, mon passé, tout était compromis ; j'étais un homme fini !

« Madame, dis-je à la supérieure, je ne puis vous donner le certificat que vous me demandez. D'abord, il ne vous apporterait aucune garantie : je n'ai pas été témoin du fait ; je ne connais pas les détails de cette guérison. Que puis-je ajouter à ce que vous savez déjà ? Vous êtes parfaitement en mesure de fournir tous les renseignements nécessaires ; vos affirmations suffisent ; je ne puis m'aventurer sur un terrain qui n'est pas le mien, et me prononcer sur une question qui échappe à ma compétence. »

La supérieure voulut insister encore ; tout fut inutile, ma résolution était inébranlable.

Après le départ des Sœurs, je me sentis soulagé d'un grand poids. Je venais d'échapper à un péril réel. Mettre mon nom au bas d'un certificat constatant un miracle, voir ce certificat reproduit dans les *Semaines religieuses* et dans les journaux catholiques, n'était-ce pas compromettre et ma position et ma renommée, faire mon deuil de ce que j'avais de plus cher? Je fermai donc volontiers le livre de son observation pour ne plus le rouvrir.

Cependant, la question avait de l'intérêt. Pendant six mois, j'avais soigné cette religieuse. Elle avait des vomissements incoercibles, des désordres et des troubles de tous genres, un amaigrissement extrême; elle ne pouvait se tenir debout, et elle avait retrouvé, en un instant et sans transition, ses forces et sa santé, alors que, jusque-là, toutes les ressources de la médecine avaient été vaines. Ces accidents pouvaient être d'origine nerveuse, mais encore fallait-il s'en assurer. Non! je ne voulais rien savoir, et surtout, j'entendais ne pas me compromettre en pareille aventure.

Et pourtant je n'étais pas incrédule, loin de là! mais j'étais dans cette disposition d'esprit où nous sommes tous en quittant les bancs de l'école, après avoir vécu dans les salles de l'internat, liés par une solidarité qui nous enchaîne, prenant pour un dogme l'enseignement reçu.

Le temps a consacré la guérison que je n'avais pas voulu constater. Sœur Cécile est aujourd'hui en Espagne, supérieure d'une maison de son Institut. Sa guérison, obtenue en un instant, s'est maintenue depuis lors intacte et sans rechute.

Je viens de dire comment je refusai mon certificat. Depuis, on a été plus loin. Je refusai de constater la guérison ; on refuse aujourd'hui de constater la maladie. La guérison sortait de nos procédés, de nos lois : j'avais un prétexte. Mais la maladie est absolument et uniquement de notre ressort : nous n'avons aucune raison pour nous dérober.

Cependant, les malades qui viennent à Lourdes obtiennent bien difficilement un certificat de leur médecin. Les malheureux qui sortent des hôpitaux ne peuvent se procurer une pièce officielle. Ils ont recours aux combinaisons, aux stratagèmes les plus compliqués. Ils quittent les divers services quelques jours avant le départ des pèlerinages ; ils s'adressent à tous les médecins qui les ont soignés depuis le début de leur mal ; ils invoquent tous les prétextes : question de secours à solliciter, de position à obtenir, intérêts de famille, placement des enfants, que sais-je ? Après mille démarches, ils obtiennent quelques phrases ou quelques mots, écrits à la hâte et sans conviction, par des médecins qui, parfois, conservent à peine le souvenir des soins qu'ils ont donnés.

Ces certificats sont des modèles en leur genre. Ils ne disent absolument rien et ne peuvent, en aucune façon, compromettre leurs auteurs.

Je me souviens de la note que nous apportait Céleste Mériel : « Je déclare, disait son médecin, que cette malade ne parle pas, n'entend pas, et qu'elle peut se déplacer sans danger pour sa vie. » Or, il y avait cinq ou six ans qu'elle était couchée dans la salle des grandes infirmes, à la Salpêtrière, sans voix, sans mouvement, et ayant perdu l'ouïe *à la suite d'une longue suppuration des oreilles et d'une perforation des deux tympans.*

Tout cela était renfermé dans ces trois mots; quant à la cause, à la nature de sa maladie, à nous de deviner si nous le pouvions.

Ce certificat avait pourtant encore un mérite; il disait quelque chose et ne renfermait aucune indication fausse. Que de malheureux malades, surtout pendant le pèlerinage national, ont demandé vainement à leur médecin de pouvoir seulement connaître le nom de leur maladie !

Constantin James nous dit que le Dr Charcot n'a jamais prononcé le mot de Lourdes dans ses leçons. Cependant, ce professeur a écrit personnellement à notre confrère en lui disant : « L'hospice de la Salpêtrière envoie chaque année une cinquantaine ou une soixantaine de malades à Lourdes, et je les étudie tous avant leur départ et après leur retour. »

Le Dr Constantin James ajoute : « Quant à savoir ce que le Dr Charcot pense des miracles de Lourdes, ceci c'est son affaire; seulement, j'ai cru comprendre qu'il *ne se propose pas de le faire connaître de si tôt.* »

Si, depuis quinze ou vingt ans, cinquante ou soixante malades de la Salpêtrière viennent à Lourdes chaque année, quelle source féconde d'enseignements et de faits doit renfermer cet hôpital ! Sous les yeux des maîtres les plus célèbres, ces observations doivent s'éclairer de bien vives lueurs. Elles sont analysées, fouillées dans tous leurs détails. En donnant aux malades l'histoire détaillée de leurs souffrances, en contrôlant leur état à leur retour de Lourdes, on pourrait mettre au grand jour les résultats obtenus; il n'y aurait ni erreur ni méprise. Et cependant, avec une connaissance si approfondie du sujet, on hésite à parler ; on garde pour soi son opinion, on ne veut pas se prononcer.

Pourquoi tant de circonspection, de réserve ?

Pourquoi cette conspiration du silence ? Ne croirait-on pas que l'on craint de s'aventurer sur un terrain inconnu, plein de périls ou de surprises ?

Il serait plus loyal, et, disons-le, plus scientifique, de reconnaître que l'on ne peut tout expliquer par des effets de suggestion, et que, en dehors des troubles nerveux, il y a des affections profondes de l'organisme, des lésions matérielles instantanément guéries. Mais, pour échapper à la rigueur d'une démonstration qui pourrait s'imposer, on évite de constater la maladie au départ, afin de ne pas constater la guérison au retour.

Pendant les derniers pèlerinages, une malade nous arrive avec un certificat de son médecin qui déclare qu'elle est poitrinaire ; après un premier bain de piscine nous ne trouvons plus aucune trace de lésion. Nous craignons une méprise ; nous faisons télégraphier à son médecin pour avoir son avis formel, nous ne parlons pas de guérison ; par dépêche, il nous répond qu'elle est *poitrinaire*.

La malade part absolument guérie et va se présenter à ses médecins ; elle en avait eu trois. Le premier lui répond qu'il n'a qu'un souvenir très vague de sa maladie et la renvoie à ses confrères.

Le second lui dit : « Il faudra donc désormais envoyer tous nos malades à Lourdes ? *Enfin, nous verrons !*..... »

Le troisième, celui qui avait donné le certificat et

envoyé la dépêche, l'examine, l'interroge, et sa seule réponse fut : *Hum!* Enfin, à la seconde ou troisième visite, il consent à donner un certificat : il reconnaît que sa malade est guérie, mais il déclare qu'elle n'avait qu'un simple rhume.

Il avait ainsi donné un premier certificat avant la guérison, dans lequel il déclarait que sa malade était poitrinaire, avait confirmé par dépêche ce premier avis, et lorsque la malade revient guérie, il oublie ses affirmations antérieures et déclare qu'elle n'avait qu'une bronchite, et, pendant ce temps, ses deux confrères se récusent et ne veulent rien savoir. Ces procédés d'étude ou de contrôle dénotent des préoccupations étrangères au sujet. Dans ces conditions, il est difficile de faire des enquêtes complètes ; nous sommes tenus à la plus grande réserve, et pour nous prononcer, nous avons besoin de preuves surabondantes.

Au mois d'octobre dernier, un de nos confrères nous envoyait un très long rapport sur une malade qui venait d'être guérie à Lourdes.

C'était une observation complète, bien détaillée, qui donnait, jour par jour, l'histoire de la maladie.

Dans cet ensemble de symptômes, la note nerveuse dominait à un tel point que nous ne pouvions rien conclure. Le fait était absolument sans intérêt pour nous. Cependant, en terminant son rapport, le médecin disait :

« Je me réserve la propriété absolue de cette observation, avec défense expresse de la livrer à la publicité sous mes auspices. »

Il avait certainement tort d'avoir des préoccupations à ce sujet, car nous ne pouvions rien publier. Mais, cela nous donne une idée de l'effroi que le nom de Lourdes inspire à quelques-uns de nos confrères.

J'avais refusé le premier certificat qui me fut demandé il y a près de vingt ans. Ces jours derniers, j'en ai refusé un second, mais dans des conditons bien différentes.

J'avais soigné, il y a dix ou onze ans, une jeune fille qui était atteinte d'un *purpura hemorragica* extrêmement grave. Son sang sortait par la bouche, les oreilles, les yeux, le nez, les reins, par tous les pores. Elle avait des taches bleuâtres sur tout le corps. Son état était des plus alarmants. J'avais mis tout en œuvre pour arrêter ces accidents, mais tous les médicaments étaient sans effet.

Je demandai en consultation un de mes confrères, le Dr Rousselot, de P. Nous fîmes ensemble des injections d'ergotine, et les hémorragies cessèrent brusquement, un ou deux jours après. Depuis cette époque, cette jeune fille s'est toujours bien portée ou, du moins, n'a jamais eu de nouvelles hémorragies. Ce dénouement si rapide, si subit, m'avait un peu surpris, mais on l'observe quelquefois dans le *purpura*, et je ne voyais dans ce fait rien d'absolument insolite.

Le 22 mars dernier, je recevais une lettre de la mère de la jeune fille.

« La semaine dernière, me disait-elle, j'étais à Périgueux et je rendais visite au Dr Rousselot, que je n'ai jamais oublié depuis le 2 juin 1879. J'ai été extrêmement heureuse de lui présenter ma fille, cette fois très bien portante. Il s'est parfaitement rappelé les graves circonstances dans lesquelles il l'avait vue il y a dix ans.

» Tout en causant de ces souvenirs lointains, je lui exposai, avec autant de simplicié qu'il me fut possible, le but de ma visite, ce que je désirais obtenir de lui, dans la croyance intime que j'avais que la guérison de ma fille était absolument miraculeuse. Je lui exposai que dix ans s'étaient écoulés, sans que sa santé se fût jamais démentie; qu'il avait pu faire souvent l'expérience de sa médication, que la simple raison disait que la reconstitution du sang décomposé et perdu en si grandes proportions, devait bien être la guérison la plus difficile et la plus longue au point de vue humain.

» Je m'aperçus bientôt que je prêchais un converti; je trouvai le Dr Rousselot admirablement disposé et me disant qu'il avait souvent fait usage des mêmes remèdes et qu'il n'avait jamais obtenu les mêmes résultats. Il ajoutait qu'une guérison instantanée, dans de semblables conditions, ne pouvait se produire si Dieu n'y avait mis la main.

» Je serais heureuse, disait en terminant Mme X..., de pouvoir rendre ce témoignage à la vérité et de produire votre certificat avec celui de votre confrère, pour attester la guérison miraculeuse de ma fille. »

Je répondis à Mme X... :

« J'étudie, depuis longtemps déjà, l'histoire des guérisons de Lourdes. C'est vous dire que mon esprit est bien préparé pour la solution de la question que vous me posez. Cependant, je le crains, ma réponse ne sera pas conforme à vos désirs. Pour déclarer que la guérison de votre fille est miraculeuse, il faut deux choses : 1° qu'elle soit manifestement au-dessus des forces de la nature; 2° qu'elle ait été obtenue en dehors de toute médication destinée à combattre utilement la maladie. Or, ces conditions ne sont pas remplies. Le purpura n'est pas une maladie incurable; il guérit, au contraire, le plus souvent et parfois d'une façon assez brusque; d'un autre côté, les moyens les plus énergiques étaient mis en œuvre pour le combattre.

» Dans ces conditions, il m'est absolument impossible de vous délivrer le certificat que vous me demandez. Si mon confrère conclut dans un sens différent, son opinion doit être pour vous d'un grand poids. Vous aurez ainsi la preuve qu'il peut y avoir doute dans un sujet aussi grave et aussi délicat. En outre, vous verrez que les médecins catholiques, retenus par des scrupules légitimes, sont souvent plus sévères que leurs confrères pour admettre dans une guérison le caractère surnaturel. »

Mme X... est une femme intelligente, une chrétienne aux sentiments élevés, et, cependant, elle eut quelque peine à accepter ma décision.

Si les guérisons de Lourdes ne reposaient que sur des données contestables, si elles étaient affirmées sans preuves, si elles n'étaient pas l'objet des enquêtes les plus rigoureuses, on n'invoquerait pas contre elles les lois immuables qui régissent l'univers; on ne parlerait ni d'hypnotisme, ni de suggestion. On laisserait de côté les théories. On prendrait une à une nos observations, pour les discuter, les mettre à néant, pour montrer que, sur les bases fragiles où elles sont placées, elles ne peuvent résister à un contrôle sérieux.

Mais on ne procède pas ainsi.

Dans la réserve, dans la circonspection de nos adversaires, dans tous ces certificats donnés de si mauvaise grâce, nous trouvons un hommage involontaire rendu par les ennemis du surnaturel à cette grande enquête qui se poursuit depuis plus de trente ans à Lourdes.

Tous ces certificats reflètent les opinions personnelles de leurs auteurs. On retrouve, en les lisant, la trace des préoccupations et des doctrines qui les inspirent, et l'on s'aperçoit aisément que l'esprit n'est pas libre pour la recherche ou la démonstration de la vérité.

En présence de juges aussi sévères, d'un parti pris si évident, les médecins de Lourdes sont d'une réserve extrême. Sans hésiter, au milieu des matériaux si nombreux qui passent sous leurs yeux, ils laissent de côté toutes les observations qui paraissent présenter quelques lacunes, qui peuvent donner prise à la critique. Leur prudence peut paraître excessive; mais ils ont pris en main la défense de principes et de faits trop généralement méconnus, ils veulent arriver à la démonstration du surnaturel par la science. Sur le terrain élevé où ils cherchent à maintenir la discussion, leurs intentions et leurs méthodes doivent être au-dessus de tout soupçon, à l'abri de toute objection fondée.

LES ANNALES DE LOURDES

CHAPITRE PREMIER

LES ANNALES — PRINCIPALES GUÉRISONS

De 1868 à 1871. — Le P. Hermann; glaucome. — Mme Clotilde de La Rivière, poitrinaire. — Macary François, ulcère variqueux. — Hanquet, de Liège, maladie de la moelle. — Dr Béraud. — — Lourdes pendant la guerre. — De Verthamon. — Général de Sonis.

En parcourant à grands traits les pages des *Annales*, en reprenant les principales guérisons, pour fixer d'une façon plus précise leur sens et leur portée, nous éviterons à ceux qui voudront étudier ces questions des recherches longues, difficiles, des confusions regrettables.

Cette étude, je dois le dire, a eu pour moi un irrésistible attrait. Amis ou adversaires de Lourdes, peu d'hommes connaissent ces questions, peu d'hommes ont pris le soin de retenir quelque temps leur esprit sur ce sujet.

Il ne suffit pas, en effet, de passer quelques heures au pied de la Grotte, au milieu des foules qui se succèdent sans interruption. Il ne suffit pas de lire le récit plus ou moins détaillé des principales guérisons; ces récits sont toujours incomplets par quelques côtés; ils peuvent laisser dans l'ombre des détails importants. Il faut retrouver le malade, reconstituer avec lui son histoire, mettre en regard les certificats des médecins.

Quelque forme que revêtent nos affirmations, notre prétention ne sera jamais de nous faire juges de la réalité d'un miracle. Les décrets de l'Église interdisent cette témérité. Nos réserves seront surtout prudentes pour les faits qui ne se seront pas passés sous nos yeux. Le nom et l'autorité de confrères connus, l'exposé des circonstances, fait par des témoins oculaires dignes de foi, ne peuvent nous mettre à l'abri d'une illusion ou d'une erreur; la meilleure volonté ne peut absolument nous préserver de ce péril, dans une question d'observation. Nous en avons chaque jour la preuve dans l'exercice de notre profession. Du reste, quant à la nature miraculeuse des événements, nous ne courons aucun risque de nous tromper, puisque jamais nous ne l'affirmerons d'une manière absolue.

Parmi les faits publiés de 1868 à 1871, quatre surtout ont attiré notre attention. Nous allons les résumer en faisant ressortir les notes principales qui les caractérisent.

Une des premières guérisons publiées par les *Annales* est celle du P. Hermann. Ce religieux, fatigué par le travail, voit depuis un an sa vue s'affaiblir de jour en jour. Le repos absolu, l'air de la montagne ne peuvent arrêter les progrès du mal. Toute lecture devient impossible, même celle du bréviaire. Il part pour Bordeaux, et va consulter un oculiste célèbre, le Dr Sous ou Guépin. On examine ses yeux avec la plus sérieuse attention, et on les trouve dans un état fort alarmant; il y a des obnubilations, une *excavation des papilles optiques*, une teinte grisâtre sur le fond de l'œil. De l'ensemble de ces faits, le médecin conclut formellement à l'existence d'un *glaucome*. Il propose de recourir à l'excision de l'iris. Le frère du P. Hermann, Louis Cohen, a été opéré lui aussi d'une cataracte avec excision de l'iris, par de Graefe.

Au retour de Bordeaux, le mal empire chaque jour. La lecture devient impossible, et l'organe de la vision ne peut plus supporter l'éclat de la lumière. C'est à ce moment qu'on lui suggère l'idée d'une neuvaine à Notre-Dame de Lourdes. La neuvaine, commencée le 24 octobre, se termine le 1er novembre, dans la Grotte, auprès de la fontaine où tous les symptômes du mal disparaissent complètement. « Depuis lors, dit-il, j'écris et je lis tant que je veux, sans lunettes, sans précautions, sans efforts, sans fatigue. Je fixe le regard sur la lumière du soleil ou du gaz, sans ressentir la moindre lésion ; j'ai obtenu tout ce que je désirais ; je suis radicalement guéri. »

C'est à la Grotte, le jour de la Toussaint, pendant qu'il disait à genoux le dernier chapelet de la neuvaine, qu'il sent tout à coup un sentiment vif et profond envahir son âme. Il n'en est pas le maître ; sans calculer ce qu'il fait, il se tourne vers les personnes qui l'entourent et leur dit : « Je sens que la Sainte Vierge me guérit tout à fait en ce moment. »

Le P. Hermann est atteint d'un glaucome, affection facile à constater. Un habile oculiste de Bordeaux le déclare sans réserve, en décrivant les lésions caractéristiques, en proposant le seul moyen capable d'enrayer le mal.

Le glaucome chronique, c'est ici le cas, a une marche

fatalement progressive. Tantôt la maladie s'aggrave lentement, tantôt elle évolue par crises, par poussées. Le résultat est toujours funeste; il survient une cécité absolue et irrémédiable. Le glaucome, en effet, révèle un trouble de nutrition profond dû à une compression exagérée; c'est une sorte d'hydropisie de l'œil, qui devient dur comme une bille.

C'est dans ces conditions que le P. Hermann, n'ayant encore rien fait pour arrêter cette affection, jusque-là fatalement progressive, voit tout à coup tous les accidents disparaître et passe, sans transition, sans convalescence, de la maladie à la santé.

Ses yeux qui, depuis un an, ne peuvent supporter la plus faible lumière, condamnés à un repos forcé et absolu, retrouvent immédiatement leur acuité normale. Ils supportent la lecture et l'écriture sans fatigue, l'éclat de la lumière la plus vive sans en être importunés. Nous ne sommes pas habitués à des guérisons aussi complètes, aussi instantanées; elles sortent absolument des règles et des traditions de notre art. Pour mon compte, je cherche vainement par quel côté on peut matériellement contester ou interpréter ce fait.

Le P. Hermann s'est complu souvent à répéter tous les détails de sa guérison. Nous les trouvons toujours reproduits dans les mêmes termes. C'était une physionomie bien connue et bien sympathique que celle du P. Hermann. Il était Allemand d'origine, mais Français par le cœur. Lorsque la guerre fut déclarée, ne pouvant servir sa patrie d'adoption dans nos ambulances, il demanda et obtint du gouvernement prussien le service religieux des prisonniers français internés à Spandau.

Il se dévoua pendant une épidémie meurtrière avec toute la générosité de son cœur. Il mourut en deux jours de la petite vérole noire en soignant nos soldats; il mourut martyr de la France, martyr de la charité. Sur ces âmes d'élite, qui représentent les hauts sommets de l'humanité, les rayons du ciel s'arrêtent plus volontiers.

L'observation de Mme de La Rivière a, pour nous, un intérêt particulier. Elle a été recueillie, annotée par le Dr Régnault, professeur à l'École de médecine de Rennes. Le Dr Régnault est un de nos anciens collègues d'internat dans les hôpitaux de Paris; un des hommes les plus instruits, les plus importants de notre génération médicale. Son autorité est indiscutable; sa bonne foi au-dessus de tout soupçon.

Le Dr Régnault soignait Mme de La Rivière, en religion Sœur Marie de Saint-Paul, qui était atteinte d'une tuberculisation pulmonaire, remontant déjà à plusieurs années.

A diverses reprises, elle avait eu des hémoptysies abondantes. Une hémorragie plus grave se déclare le 11 octobre 1869, se renouvelle le 12 avec une extrême violence et jette la malade dans une faiblesse excessive.

Le 13 octobre, aux accidents liés à l'état du poumon, à une fièvre ardente, vint se joindre un épanchement occupant tout le côté gauche de la poitrine.

Le 14, l'état de la malade s'était aggravé à tel point que le pouls était devenu imperceptible, la figure, les doigts et les ongles avaient pris une teinte violacée; tout le corps était couvert d'une sueur froide, la respiration ne venait que de loin en loin et, à chaque instant, on attendait le dernier soupir. Le Dr Régnault crut devoir prévenir la Supérieure que la malade ne passerait pas la nuit.

Le lendemain 15, le médecin retrouve la malade dans d'excellentes conditions : la guérison s'est effectuée avec une rapidité tout à fait inattendue, la respiration est libre, la physionomie excellente, la fièvre a disparu.

« Que s'est-il donc passé? Alors que l'on attendait son dernier soupir et que l'asphyxie était aux dernières limites, la malade fit un suprême effort et prononça le mot « Lourdes ». On lui porta une petite cuillerée d'eau de la Grotte sur les lèvres; aussitôt, s'asseyant sur son séant, le râle de sa poitrine cessa, la respiration devint libre, elle put parler et répondre aux litanies de l'Immaculée Conception. « Je suis guérie, dit-elle, la Sainte Vierge achèvera son œuvre. » Trois jours après, on ne trouvait plus de traces de cet épanchement qui occupait tout le côté gauche, et, sans aucun traitement, les forces étaient revenues avec la santé. »

« Sans pouvoir affirmer dans ce cas l'existence évidente d'une intervention de la Sainte Vierge, je ne puis m'empêcher de constater, dit le Dr Régnault, que la rapidité extraordinaire du rétablissement sépare complètement ce fait des faits analogues, et que, selon les prévisions qu'autorisait la science, on devait bien plutôt s'attendre à une terminaison funeste. »

Conclusion pleine de sagesse, à laquelle nous nous associons pleinement. Nous ne devons pas mettre dans nos affirmations une certitude, un absolu qui ne se retrouve pas dans le sujet. Le Dr Régnault écrivait, du reste, à une date trop rapprochée de la guérison pour pouvoir engager l'avenir. Narrateur fidèle, il enregistrait simplement les faits dont il avait été le témoin.

Les exemples qui vont suivre apportent avec eux des garanties qui s'imposent, une démonstration claire comme la lumière.

Varices ulcérées guéries instantanément par l'application de l'eau de Lourdes.

Le fait que nous résumons ici est un des plus importants dont les *Annales* aient conservé le récit. Il est attesté par les trois médecins de Lavaur, les Drs Ségur, Rossignol, Bernet. Il est, du reste, d'une constatation assez facile pour que tout témoin puisse s'en porter garant. Il a été admirablement décrit, dans les épisodes miraculeux, par M. Lasserre.

Le Dr Bernet examine, pour la première fois, Macary (François), de Lavaur, en 1852. A la partie interne du genou et de la jambe gauche, se trouve un ulcère variqueux profond, avec engorgement considérable des tissus. Les veines dilatées le sont, en outre, en si grand nombre et à un si haut degré, que tous les moyens chirurgicaux sont contre-indiqués.

Dix-huit ans plus tard, le même docteur constate que le mauvais état de la jambe a beaucoup empiré. Il conseille un repos prolongé et absolu.

Le 15 août 1871, le Dr Bernet trouve l'ulcère parfaitement cicatrisé. Il n'y a pas l'ombre d'un engorgement; les paquets variqueux ont entièrement disparu. A leur place, on ne sent que des cordons petits, durs, vides de sang, roulant sous les doigts. La veine saphène a retrouvé sa direction et son volume normal. Le certificat du Dr Bernet est assez important pour être reproduit dans son texte.

Il y a dix-huit ans, Macary nous avait paru voué à une infirmité perpétuelle, et nous ne lui conseillâmes que les moyens palliatifs, que, du reste, avaient déjà conseillés plusieurs de nos confrères.

Il y a deux ans, Macary se présenta à notre consultation. Le mauvais état de sa jambe avait beaucoup empiré. — Nous lui confirmâmes notre premier pronostic, et lui déclarâmes qu'il était urgent, pour amener l'ulcère à la cicatrisation, de se soumettre, comme unique moyen, au repos absolu et prolongé au lit, et à l'application de pansements méthodiques.

Aujourd'hui, 15 août 1871, Macary se présente pour la troisième fois. L'ulcère est parfaitement cicatrisé. Aucun appareil ne comprime la jambe, et pourtant, il *n'existe pas l'ombre d'un engorgement.* Ce qui nous frappe surtout, c'est que *les paquets variqueux ont entièrement disparu;* qu'à leur place, la palpation fait percevoir des cordons petits, durs, vides de sang et roulant sous les doigts. *La veine saphène interne a sa direction et son volume normal.* L'examen le plus attentif ne fait découvrir aucune trace d'opération chirurgicale.

Nous concluons que la science est impuissante à expliquer ce fait. Les auteurs sont tous d'accord sur ces points : que les varices, abandonnées à elles-mêmes, sont incurables; *qu'elles vont sans cesse en s'aggravant;* et qu'enfin on ne peut espérer la cure radicale, en faisant courir de graves dangers aux malades, que par l'application de procédés chirurgicaux. Ainsi, le fait affirmé par Macary ne serait pas prouvé par des témoignages authentiques pris en dehors de lui, qu'il n'en resterait pas moins pour nous *un fait des plus extraordinaires, et, tranchons le mot, un fait* SURNATUREL.

En foi de quoi nous signons le contenu du présent rapport.

A Lavaur, ce 15 août 1871.

BERNET,
docteur-médecin de la Faculté de Paris.

Cette cure radicale s'est produite dans l'espace d'une nuit, sous la seule influence de l'application de compresses imbibées d'eau de Lourdes. Écoutons le malade raconter lui-même sa guérison :

« Quand j'eus entre les mains cette eau bénie, je me hâtai de me traîner à ma chambre. Là, je me mets à genoux et je fais à la Vierge une prière courte, mais fervente. J'ôte mes guêtres, mes bandages. Versant l'eau dans le creux de ma main, j'en lave mes deux jambes, je bois l'eau qui reste dans le flacon, je me mets au lit, et je m'endors.

» Vers minuit, je me réveille ; je ne sens plus aux jambes aucune douleur ; je les touche de mes deux mains, les varices avaient disparu.

» Ma femme était dans une pièce voisine communiquant par une porte : « Femme, lui criai-je, je suis » guéri. — Tu deviens fou ; allons, dors..... »

» Un sommeil, comme je n'en avais pas goûté depuis longtemps, s'empara de moi.

» Le lendemain, à mon réveil, je m'empresse de regarder mes jambes ; varices, ulcères, tout avait disparu ; la peau était plus lisse que celle de mes deux mains, comme vous les voyiez tout à l'heure. »

Tout surprend également dans cette observation ; la guérison de varices qui ne disparaissent jamais spontanément, et que l'on ne peut attaquer par les procédés chirurgicaux, sans faire courir au malade les plus grands dangers; l'aspect et la direction de la veine saphène entièrement retrouvés, de cette veine qui, pendant vingt ans, a baigné dans le pus et dont on ne rencontre jamais les traces dans ces conditions. Les trois médecins sont unanimes pour déclarer que les annales de la science ne mentionnent aucun cas de guérison semblable. Le Dr Bernet ajoute que ce fait est véritablement un fait surnaturel.

Qui pourrait d'ailleurs contester ou interpréter une cure pareille? — Personne, assurément.

Je me trompe. Je lis dans l'examen médical du Dr Diday: « Cet autre est guéri de varices de la jambe; mais à la place qu'occupaient les veines dilatées, il reste de petits cordons durs, solides. C'est donc par le mécanisme régulier, chirurgical, usité dans l'oblitération des veines que la Sainte Vierge a agi; la main a été divine, je l'accorde, mais le vestige est tout humain. » Le procédé chirurgical dont parle notre confrère n'est ni régulier, ni bien usité. J'ai des varices, et je n'y laisserais pas toucher par ce joli procédé. Dans ma carrière déjà longue, je ne me suis jamais permis pareille tentative sur mes clients.

Pour obtenir l'oblitération des veines, il faut provoquer des inflammations profondes, douloureuses. Mais, en vérité, je ne vois rien de commun entre une guérison qui s'opère dans quelques instants, pendant un sommeil bienfaisant, et un traitement qui durera des semaines ou des mois, et nécessitera l'intervention d'un chirurgien entreprenant. Lorsqu'il s'agit d'une affection matérielle, visible, qui tombe sous les sens, les objections que l'on élève se retournent contre leurs auteurs quand elles ne sont pas fondées, et accusent plus de parti-pris que de sincérité.

M. Diday a eu tort de traiter d'une main si légère les certificats de ses trois collègues. Ces derniers ont bien raison de dire que l'on ne peut guérir les varices que par l'application des procédés chirurgicaux les plus délicats et les moins usités.

Les médecins ont contesté toutes les guérisons de paralysies relevées à Lourdes, les classant indistinctement dans le groupe des paralysies nerveuses. Il serait difficile de ranger sous ce chef la guérison de M. Hanquet, survenue le 27 novembre 1870.

A la demande de ses amis, M. Hanquet a voulu écrire lui-même l'émouvante histoire de sa guérison : « Ma maladie, nous dit-il, date de plus de dix ans; c'est au mois de mai 1862 que je m'aperçus de l'abandon presque total de mes forces, j'avais quarante et un ans.

» A partir du mois de février jusqu'au 6 juillet, je ne prenais guère pour toute nourriture qu'un peu de thé ou de café. Je passai trois années sur mon grabat, sans pouvoir me tourner ni à droite ni à gauche. On ne pouvait me descendre du lit pour plus de cinq minutes, et seulement tous les quinze ou vingt jours. Mes jambes, amaigries et privées de sang, étaient toujours glacées.

» Le 15 octobre 1869, je lus l'histoire de Notre-Dame de Lourdes par M. Lasserre; cette lecture me rendit l'espérance que j'avais perdue.

» Quinze jours après, nous recevions de l'eau de Lourdes, c'était le 27 novembre.

» Vers dix heures et demie du soir, lorsque tout le monde fut couché dans la maison, mon frère débouche la bouteille et m'en verse un verre que je bois d'un trait; il imbibe un linge de cette eau et me frictionne depuis la nuque, en descendant le long de l'épine dorsale. Arrivé aux régions du cœur, je pousse des gémissements, je râlais comme un homme à l'agonie.

» Mon frère croit ma dernière heure venue et veut me couvrir avec un drap; je repousse le drap, je mets le bout du pied par terre, je me cramponne au lit, je me soulève en poussant des cris de douleur; mais bientôt je me redresse; la vie me revient; je m'élance dans la chambre, j'endosse un paletot et je cours dans les appartements voisins, j'étais fou de joie!.....

» Mon frère part pour chercher toute la famille.

» Les lotions avaient duré environ *cinq minutes*, et ma guérison s'était opérée dans l'espace *d'une minute et demie*.

» Nous restâmes sur pied jusqu'à trois heures du matin.

» Tout le monde affluait pour me voir. Pendant les onze premiers jours, j'ai reçu plus de 500 personnes à qui il fallait raconter tous les détails de ma guérison. Trois jours après, nous étions réunis, mes parents, mes amis et moi dans l'église Saint-Denis, où nous entendions une messe d'actions de grâces. »

Les Drs Termonia et Davreux reconnaissent formellement que leur client était atteint d'un ramollissement de la moelle épinière. Ils en trouvent la preuve dans la paralysie complète de la sensibilité et du mouvement, dans un dépérissement progressif qui allait jusqu'au marasme, dans cet ensemble de symptômes qui indiquaient clairement qu'il ne s'agissait pas d'un trouble fonctionnel, mais d'une lésion organique qui avait son retentissement sur l'économie entière.

Dans ces conditions, la guérison qui suivit les lotions faites avec l'eau de Lourdes s'est opérée dans l'espace *d'une minute et demie*. Et chose bien importante à noter, non seulement la paralysie a disparu, mais il n'y a pas eu de convalescence, et le malade a passé sans transition d'un état de marasme à une santé parfaite. Bien plus, la peau, qui était rouge, érysipélateuse au niveau du siège, a retrouvé instantanément son aspect normal.

Un pareil fait ne se discute pas. On peut le rejeter, mais l'expliquer d'une façon naturelle, c'est impossible. Pour le rejeter, il faudrait admettre que les huit ou dix médecins qui ont soigné le malade ont menti sciemment et d'un commun accord, que les certificats qui accompagnent cette relation sont absolument faux, que tous les témoignages qui viennent à l'appui de ce fait ont été fournis par de faux témoins. Où seraient le mobile et le but poursuivis? Aurait-on jamais vu aussi parfaite entente pour commettre une mauvaise action?

Laissons de côté ces hypothèses ridicules. Concluons avec les Drs Termonia et Davreux : « C'est un fait inouï dans l'histoire des maladies de la moelle ; Hanquet était perdu sans ressources, et n'a dû sa guérison qu'à l'eau de Lourdes, employée à la fois en boisson et en frictions. »

Dans les quatre premiers volumes des *Annales*, nous trouvons le récit d'un grand nombre de guérisons qui pourraient prendre place à côté des faits que nous venons de citer. Mais nous ne voulons pas recommencer un travail déjà fait. Nous avons lu les certificats et relevé les noms d'une vingtaine de médecins bien connus. Parmi eux, trois anciens internes de Paris, un agrégé de Montpellier, un professeur de Rennes, un médecin important de la marine.

Ce n'est pas sans émotion que j'ai lu une lettre du D' Béraud, mon ancien camarade d'internat, enlevé bien jeune à la science et à ses amis. Il écrit d'Amélie-les-Bains : «J'avais, depuis dix-sept jours, une hémoptysie épouvantable ; depuis le commencement d'une neuvaine à Notre-Dame de Lourdes, je n'ai plus craché de sang. » Le D' Béraud n'était certainement pas guéri. Mais un rayon bien doux était venu ensoleiller sa vie et lui permettre de reprendre force et courage dans le cours de sa cruelle maladie. De pareils exemples ne sont pas rares dans les *Annales* de Lourdes. Ils sortent évidemment du cadre de nos études, mais ils n'en méritent pas moins une mention spéciale.

D'ailleurs, ce n'est pas le scalpel de l'anatomiste ou la science du médecin qui pourra découvrir, interpréter tout ce qu'il y a de consolation et d'espérance au pied de cette Grotte. Que d'âmes blessées trouvent là un baume salutaire qui cicatrise leurs plaies!

En relisant les *Annales* de 1870 et 1871, j'ai parcouru l'histoire de ces terribles mois, j'ai senti battre le cœur de la France chrétienne, j'ai retrouvé l'écho des plus généreux sentiments.

Un officier de turcos écrit du champ de bataille : « J'ai pris part au combat de Wissembourg, à celui de Reischoffen, puis à l'affreuse bataille de Sedan. Des

65 officiers de mon régiment, il en reste 6. C'est un vrai miracle que j'aie échappé à la mort. Nous étions dans un bas-fond, les balles tombaient sur nous comme la grêle, et les éclats d'obus pleuvaient; je ne saurais assez proclamer la toute-puissance, la bonté de Notre-Dame de Lourdes qui m'a protégé, m'a sauvé. »

Un cuirassier de Reischoffen écrit aussi : « Je suis encore en vie, remerciez-en le bon Dieu. Notre régiment est massacré ou prisonnier. Notre escadron était de 130 hommes, nous nous retrouvons 13. J'ai eu deux chevaux tués sous moi. Mon portefeuille a été traversé par une balle qui s'est arrêtée devant l'image de Notre-Dame de Lourdes. Remettez le portefeuille à la chapelle, et demandez une messe pour remercier la bonne Vierge. »

Un commandant d'infanterie envoie sa croix d'honneur, gagnée sur le champ de bataille, et demande qu'on l'attache au-dessous de la statue de la Vierge, en reconnaissance des grâces qu'il a reçues.

Au début de la guerre, on voit des soldats venir séparément ou par groupes, s'agenouiller devant la Grotte, demander la force, le courage qui doit les soutenir au plus fort du danger.

C'est au sortir d'une retraite à la Grotte que le comte Henri de Verthamon s'arrache des bras de sa mère, de sa femme, de ses deux enfants, et court s'enrôler sous le drapeau des zouaves pontificaux. Dans son testament, il met le repos de son âme sous les suffrages de Notre-Dame de Lourdes et se dévoue pour la patrie avec la même joie qu'il s'était dévoué pour l'Église.

Le général de Sonis nous a laissé entrevoir que

l'Immaculée Conception de la Grotte vint ravir les yeux de son âme pendant ses longues et mortelles heures de la nuit du 2 décembre, alors qu'il gisait sur le champ de bataille, la cuisse fracassée, perdant tout son sang, couvert de neige comme d'un linceul glacé, au milieu des gémissements et du râle des blessés, des mourants.

Ces exemples nous montrent, une fois de plus, où prennent leur source les grandes abnégations et les vrais courages. Vainement, en parcourant ces pages, j'ai voulu me renfermer dans mon rôle de médecin et distraire mon esprit de toute pensée étrangère; je n'ai pu retenir un cri d'admiration en voyant la sève puissante qui déborde encore dans notre pays et qui vient par mille canaux se déverser à Lourdes.

Mais qui donc a osé dire « qu'il fallait neutraliser les influences qui, s'irradiant des centres de pèlerinage, arrêtent l'essor des esprits libres; que de tous les miracles on ne peut espérer un effet moralisateur, et que l'intelligence humaine, dans un avenir prochain, placera son bonheur exclusivement dans les conquêtes de la raison? » Ce n'est certainement pas un soldat sur un champ de bataille. Ce culte de la raison eût été pour lui, à Reischoffen ou dans la nuit de Patay, un bien mince et bien inutile bagage.

Hélas! c'est encore un médecin (Diday, *Examen médical*, p. 82), Diday, qui nous demande, pour admettre les guérisons ou les miracles de Lourdes, une preuve choisie par lui et qui s'impose par l'évidence des résultats. Si vous avez, dit-il, hérité du pouvoir qui toucha Constantin, qui fléchit Attila, il est temps d'en faire œuvre. La France est mutilée, rendez-lui ses provinces perdues.

Je ne sais s'il est permis de traiter pareil sujet d'une plume légère ; mais je sais que ceux qui résoudront cette question auront placé plus haut leurs ambitions et leurs espérances. Le culte de la raison ne sera pas leur plus ferme appui.

Je sais que nos meilleurs soldats auront retrempé leur âme sous le souffle des inspirations chrétiennes. Dans cet échange continuel qui se fait à Lourdes entre les prières de la terre et les grâces du ciel; dans ce regard de miséricorde que la Vierge semble abaisser de préférence sur la France, je trouve le secret de notre force, le gage assuré du relèvement de mon pays.

CHAPITRE II

1872. — Année des grands pèlerinages, des nombreuses guérisons

Léonie Chartron, mal de Pott : D⁽ʳ⁾ Gagniard. — Caral, cancer : D⁽ʳ⁾ Estrémé de Castillon. — Aurélie Bruneau, sourde et muette : D⁽ʳ⁾ de Lamardelle, Poitiers. — M︢ᵐᵉ Gilbert : D⁽ʳ⁾ Fabre, de Marseille. — Louise Delpon, paralytique : D⁽ʳ⁾ Chrestien. — Rachitisme : D⁽ʳ⁾ Masurel. — Tumeur blanche : D⁽ʳ⁾ Moreau. — Louis Veuillot.

Pendant l'année 1872, un instinct mystérieux pousse les populations vers la Grotte de Lourdes: les trains de pèlerins se succèdent sans interruption.

Au lendemain de désastres sans nom, la France, cette noble blessée dont les plaies saignent encore, vaincue, démembrée, tremblant pour son avenir, retrouve un premier rayon d'espérance. Ces pèlerinages lui rappellent sa grande mission et lui montrent que sa destinée est encore liée aux destinées immortelles de l'Église.

Les multitudes se succèdent sans interruption sur les bords du Gave. De nombreux malades y retrouvent chaque jour la santé. Les *Annales* nous ont conservé le récit de plus de cent guérisons observées dans le cours de cette année. Parmi ces guérisons, il en est de très importantes par les détails précis, circonstanciés qui les accompagnent, par les noms des médecins qui s'en portent garants. Nous ne ferons que résumer ici les principaux faits.

Je trouve d'abord le récit de la guérison de Léonie Chartron, de Lormes (Nièvre).

Son médecin, le Dr Gagniard, d'Avallon, se complaît dans le récit et le commentaire de cette observation véritablement merveilleuse. Il écrit dans la *Revue de l'Yonne* la lettre suivante :

J'ai traité longtemps, dit-il, cinq ou six ans je crois, Mlle Chartron, pour une affection grave de la colonne vertébrale. Les apophyses épineuses dorsales faisaient une saillie considérable, en raison du ramollissement et de l'affaissement de leur corps. Il y eut même collection purulente. Tout ceci constaté par Nélaton, Piorry, Bouvier. Plus d'appétit, amaigrissement complet, fièvre continue, insomnie, la mort était imminente. Mlle Chartron part, soutenue, sinon portée, par deux personnes, accompagnée d'un oncle, vénérable prêtre, qui vient de mourir à Lormes en odeur de sainteté. On la met comme on peut en voiture, en chemin de fer, dans un wagon-lit. A Lourdes, elle est conduite près de la fontaine, elle y entre et en sort guérie, n'ayant plus besoin de personne pour marcher, allant, venant, agile et gaie. *Sa gibbosité avait disparu instantanément.*

Depuis, sa santé a toujours été excellente. Je me suis promené avec elle pendant une demi-heure, et j'étais plus fatigué qu'elle. Maintenant, qu'un médecin instruit explique une guérison de cette sorte! J'en ai porté vainement le défi à plusieurs de mes collègues.

Cette note se passe certainement de commentaires. Un mal de Pott, c'est-à-dire une carie des vertèbres avec affaissement de la colonne vertébrale, qui dure depuis sept ou huit ans, ne peut guérir en un instant sans laisser aucune trace des lésions matérielles qui caractérisent cette maladie. Le Dr Gagniard a bien raison de conclure que ce fait est absolument inexplicable. Pour lui conserver sa signification et son caractère, nous devons reproduire la relation faite par Mlle Léonie Chartron et les attestations formelles et décisives du Dr Gagniard, son médecin. Mlle Chartron nous dit :

Je suis venue jusqu'à trente ans sans connaître la maladie. C'était en 1866 : après plusieurs semaines d'un malaise que je ne m'expliquais pas, je fus saisie par une petite fièvre; ma respiration devint difficile; mes jambes refusèrent de me porter; je ne pouvais faire de mouvement sans douleur, et je dus prendre le lit. Je fis alors appeler le Dr Edmy Gagniard d'Avallon, lequel, après un sérieux examen, constata « une saillie des apophyses épineuses de six ou sept vertèbres dorsales; » en d'autres termes plus compréhensibles, reconnut une affection de la colonne vertébrale des plus graves, que ces Messieurs nomment : maladie de Pott.

Il m'ordonna un traitement sévère et me prescrivit les eaux de Salies, auxquelles je me rendis peu de temps après, mais sans grand succès. J'y retournai encore deux ans de suite, et sans plus de résultat. J'allai respirer l'air de la mer qui m'était conseillé comme fortifiant. Je me laissai conduire à Paris, où je fus visitée par les princes de la science, Nélaton, Piorry, Bouvier, qui tous s'accordèrent à reconnaître la gravité de mon état, et me prescrivirent de nouveau, avec le corset à béquilles, les moxas, les badigeonnages iodurés, les cautères.....; et pendant trois années bien longues, j'endurai ces tortures; et à la fin, mon pauvre dos était tellement labouré, brûlé, que je ne pouvais plus souffrir ces médications trop énergiques, malgré ma bonne volonté.

Et cependant, la faiblesse et la maigreur augmentaient. Je n'avais éprouvé un peu de soulagement pendant cette dernière année qu'à la suite d'une neuvaine à Notre-Dame de Lourdes..... J'en conclus que je ne pouvais être guérie que par elle, et, pleine de foi en sa puissance, comme de confiance en sa bonté, je résolus d'aller lui demander ma guérison.

C'était une grande affaire. Je ne pouvais faire quelques pas qu'appuyée d'un côté sur un bras, de l'autre sur une canne, et il s'agissait d'un voyage de plus de 1000 kilomètres, et il m'en fallait faire 80 en voiture pour me rendre de Lormes à Nevers, où je devais trouver le chemin de fer..... N'importe, la main si bonne de Marie me faisait signe, sa voix si douce m'appelait..... Je m'embarquai le lundi 12 juillet 1869, avec les souhaits des voisins et des amis qui ne pensaient pas me revoir en vie..... Nous arrivâmes à Lourdes le lundi soir, 19 juillet.

Le lendemain, je me rendis en voiture à la sainte chapelle, où j'entendis la messe, et d'où je revins sans trop de fatigue. Le mercredi, après la Sainte Communion, je descendis avec bien des précautions dans la piscine, témoin déjà de tant de prodiges, et j'en avais à peine touché le fond, que, toute seule, au grand ébahissement de mon excellente tante, qui ne m'abandonnait pas, sans effort et sans secousses, sans pouvoir me dire comment la chose se fit, je me trouvai hors de l'eau. Je ne me sentis nullement incommodée par ce froid glacial qu'on ne peut bien comprendre que quand on l'a éprouvé; j'étais guérie!

Je marchais librement et avec aisance, quoique avec réserve : les jours suivants j'entendis la messe en action de grâces, et le lundi, 26, nous reprenions avec joie et reconnaissance le chemin de Lormes, où j'étonnai tous ceux qui me voyaient marcher si aisément.

Mon bon docteur, mandé et reçu par moi au seuil de la maison, ne pouvait en croire ses yeux; mais après avoir constaté ma parfaite guérison, il me dit d'un ton ferme et résolu : « Quand une maladie aussi dangereuse que la vôtre, compliquée d'une complexion délicate, a résisté aux soins les plus assidus, comme aux efforts des maîtres de la science; quand elle devient de plus en plus grave, quand la cachexie se manifeste, et qu'un beau jour, subitement, et par la simple immersion, pendant une seconde, dans une eau glaciale, elle disparaît entièrement, il faut bien dire avec Ambroise Paré : « Dieu l'a guérie ; » et je dois ajouter : par un miracle. »

Aujourd'hui, plus de deux années se sont écoulées depuis ce jour béni, et je n'ai rien ressenti de mon ancienne maladie ; je ne suis toujours pas d'une complexion robuste, ma nature est restée la même ; mais la gibbosité a disparu comme toute maladie, je puis marcher, monter et descendre des escaliers, gravir la montagne au sommet de laquelle est située notre église, me baisser et me redresser sans souffrance, ce que je n'ai pu faire pendant les trois années que cette terrible affection a duré.

LÉONIE CHARTRON.

Le Dr Gagniard résumait dans les lignes qui suivent ses impressions sur la guérison de Mlle Chartron :

Avallon, 15 décembre 1872.

Madame,

La guérison subite, instantanée de Mlle L. Chartron, à Lourdes, est certainement miraculeuse et tout ce qu'il y a de plus authentique.

Vous pourrez défier le médecin le plus instruit, le plus fort, le plus expérimenté, d'expliquer la guérison de la maladie de Mlle Chartron, maladie arrivée à la dernière période de paralysie, de fièvre et de marasme, avec suppuration de six vertèbres, en quelques secondes, en dehors de n'importe quel traitement, et d'en citer un seul exemple dans la science.

Veuillez agréer, etc.

E. GAGNIARD, père,
docteur-médecin.

Raymond Caral, officier des douanes en retraite, est atteint d'un cancroïde de la face. Trois médecins, les Drs Séméac, de la Gironde, Estrémé, de Castillon, Delord, de Saint-Girons, le cautérisent vainement avec divers caustiques. Une plaie large, profonde, saignante, s'étend chaque jour davantage. Le Dr Delord adresse ce malade au Dr Rességuet, chirurgien en chef de l'hôpital de la Grave, à Toulouse. « Je recommande, dit-il, ce malade aux soins et à l'habileté de mon savant confrère. Il est atteint d'un cancroïde siégeant sur le front. Deux confrères ont essayé vainement la poudre Rousselot et la pâte de Canquoin; moi-même, j'ai eu recours au caustique de Ricord, sans aucun résultat. En présence de ce *statu quo,* j'ai conseillé à M. Caral d'aller consulter le Dr Rességuet, pour une opération chirurgicale qui semble devenue nécessaire. »

Avant de partir pour Toulouse, le malade, sur les conseils de sa femme, vient à Lourdes : « Je me confessai, dit-il, je communiai et je descendis à la Grotte. Ayant enlevé les linges qui couvraient cette plaie affreuse, je commençai à la laver avec l'eau de la fontaine. Je continuai ces lotions: chaque jour, la plaie diminuait et, au bout de huit jours, il n'en restait plus rien, rien que la cicatrice légère que vous pouvez apercevoir encore en regardant de très près. »

Que manque-t-il à la démonstration de ce fait? Il ne peut y avoir doute sur la nature de la maladie. Un cancroïde qui étend ainsi ses ravages, malgré les efforts de trois médecins, malgré tous les moyens mis en usage en pareil cas, est certainement une affection maligne entre toutes. Ces ulcères, compatibles avec la vie dans une certaine mesure, ne se cicatrisent jamais complètement. Si, dans quelques cas fort rares, ce mode de guérison peut s'observer, ce n'est jamais dans un laps de temps aussi court et avec de simples applications d'eau fraîche que le malade obtient un pareil résultat.

Nous devons ranger les guérisons de sourds-muets de naissance parmi les faits les plus surprenants et aussi les plus concluants. Plusieurs ont été constatées à Lourdes.

L'observation d'Aurélie Bruneau (1), rapportée par le médecin de sa famille, le Dr de La Mardelle, présente toutes les garanties que le critique le plus sévère pourrait exiger. Cette jeune fille, soumise aux soins du Dr de La Mardelle, offrit dès son bas âge les signes certains de la surdi-mutité de naissance. Le Dr Delot, de Paris, auquel on conduisit l'enfant, déclara que l'infirmité était incurable. La jeune Aurélie fut confiée aux soins des Sœurs de Déols, de Châteauroux, chargées de l'instruction des sourds-muets du département, puis envoyée à Orléans, dans une institution de sourdes-muettes.

Rentrée dans sa famille, Aurélie, dont la physionomie révèle une belle intelligence, présente tous les caractères de la surdi-mutité. Elle a vingt ans. La preuve de son infirmité n'est plus à faire; toute pensée d'opération, tout traitement sont depuis longtemps abandonnés. C'est dans ces conditions qu'elle recouvre instantanément l'ouïe, après avoir versé pendant trois jours quelques gouttes d'eau de Lourdes dans son oreille. Le Dr de La Mardelle l'examine avec soin :

Elle entend, nous dit-il, les coups frappés derrière une porte, les accords du piano dans un appartement voisin, et

(1) Née à Chabris (Indre), le 24 avril 1853, guérie le 11 octobre 1872.

non seulement elle entend, mais elle prononce quelques mots, et c'est parce qu'elle entend qu'elle parle.

De ce fait, dit le même docteur, nous sommes obligés de conclure que cette guérison, obtenue en dehors des procédés ordinaires et sans le secours d'aucun traitement, apparaît revêtue du caractère surnaturel.

Les médecins les plus connus, les plus célèbres, donnent ici à un très grand nombre d'observations l'appui de leur nom et de leur autorité. Le Dr Fabre, professeur de l'École de médecine de Marseille, nous dit qu'une de ses clientes, Mlle Gibert, arrivée au dernier degré de faiblesse, retrouve en un instant, à Lourdes, une santé depuis longtemps compromise.

Le Dr Fabre est une des grandes figures médicales du Midi de la France. Pour tous ceux qui l'ont connu, l'honorabilité de son caractère, sa droiture, l'indépendance de ses convictions sont au-dessus de toute atteinte.

Le Dr Chrestien, professeur à la Faculté de médecine de Montpellier, nous raconte en détail la guérison d'une de ses clientes, Marie-Louise Delpon, atteinte de paralysie des membres, de déviation de la bouche, d'affaiblissement chaque jour plus prononcé dans les idées. Lorsque la mort paraissait imminente, des lotions d'eau de Lourdes ramènent la vie dans ce corps inerte, et effacent en un instant les traces de la maladie. En terminant son récit, le Dr Chrestien nous dit :

Pourquoi n'attesterais-je pas cette guérison miraculeuse? Pourquoi ne pas braver les facéties de certains esprits forts ou faibles ?

> Fais ce que dois,
> Advienne que pourra.

Le Dr Chrestien sait parfaitement qu'il trouvera chez

ses collègues des esprits obstinément fermés à cet ordre d'idées ; il sait que ses affirmations provoqueront chez un grand nombre un sourire d'incrédulité. Mais il passe outre. Aucune considération n'a pu arrêter sur ses lèvres l'expression entière de sa pensée, de ses convictions.

Le Dʳ Masurel, de Lille, raconte la guérison d'une orpheline, âgée de vingt-six ans, qui depuis quinze ans est privée de l'usage de ses membres. Le professeur Parise, consulté, déclare que cette infirmité est absolument incurable. En effet, sous l'influence du rachitisme, les bras et les jambes sont contournés en arc de cercle, les articulations sont démesurément gonflées, la jambe droite est plus courte que l'autre de dix centimètres.

Et voilà qu'en un instant, après avoir bu de l'eau de Lourdes et récité un *Ave Maria*, les membres se redressent, la jambe droite s'allonge de 8 centimètres, les genoux reprennent leur grosseur naturelle. L'orpheline peut marcher, pour la première fois depuis quinze ans !

L'esprit a quelque peine à se faire à la réalité d'un pareil récit ; nous sommes évidemment en dehors du monde matériel. Il faut que les garanties les plus sérieuses accompagnent l'exposé de ce fait. Il faut que le Dʳ Masurel s'en porte garant pour qu'il puisse, avec un pareil dédain de toutes les lois naturelles, triompher de nos doutes et s'imposer à nos convictions.

Le Dʳ Moreau rapporte, lui aussi, une guérison bien surprenante. Une de ses malades, Simonneau (Philomène), âgée de vingt ans, est atteinte, depuis plus de cinq ans, d'une tumeur blanche de l'articulation tibio-tarsienne. Il y a à ce niveau des abcès nombreux et successifs, des fistules en divers points, des séquestres multiples et volumineux qui sortent péniblement. Le seul résultat prévu et désiré était l'ankylose, si jamais toutefois les suppurations pouvaient se tarir, les os nécrosés s'éliminer.

A la suite d'un voyage à Lourdes, non seulement la cicatrisation des parties molles et des os a été rapide et définitive, mais encore cette articulation, privée de tout mouvement, a retrouvé son jeu, sa souplesse. Il n'y a pas la moindre claudication dans l'allure d'une personne qui, pendant cinq ans, n'a pu faire usage de sa jambe.

Je laisse, dit le Dr Moreau, à des maîtres plus habiles le soin d'expliquer, par les données de la science, comment une articulation si longtemps condamnée à l'immobilité a pu si rapidement et aussi complètement reprendre son jeu, en ne conservant aucun embarras ni la moindre claudication dans l'allure d'une personne qui, pendant cinq ans, n'a pu faire usage de sa jambe droite. Si ma bonne foi peut rencontrer des sceptiques, si mon affirmation peut susciter des contradicteurs, je les invite, les uns et les autres, à vérifier par eux-mêmes les faits que j'ai racontés, et cela dans l'intérêt même de la vérité que je crois servir; si mes assertions et mes observations sont reconnues fausses ou erronées, je passe condamnation.

En résumé, mon opinion est que la fille Simonneau, à la suite d'une affection scrofuleuse très grave de la jambe droite, devant provoquer une ankylose en admettant une guérison naturelle, est en ce moment parfaitement guérie, sans aucune trace permanente autre que les cicatrices osseuses et cutanées, par conséquent sans *ankylose* ni *claudication*. Cette cure surprenante, que j'affirme, s'est, en outre, opérée avec une rapidité que ne comporte pas la lenteur ordinaire des guérisons dans le genre qui nous occupe; je dois donc avouer, en toute sincérité, dans mon âme et conscience, que la science médicale actuelle ne se prête pas à l'explication absolue de tous les phénomènes de cette guérison qui est authentique et dont je n'ai encore jamais constaté d'exemple analogue.

H. Moreau, docteur.

Aux Herbiers, 20 octobre 1872.

Je le comprends, ma parole serait vaine, mon autorité sans poids, si je venais seul affirmer que les lois ordinaires de notre art ont été violées, que tous ces faits échappent à une interprétation physiologique. Je pourrais être victime d'une illusion, subir l'influence d'idées préconçues, de convictions déjà faites; je pourrais me tromper.

Mais si, reprenant des observations relevées par cent, deux cents médecins, je viens en narrateur fidèle rappeler des faits consacrés par le temps, entourés de garanties les plus sûres, mon rôle est celui de l'historien et du critique. Je cesse de porter seul le mérite ou le poids de la responsabilité.

Les premiers médecins qui ont parlé des miracles de Lourdes ont soulevé de très vives oppositions. Aujourd'hui, la question perd tout côté personnel, et l'on essaye d'échapper à la discussion des faits en se rejetant dans des questions de doctrine. On invoque la suggestion, l'hypnotisme, et tous ces phénomènes mal définis, mal connus, provoqués sur les organisations maladives ou nerveuses.

Nous n'avons fait que rappeler ici les guérisons les plus remarquables, observées en 1872. Pendant cette année, on rencontre chaque jour, en grand nombre, des faits intéressants.

En parcourant l'histoire de ces événements déjà lointains, je retrouve ces paroles de Louis Veuillot, qui me paraissent interpréter de haut l'opposition toujours marquée entre les manifestations de la puissance divine et les préoccupations du monde :

« C'est sans doute, dit Louis Veuillot, une chose mortifiante pour notre orgueil, que tant de miracles en plein xixe siècle. D'autant plus humiliante que la chose se passe en France, à la barbe de la philosophie incrédule, qui seule dispose des gros bataillons. Oui, tant de miracles après dix-huit siècles de christianisme, c'est un affront que Dieu nous fait. Nous devrions n'en avoir pas besoin, et rien ne prouve mieux combien nous sommes devenus au-dessous de la raison. Que voulez-vous ? Il en faut bien passer par là, et, dans ces preuves multipliées du mépris de Dieu, l'on ne peut guère méconnaître aussi une preuve de son amour. »

CHAPITRE III

1872-73-74

Caroline Esserteau. — Mme Ancelin et le Dr Thibault, de Nantes. — Mme de Lamberterie. — Les médecins de la Corrèze et du Lot. — Coxalgie, par le Dr Galisson. — Les trois médecins de Milhau.

En 1873, du mois d'avril au mois d'octobre, les pèlerinages amènent cent quarante mille personnes, près de huit cents par jour. Dans ce nombre ne sont pas compris les visiteurs libres, qui arrivent seuls ou en famille, les baigneurs des stations thermales voisines, les touristes, les malades qui ne quittent pas les Pyrénées sans venir s'agenouiller devant la Grotte. Le monde entier se donne rendez-vous à Notre-Dame de Lourdes et marque ce pèlerinage d'un caractère d'universalité.

Au milieu de ces grands courants humains, de ces foules innombrables qui se succèdent, nous relevons chaque jour des faits de guérisons soudaines, qui paraissent s'écarter absolument des procédés de la nature.

C'est dans cette année que nous trouvons la relation de la maladie et de la guérison si remarquable de Caroline Esserteau, de Niort. Quinze ans se sont écoulés depuis cette époque, et depuis lors, elle n'a éprouvé ni rechute ni accidents nouveaux. Nous l'avons vue à Rome, au mois d'avril 1888, supportant vaillamment et sans faiblir toutes les fatigues du voyage;

Mgr Pie, évêque de Poitiers, parlant de Caroline Esserteau, déclare que le caractère surnaturel de sa guérison se révèle avec une évidence éclatante. A mon sens, dit-il, ce prodige est un des plus frappants qui aient été opérés par la grâce divine, dans le sanctuaire de Notre-Dame de Lourdes.

Caroline Esserteau était paralysée depuis dix ans. Au moment de son arrivée à Lourdes, elle avait, suivant le témoignage du Dr Peyrusse, de Narbonne, l'aspect d'un cadavre. Le docteur la vit avant son entrée dans la piscine; il la revit quelques instants après, et put constater qu'une résurrection s'était opérée en elle.

Caroline marchait d'un pas ferme et assuré; ses jambes, tout à l'heure inertes et desséchées, sont pleines et fortes, comme celles d'une personne bien portante; ses muscles, disparus depuis des années, se sont refaits dans l'eau.

Il y a eu une création instantanée de tissus, c'est le phénomène le plus extraordinaire qu'on puisse constater: M. Charcot reconnaît lui-même que ce résultat est au-dessus des forces de la nature. Cette guérison a eu pour témoins un grand nombre de médecins qui ont donné les déclarations les plus précises: le docteur Vizerie, protestant, chirurgien major du 10e régiment de cuirassiers, dit formellement : « Cette guérison insigne me paraît un effet de cette foi qui peut transporter des montagnes. »

Le Dr Grimaud, de Barèges, qui, pendant deux ans, a soigné Caroline, reconnaît le caractère surnaturel de sa guérison.

En écrivant à Caroline quelques jours après, il lui disait : « La triste situation où je vous avais laissée ne pouvait s'améliorer par les moyens humains; vous aviez une myélite ascendante qui avait résisté à tout. Vous êtes vraiment une ressuscitée, et, de plus, vous êtes une élue : car Dieu ne fait pas de pareils miracles pour les cœurs indifférents. Veuillez donc ne pas oublier dans vos prières celui qui a fait des efforts infructueux pour vous guérir. »

Le Dr Eugène Thibault, de Nantes, nous raconte, dans un savant et consciencieux rapport, la guérison de Mme Ancelin, la sœur d'un médecin de l'Oise, le Dr Morillon :

Je donne des soins, nous dit-il, à Mme Ancelin depuis 1859. Une affection organique du cœur, d'origine rhumatismale, avait déterminé une hydropisie générale. Depuis 1871, sa vie a été un supplice. Les suffocations, les bronchites, les hémorragies, les sueurs, la fièvre, tout concourait à ses souffrances.

Lorsque le premier pèlerinage de Nantes à Lourdes fut décidé, un ardent désir d'en faire partie s'empara d'elle. Ce projet me parut insensé, irréalisable. Elle n'en persista pas moins dans sa résolution. Le voyage se fit dans de déplorables conditions; la saison était mauvaise. Sous une pluie continuelle, ses vêtements avaient été constamment mouillés et elle dut les garder en cet état jusqu'à son retour, faute d'avoir pu en changer. Tout concourait donc à augmenter sa maladie, à déterminer même des complications funestes.

Le Dr Thibault ajoute : — Je la vis à son retour; elle était transformée. Elle se rendit à pied de la gare de Nantes chez elle; il n'y avait plus ni fièvre, ni oppression, ni malaise d'aucune sorte. L'hydropisie avait entièrement disparu, et, après une maladie si longue, si douloureuse, la guérison avait été soudaine et complète. Il y a eu ici un phénomène évidemment extraordinaire : lorsque les malades comme Mme Ancelin guérissent, ce qui est rare, la guérison est lente et précaire, surtout pendant la mauvaise saison; dans le cas présent, rien de pareil, et l'heureuse pèlerine continue à jouir de la plus parfaite santé.

Trois médecins, des départements de la Corrèze et du Lot, viennent reconnaître que la guérison de Mme la B^me de Lamberterie s'est produite dans des conditions si extraordinaires, si inattendues, que la médecine ne peut en revendiquer l'honneur et qu'il est impossible de ne pas songer à une intervention surnaturelle. Mme de Lamberterie était atteinte, depuis 1869, de troubles sérieux dans l'appareil des voies digestives. Le Dr Brun reconnut, par la palpation et la percussion, de manière à en être matériellement certain, une augmentation considérable du volume du foie; cet organe dépassait par son bord inférieur les fausses côtes, de trois travers de doigt. En 1872, une tympanite développée à l'extrême vint mettre cette malade dans l'état le plus fâcheux et inspira aux médecins les craintes les plus sérieuses.

C'est dans ces conditions que Mme de Lamberterie commença une neuvaine à Notre-Dame de Lourdes. Au septième jour de la neuvaine, le ventre mesurait 0^m,18 de moins et, plus tard, à travers les parois abdominales devenues très dépressibles, on pouvait reconnaître et constater que le foie était revenu à ses proportions ordinaires, ne dépassait pas le rebord des fausses côtes. Les organes abdominaux, si sérieusement compromis, avaient retrouvé leur état normal, et cette guérison s'était opérée sans crise apparente.

Dans cette observation, à côté de la reprise des fonctions rétablies, il y a le volume du foie, lésion anatomique, matérielle et tangible complètement effacée.

Pour moi, il y a encore là des garanties personnelles d'un poids considérable. Les médecins qui ont soigné M*me* de Lamberterie viennent, avec une franchise qui les honore, sans parti pris, sans réticence, rendre témoignage de ce qu'ils ont vu et observé.

Ces trois médecins exercent dans une circonscription voisine de la mienne; j'ai eu avec eux de fréquents rapports professionnels. Je puis me porter garant de leur savoir et de leur honorabilité. Le D*r* Pomarel, médecin en chef de l'hôpital de Brive, se place au premier rang parmi les médecins de la Corrèze. Le D*r* Brun est le médecin consultant le plus appelé du département du Lot.

Lorsque des hommes de cette valeur reconnaissent que la guérison qui s'est produite sous leurs yeux, subite, inattendue, est en contradiction avec toutes les lois de l'observation, qui oserait mettre en doute leur parole ou contester leur autorité?

Les certificats délivrés dans ces conditions ont une importance exceptionnelle.

Il ne s'agit pas ici d'une malade d'hôpital, perdue dans le grand mouvement d'une salle : c'est une cliente, souvent une amie, dont on connaît le caractère, le tempérament, les antécédents personnels, dont la vie n'a plus de secrets pour son médecin. Il ne peut y avoir ni surprise, ni illusion. Si la guérison n'est pas entière, si une rechute survient, le médecin doit le déclarer; il a pour témoin et pour juge toute la population; il est responsable devant l'opinion, qui discute ses appréciations et ses jugements.

Des conclusions portées ainsi en plein jour sur des faits si bien étudiés, si parfaitement connus, apportent avec elles toutes les garanties.

Le Dr Galisson, du Maine-et-Loire, rapporte l'observation d'une malade qu'il soigne depuis vingt-sept ans, et qui était atteinte de coxalgie avec raccourcissement, de gonflement du genou droit avec ankylose de cette articulation, de tumeurs ganglionnaires multiples dans la fosse iliaque du même côté.

Le 27 août 1872, cette malade retrouve à la Grotte la souplesse dans toutes ses articulations; le volume du genou droit est égal à celui du genou gauche, et il n'y a plus trace de tumeurs dans l'abdomen.

Le Dr Galisson nous dit en terminant son rapport :

Pour moi, qui ai suivi comme médecin cette pauvre fille depuis *quarante-trois ans*, je la croyais incurable pour le reste de ses jours avec le seul secours des moyens naturels.

Je puis donc affirmer, avec connaissance de cause et dans la sincérité de ma conscience, que l'instantanéité de l'amélioration complète du mal chronique et compliqué décrit ci-dessus me met dans l'obligation de croire à une intervention surnaturelle.

Après avoir attendu cinq mois, pour voir si les heureux résultats de ce fait merveilleux se maintiendraient, je me suis décidé à faire ce rapport.

P. GALISSON,
exerçant la médecine
depuis quarante-trois ans dans la commune.

Rochefort-sur-Loire (Maine-et-Loire), le 30 janvier 1875.

Une religieuse de Saint-Joseph, paralysée depuis

plusieurs années, demande à faire le pèlerinage de Lourdes. La Supérieure générale, pour éviter toute imprudence, prend au préalable l'avis des trois médecins de Milhau. Le Dʳ Lubac répond : « Quant au voyage et au bain dont vous me parlez, je les considère comme absolument mauvais ; ce n'est pas la première fois que j'interdis ces déplacements. Un bain froid pourrait aggraver la maladie. » Le Dʳ Rufin est moins affirmatif et s'exprime du moins d'une façon moins compromettante. « Le moyen dont vous me parlez, dit-il, est un moyen perturbateur très puissant ; en l'employant, on s'expose à faire beaucoup de mal, mais on obtient parfois des résultats surprenants..... Un médecin prudent laisse à l'initiative personnelle le choix de pareils moyens. » C'est la parole d'un sage.

Le Dʳ de Bonneviale seul constate au retour de Lourdes les heureux résultats obtenus ; il avoue que la Sainte Vierge a été plus habile que les médecins. La guérison de cette bonne Sœur, survenue après une immersion dans la piscine, est pour lui une guérison miraculeuse.

Nous trouvons encore, dans cette même année, des certificats très concluants des Dʳˢ Fabre, de Marseille ; Charuau, de Nantes ; Puech, de Nimes ; Dumas, de Cette ; Aubry, de Blois.

Nous trouvons aussi le récit de la guérison de l'abbé de Musy, guérison si bien décrite par M. Lasserre dans les *Épisodes miraculeux*, et qui a eu un si grand retentissement.

CHAPITRE IV

1875

Pierre de Rudder. — Une jambe cassée et non soudée depuis huit ans. — Sa soudure instantanée. — Les témoignages. — Une dernière enquête par le Dr Royer, de Belgique, faite dix-huit ans après la guérison. — Pas un doute n'est formulé.

En 1867, Pierre de Rudder, ouvrier belge, eut la jambe cassée par la chute d'un arbre. L'os était brisé à sa partie moyenne. Malgré tous les appareils, la consolidation ne put se faire. Pendant un an, Pierre garda le lit. Trois médecins de Bruges, les Drs Affenaer, Jacques et Verriert, lui donnèrent leurs soins sans résultat.

En 1875, huit ans après l'accident, la partie inférieure de la jambe ne tenait pas à la supérieure et était mobile en tous les sens. Les deux fragments de l'os cassé étaient distants de 0^m,03, et visibles au fond d'une grande plaie, en continuelle suppuration. C'est dans cet état que Pierre, en se traînant, arrive à la Grotte de Lourdes-Oostacker. Après quelques minutes de saisissement et de prières, il est à genoux, puis se relève seul, sans aide, et suit les exercices du pèlerinage. Sa jambe est guérie, les parties disjointes se sont rapprochées et soudées, les plaies ont disparu; un léger sillon indique seul la place de la fracture.

Le Dr Affenaer, examinant cette jambe, ne peut contenir son émotion: « Vous êtes guéri, dit-il; votre jambe est intacte; tous les remèdes étaient impuissants, la Sainte Vierge a fait ce que les médecins n'avaient pu faire. »

Une fracture qui date de huit ans, qui n'a été suivie d'aucun travail de consolidation, qui a laissé les fragments osseux à une distance de 0^m,03, et la jambe mobile en son milieu, une fracture dans ces conditions ne peut guérir en un instant par aucun procédé connu. Une semblable guérison est plus surprenante encore que celle des cancers ou des tubercules, ou du moins elle est plus facile à bien interpréter.

Cette observation doit être publiée dans tous ses détails.

Pierre de Rudder naquit le 2 juillet 1838, à Jabbeke, dans la Flandre occidentale. Ouvrier chez M. Dubus de Gisignies, à Jabbeke, il revenait chez lui, le 16 février 1867, lorsqu'il rencontre sur son chemin les fils de Jean Knockaert, qui abattaient des arbres. Pierre met le pied sur un de ces arbres étendus sur la route; soudain, un autre tombe sur le premier et écrase la jambe du malheureux ouvrier. L'os était cassé à 0^m,09 au dessous du genou. On le transporta chez lui au milieu d'atroces souffrances.

M. Affenaer, médecin à Oudenberg, remit la jambe et appliqua un appareil. Cinq semaines après, une grande plaie se forma au pied, et l'os se corrompit. M. Affenaer, déclarant ses soins impuissants à arrêter le mal, Pierre eut recours à M. le Dr Jacques, de Bruges, et puis à M. Verriet, médecin aussi de Bruges. Ils ne réussirent pas mieux que leur confrère. Trois autres médecins de Stalhille, de Varsena et de Bruxelles, ne furent pas plus heureux. Le pauvre ouvrier, après avoir enduré d'affreuses tortures, fut obligé de garder le lit une année entière. Enfin, il put se traîner sur deux béquilles.

Cela dura huit ans et deux mois.

Pierre était pieux dès son enfance. Sa confiance en la Vierge Marie n'avait pas de bornes. Ayant entendu le récit des merveilles qu'Elle opère à Lourdes-Oostacker, il sent sa confiance grandir encore et s'écrie : « Puissé-je faire ce pèlerinage ! j'obtiendrai, j'en ai la confiance, ma guérison de cette bonne Mère. »

Mais comment faire ce voyage ? La partie inférieure de la jambe tenait faiblement à la supérieure ; le pied tournait en tout sens ; les deux parties de l'os cassé étaient distantes l'une de l'autre de 0^m,03, et se montraient à travers les chairs ; une grande et profonde plaie était là en continuelle suppuration.

Pierre met tout son espoir en la Vierge de Lourdes. Il se prépare par des prières ferventes à ce pénible pèlerinage. Le 7 avril 1875, appuyé sur ses béquilles, aidé de sa femme, il se traîne vers la station de Jabbeke, éloignée d'une demi-heure de sa demeure. Il met trois longues heures à faire ce chemin. Trois hommes le hissent dans le wagon qui le porte à Gand. On le transborde avec peine, d'abord dans la voiture du tramway, puis dans l'omnibus de Saint-Amand, qui le dépose sur la voie de Lourdes-Oostacker.

Le pauvre estropié se trouvait sur la route bordée d'arbres, que les pèlerins parcourent le chapelet à la main. Épuisé de fatigues et de souffrances, il se traîne sur ses béquilles et avec le secours de sa femme vers la Grotte désirée. Enfin il est arrivé, et, n'en pouvant plus, il se laisse tomber sur un banc. La soif le presse, il demande de l'eau de la fontaine ; il en boit et se sent un peu remis. Les autres pèlerins font trois fois, selon l'usage, le tour de la petite montagne. Pierre veut se joindre à eux ; il prend ses béquilles ; et, se traînant péniblement, il fait le tiers de ce pèlerinage, arrive ainsi devant la statue miraculeuse et s'assied sur un second banc en face de la Vierge Immaculée.

Alors, de son cœur ému, montent des prières ardentes. Il demande à Dieu pardon de tous les péchés de sa vie. Puis, levant vers l'image de la Vierge un regard de confiance et d'amour, il la supplie de lui rendre la santé, afin qu'il puisse, par son travail, gagner le pain de ses enfants et de leur mère.

Tandis qu'il prie ainsi de toute son âme, Pierre sent tout son être saisi par un trouble étrange. Hors de lui-même, il se lève sans béquilles, passe entre les bancs et va se jeter à genoux devant l'image de sa Mère.....

Après quelques minutes de saisissement et de prière, l'ouvrier revient à lui et s'aperçoit avec étonnement qu'il n'a pas ses béquilles et qu'il est à genoux. « Mon Dieu, s'écrie-t-il, où suis-je donc ? » Puis, levant vers la Vierge un regard plein de reconnaissance et d'amour : « O Marie, me voici devant votre image chérie..... Merci !..... Merci !..... » Apercevant ses béquilles, il se lève et va les déposer contre le rocher de la Grotte.....

Sa femme faillit s'évanouir, les assistants pleuraient. Pierre n'entendait, ne voyait rien autour de lui ; tout entier à la prière et à la reconnaissance, il achève les trois tours du pèlerinage.

On l'arrache enfin à la Grotte et on le conduit au château de Courtebourne, où l'on constate que la jambe est parfaitement guérie. Les deux parties disjointes se sont rapprochées, les plaies ont instantanément disparu; à peine une légère marque bleue indique la place de la fracture.

Revenu à Jabbeke, Pierre se rend d'abord à l'église pour remercier Dieu, auteur de tout bien. Il rentre ensuite dans sa pauvre chaumière, où l'a précédé la nouvelle de sa guérison. Sa fille Sylvie l'embrasse en sanglotant. La pieuse enfant avait, de grand matin, allumé des cierges devant l'image de Marie. Le petit Auguste ne reconnaît plus son père qu'il n'avait jamais vu marcher sans béquilles.

M. le Dr Affenaer, examinant la jambe de Pierre, laissa tomber de grosses larmes de ses yeux et s'écria : « Vous êtes radicalement guéri; votre jambe est comme celle d'un enfant qui vient de naître! Tous les remèdes humains étaient impuissants; mais ce que ne peuvent les médecins, Marie le peut. »

Le pieux ouvrier ne peut se lasser de revenir à la Grotte bénie, où il passe des heures à remercier la Vierge; il aime à dire à tous la puissance et la bonté de sa Bienfaitrice.

Pierre de Rudder est venu à Lourdes en pèlerinage le 9 mai 1879. C'est un Flamand de pure et sainte race, son interprète a raconté les merveilleuses suites que ce prodige eut à Jabbeke, la patrie de Pierre de Rudder. On célébra en actions de grâces, dans l'église paroissiale, une neuvaine de messes chantées. L'église était pleine chaque jour; on y comptait souvent

1500 assistants sur une population de 2000 âmes. Ces neuf jours furent chômés presque comme le dimanche. Il y avait à Jabbeke d'assez graves désordres, des danses et beaucoup de libéraux ; il n'y a plus de danses ni de libéraux ; les compatriotes de Pierre sont devenus bons chrétiens et bons catholiques.

Le bruit de cette guérison merveilleuse s'est répandu au loin. La science s'en est émue : vingt-deux médecins, dont un de Paris, sont venus visiter Pierre de Rudder. On a aussi compté, parmi la foule des visiteurs, trois cents prêtres et quatre évêques, dont deux étrangers.

Pierre fait, presque toutes les semaines, un pèlerinage à la Grotte d'Oostacker. Quand on veut obtenir une grâce, on se recommande aux prières de ce pauvre paysan, et on lui demande de faire un pèlerinage à la Grotte.

Il y est allé 117 fois.

Les méchants aussi se sont émus. Un jour, ils se sont rués sur ce brave homme et l'ont accablé de coups. Mais la persécution ne trouble pas l'homme qui a mis en Dieu sa confiance. Pierre revient toujours à sa chère Grotte d'Oostacker et il soupire vers le jour où il lui sera donné de revenir, comme cette fois, grâce à la charité des bonnes âmes, visiter de nouveau la vraie Grotte de Lourdes.

Cet homme simple et grand dans sa foi, invincible dans son amour et son dévouement, nous apparaît comme le type de la catholique Belgique.

Le médecin de Pierre de Rudder nous a écrit deux fois ; la première fois, le 21 août, la seconde fois, le 3 septembre dernier.

Dans sa première lettre, il nous disait :

Pierre de Rudder a pris à son travail une fracture comminutive du tibia et du péroné droits. Il avait eu la jambe broyée sous un tronc d'arbre qui s'était abattu sur lui. Les fragments étaient si nombreux qu'en secouant les membres on entendait tous les os s'entre-choquer comme un sac à noisettes. La consolidation ne s'est jamais faite. Vainement M. le comte Dubus l'avait mis en traitement pendant six ans. Condamné et abandonné, cet homme était au désespoir quand j'ai eu l'occasion d'examiner sa jambe. Il n'est pas besoin d'une longue description : la moitié inférieure de la jambe avec le pied ballottait littéralement au bout du membre, au point que je pouvais faire décrire au talon plus d'un tour sur l'axe du membre. Ce mouvement n'avait de limite que la torsion des tissus mous. Après son pèlerinage, la consolidation a été complète.

Dans sa lettre du 3 septembre, le même médecin dit :

Quand Pierre de Rudder est parti en pèlerinage, il y avait huit ans qu'il traînait sa jambe après lui et qu'il marchait péniblement avec deux béquilles. Le tiers inférieur de la jambe et le pied pendaient comme une loque.

Pierre est revenu le soir même, sans béquilles et en dansant ; dès le lendemain, il a fait plusieurs lieues à pied, heureux de cet exercice dont il avait été si longtemps privé.

Naturellement, je suis allé le voir, et je vous confierai que je ne croyais pas à cette guérison. Qu'ai-je trouvé ? une jambe à laquelle il ne manquait rien, si bien que si je n'avais pas examiné le malheureux auparavant, j'aurais certainement émis la conviction que cette jambe n'avait jamais été cassée.

En effet, en passant les doigts lentement sur la crête du tibia, on n'y sent pas la moindre inégalité, mais une surface parfaitement lisse de haut en bas, tout ce que l'on découvre, ce sont quelques cicatrices superficielles à la peau.

En terminant sa lettre, notre confrère nous dit :

Cette lettre vous trouvera peut-être en entrevue avec M. Zola. Si cela était, je serais heureux qu'il lise ces quelques lignes et qu'il me permette de lui dire ces quelques mots : « Monsieur, j'ai été un incroyant comme vous ; le miracle de Rudder m'a ouvert les yeux fermés jusque-là à la lumière.

» Le doute me prenait encore quelquefois, mais je me suis mis à étudier la religion chrétienne et à prier. Eh bien ! je vous le déclare sur l'honneur, je n'ai plus le moindre doute, je crois absolument, et j'ajouterai qu'avec la croyance, j'ai trouvé le bonheur, une tranquillité intérieure que je n'avais jamais connue. J'ajouterai que cette jambe est très curieuse à examiner pour quiconque a vu des consolidations de fractures. Évidemment, la Sainte Vierge ne guérit pas comme le fait la nature, quelque bien qu'elle soit secondée.

» Pierre de Rudder habite entre Bruges et Ostende. Si on voulait l'examiner, il se rendrait volontiers dans une de ces deux villes, et pour ma part je me chargerais avec bonheur de l'accompagner. »

J'ai lu souvent ces deux lettres aux nombreux médecins qui m'entouraient ; elles ont toujours produit une profonde impression ; la plupart de mes confrères m'ont demandé de reprendre la publication de ce fait.

Dans ces derniers temps, le Dr Royer a voulu faire une enquête sur cette guérison ; nous allons la résumer dans ses principaux détails.

L'homme à la jambe cassée et non soudée depuis huit ans, par le Dr Royer, de Lens-Saint-Remy.

Les Belges ont voulu relever le défi qui nous était porté au mois d'août dernier. Lorsque, devant un auditoire nombreux et mêlé, je montrais Clémentine trouvé, qui avait été guérie subitement d'une carie des os du pied : « Mais si j'avais en main, me dit Zola, la démonstration que vous croyez tenir, je voudrais remuer le monde, amener ici les foules,..... »

Voilà la démonstration demandée pour un fait plus probant, si c'est possible, et cette démonstration est d'une lumineuse clarté. Ce n'est qu'avec les Belges que l'on peut obtenir des enquêtes conduites avec cette précision, avec cette méthode.

Le Dr Royer, de Lens-Saint-Rémy, n'a pas hésité à laisser sa clientèle pour se transporter à Jabbeke, et là, pendant plusieurs jours, il a recueilli tous les témoignages, sans aucune distinction d'opinion ou de personne.

Afin de donner à son enquête une empreinte de loyauté que rien n'aurait pu faire soupçonner, il a voulu la faire en commun avec un de ses confrères absolument incrédule, mais instruit et de bonne foi.

On lui a désigné le Dr Mottart de Hannut comme réalisant les conditions désirées. En conséquence, il lui a écrit la lettre suivante :

Lens-Saint-Rémy, 16 décembre 1892.

Très honoré confrère,

Je vous ai envoyé les *Annales de Lourdes* du mois d'octobre dernier, et vous avez pu y lire le récit de la guérison de Rudder.

Je viens vous demander, cher confrère, si, dans l'intérêt de la vérité, vous voulez bien vous joindre à moi pour faire une nouvelle enquête et prendre des renseignements précis du vivant de Rudder.

Vos convictions bien connues seront pour tous une garantie de loyauté. Cette pensée est si vraie que deux personnes de Huy me l'ont exprimée et veulent bien payer tous les frais de votre voyage.

Nous nous rendrons à Jabbeke, nous verrons les médecins qui ont soigné Rudder.

Si vous me faites le plaisir d'accepter ma proposition, nous examinerons ensemble ce qu'il y a de mieux à faire pour bien connaître toute la vérité.

Recevez, etc.

Dʳ ROYER.

Le Dʳ Mottart lui répond la lettre suivante :

Mon cher confrère,

Je vous avoue que je n'ai pas lu la brochure dont vous me parlez ; je ne dépouille qu'exceptionnellement cette volumineuse correspondance de journaux, brochures, circulaires, et malgré mes opinions qui vous sont bien connues, je ne me complais guère dans la discussion du pour et du contre.

Je ne sais rien de ce qui concerne le cas de Rudder. Envoyez-moi de nouveau cette brochure, j'en prendrai connaissance, et je vous ferai connaître ensuite la résolution à laquelle je me serai arrêté.

Recevez, etc.

Dʳ MOTTART.

Le 18 décembre, M. Mottart a reçu la brochure ; le 19, je le rencontrai à la gare de Hannut, il avait lu la brochure et me promit une prompte réponse.

Je n'ai rien reçu depuis de mon confrère ; j'appris indirectement qu'il avait décidé de ne pas donner de suite à ma proposition ; je me déterminai donc à agir seul, et j'écrivis immédiatement au médecin de Stalhille et à M. le curé de Jabbeke, pour leur annoncer mon arrivée pour le 18 janvier.

Voyage.

Je partis pour Bruxelles où je devais changer de train. A peine dans mon compartiment, je fus bientôt engagé dans une discussion religieuse avec un négociant qui se rendait à Bruges, par conséquent non loin de Jabbeke. Il était absolument incroyant. Comme il connaissait le flamand et le français, je le mis au courant de mon projet d'enquête et je l'engageai à venir avec moi. Il accepta ma proposition et consentit à me servir d'interprète. Je retrouvai donc l'incrédule que j'avais vainement cherché, et vous verrez dans le récit qui va suivre que certains noms apparaîtront *ici* comme celui de Pilate dans le *Credo*. Ces témoignages réunis d'hommes aux convictions opposées donneront plus de force à nos conclusions.

§ I. — Témoignages reçus.

(Du docteur Van Hoestenberghe de Stalhille, localité voisine de Jabbeke.)

Je montre au confrère les *Annales de Notre-Dame de Lourdes* du 12 octobre 1892, renfermant des extraits de lettres, signées de son nom, écrites au Dr Boissarie ; il m'affirme qu'elles sont authentiques et qu'elles sont l'expression de la vérité.

Il nous dit ensuite :

Je n'étais pas le médecin de Pierre de Rudder, mais j'ai été le voir par curiosité, en ayant entendu parler différentes fois. Le cas me parut sans ressources, aussi bien qu'à mes collègues Affenaer et Verriert.

Pierre de Rudder avait une fracture multiple et comminative. Le D{^r} Affenaer appliqua un appareil inamovible qu'il laissa en place cinq semaines. Le malade se plaignait de douleurs vives ; on enleva l'appareil et on constata une ulcération gangréneuse du pied et une à la jambe au niveau de la fracture.

Après le D{^r} Affenaer, le D{^r} Verriert, qui avait un certain renom, fut chargé par la famille Dubus de soigner Rudder. Après un long et pénible traitement, le D{^r} Verriert cessa de visiter le malade, bien qu'il fût absolument assuré du côté de ses honoraires.

Rudder avait une plaie à la partie supérieure de la jambe ; au fond de cette plaie, on voyait les deux os à une distance de 0^m,03 centimètres l'un de l'autre.

Il n'y avait pas la moindre apparence de cicatrisation. Pierre souffrait beaucoup et endurait ce mal depuis huit ans.

La partie inférieure de la jambe était mobile dans tous les sens. On pouvait relever le talon de façon à plier la jambe dans son milieu. On pouvait la tordre et ramener le talon en avant et les orteils en arrière.

Tous ces mouvements n'étaient limités que par la résistance des tissus mous.

Étant donné l'état où je l'ai vu, j'affirme que la jambe n'a pu, dans aucune hypothèse, être cicatrisée complètement, dans l'espace de temps qui s'est écoulé entre ma dernière visite et le pèlerinage.

La guérison était, en effet, complète sans le moindre cal au niveau de la fracture, sans raccourcissement, et cela dès le lendemain de ce pèlerinage.

Il y avait une plaie large au dos du pied. Cette plaie était également guérie. Si j'avais conservé quelques doutes, ils eussent été d'ailleurs complètement dissipés par le témoignage de Jean Houtsaeger, de Stalhille, que vous allez interroger. Cet homme est intelligent, ce n'est pas un dévot et certes il n'aurait pas exagéré une déclaration qui contrariait sa manière de voir.

§ II. — **Jean Houtsaeger, tonnelier, à Stalhille.**

« Je me rappelle parfaitement, dit-il, que le 7 avril 1875, étant sur la route, je vis un mouvement inusité parmi les habitants de Jabbeke. Je demandais qu'elle en était la cause? On me répondit que Pierre Rudder revenait complètement guéri.

» Alors je m'écriai : Comment, Rudder guéri? mais j'ai encore vu sa jambe cassée la semaine dernière! Aussitôt, au milieu de la foule, je vis Rudder revenant de la station, marchant parfaitement et sans béquilles.

— Qu'aviez-vous vu à sa jambe?

— J'avais vu une plaie grande comme la paume de la main.

— Les linges étaient-ils mouillés?

— Oui, par un écoulement sanguinolent qui sentait très mauvais.

— Avez-vous bien vu que la jambe était cassée?

— Oui, Pierre a plié la jambe avec la main, de façon à faire sortir par la plaie les *deux extrémités de l'os cassé qui est venu à l'extérieur.*

— Avez-vous touché ces os du doigt?

— Non.

— Étaient-ils blancs ou noirs?

— Ni blancs, ni noir.

— Ces bouts étaient-ils arrondis?

— Non, ils n'étaient pas arrondis, ils avaient l'aspect d'un objet brisé.

» Pierre m'a montré comment il pouvait tourner son talon en avant et ses orteils en arrière. Il avait aussi une grande plaie sur le dos du pied. »

Cette déposition a été reçue en présence de plusieurs témoins.

§ III. — Edouard Van Hooren, voisin de Rudder.

« Vous connaissez donc Rudder?
— Oh! oui, je suis un de ses voisins.
— Avez-vous signé ce certificat? »

M. le docteur de Stalhille lui traduit le certificat suivant rapporté dans une brochure publiée par M. Le Couvreur, curé de Saint-Laurent, à Bayeux (Calvados).

Les soussignés déclarent avoir vu, le 6 avril 1875, la jambe fracturée de Rudder, les deux parties de l'os rompu perçaient la peau et étaient séparées par une plaie suppurante sur une longueur de 0^m,03. Nous déclarons également que Rudder est revenu, le 7 avril, de son pèlerinage de Notre-Dame de Lourdes à Oostacker parfaitement guéri. L'os était soudé, la plaie avait disparu; Rudder pouvait marcher, se tenir debout et travailler aussi bien qu'avant son accident.

Ont signé :   JULES VAN HOOREN,
ÉDOUARD VAN HOOREN, MARIE WITTIZACLE.

Jabbeke, le 25 avril 1875.

« Oui, nous avons signé ce certificat.
— Saviez-vous bien ce que vous signiez?
— Oui, oui, certainement.
— Est-ce bien le jour avant que vous l'avez vu?
— Oui, le jour avant, au soir. Je me trouvais chez Pierre avec mon fils et Marie Wittizacle.

— Qu'avez-vous vu ?

— Pierre a découvert sa jambe pour la panser, et a plié la jambe de façon à *nous montrer les deux bouts de l'os cassé à l'extérieur.*

— Ces os n'étaient pas rejoints ?

— Non. C'était toujours comme je l'avais vu auparavant. Les deux os étaient écartés, la jambe était mobile, ballottait ; on pouvait la tordre.

— Quand avez-vous vu de Rudder guéri ?

— Le lendemain du jour où j'avais vu sa jambe cassée. J'étais sur la porte de la maison quand j'ai vu Pierre revenant de son pèlerinage, marchant parfaitement et sans béquilles. »

Je demande à Monsieur le curé :

D. — Y a-t-il actuellement à Jabbeke quelque personne incroyante ou du moins ne pratiquant pas la religion ?

R. — Non, il n'y en a actuellement aucune, mais un des signataires de l'attestation, signée également par M. de Simpel, était un libre penseur, n'ayant aucune pratique religieuse : c'est M. de Sorge.

D. — S'est-il converti ?

R. — Non, il est mort et a même été enterré civilement. Il est vrai qu'il est mort presque subitement, et qu'il n'aurait pu se réconcilier avec l'Église, ayant perdu toute connaissance dès le premier moment de sa maladie.

M. de Simpel raconte qu'un nommé de Veisch, de Jabbeke, incrédule, qui pratiquait un peu pour faire comme les autres, lui avait dit qu'en présence de cette guérison, il fallait bien croire à la religion, et que, depuis, de Veisch avait pratiqué avec foi.

(Cette déclaration reçoit l'assentiment de plusieurs personnes présentes.)

Baltazar de Jaegher,
actuellement garde-barrière à Jabbeke.

Baltazar de Jaegher, interrogé, déclare qu'il a aidé à transporter de Rudder dans le train, à son départ pour Oostacker.

D. — Avez-vous vu sa jambe cassée au moment du départ? Avez-vous vu si elle jouait, si le pied était ballottant?

R. — Non, je n'ai pas vu la jambe au moment du départ pour le pèlerinage, mais j'ai vu à nu la jambe de Rudder huit jours avant ce pèlerinage.

D. — Qu'avez-vous constaté?

R. — J'ai constaté deux plaies, la fracture de la jambe; l'on pouvait tordre la jambe de façon à faire tourner le talon en avant (il fait le geste pour montrer la chose).

Pierre était parti au train vers 6 heures du matin, et je l'ai vu descendre du train dans la soirée, je l'ai vu marcher parfaitement guéri.

Pierre Blomme, de Jabbeke, âgé de 75 ans,
ancien garde-barrière.

Il déclare qu'il a transporté Pierre de Rudder dans le train, avec l'aide de quelques personnes, quand celui-ci est parti en pèlerinage.

De Rudder, dont la demeure est assez éloignée de la gare, s'est reposé dans sa maisonnette de garde-barrière à côté de la gare; là, Blomme a constaté la mobilité anormale de la jambe de Rudder (le témoin fait le geste, montrant qu'il y avait mobilité au niveau du corps du tibia, donc en dehors des articulations), on pouvait faire ballotter la jambe.

Voyant cela, il a dit à de Rudder : «Mais que voulez-vous aller faire à Oostacker? Restez plutôt chez vous. »

Blomme raconte qu'il a été stupéfait, le soir, de le voir descendre du train, marchant parfaitement et sans béquilles. Interrogé si ses souvenirs sont bien fidèles, s'il est bien sûr de ce qu'il affirme, s'il n'y a pas là un peu d'exagération, il proteste avec aigreur qu'il n'exagère en rien, qu'il est tout à fait sûr de ce qu'il affirme. Il raconte de nouveau comment il a bien constaté que la jambe était cassée.

Témoignage de Pierre de Rudder.

Pierre raconte l'accident qui lui est arrivé en 1867 : jambe cassée, appareil posé par le D' Affenaer, d'Oudenbourg, les appareils et le traitement du D' Verriert; il parle de la plaie du pied, de ses souffrances, etc., etc.

Pierre raconte qu'il savait plier la jambe en tous sens, et la tordre de façon à tourner le talon en avant. Bien des personnes l'ont vu.

D. — Ainsi, il n'y avait pas d'apparence de guérison?

R. — Non, ma jambe était toujours dans l'état où les médecins l'avaient abandonnée.

D. — Y a-t-il des personnes qui ont vu votre jambe peu avant votre pèlerinage?

R. — Ah! oui, en voici un qui l'a vue le jour avant (Pierre montre Édouard van Hooren assis à côté de lui).

D. — Racontez-moi votre pèlerinage.

R. — Je suis parti avec ma femme, me traînant à l'aide

de mes béquilles; il n'y avait pas d'autres pèlerins de Jabbeke. Il me fallut longtemps pour arriver à la gare. Là, un garde s'est moqué de moi en disant : « Que voulez-vous aller faire à Oostacker avec une jambe comme cela? Restez plutôt chez vous. »

D. — Qui était ce garde?

R. — Pierre Blomme. Il y avait trois ou quatre hommes pour me monter dans le train. Le cocher qui me conduisit de Gand à Oostacker était un grand et fort gaillard qui me descendit seul de la voiture. Comme la jambe cassée se pliait sous son seul poids, il dit tout haut : « Tiens, en voilà un qui perd sa jambe! »

Arrivé à la Grotte, je me suis reposé et j'ai bu de l'eau. Puis j'ai fait le tour de la Grotte deux fois, au troisième tour (celui-ci n'étant pas achevé), je me suis assis devant la statue de la Sainte Vierge et j'ai prié; j'ai demandé pardon de mes péchés, j'ai demandé ma guérison pour pouvoir nourrir ma famille. Puis, j'ai entièrement perdu connaissance, et, revenant à moi, je me suis levé et mis à genoux sans songer à ce que je faisais et sans penser à mes béquilles. Alors, étant à genoux, je me suis rendu compte que j'étais guéri, je me suis relevé et j'ai marché sans béquilles. Ma femme, qui était à mes côtés, s'évanouit à cette vue.

Il y avait en ce moment à Oostacker beaucoup de pèlerins qui s'empressèrent autour de moi.

La jambe qui était très grosse avait repris son volume normal, et les linges qui l'enveloppaient tombaient d'eux-mêmes.

D. — Depuis lors, avez-vous pu marcher sans béquilles?

R. — Oui, j'étais entièrement guéri, les plaies étaient fermées, les os soudés, j'ai pu marcher autant que j'ai voulu, mais j'ai dû rester au moins huit jours sans mettre de chaussures, car mon pied était tellement sensible que je ne pouvais les supporter. Mais je marchais avec la même facilité qu'aujourd'hui. J'entourais mon pied de linges pour marcher.

Examen de la jambe.

A ma demande, Pierre avait mis les deux jambes à nu.

A la jambe gauche, on voit, au tiers supérieur, une cicatrice d'un blanc bleuâtre (mobile sur l'os) presque linéaire de haut en bas, au niveau de la crête du tibia, et longue de quelques centimètres. Il y a une légère dépression au niveau de la cicatrice. Elle est légère, mais on ne la constate pas à la crête du tibia droit. Pas le moindre *cal* à constater.

La jambe gauche est aussi droite que l'autre. Je n'ai pu constater de raccourcissement, et s'il y a boiterie, je n'ai pu la découvrir, malgré l'attention que j'y ai portée.

Pierre est encore un solide vieillard, sa femme et ses enfants sont en parfaite santé ; il est maintenant ouvrier jardinier chez la vicomtesse Dubus.

Monsieur le curé me dit que Pierre de Rudder est bien reconnaissant envers la Sainte Vierge et qu'il est un chrétien modèle.

L'enquête que nous venons de résumer est irréprochable au point de vue de la méthode et de l'impartialité. Le Dr Royer a tout d'abord voulu prendre pour collaborateur un de ses confrères absolument incrédule, mais intelligent et instruit. Son collègue, un moment ébranlé, n'a pas tardé à se dérober et a refusé de le suivre. Mais le hasard met sur son chemin l'incrédule qu'il avait vainement cherché; il rencontre en chemin de fer M. Taffeniers, libre penseur, réfractaire à toute idée de miracle.

Le Dr Royer lui explique le but de son voyage et lui demande de l'accompagner pour lui servir d'interprète dans un pays où on ne parle que flamand. M. Taffeniers accepte et l'enquête commence sous ses yeux.

On interroge d'abord les médecins; leur témoignage est des plus formels; non seulement Rudder est guéri dans quelques instants, mais il est guéri par un procédé qui n'est pas au pouvoir de la nature, sans raccourcissement, sans soudure apparente.

Les témoins sont entendus par ordre de date. C'est d'abord un voisin, un tonnelier, qui a vu Rudder neuf jours avant sa guérison. Sous ses yeux, Rudder a plié sa jambe dans son milieu, au niveau de la fracture, et a fait sortir les deux os brisés par la plaie. Le témoin a eu sous ses yeux les deux bouts, a vu leur cassure irrégulière. « C'était, dit-il, comme ces fragments d'os que l'on rencontre dans les cimetières. » Il a vu encore ramener les orteils en arrière et le talon en avant par un mouvement de torsion qui n'avait de limite que la résistance de la peau.

Puis, ce sont trois autres voisins qui ont vu cette jambe, non pas neuf jours auparavant, mais la veille au soir, le 7 août 1875. Ils l'ont vue dans les conditions décrites par le témoin précédent.

Enfin, ce sont les deux employés du chemin de fer,

Blomme, ancien garde-barrière, et de Jacker, qui ont porté Rudder dans le train le 8 août, au matin, quand il partait pour Oostacker. Ils ont bien vu que cette jambe était cassée, se mouvait dans tous les sens et Blomme n'a pu s'empêcher de dire à Rudder : « Mais, malheureux, qu'allez-vous donc faire à Oostacker ? Restez plutôt chez vous. »

Il a fallu trois ou quatre personnes pour monter Rudder dans le train, et le soir, à quelques heures de distance, les mêmes témoins racontent quelle a été leur stupéfaction en voyant le blessé du matin marcher librement et sans béquilles.

Voilà les témoignages pris par ordre chronologique. Nous avons oublié de mentionner la déposition d'un ouvrier qui, en 1867, avait vu l'arbre tomber sur la jambe de Rudder et la briser en plusieurs éclats.

En entendant cette déposition, M. Taffeniers, l'incrédule qui accompagne le Dr Royer, se déclare convaincu et s'incline devant l'évidence des preuves.

Nous lisons encore la déposition du notaire, du bourgmestre, du curé. Le médecin interroge ensuite, sans distinction de personnes dans les rues, dans les cafés, tous ceux qu'il rencontre. Il n'y a pas une variante dans tous ces témoignages pris ainsi au hasard.

La déposition de Rudder termine cette enquête. Après dix-huit ans, ses souvenirs sont aussi précis que le premier jour et c'est avec le plus vif intérêt qu'on lit tous les détails de sa longue maladie et la relation de cette guérison merveilleuse, la plus étonnante, peut-être, que nous ayons constatée jusqu'ici.

Nous avons voulu montrer quel degré de certitude

on peut atteindre en accumulant les preuves et les témoignages qui viennent se grouper autour d'un même fait.

La guérison de Rudder est inexplicable, elle ne peut pas être contestée. Chacun est libre de reprendre cette enquête et peut la conduire à son gré ; jusqu'ici, nous n'avons pas trouvé une seule note discordante.

CHAPITRE V

1876-1882

Carie costale : D' Cochet, d'Avranches. — Lucie Fraiture, plaie :
D' Sarret. — D' Constantin James à Lourdes. — Cancer du
sein : D' Martel. — Tumeur blanche : D' Cottin. — Joachime
Dehant : D' Froidbise. — Les théories et les faits. — Les
médecins protestants en présence des guérisons de Lourdes.

En 1876, nous trouvons le premier pèlerinage national dirigé par le comité de Paris, sous l'inspiration des Pères de l'Assomption. Ce pèlerinage conduit déjà 1000 pèlerins et 40 malades; pendant sa durée, les jours et les nuits sont consacrés à la prière. La pensée délicate et touchante d'associer les pauvres, les infirmes, à toutes les consolations de Lourdes, attire sur cette œuvre des grâces et des bénédictions sans nombre. Dans le cours de cette même année, 20 000 hommes viennent en pèlerinage de la Bigorre, et 2500 du Périgord. Ces grands mouvements, inconnus depuis les croisades, excitent dans notre siècle l'admiration et la surprise.

Le D' Cochet nous dit qu'il a soigné, pendant huit ans, l'abbé Guilmin pour une carie des dernières côtes, dont il était atteint depuis plusieurs années. De nombreux trajets fistuleux donnaient issue à une abondante suppuration. L'état du malade lui parut, dit-il, tellement grave, que non seulement il ne conservait aucun espoir de guérison, mais encore il le considérait comme voué à une mort certaine dans un avenir rapproché.

Le Dʳ Cochet ajoute :

Le 6 mars 1876, il se présente chez moi et m'annonce qu'il est radicalement guéri; en effet, les plaies fistuleuses qui sillonnaient la région malade sont fermées et l'on ne trouve plus sur les os affectés qu'une tuméfaction sans caractère morbide. La lésion locale est donc parfaitement guérie; en outre, M. l'abbé Guilmin jouit d'une parfaite santé.

Vivement intéressé, je lui demande le récit de cette étonnante guérison. M. Guilmin me raconte que, après plus de trente années de souffrances, épuisé par une abondante suppuration, à bout de forces et touchant déjà à la vieillesse (il avait soixante-sept ans), l'inspiration lui vint de faire une neuvaine à Notre-Dame de Lourdes, et à la fin de cette neuvaine, il se sentit tout à coup soulagé de ses longues souffrances, tellement soulagé qu'il put, le jour même, faire un voyage de quarante kilomètres. Ce soulagement subit ne fut accompagné de la sortie d'aucun fragment d'os carié.

Je déclare hautement, dit le Dʳ Cochet, et dans la sincérité de ma conscience, que cette guérison, survenue dans de telles conditions, ne trouve pas son explication dans les données de la science, et qu'elle n'est en rien conforme aux lois de la pathologie.

Dʳ Cochet.

Avranches, le 6 mars 1876.

Le Dʳ Fleury, de Ducey, qui a suivi jour par jour tous les progrès de la maladie de M. l'abbé Guilmin, confirme la déclaration de son confrère.

Ce fait est très important. Une carie des côtes est une lésion facile à constater, lésion qui s'efface parfois avec le temps, lorsque toutes les parties malades ont été éliminées. Mais une carie dont le début remonte à trente ans, une carie chez un vieillard de soixante-sept ans ne peut guérir en un instant. On n'observe pas de résurrections spontanées, qui rendent une santé florissante à un malheureux voué à une mort prochaine. Enfin, les certificats si explicites des D⁽ʳˢ⁾ Cochet et Fleury donnent au fait toute l'authenticité désirable.

Lucie Fraiture et le D⁽ʳ⁾ Sarret.

J'ai vu à Lourdes M⁽ˡˡᵉ⁾ Lucie Fraiture, dont l'histoire est bien curieuse : je l'ai examinée, il y a trois ans, avec beaucoup d'intérêt. Son médecin était le D⁽ʳ⁾ Sarret, médecin de l'Assemblée nationale et d'un bureau de bienfaisance. Le D⁽ʳ⁾ Sarret ne croit pas au miracle : aussi nous dit-il, pour laisser le champ libre à toutes les interprétations, qu'il croit devoir s'abstenir de tout commentaire sur ce fait. Cependant c'est un homme de bonne foi, et il a voulu publier lui-même en détail cette observation qui lui avait paru si extraordinaire.

« Lucie, d'un tempérament lymphatique, eut, à la suite d'érysipèles répétés, une plaie sur le devant de la poitrine qui prit les caractères d'un ulcère fongueux. Cette plaie large, profonde, était entourée de ganglions engorgés.

» Pendant cinq ans, tous les traitements restent sans effet. Désespéré, dit le D⁽ʳ⁾ Sarret, de ne pouvoir guérir cette malade, je ne la voyais qu'à des intervalles éloignés. Au mois de mai, on m'avait appelé pour arrêter une hémorragie, déclarée spontanément à la surface de la plaie.

» Le 30 juillet, Lucie me fut présentée par la Supérieure de la communauté ; à son aspect, je fus frappé de son air radieux, de sa bonne mine ; je la fis découvrir et je constatai, sur le devant de la poitrine, au lieu jadis occupé par la plaie, une belle cicatrice, d'un blanc nacré, de 0ᵐ,11 de long sur 0ᵐ,06 de large; il n'y avait plus ni tuméfaction, ni empâtement, et tout ganglion engorgé dans l'aisselle ou sous la clavicule avait disparu. La guérison ne s'est pas démentie depuis. Lucie avait été subitement guérie, le 21 juillet 1873, devant la Grotte, après avoir versé un verre d'eau de Lourdes sur la plaie. »

Le Dr Sarret était, avons-nous dit, incrédule. A la suite de son rapport, très complet et très bien fait, il ne veut pas conclure. « Je ne puis, dit-il, terminer cette curieuse observation sans ajouter que, malgré toute ma confiance dans la sincérité de Mˡˡᵉ Lucie, mon peu de crédulité en matière de miracles me fait regretter de n'avoir pas constaté, lors du départ pour Lourdes, l'état de cette malade. » Réserve vaine et qui dissimule mal une conclusion qui s'impose. Le Dr Sarret, d'ailleurs, n'a jamais pu effacer l'impression profonde que ce fait avait laissée dans son esprit.

Le Dr Constantin James, après avoir visité, étudié les principales stations thermales de France et d'Europe, voulut aussi visiter Lourdes, se faire une opinion sur la vertu de ses eaux, sur toutes les guérisons merveilleuses dont le récit était venu jusqu'à lui. Il y vint, non en croyant ou en catholique, mais avec les préoccupations du médecin et du savant.

Surpris par un spectacle aussi nouveau, aussi inattendu, il ne put retenir l'aveu sincère de son étonnement. Il comprit du premier coup d'œil qu'il n'était plus sur le terrain ordinaire de ses observations. Dans une remarquable étude que publia *Paris-Journal*, il exposa avec une grande netteté et en toute franchise les motifs d'une conviction restée chez lui toujours inébranlable :

« J'ai visité Lourdes, dit-il, avec le même esprit d'observation et la même réserve que j'ai apportés dans toutes mes excursions aux stations balnéaires. Or, pour ne parler que des faits qui me sont personnels, je veux dire qui se rattachent à ma clientèle propre, j'affirme avoir vu des malades en revenir guéris, alors que mes confrères et moi avions jugé leur état complètement au-dessus des ressources de la nature et de l'art.

» Il suffit, du reste, de jeter les yeux sur la liste des guérisons que publient les comptes rendus et les bulletins, pour voir que, dans le nombre, il en est beaucoup qui méritent le nom de miracles.

» Je dis « dans le nombre. » C'est que toutes ne le méritent pas. Sous ce rapport, les gens du monde sont, en général, d'assez mauvais juges, en ce qu'il leur manque les éléments scientifiques voulus d'une saine appréciation. A moins de certains changements à vue, qui rendent le phénomène manifeste pour tous, un miracle n'offre réellement les garanties d'authenticité qu'autant qu'il a reçu l'estampille de la science.

» Mais remarquez que là n'est pas la question. Il ne s'agit pas, en effet, d'un point médical ou canonique à établir ; il s'agit simplement d'un fait personnel qui ne regarde que l'intéressé, et pour lequel il est seul compétent. Voilà un individu qui souffrait et qui ne souffre plus, qui n'entendait pas et qui entend ; qui ne voyait pas et qui voit. Cela lui suffit; mais vous, cela ne vous suffit pas. De quoi vous mêlez-vous? Et s'il lui plaît d'appeler sa guérison un miracle, qu'est-ce que cela vous fait?

» Mais je vais plus loin, et je dis : Lors même que la fontaine de Lourdes n'agirait que sur l'imagination — chose que *je nie*, — elle rendrait encore de réels services. Car enfin, supposons un malade imaginaire et un guéri imaginaire; le second cessera de sentir les maux qu'il a réellement.

» A cela comment répond-on? On répond par des injures, et des plus grossières. Ainsi, pour nos matérialistes et nos athées, tout pèlerin est un clérical, c'est-à-dire un imposteur et un fourbe. Ses maladies sont simulées; leur guérison, une farce. Il y a, à Lourdes, une mise en scène digne de Robert Houdin, et l'enceinte où s'opèrent les prétendues cures miraculeuses n'est qu'une parodie de l'ancienne cour des miracles.

» De toute cette diatribe, je ne relèverai qu'un mot. C'est celui-ci : « Les maladies sont simulées. »

» Veuillez donc me dire comment on simule un cancer du sein; comment on simule une ulcération de la langue; comment on simule une carie, une nécrose, une tumeur blanche, toutes maladies qui, d'après les derniers relevés, ont obtenu leur guérison à Lourdes? Or, si c'étaient des maladies réelles, et il fallait bien qu'elles le fussent, leur guérison doit être regardée comme un miracle, puisque jamais on n'a vu affections de cette espèce guérir spontanément. »

Le Dr Constantin James demande comment on peut simuler un cancer, une tumeur ou une plaie. La chose est évidemment impossible. Dans l'observation qui suit, nous ne pouvons songer un instant à une erreur ou à une illusion.

Le Dr Martel, de Béziers, dans un certificat daté du 10 septembre 1876, nous dit qu'il soignait une religieuse, Marie Moreau, atteinte d'une tumeur du sein droit, tumeur bosselée, inégale, et qui était le siège de douleurs lancinantes, retentissant dans le bras du même côté. Cette tumeur avait fini par s'ulcérer : la nature de la suppuration, le teint jaune paille de la malade, tous les autres signes réunis confirmaient le diagnostic de cancer au sein. Le Dr Martel proposa l'ablation de la tumeur, sans insister pourtant, dans la crainte que la malade ne pût supporter l'opération, vu sa grande faiblesse.

Depuis cette époque, jugeant le mal sans remède et la mort prochaine, le médecin ne prescrivit d'autres traitements que les soins de propreté qu'exigeait cette plaie. Le 14 août 1876, cette malade se présente devant le Dr Martel, en lui disant qu'elle est guérie. En effet, il n'y a plus de tumeur, de suppuration et de douleurs ; on ne trouve qu'une cicatrice linéaire et de fraîche date. La malade, courbée la veille sur son côté, avait une pose naturelle. Elle était réellement guérie comme elle l'affirmait. Le 3 août, toute la communauté, en union avec la malade, avait commencé une neuvaine à Notre-Dame de Lourdes. La dernière nuit de la neuvaine, on avait placé sur la partie malade une compresse imbibée d'eau de Lourdes. La religieuse s'était endormie sur son séant, et se réveillant deux heures après, avait porté la main sur son sein et reconnu que la tumeur avait complètement disparu : « La soudaineté de cette guérison, dit le Dr Martel, suffit pour prouver que ce fait s'écarte de l'ordre de la nature ; on peut le ranger, sans crainte de se tromper, parmi ceux qui possèdent pleinement et d'une manière évidente le caractère du surnaturel. »

Pendant l'année 1879 et pendant les années qui suivent jusqu'à 1882, nous relevons, au milieu d'un très grand nombre de guérisons, les observations suivantes qui, pour le médecin, présentent un intérêt particulier.

M. le Dr Cotin, de Paris, délivre à Mme Duval un certificat daté du 6 août 1878, dans lequel il déclare qu'elle est atteinte d'une tumeur blanche du coude gauche, caractérisée par un gonflement considérable de l'articulation. Cette maladie s'est développée, il y a cinq ans, à la suite d'un coup, et suppure depuis deux ans ; en dedans de l'olécrane, il y a une plaie profonde, dans laquelle on pourrait loger une noix de moyen volume. Elle a été soignée sans résultat par plusieurs médecins.

Dans un second certificat, daté du 13 septembre 1878, un mois après, le même médecin constate que Mme Duval s'est présentée devant lui avec sa plaie complètement fermée et nivelée, et ne portant plus dans cette région qu'une cicatrice linéaire parfaitement fermée et sans trace de suppuration.

Il ajoute :

La marche de la maladie, loin d'annoncer quelque tendance à la guérison, pouvait faire craindre la nécessité d'une amputation ; rien n'explique la disparition complète et rapide d'une affection qui, d'après les lois ordinaires de la médecine, devait demander des semaines et des mois pour guérir, en supposant que la chose fût possible.

Dr COTIN,
89, rue de Grenelle.

Joachime Dehant. — Son pèlerinage et sa guérison dans la piscine, 7 septembre 1878.

Le Dr Froidbise, observant dans les mêmes conditions, déclare, dans un certificat daté du 6 septembre 1878, que Mlle Dehant, âgée de vingt-neuf ans, résidant à Gesves (Belgique), présente :

Un ulcère couvrant les deux tiers externes de la jambe droite.

Gesves, le 6 septembre 1878.

Dr G. FROIDBISE.

Treize jours après, le même médecin, dans un certificat daté du 19 septembre, déclare avoir examiné de nouveau Mlle Dehant à son retour de Lourdes, et avoir constaté que les lésions mentionnées dans le premier certificat ont complètement disparu. Une simple rougeur indique la place de l'ulcère.

Gesves, le 19 septembre 1878.

Dr G. FROIDBISE.

Nous allons reproduire cette observation d'après les dernières notes recueillies par le Dr Marique, de la bouche même de Joachime :

« J'étais malade depuis douze ans, lui dit Joachime, lorsque, le 23 août 1878, Mme la Ctesse de Limminghe me demanda si je désirais aller à Lourdes. « Si j'avais, lui dis-je, un jour le bonheur d'y aller, il est certain que j'en reviendrais guérie : j'en suis tellement convaincue que, le jour de mon départ, je prendrais, pour chausser ce pied malade, un soulier, un bas et une jarretière que je n'ai pas mis depuis bien des années. » Étonnée de ma confiance, Mᵐᵉ la comtesse fait retenir par dépêche une place pour moi avec les pèlerins de Liège. Décrire mon bonheur serait impossible.

» Il n'y avait pas moyen de prendre mesure au pied de la jambe malade : une vaste plaie de 0ᵐ,30 de hauteur, du genou à la cheville, couvrait la jambe, et le pied, tout retourné, était plus maigre et plus petit que l'autre. Il fallut se contenter des mesures de la jambe saine. En me quittant, le cordonnier disait : « Cette fille est folle : elle commande un soulier pour un pied qui n'a pas été chaussé depuis douze ans ! »

» On me confie à M. Devos, curé de Haltinnes.

» Nous partons le 10 septembre, à 4 heures du matin. A la gare de Namur, mon père et ma mère viennent me faire leurs adieux. Je suis si faible, si pâle, qu'à ma vue, ils éclatent en sanglots; ils m'embrassent, mon père me bénit, et, au moment où le train se met en marche, ma mère me dit : « Quand vous serez guérie, Jaochime, vous nous enverrez une dépêche ! »

» Nous voilà en route. A la douane française, tout le monde descend. Moi seule je ne puis bouger. Le lieutenant de douane entre dans mon wagon pour contrôler mes bagages; mais, repoussé par l'odeur infecte qui s'exhale de ma jambe, il recule et se détourne avec horreur.

» Mes compagnons de route remontent dans le compartiment, mais, incommodés par cette odeur insupportable, je les vois devenir malades tour à tour et pris de vomissements. Quant à moi, je suis humiliée au suprême degré, je n'ose plus lever les yeux.

» A Paris, le bon prêtre aux soins duquel je suis confiée m'engage à descendre et à ne pas aller plus loin : « Vous mourrez en route, me dit-il. » Je le supplie de me laisser continuer le pèlerinage. Mes larmes finissent par l'émouvoir; M. Médot, curé de Scholtin, intercède en ma faveur. Nous traversons Paris dans le chemin de fer de ceinture. Pendant la nuit, alors que mes compagnons dormaient, je renouvelai plusieurs fois les linges qui enveloppaient ma jambe, mais je ne pus laver ma plaie.

» A 7 heures du matin, nous sommes à Paray-le-Monial. Les pèlerins vont à la chapelle; je reste immobile, assise sur le quai de la gare. Quelques instants après, on me porte à l'hôtel, et, pendant que les pèlerins sont à table, je procède au pansement de ma plaie. Ce pansement dure plus d'une heure. Il y avait près de deux jours que la plaie n'avait pas été lavée. Le pansement achevé, je me rends au sanctuaire du Sacré-Cœur. Les Sœurs de la Visitation me donnent du linge qui avait été posé sur les ossements de la bienheureuse Marguerite-Marie. Elles me conseillent de demander ma guérison au Sacré-Cœur. « J'attends, leur répondis-je, ma guérison de Notre-Dame de Lourdes, et je demanderai au Sacré-Cœur de supporter patiemment toutes les douleurs qu'il plaira à Dieu de m'envoyer. »

» Nous repartons le soir; il me restait un trajet de vingt-six heures de chemin de fer. A 9 heures du matin, nous arrivions à Agen. Il faut encore changer de train.

On me dépose sur le quai, au milieu de la gare, et je commence à faire le pansement de ma plaie, lorsque plusieurs prêtres, émus de compassion, viennent répandre de l'eau sur mon mal. Les voyageurs font cercle autour de moi et je dois entendre des propos de ce genre : « Cette personne a donc des parents bien dénaturés pour la laisser aller à Lourdes dans un pareil état ! » « Mais, avec une pareille infection, le choléra va se mettre dans notre train ! »

» Inutile de dire combien j'étais humiliée par ce langage ; ce qui mettait le comble à mon abaissement, c'était la nécessité de devoir laisser sur place les linges maculés qui avaient servi à bander ma jambe et les lambeaux de chair corrompue que je venais d'enlever à ma plaie.

» Il y avait vingt-deux heures que cette plaie n'avait pas reçu de pansement ; je pouvais bien y appliquer du linge sec, mais il m'était impossible de lui donner d'autres soins de propreté. En une heure, soixante tours de bande étaient percés par les liquides qui s'écoulaient de l'ulcère ; après ce temps, le pus coulait à terre goutte à goutte.

» Me voilà donc encore une fois remise à neuf. Il est près de 7 heures du soir quand nous arrivons à Lourdes. Je descends dans une maison de la route de Pau, et, quelques instants après, je me mets en route, tant bien que mal, pour arriver à la Grotte.

» Là, je m'empresse de remercier la bonne Mère d'avoir fait un aussi long voyage sans accident ; puis je lui ai bien vite exposé le sujet de mon pèlerinage. « Je viens à vous, lui dis-je, vous demander ma guérison pour la plus grande gloire de Dieu et pour le salut des pécheurs. » Nous restâmes à la Grotte environ deux heures. Je fais couler sur ma jambe l'eau qui s'échappe des robinets de la fontaine et, rentrée à l'hôtel, je procède à un grand nettoyage de ma plaie. Il était plus de 11 heures du soir, lorsque je pus me coucher. Toute la nuit, mes souffrances furent horribles. Les fatigues du voyage avaient beaucoup endolori ma plaie et, à 2 h. 1/2, ne pouvant trouver le sommeil, j'appelle à mon aide, je demande à être levée. « Mais il n'est que 2 h. 1/2, me dit-on! — Qu'importe, il m'est impossible de rester couchée ; j'ai hâte d'aller à la Grotte! » On me dépose par terre et je procède encore à un pansement. Cette besogne me demande plus d'une heure de travail : je retire des parties osseuses mortifiées et des chairs gangrenées que je laisse sur le parquet.

» C'est la dernière fois, dis-je aux personnes qui m'assistent, que je panse ma jambe : elle sera bientôt guérie. Je veux partir ; il n'est que 4 heures. On a la charité de me conduire jusque sur la route. « Vous n'avez, me dit-on, qu'à suivre devant vous pour arriver à la Grotte. » Je m'avance péniblement. Sur le pont du Gave, une de mes béquilles s'introduit entre deux planches et me voilà debout, ne pouvant ni avancer, ni reculer, ni retirer ma béquille.

» Je reste dans cette position environ quinze minutes qui me parurent des heures. J'entendais le roulement des voitures dans la ville et j'avais peur d'être écrasée.

» A la fin, un bruit de pas se rapproche. Comme il faisait obscur, je ne savais pas à qui j'avais affaire. En arrivant près de moi, la personne se recule pour ne pas me frôler. « Ne craignez rien, lui dis-je ; au nom du ciel venez à mon aide ! »

» L'inconnu s'approche, je reconnais que c'est un prêtre. En un instant, il a retiré ma béquille et je lui rends grâces de sa bonne action. Je reprends ma route. J'avais avec moi un petit panier, et dans ce panier se trouvaient un bas, une jarretière et un soulier, pour chausser mon pied malade quand je serais guérie ; car je croyais fermement être guérie au premier bain.

» A la Grotte, je rencontre Mlle Léonie Dorval qui me conduit à la piscine. Elle me déshabille, et, quand elle a fini, elle s'arrête en me disant qu'elle n'oserait jamais me mettre dans la piscine dans le déplorable état où je me trouvais. J'insiste, je la supplie. « Écoutez, Joachime, me dit-elle, je suis votre aînée, j'ai plus d'expérience que vous. Croyez bien que vous pouvez payer de votre vie l'imprudence que vous voulez commettre. » Elle veut me remettre mes vêtements. Alors, je dis à Léonie : « Asseyez-moi par terre et je descendrai seule dans la piscine. »

» Elle me répond : « Non, Joachime, vous mourrez.

— Je ne mourrai pas ; Notre-Dame de Lourdes sait que je suis venue à Lourdes pour guérir, elle ne me laissera pas mourir dans l'eau. »

» Sur mes instances, Léonie m'assied par terre et je descends, en effet, toute seule dans la piscine.

» Arrivée dans l'eau, je prie ma compagne de m'enfoncer tout au fond et, de la sorte, j'avais de l'eau jusqu'au cou.

» Quand l'eau eut pénétré mes linges que j'avais laissés autour de ma plaie, j'éprouvai des souffrances intolérables et je ressentis, en même temps, un bonheur ineffable de me trouver dans cette eau miraculeuse. Je suis restée trente minutes dans la piscine. Léonie voit que je ne puis plus prier à haute voix et me demande si je veux sortir. Mais je n'entends pas, je suis en défaillance. Elle me retire de la piscine, me couche par terre, elle commence à m'habiller. Mais, en pressant les linges qui entourent ma jambe, elle m'occasionne une telle douleur que je sors de mon évanouissement.

« Ma pauvre Joachime, me dit Léonie, tu n'es pas guérie.

— Ne perdons pas confiance, Léonie ; lorsque je demande quelque chose à ma mère, elle ne me l'accorde pas toujours à ma première demande. Je reviendrai à la piscine. »

» A 9 heures du matin, en effet, je vais prendre un second bain; je suis restée dans l'eau pendant vingt-sept minutes. Cette seconde immersion a été plus pénible que la première. La douleur était si violente que je ne pouvais m'empêcher de grincer des dents et de me mordre la langue.

» Au sortir du bain, Léonie exprime l'eau des linges qui entourent ma plaie ; elle presse dans tous les sens, je n'éprouve aucune sensibilité. « Au premier bain, lui dis-je, en comprimant les linges de mon pansement, vous m'avez occasionné une douleur insupportable, tandis que, maintenant, vous pouvez appuyer sur les bandes sans me faire éprouver aucun mal. » Elle presse plus fort, je ne sens rien. Léonie enlève alors les linges qui recouvrent la plaie et s'écrie : « Joachime, il n'y a plus de plaie, vous êtes guérie! » Regardant à mon tour, je réponds : « Vive Notre-Dame de Lourdes ! Voyez comme elle sait bien faire les choses ! Non seulement elle a remis sur ma jambe une peau neuve, mais même elle m'a refait des chairs et un mollet ! »

Pour bien comprendre l'importance de la guérison qui vient de se produire, il faut se rappeler que Joachime était entrée dans l'eau avec une large plaie gangreneuse qui s'étendait du genou à la cheville, qui pénétrait jusqu'aux os, avait détruit les tendons, les muscles ; que le pied, privé de tout soutien, s'était dévié en dedans ; que le genou était ankylosé et que la cuisse avait subi un tel mouvement de bascule que le membre dans son entier pouvait être représenté par un 4.

« A la vue de ce prodige, Léonie voulait en informer tous les pèlerins. Je la priai d'attendre.

» Pendant que je priais à la Grotte, les pèlerins m'entourent et me demandent si je n'ai plus de plaie, et M. le curé de Haltinnes, prenant la parole au nom des autres, me dit : « Comment, vous n'avez plus de plaie ?

— Mais non, pas plus que sur votre main ! »

» Alors le pauvre curé n'y tient plus ; il veut me ramener à l'hôtel, et chacun désire examiner cette jambe qui, le matin encore, était littéralement pourrie et répandait une odeur dont mes compagnons de route n'avaient pas perdu le souvenir.

» A la vue de cette cicatrisation si nette, si complète, l'émotion des témoins est à son comble. Nul langage ne peut traduire leurs sentiments ; ils m'assiègent de questions.

» J'avais encore, dans un coin de la chambre, des lambeaux mortifiés de chair que j'avais arrachés le matin, et de la sorte je pouvais montrer en même temps les parties malades et les parties reconstituées de ma jambe.

» La dépêche qui annonçait ma guérison est arrivée le lendemain à Gesves; inutile de vous dire l'émotion de ma famille. Mon père, en apprenant la guérison de sa fille, fut saisi d'un tel tremblement qu'il dut être reconduit chez lui.

» Partis de Lourdes le lundi, à midi, nous arrivions à Namur, le jeudi à 2 heures de l'après-midi. Toute ma famille m'attendait à la gare. Je saute à terre et me jette dans les bras de ma mère. En me voyant marcher, elle s'écrie, en s'adressant à mon père : « Mon Dieu! Joachime est chaussée! » et elle me serra dans ses bras en répandant d'abondantes larmes. L'émotion de mon père est si forte qu'il perd la notion de tout et reste un instant sans me reconnaître.

» Ma première visite est pour l'église de Gesves; on me force à prendre place dans le chœur au pied d'un autel provisoire. En haut de cet autel se trouvait la statue de Notre-Dame de Lourdes environnée des plus belles fleurs. Les bougies se comptaient par centaines. On donna le Salut en action de grâces, et M. le Curé raconta à la foule tous les détails de ma guérison. Jamais l'église de Gesves n'avait vu un pareil concours de monde. C'est ce jour-là même que M. le Dr Froidbise est venu constater ma guérison.

» Le samedi, je retournai dans mon village natal. À la station de Tamines, le garde salle qui m'avait portée dans le train, lors de mon départ, était là. Son émotion a été si grande qu'il n'a pu dire un mot; il me serrait les deux mains et il pleurait.

» Pour me soustraire à la curiosité du public, j'allai goûter un peu de repos auprès de M. le Curé de Malonne et, après deux semaines d'absence, je pus rentrer dans ma famille et m'occuper à toute espèce de travaux.

» Au moment de mon pèlerinage à Lourdes, j'avais vingt-neuf ans et je pesais 27 kilos. Aujourd'hui, je pèse 75 kilos et je n'ai jamais cessé, depuis cette époque, de jouir d'une santé parfaite. »

Le Dr Marique, en nous envoyant ce récit, nous dit :

Vous me demandez une enquête sur la guérison de Joachime; mais elle a été faite depuis longtemps et les résultats sont bien connus. Tous les gens sérieux et honnêtes croient à sa guérison miraculeuse.

Les libres penseurs disent qu'elle était guérie avant d'aller à Lourdes ; assertion absolument controuvée par le certificat du Dr Froidbise, qui a examiné Joachime la veille de son départ. Les plus intelligents d'entre eux prétendent qu'elle a joué la comédie, douze ans, pour se faire proclamer guérie à Lourdes; mais, à côté, nous avons les témoignages les plus formels et nous les avons par centaines.

Lorsque la guérison est absolument inexplicable, lorsque ni la suggestion ni l'effet nerveux ne peuvent être invoqués, alors on nie la maladie ou la guérison, ce qui est beaucoup plus simple. Mais, en mettant toutes les pièces sous les yeux du public, en rendant la démonstration claire jusqu'à l'évidence, on rend toute défaite impossible; il faut s'incliner et reconnaître que, si la guérison est inexplicable, elle ne peut pas être contestée.

M. le Dr Royer et M. Deploige, professeur à l'Université catholique de Louvain, ont publié une enquête très complète qui met à néant toutes les objections; nous la publions plus loin.

Il n'y a pas d'observation plus probante et plus claire, il n'y en a pas de mieux étudiée.

Ce ne sont pas seulement des médecins catholiques qui, à l'exemple du Dr Vergez, viennent reconnaître, dans ces guérisons extraordinaires, l'empreinte d'une force surnaturelle.

Les Drs Thorens, protestant, médecin d'un bureau de Bienfaisance, et Mac Geven, également protestant, constatent la guérison de James Tonbridge.

Ce dernier était atteint d'un mal de Pott, avec des abcès et des plaies étendues; dans ses longues souffrances, sa poitrine avait été atteinte à son tour, et une toux incessante indiquait l'usure organique qui se faisait chez lui et semblait devoir aboutir à une fin prochaine. Arrivé à Lourdes, le 20 août 1879, il est porté sur un brancard, à la Grotte d'abord, à la piscine ensuite. Là, il sent comme une flamme qui traverse son corps; une force extraordinaire le pénètre; il se relève, s'habille seul et marche sans appui.

Tonbridge était arrivé, couché dans son wagon, incapable de faire un mouvement, et il repart portant son sac et sa couverture, marchant d'un pas ferme et décidé. A sa vue, sa femme s'évanouit, et les personnes qui l'avaient vu partir mourant et qui le revoyaient libre, bien portant, couraient après lui dans toute l'avenue de la Reine-Hortense, pour s'assurer qu'elles n'étaient pas victimes d'une illusion.

Un membre du pèlerinage, qui décrit la relation de cette guérison, nous dit :

8

«Quelques mois après, au retour de la campagne, j'alla[i] avec Mme H..., demander des nouvelles de Tonbrid[ge] Sa femme était seule avec ses enfants, bien habillé[s] sautant autour d'elle avec joie. Cet intérieur respira[it] le bonheur et l'aisance. La femme de Tonbrid[ge] reconnut Mme H... « Ah ! Madame, s'écria-t-elle, vo[us] souvenez-vous que je ne voulais pas le laisser parti[r]. Comme vous fûtes bonne ! vous lui donnâtes votre pla[ce] en wagon !,... — Et Tonbridge, demandai-je, où est-il[?] — Il est placé. Il est maître d'hôtel, avenue Frie[d]land, 36. »

» Nous allâmes le demander. Il était 6 heures d[u] soir ; il faisait un froid de loup. Tonbridge arriva [en] courant, tête nue, en grande tenue de maître d'hôte[l]. « Le reconnaissez-vous ? dis-je à Mme H... — C'est à [ne] pas y croire, répondit-elle. »

» Quelques jours après, je demandai à Tonbridge [de] me raconter sa guérison. Il me dit :

» Quand je revins à Paris, ceux qui m'avaient v[u] emporter mourant et qui me revoyaient marchant [et] bien portant, couraient après moi dans toute l'aven[ue] de la Reine-Hortense. J'allai à la chapelle de Sain[t-] Joseph faire mon action de grâces. Il me semblait qu[e] l'image de la Sainte Vierge me souriait toujours.

— Et les médecins ? lui dis-je. — M. le Dr Thoren[,] protestant, médecin du bureau de Bienfaisance, q[ui] m'avait donné un certificat, m'a dit : « Vous êtes guér[i,] tant mieux pour vous. » Il a toujours été très bon pou[r] moi.

» M. le Dr Mac Geven, également protestant, s'e[st] aussi montré très heureux de ma guérison.

CHAPITRE VI

1883-1885

Notre-Dame de Lourdes en Belgique. — A Constantinople. — Principales guérisons. — M. le Cte de Mun à Lourdes. — Les cercles catholiques d'ouvriers.

En 1883, les pèlerins belges obtiennent les premières et les plus importantes guérisons.

Le Dr Schmitz, médecin d'Anvers, a minutieusement examiné l'état de santé de l'abbé Buurmans, il a constaté combien cet état différait de celui dans lequel l'abbé se trouvait le 27 janvier 1882, trois jours avant son départ pour Lourdes.

En effet, la respiration courte, incomplète, la quasi impossibilité de parler, même à voix faible, la toux perpétuelle, l'intolérance absolue pour toute nourriture, les palpitations de cœur, l'œdème des pieds, la maigreur extrême, tout cela a disparu pour faire place à une respiration tranquille, à une parole claire et facile, au jeu régulier de l'estomac, au calme du cœur, au sentiment d'un bien-être général. L'œdème lui-même a subitement disparu. Et, depuis, l'embonpoint revient manifeste.

Ce retour instantané et complet à la vie normale s'est fait, sans aucune intervention médicamenteuse, à la suite d'un acte de foi en la puissance de la Vierge Marie, après trois immersions successives dans l'eau de la Grotte de Lourdes.

C'est le caractère d'instantanéité et de perfection de la guérison, surtout la disparition définitive, immédiate et entière de troubles, tels que l'œdème et l'expectoration datant de loin, qui impriment à cette cure un cachet particulier et extraordinaire, et qui doivent faire dire que, si elle persiste complète, elle est due à une puissance supérieure.

Dr D. SCHMITZ.

Anvers, le 19 mars 1882.

L'abbé Buurmans était arrivé à Lourdes le 1er février, semblable à un agonisant. Le pauvre patient se traîne à la Basilique ; recueillant toutes ses forces, il descend à la Grotte, y prie quelque temps et entre enfin dans la piscine. Plein d'une foi énergique, il se plonge dans l'eau jusqu'à trois fois. La troisième fois, sa poitrine se dilate, il respire à l'aise ; toute douleur, toute enflure a disparu, il est guéri : son visage est transformé, ses forces reviennent avec une rapidité étonnante. Le retour de l'abbé fut un véritable triomphe.

A Paris, le curé de Notre-Dame des Victoires s'informa à deux reprises de tous les détails de la guérison.

En Belgique, Tournai et Anvers lui ménagèrent la plus touchante et la plus pieuse des réceptions. Le cardinal de Malines reçut l'abbé Buurmans comme un fils, et lui manifesta sa joie de ce que cette faveur eût été accordée à un prêtre de son diocèse.

Le Dr Van Dromme, de Bruges, dans un certificat daté du 16 octobre 1882, déclare que Joseph Viane, âgé de vingt et un ans, a présenté, pendant quatre ans, des ulcères résultant de carie des os du bassin, et des plaies à la partie supérieure de la cuisse. Après un voyage à Lourdes et après un bain dans la piscine, Viane a vu se fermer toutes ses plaies dans l'espace de quarante-huit heures.

« Cette guérison s'étant effectuée dans un espace de temps trop court pour pouvoir être attribuée aux efforts de la nature, nous croyons devoir y signaler l'intervention d'une cause surnaturelle; car jamais des ulcérations symptomatiques d'une carie des os ne peuvent s'effacer avec cette promptitude. »

La Belgique a certainement droit à des faveurs, à des grâces particulières. Le culte de Notre-Dame de Lourdes n'est nulle part ailleurs plus populaire. Les pèlerinages belges sont remarqués entre tous; c'est par milliers que les Belges viennent chaque année à Lourdes. Il se fait en Belgique un effort général pour y rendre la Vierge de la Grotte présente. La piété des Belges tend à se l'approprier, à la naturaliser en quelque sorte dans leur pays.

Le culte extérieur fait explosion de toutes parts. Quelquefois, c'est le prêtre, plus souvent le peuple lui-même qui prend l'initiative.

En 1870, le P. Meurisse, de la Compagnie de Jésus, expose à Liège, pendant le mois de mai, une image représentant la première apparition. Bientôt l'image est remplacée par un tableau, le tableau par une statue, et enfin une grotte semblable à celle de Lourdes vient abriter la statue et devient le centre d'un pèlerinage.

Ce qui se fait à Liège se fait en mille endroits : partout l'Immaculée Conception est offerte à l'espérance, aux prières de tout un peuple; partout ses images sont publiquement exposées.

Le sanctuaire le plus célèbre est celui d'Oostacker, bourg des environs de Gand, inconnu naguère, célèbre maintenant, et que l'on ne désigne que sous le nom de Lourdes. Il y a un concours assidu de pèlerins, « d'ardentes prières, des cierges qui brûlent, des bruits de miracles, une mystérieuse attraction des âmes. »

On a organisé, comme à Lourdes, des pèlerinages de toute une région. En 1879, on en a compté 120; en 1880, 146; en 1881, 182 pèlerinages ont conduit 23 000 personnes. A certains moments, on peut compter à la Grotte d'Oostacker, 6 à 8000 visiteurs par jour, et l'on a vu des processions aux flambeaux de 500 personnes. Enfin, des guérisons nombreuses, étonnantes, s'opèrent souvent dans ce sanctuaire.

Ainsi, la Belgique s'est mise à la tête de ce mouvement qui devait propager le culte de Notre-Dame de Lourdes dans le monde entier. La Belgique, que tant d'affinités unissent à nous, qui a dû lutter comme nous pour la défense de ses libertés religieuses, et qui, par les efforts unis de tous les catholiques, a mérité de retenir son gouvernement sur la pente révolutionnaire où se laissent entraîner les gouvernements de l'Europe.

Mais ce ne sont pas seulement les pays catholiques qui ont vu germer et grandir dans leur sein le culte de Notre-Dame de Lourdes.

Si en Italie, en Espagne, en Autriche, on retrouve la Vierge de Lourdes; si on la place au foyer domestique, dans les chapelles, dans les églises, dans les cathédrales, partout; si on lui élève des autels ou des grottes; si on célèbre ses fêtes ou ses anniversaires, les nations infidèles ne sont pas moins favorisées. Sur les pas de nos missionnaires, la Vierge de Lourdes a pris possession de l'Inde, de la Chine, de l'Amérique, de l'Océanie, du centre même de l'Afrique.

Le culte public de Notre-Dame de Lourdes, à Constantinople, date de 1881. Les incessantes guérisons opérées dans la chapelle des Pères Géorgiens amènent une multitude énorme de pèlerins.

Des centaines de cierges brûlent sans cesse devant l'autel, et chaque jour, les Pères Géorgiens font gratuitement des distributions d'eau de Lourdes. La dévotion à la Vierge de la Grotte s'étend bien au delà de Constantinople et dépasse les frontières de l'empire ottoman ; de Médine, de la grande Mosquée, on demande l'eau de Lourdes pour l'envoyer à La Mecque. Médine et La Mecque se faisant envoyer l'eau et l'huile sanctifiée par la Vierge Immaculée, quel aveu significatif !

Du reste, devant le nombre toujours croissant des guérisons miraculeuses, Mgr Vannutelli a nommé une Commission qui examine canoniquement les faits, qui interroge les miraculés, puis écoute les dépositions des témoins. Cette Commission a communiqué à Rome les procès-verbaux de ses délibérations. Les murs de la chapelle sont déjà couverts d'ex-voto.

Le choix du milieu où s'opèrent ces guérisons merveilleuses est, pour un observateur attentif, un profond sujet d'admiration. Nulle part ailleurs, la cause catholique ne peut avoir besoin d'un plus puissant appui : là, en effet, toutes les hérésies semblent s'être donné rendez-vous et se confondent avec la nationalité de ces peuples.

Notre-Dame de Lourdes paraît avoir commencé la

rénovation religieuse de l'Orient. Les Turcs, témoins pour la première fois de tant de grâces unies à une puissance surhumaine, s'inclinent avec respect et reconnaissent la supériorité du culte catholique; ils voient la Vierge faire des prodiges qu'ils ne pensent même pas à demander à Mahomet, leur prophète, dans ses villes saintes.

Du reste, malgré les anathèmes du Coran, des Turcs de toute condition, souvent du rang le plus élevé, vont prier devant la statue de la Vierge. Les pèlerins sont divers, comme la population de Constantinople et de l'empire ottoman. A côté de la femme de l'ambassadeur français, on voit la veuve d'un pacha, d'un ancien ministre, la sœur d'un grand vizir, qui viennent s'agenouiller et prier ensemble.

On y voit des schismatiques, des juifs, des musulmans, des arméniens hérétiques. Un pacha nommé à un très haut emploi va faire sa visite à Notre-Dame de Lourdes, avant de prendre possession de son poste.

C'est un musulman, Mustapha, fournisseur des palais, qui semble avoir été l'objet des préférences de la Sainte Vierge. Après neuf mois de cruelles souffrances, il avait complètement perdu son œil droit. Dix-huit jours s'étaient écoulés, lorsqu'une dame, vêtue de blanc, lui apparaît pendant son sommeil et lui dit : « Je suis la Vierge vénérée dans la chapelle des Pères Géorgiens; je t'ordonne d'aller immédiatement m'y adresser tes prières et tes actions de grâces. » A son réveil, Mustapha se trouvait radicalement guéri; il ne connaissait pas la chapelle, mais, abandonnant aussitôt ses affaires, il prend le chemin de fer et arrive à Féri-Keuï, où il entend la messe, et raconte sa guérison au Père supérieur.

Son affirmation paraissant insuffisante, on lui demanda des preuves et des témoins ; quelques jours après, Mustapha revient avec plusieurs musulmans de ses amis. Tous certifient la maladie, la perte de l'œil, la guérison instantanée. Ces déclarations sont faites en présence d'un melchite, qui dresse un procès-verbal, signé et scellé par tous.

Sans doute, nous n'avons pas là les certificats de médecins connus, les diagnostics précis, les mots techniques, l'observation détaillée de la maladie. Mais nous sommes en Turquie, en présence d'un musulman religieux, dans une bonne situation de fortune ; son témoignage et celui de ses amis indiquent une conviction sincère et profonde.

Tandis que le culte de Notre-Dame de Lourdes se répand et se propage ainsi dans le monde, chaque année les pèlerinages se multiplient sur les bords du Gave, les guérisons deviennent plus nombreuses, plus éclatantes.

Le pèlerinage national de 1884 enregistre, pendant trois jours, 62 procès-verbaux, sous les yeux de cinq médecins qui assistent à l'examen de tous les malades. Durant le retour, on constate de nouveaux faits qui viennent augmenter de beaucoup le chiffre des guérisons ou des améliorations notables.

Cette année même, M. le comte de Mun conduit les cercles catholiques d'ouvriers, et 2500 hommes, avec leurs 169 bannières, viennent derrière lui se ranger autour de la Grotte.

Sur ces bannières, on lit des noms bien connus : Belleville, Saint-Antoine, Batignolles; noms qui réveillent des souvenirs divers et des espérances auxquelles on n'ose encore s'abandonner. Ces ouvriers étaient bien la véritable représentation de la France chrétienne. Ils communièrent tous ensemble à la Grotte.

Depuis 1884, les guérisons sont étudiées avec un soin plus grand si c'est possible, avec une sévérité qui pourra défier toute critique. Un médecin, attaché au service des malades, analyse, contrôle tous les faits qui se présentent. Il apporte dans cette grande enquête une méthode et une règle qui pourront servir de modèle à tous ceux qui voudront marcher sur ses traces. Il n'est pas toujours facile de marquer la limite qui sépare les forces matérielles des forces surnaturelles. Les médecins sont le plus souvent étrangers à ces études; ils auraient besoin de faire une sorte de stage à Lourdes, pendant les grands pèlerinages, pour préparer leur esprit à ces enseignements.

CHAPITRE VII

L'HISTOIRE DE LOURDES ÉCRITE PAR LES MÉDECINS

Les théories et les faits. — Trois cents certificats de guérisons. — Motifs d'incrédulité, motifs de certitude. — Les malades de la Salpêtrière. — Moyens de contrôle.

Avec les *Annales* dont la publication remonte à 1868, nous venons de parcourir, jour par jour, les procès-verbaux des principales guérisons de Lourdes. Que de matériaux accumulés dans ce recueil, qui comprend déjà trente-deux volumes! Nous avons relevé 250 certificats délivrés par des médecins différents, qui, sans entente préalable, sont venus rendre témoignage de ce qu'ils avaient vu et observé.

Dans ces certificats, nous retrouvons l'observation entière et détaillée de la maladie. Les médecins les plus connus ont été souvent appelés en consultation, ils se sont prononcés et sur la nature de ces affections diverses et sur leur incurabilité.

Ce ne sont pas seulement 250, mais plus de 1000 médecins qui deviennent indirectement les témoins et les juges des miracles de Lourdes.

Dans ces conditions, la démonstration devrait être acquise, il faudrait admettre, dans des circonstances données, l'intervention d'une force surnaturelle.

Il est loin d'en être ainsi.

Les médecins, au récit de ces guérisons, ont détourné la tête avec un sourire d'incrédulité et de dédain; ils ont rejeté en bloc et sans examen toutes les observations qui leur étaient soumises.

Cependant, les faits sont ce qu'ils sont, on ne peut rien contre eux. Chercher à les violenter serait téméraire; autant vaudrait entreprendre de changer la nature des choses. Il y a ensuite les théories, œuvres de l'esprit, par lesquelles le savant cherche à interpréter les faits que l'observation a recueillis, à en tirer des conséquences, à formuler les lois qui les produisent.

Ainsi, nos confrères qui, par analogie, jugent de haut ou de loin d'une façon sommaire, sans examen suffisant, tous les faits qui leur sont soumis, s'exposent à des confusions regrettables.

Il vient un moment où tous, sans acception de doctrine, matérialistes, positivistes, spiritualistes, nous sommes mis en demeure de nous prononcer en nous renfermant dans les limites d'un problème bien circonscrit. Il nous faut alors descendre des hauteurs de la théorie ou de la doctrine, entrer résolument dans l'étude et dans la discussion de chaque guérison.

Si l'on nous parle d'une plaie instantanément fermée, d'une tumeur organique qu'un seul bain a fait disparaître, nous ne pouvons répondre en opposant l'exemple d'un trouble fonctionnel, d'un accident nerveux qu'une impression passagère peut guérir ou effacer.

On ne nous demande pas de remonter jusqu'à la cause de ces phénomènes, de parler de miracle ou d'intervention surnaturelle, il suffit de reconnaître que les règles de notre art ont été violées, et que toute interprétation physiologique est insuffisante pour expliquer les résultats obtenus.

Tous les médecins qui ont jugé ces guérisons d'après leurs systèmes et leurs tendances matérialistes, les ont condamnées sans examen. Tous ceux qui se sont trouvés mêlés à ces événements, comme témoins et comme rapporteurs, ont oublié théories et doctrines, et les ont racontées en narrateurs fidèles, avec une entière bonne foi.

Trois cents médecins attestent les guérisons de Lourdes.

Depuis trente ans, depuis Vergez, professeur de la Faculté de Montpellier, inspecteur des eaux de Baréges, jusqu'à Fabre, de Marseille, nous relevons les noms des médecins les plus considérables par leur notoriété et leurs travaux, qui se portent garants des faits observés à Lourdes. Dans des certificats détaillés et dans des conclusions sévèrement déduites, ils reconnaissent l'exactitude de ces guérisons et déclarent ne pouvoir les expliquer d'une façon rationnelle et scientifique.

On le voit, la question s'élargit et prend des proportions inattendues.

Lorsque Vergez, mis en présence des premières guérisons constatées à Lourdes, venait déclarer que de tels phénomènes dépassaient la portée de l'esprit humain, sa parole avait une autorité indiscutable et méritait d'être prise en considération.

Un professeur de Faculté, un inspecteur de Baréges, un homme versé dans l'étude des maladies chroniques, universellement apprécié par son savoir et son caractère, nous dit que de tels phénomènes dépassent la portée de son esprit. Au lieu d'accorder créance à ses affirmations, faut-il croire qu'un voile est tombé brusquement devant ses yeux, et qu'il n'a plus aucune compétence pour juger les faits de sa pratique habituelle?

Le Dr Buchanan, professeur à l'Université de Glascow, a visité Lourdes et a résumé les impressions de son voyage dans le journal de médecine anglais, *The Lancet*.

Il croit qu'un grand nombre de guérisons doivent être attribuées à la confiance qui produit, dit-il, un effet merveilleux dans certaines maladies indépendantes de toute lésion organique. C'est la théorie de la suggestion; mais il se garde bien d'en abuser. Il n'affirme pas que tous les faits de Lourdes appartiennent à cette catégorie; il déclare au contraire que, du moment où, parmi ces faits, on trouverait réellement des guérisons de carie, d'ulcère, etc., en d'autres termes, de lésions matérielles, il renoncerait à les expliquer. La division du Dr Buchanan doit être acceptée par tout médecin sérieux et impartial.

Il a raison de se refuser à voir des miracles dans certaines guérisons de maladies nerveuses, quand on peut les expliquer naturellement.

Sur ce terrain, l'accord est facile. Le Dr Buchanan est de bonne foi, et s'il poussait plus loin son enquête sur les guérisons de Lourdes, il trouverait l'occasion d'appliquer le second terme de son raisonnement.

Du reste, si l'on peut étudier, discuter chaque cas,

faire quelques réserves sur des points secondaires, il faut reconnaître que ces guérisons, par leur nombre, qui va chaque jour croissant, constituent un véritable prodige.

Comment se fait-il pourtant que ces guérisons aient rencontré jusqu'ici une aussi vive, une aussi constante opposition?

C'est que l'homme ne croit que ce qu'il veut croire. Pour croire, il faut ne pas fermer obstinément son esprit à un enseignement.

On n'a jamais voulu croire que les faits de Lourdes fussent dignes des discussions de nos académies ou de nos écoles. Lourdes est un mot compromettant, qu'on prononce rarement dans certains milieux.

Pendant que les premières guérisons de Lourdes soulèvent les protestations de l'école, ces mêmes guérisons sont appuyées par le témoignage des médecins qui en sont les témoins.

Et ce grand mouvement d'information et de contrôle s'étend et se généralise dans toute la France. Les professeurs de nos écoles, les médecins de nos grands centres vont être mêlés plus ou moins directement, et souvent malgré eux, à l'étude de ces questions.

En 1873, le Dr Fabre, professeur à l'École de Marseille, constate la guérison d'une chorée des plus graves, et le médecin ordinaire de la malade ajoute son témoignage à celui du Dr Fabre. En 1886, le Dr Maurel nous dit que Marie Marcelin a été guérie à Lourdes d'une énorme tumeur ovarique, et le Dr Audibert, chef de clinique adjoint des hôpitaux de Marseille, qui se trouvait à Lourdes à l'arrivée de Marie Marcelin, nous décrit avec soin le volume, le siège de cette tumeur et, quelques instants après, sa guérison, sa disparition complète. C'est sous ses yeux que la guérison s'opère.

L'École de Montpellier nous avait donné Vergez; elle nous donne le témoignage du professeur Chrestien et ceux des D⁰ˢ Caisso et Dillre.

A Rennes, le D⁰ Régnault, professeur à l'École, est appelé à constater à plusieurs reprises la guérison des malades de Lourdes; il le fait dans les termes les plus formels.

Le D⁰ Petit, professeur à la même École, conduit à Lourdes, en 1883, son fils qui a une lésion profonde de la rétine, et qu'il a vainement confié aux soins d'un oculiste très connu. Cet enfant retrouve instantanément à la Grotte une vision à peu près perdue depuis de longs mois. En 1890, le D⁰ Petit nous donnait une très remarquable étude sur l'ataxie, en racontant la guérison de Delannoy.

A Nantes, nous avons, en 1873, les certificats du D⁰ Thibault, ceux du D⁰ Charruau, des D⁰ˢ Mahol et Thoinnet. En 1882, le D⁰ Jouon, notre ancien camarade d'internat, aujourd'hui maître éminent, constate la guérison d'un cancer de la lèvre qui avait résisté à tous les traitements. A Nantes encore, le D⁰ Lebrun donne, en 1886, un certificat des plus concluants.

En dehors de nos Écoles, les médecins les plus distingués viennent apporter dans ce grand débat l'appui de leur autorité et de leur nom.

A Paris, au milieu d'un très grand nombre de certificats, nous pouvons remarquer les déclarations des

Drs Buquoy, Constantin James, Arnould, Monnier, de Saint-Germain.

En province, celles de Payan, d'Aix, membre de l'Académie de médecine; de Puech, de Nimes; de Cochet, d'Avranches; de Mascarel, de Châtellerault; de Bleynie, de Limoges; de Grimaud, de Barèges; de Martel, de Béziers; de Chétail, de Saint-Étienne; du Dr Hélot, de Bolbec; du D^r Le Bèle, de Caen.

Parfois, deux et trois médecins se réunissent pour donner plus de poids à leurs affirmations; c'est ainsi que les Drs Ségur, Rossignol et Bernet, constatent ensemble la guérison d'un menuisier de Lavaur, et que les Drs Pomarel, Brun, Allègre, viennent affirmer, d'un commun accord, la guérison inexplicable de la baronne de Lamberterie.

Un très grand nombre de médecins étrangers, de médecins belges surtout, constatent dans les termes les plus précis que les guérisons de Lourdes échappent à toute interprétation scientifique.

C'est à chaque page que nous trouvons, dans les *Annales*, les noms de nos confrères de Louvain, Liège, Namur ou Bruxelles.

Si le témoignage des hommes est un élément de certitude, et l'histoire entière du monde repose sur cette base, ne pourrons-nous, à notre tour, écrire l'histoire des événements contemporains avec ces mêmes éléments?

Nous avons pour nous et le nombre et l'autorité des témoins; les faits que nous citons se passent sous nos yeux; la plupart des acteurs de ces événements sont encore vivants; nous pouvons les consulter, les interroger. Quelle garantie aurions-nous à désirer encore ?

Comment se fait-il que les adversaires systématiques du surnaturel et du miracle se trouvent si rarement sur le chemin de Lourdes ? Comment se fait-il que la parole, les affirmations de si nombreux et si éminents confrères, des professeurs de nos Écoles ou des médecins de nos grandes villes ne puissent pas ébranler, je ne dirai pas les convictions du corps médical tout entier, mais au moins exciter sa curiosité ?

Ah ! je l'ai déjà dit : l'homme ne croit que ce qu'il veut croire. Les contempteurs de Lourdes se recruteront toujours parmi ceux qui voudront, non pas croire, malgré les meilleures raisons de le faire, mais juger sans examen, sans étude et de parti pris, des faits dont ils n'ont pas été les témoins.

Pourtant, à ceux qui récusent tous les témoignages : ceux des malades qui ont été guéris, ceux des médecins qui les ont soignés, les affirmations des parents, des amis, de toutes les personnes qui ont été mêlées à ces événements, nous pouvons dire : Il est une dernière preuve, un mode d'information direct, palpable, que vous ne saurez récuser. Vous doutez de la parole des autres, leur dirons-nous, douterez-vous aussi de vous-même, de vos yeux, de vos oreilles, de tous vos sens ?

Venez à Lourdes, pendant les grands pèlerinages, observez, étudiez ; venez au bureau des constatations, interrogez les malades ; ne craignez pas de faire part de vos hésitations ou de vos doutes : vous trouverez des confrères procédant avec la méthode la plus rigoureuse, ne se prononçant qu'avec la plus grande réserve ; des confrères plus sévères que vous, peut-être, pour admettre que les lois de la nature ont été violées ou dépassées.

Vous sortirez de ce bureau, sinon convaincu que vous avez vu ou touché le surnaturel — les miracles ne sont pas de tous les instants, et Dieu, pour laisser sans doute un plus grand mérite à notre foi, déchire rarement tous les voiles, — mais vous sortirez convaincu que vous avez rencontré des médecins aux intentions loyales, d'une sincérité égale à la vôtre, observateurs scrupuleux des règles de leur art; des médecins qui n'ont qu'un but : défendre la vérité trop souvent compromise par les entraînements de la foule, ou par les doctrines et les préjugés de l'école, vous verrez des guérisons qui ne peuvent recevoir aucune interprétation physiologique.

LA CLINIQUE DE LOURDES

CHAPITRE PREMIER

BUREAU DES CONSTATATIONS

Le bureau des médecins. — Sa composition. — Son organisation. — Les médecins viennent chaque année plus nombreux. — Pendant les mois d'août et septembre, nous avons eu 150 médecins et 4 à 5000 malades. — Certificats et photographies. — Premiers procès-verbaux de guérisons. — Leurs avantages. — Les missionnaires de Lourdes et les Religieux de l'Assomption écrivent sous la dictée des médecins. — Ils ne sont pas responsables des erreurs inévitables. — Le programme des guérisons n'est pas écrit de main d'homme. — Un médecin protestant assiste à nos enquêtes. — Le pèlerinage national. — La moyenne des guérisons de chaque année.

Depuis quelques années, on a créé à Lourdes « un bureau des constatations médicales », bureau toujours ouvert pendant les pèlerinages.

Cette clinique installée auprès de la Grotte est certainement une des créations les plus étonnantes de notre époque. Elle s'est ouverte, elle s'est développée d'elle-même, sans programme arrêté. M. le Dr de Saint-Maclou, qui l'a dirigée le premier, ne pouvait rêver pour elle à son début de si hautes destinées.

Cette construction en planches, si modeste, qui n'avait plus sa place au milieu de cette magnifique végétation d'édifices sacrés, nous montre bien qu'elle n'était pas destinée, dans la pensée des directeurs des pèlerinages, à abriter les représentants les plus autorisés de la science. Les médecins catholiques n'ont pas eu le privilège de répondre au premier appel. Nous avons vu d'abord des indifférents, des curieux, beaucoup d'incrédules, qui voulaient nous donner le secret de toutes ces guérisons, et qui venaient se heurter à quelque fait qui renversait toutes leurs théories.

Les catholiques sont venus ensuite ; ils avaient des préoccupations diverses et bien des réserves à formuler, nous disaient-ils. Ils croyaient que la Providence dispensait le miracle d'une main toujours avare et que l'esprit de l'homme était bien impuissant à le comprendre, à l'interpréter. Et voilà qu'ils se sont trouvés à une école permanente du surnaturel, et que, sous leurs yeux, la Vierge a paru reproduire les merveilles de la période rédemptrice.

Chaque année, au début du pèlerinage national, en ouvrant les portes de notre clinique, nous ne connaissons ni les confrères qui vont venir s'asseoir à nos côtés, ni les malades que nous allons interroger. Tout est imprévu dans notre programme. Malades et médecins viennent de tous pays et appartiennent aux conditions les plus diverses de la vie.

C'est une clinique où il n'y a ni maîtres ni élèves, où la hiérarchie s'efface, où le désir de surprendre et de démontrer la vérité fait disparaître pour un moment toutes les autres préoccupations. Clinique sans pareille, que l'esprit de l'homme n'aurait pu concevoir, que sa volonté seule n'aurait pu créer, qui rapproche pour un moment des hommes aux tendances les plus opposées.

De la construction en planches qu'il occupait, le bureau s'est transporté dans le superbe local, aménagé tout exprès sous la rampe droite du Rosaire. Il y a là quatre pièces fréquentées chaque jour par de nombreux médecins et d'innombrables malades ou guéris. De 8 heures à 11 heures et de 1 heure à 6 heures, les docteurs se rencontrent, travaillent, examinent, discutent, étudient.

Parmi les praticiens présents, on signalait, en 1893, des représentants des Facultés de Rennes, de Montpellier, de Lille, des Belges, des Anglais, et même des Canadiens. La composition hétérogène de ce milieu scientifique convient admirablement au but de l'institution; elle assure l'impartialité qui doit présider aux consciencieuses recherches; elle assagit les ardents enthousiasmes; elle empêche le triomphe des préjugés, elle ne laisse place qu'à la seule vérité scientifique, à la méthode essentiellement critique et contradictoire.

Aux heures de constatation, la clinique est remplie à la fois de calme et de vie; tout le monde travaille en silence sous la direction du président.

La première salle sert de cabinet d'attente aux malades et aux guéris. C'est là que les bénis de la Vierge viennent chercher refuge contre les enthousiastes ardeurs des foules transportées; c'est là que les malades viennent se faire examiner avant la descente dans les piscines.

Les deux salles suivantes servent aux examens approfondis des guéris. Des commissions médicales, composées de deux ou d'un plus grand nombre de praticiens, y font le travail éliminatoire. Les sujets peu intéressants sont écartés après un examen sommaire. Les cas vraiment extraordinaires sont étudiés avec une minutie remarquable; on examine les dossiers du ci-devant malade : certificats médicaux, lettres explicatives, pièces d'identité, etc. On étudie la réalité des changements affirmés.

Ce travail préparatoire achevé, les médecins introduisent le guéri dans la grande salle. Ils font leur rapport sur ce qu'ils ont constaté, et c'est alors seulement que s'ouvre la discussion générale et contradictoire.

Les opinions sont exprimées avec grande liberté, les méthodes les plus diverses sont appliquées, les guéris et les témoins sont soumis à des interrogatoires minutieux. Chacun prend des notes, pose des questions, soulève ses objections, conclut à sa manière, quitte à essuyer la critique de ses confrères ou moins osés ou plus audacieux. La synthèse des débats est généralement résumée par le président, dictant, à haute voix et sous le contrôle de ses collègues, le procès-verbal de chaque partie de la séance.

Souvent, on invite les guéris à repasser les jours suivants et on les soumet à de nouveaux examens. Toujours on décide de procéder à des enquêtes plus complètes dans le courant des mois suivants et on charge un médecin de la conduite des recherches.

On voit combien sont peu fondées les critiques, émises par certains publicistes incrédules, sur le soi-disant parti pris qui guiderait les autorités médicales de Lourdes. Tous les médecins qui se sont présentés à la clinique ont été admis, quelles que fussent leurs idées, leur religion, et tous ont rendu hommage à l'impartialité, vraiment scientifique, qui préside aux examens médicaux.

Les médecins à Lourdes.

Il y a sept ou huit ans, M. de Saint-Maclou siégeait à peu près seul dans le bureau. C'est là que je le vis pour la première fois, pendant le pèlerinage national de 1886. Nous étions deux ou trois confrères à ses côtés, nous admirions sa prudence, sa sagesse, dans l'étude de ces difficiles problèmes; mais il était là sans collaborateur et sans aide, assumant sur lui seul tout le poids des premières enquêtes.

En 1887, pendant le pèlerinage national, 12 médecins se sont succédé dans le « Bureau des Constatations » et, pendant trois jours, ont étudié les guérisons qui se produisaient sous leurs yeux.

En 1888, nous nous sommes trouvés vingt réunis à la même époque.

En 1889, nous étions 22 médecins, et 30 en 1890. Le Dr Gros, ancien médecin de l'hôpital de Boulogne, âgé de quatre-vingts ans, avait pris place au milieu des infirmiers volontaires. Il avait traversé toute la France en accompagnant ses malades.

En 1892, pendant les mois d'août et de septembre, plus de 150 médecins se sont succédé dans notre bureau.

Parmi ces confrères, nous comptions 20 médecins de Paris, des représentants de nos Académies, de nos Facultés, de nos Écoles, des médecins des hôpitaux et de nos grandes villes, d'anciens internes et des internes en exercice, des membres des Facultés étrangères.

A côté des médecins, nous avions, dans notre auditoire, des représentants de toutes les branches des connaissances humaines : des avocats, des littérateurs, des journalistes, et, pendant trois séances, nous avons eu le romancier le plus à la mode, qui venait nous apporter les échos les plus bruyants de sa popularité.

C'étaient des collaborateurs nouveaux, inattendus; ce seront peut-être des auxiliaires. L'œuvre de Lourdes est assez grande, assez bien établie pour supporter toutes les contradictions.

Les catholiques n'ont jamais eu la prétention d'en avoir le dépôt exclusif. Ils font appel à toutes les volontés; tel qui vient en curieux parmi nous peut en partir convaincu.

Cette progression rapide, ces grands courants d'opinions qui se forment autour de nous, s'expliquent aisément par le mouvement considérable dont Lourdes est aujourd'hui le centre.

Dans ces deux mois, 300 000 pèlerins, visiteurs ou touristes, sont venus à la Grotte, et nous avons eu 4 ou 5000 malades.

Où trouverons-nous une clinique qui ait, en deux mois, 5000 malades pour sujets d'observations et 150 médecins pour contrôler ses travaux? C'est, du reste, une clinique à part, sans point de comparaison possible, et je défie aucun de nos maîtres d'édifier un enseignement ou de défendre une doctrine sur le terrain où nous sommes placés.

Pour auditeurs, nous avons le plus souvent des hommes qui se tiennent en garde contre nos idées, qui ont leur siège fait, leurs arguments préparés d'avance; pour organes, nous avons toutes les voix de la presse et les journaux des nuances les plus opposées.

Si nous n'avions que des médecins, notre tâche serait

encore possible. Mais notre auditoire est des plus mêlés.
Il ne parle pas la même langue. Un même fait impressionne diversement les deux parties. Enfin, si tout ce monde consentait à nous entendre, essayait de se faire un jugement! Mais non! on pose une question, on n'attend pas la réponse; on récuse un fait, il s'en présente un autre; on n'a pas le temps de l'écouter.

On quitte la salle avec un jugement fait par moitié des préjugés apportés et des impressions reçues.

Malgré tout, cet enseignement porte ses fruits; il fait brèche dans le corps médical et nous attire chaque jour des adhésions plus nombreuses.

Ce travail des incrédules à Lourdes est un fait bien étrange. Au début, pendant les apparitions, le Dr Dozous, incroyant, sceptique, proclame le caractère surnaturel des visions; contre tous, il défend Bernadette, se porte garant de sa bonne foi, et cette conviction ne le convertit pas, il reste éloigné de la religion la plus grande partie de sa vie.

Aujourd'hui, les négations de nos adversaires, les contradictions qui nous environnent, tout nous pousse en avant, chaque critique devient le point de départ d'un progrès nouveau.

Nous éditons une œuvre impersonnelle, au grand jour, en pleine lumière, portes ouvertes. Loin de regretter tout le bruit qui se fait autour de nous, nous y trouvons nos plus sûrs moyens de propagande; à tous les opposants nous ouvrons nos rangs, ils apportent toujours un certain désir de s'instruire. Quelques-uns admettent un *inconnu*, un *au delà*; c'est tout leur *Credo*, c'est le nom qu'ils donnent au Dieu qu'ils ignorent.

Devant cet auditoire qui se renouvelle chaque jour et plusieurs fois par jour, aucune théorie, aucune doctrine ne peut s'édifier. Les faits seuls s'imposent à l'attention, à l'examen ; l'interprétation doit venir plus tard.

5000 malades sont venus du 15 août au 1ᵉʳ octobre à Lourdes. Chaque malade apportait un certificat de son médecin.

On ne peut plus dire que tous ces certificats sont faits à la légère ; le corps médical prend son rôle au sérieux, et nous trouvons souvent dans ces pièces des monographies complètes, faites avec conscience et qui nous donnent l'histoire exacte de la maladie. Ces malades ont été vus par plusieurs médecins dont nous retrouvons les noms, les diagnostics, les traitements indiqués. Bon gré, mal gré, tout le corps médical est plus ou moins mêlé aux enquêtes que nous poursuivons.

Pendant les pèlerinages, des Commissions fonctionnent aux points de départ, examinent tous les malades. — Second dossier, second certificat.

Enfin deux ou trois médecins montent dans les trains, apportent les dossiers, accompagnent les malades.

A Lourdes, dernier examen par nous, par les nombreux confrères qui nous entourent.

S'il y a eu des lacunes dans ce dernier examen — elles sont inévitables à certains jours, — elles sont autant que possible comblées, et notre témoignage vient s'ajouter à celui de nos confrères.

Au retour, l'enquête se reprend en sens inverse, sous nos yeux d'abord ; elle est soumise ensuite à tous les médecins qui ont examiné les malades ; elle se poursuit pendant plusieurs mois, devant tous les témoins, afin de donner à toutes les objections le temps de se produire.

Il me semble qu'il est difficile d'aller plus loin au point de vue des garanties.

On nous a fait pourtant une objection qui a été reproduite dans tous les journaux, dans des conférences, partout. Laissons de côté, nous a-t-on dit, toutes les maladies internes, elles sont sujettes à controverses. Ne gardons que les plaies. Circonscrivons sur ce terrain la démonstration que nous cherchons. Aussi bien, il y a autant de surnaturel dans la guérison instantanée d'une égratignure que dans la cicatrisation d'une plaie profonde, la nature ne ferme que progressivement ses brèches.

Mais, sur ce terrain, faisons la lumière la plus complète, le témoignage du médecin ne nous suffit plus.

Il nous faut la photographie avant et après la guérison. Une salle des plaies apparentes où l'on réunira tous les malades atteints de plaies.

Une Commission composée d'éléments divers.

Tout cela est grave, surtout pour les malades qui ne sont pas guéris. Personne n'aime à mettre à nu ses infirmités physiques. A côté de l'intérêt de l'individu, il y a celui de la famille. Il faut en tenir compte. On expose bien les tribus sauvages au jardin d'Acclimatation, mais nous n'aimerions guère à exposer nos femmes, nos enfants devant des hommes qui n'ont pas grâce d'état. Ces expositions ne sont pas encore entrées dans nos mœurs.

La photographie paraît un moyen pratique. Erreur. C'est un moyen infidèle, difficile à faire accepter.

9

C'est un moyen infidèle ; pour apprécier une plaie, sa nature, sa profondeur, il faut l'œil et la main; les chirurgiens ne se servent pas de la photographie. Ils ne peuvent savoir ainsi si une fistule va jusqu'à l'os ; il faut le stylet. La photographie ne peut nous apprendre ce qu'il y a derrière un mur, au fond d'une plaie.

Les malheureux qui n'auront pas été guéris et qui, après avoir été palpés, photographiés, auront été déclarés scrofuleux, goîtreux, cancéreux, quelle compensation pouvons-nous leur offrir? Comment retirer leur image de la circulation?

Photographie, salle des plaies, idée nouvelle, séduisante peut-être, mais sans application possible.

Il n'est pas facile d'innover en médecine. Pour faire accepter ces nouveaux moyens d'investigations, il faudrait connaître d'avance les malades qui vont être guéris : ils s'y soumettraient sans doute, mais il faudrait des gages que nous ne pouvons pas leur donner.

Restons fidèles aux grandes traditions médicales; utilisons tous les moyens de contrôle que la science met entre nos mains. Nous arriverons ainsi plus sûrement à la démonstration cherchée.

Les récits des malades. — Les premiers procès-verbaux.

Dans un auditoire aussi mêlé que le nôtre, les impressions sont mobiles, diverses, les preuves techniques ne suffisent pas.

Dans notre bureau, l'enseignement se fait moins par les médecins que par les malades eux-mêmes. Nous avons vu souvent nos confrères écouter d'une oreille distraite l'exposé des faits les plus importants, des démonstrations qui semblaient aller jusqu'à l'évidence, tandis qu'ils s'arrêtaient surpris, émus, en entendant le récit d'un malade, ne pouvaient se soustraire à l'émotion qui les gagnait, et détournaient la tête pour cacher les larmes qui mouillaient leurs paupières. Le cœur est souvent plus accessible que l'esprit.

Lorsque Mme Gordet, d'Henrichemont, nous faisait le récit de cette longue maladie qui l'avait clouée quatre ans sur son lit de douleur, maladie sans espoir, sans issue en dehors d'une opération qui pouvait la tuer et devait la laisser mutilée, lorsqu'elle nous disait comment, en une seconde, elle venait de retrouver tout ce qu'elle avait cru à jamais perdu : santé, forces, jeunesse, un silence absolu régnait dans le bureau; nous l'écoutions sans l'interrompre. Pas une objection, pas un doute ne se présentait à notre esprit. Ce récit simple, sans art, fait de détails intimes de douleurs ressenties, avait l'éloquence que donne une conviction absolue, et cette conviction nous gagnait à notre insu.

J'ai vu le regard du romancier célèbre qui était assis à nos côtés se relever, se fixer sur cette femme; il était, lui aussi, sous le charme; la conviction l'effleurait, si elle ne le pénétrait pas tout entier. C'était une lueur fugitive sans doute, mais une lueur qui laisse toujours une empreinte dans nos souvenirs.

Au moment du pèlerinage national, les Pères de l'Assomption, qui conduisent près de mille malades, préparent à l'avance tous leurs dossiers. Ces dossiers sont extrêmement complets, et parfois très instructifs. Ils renferment les certificats délivrés par tous les médecins qui ont soigné les malades, surtout des certificats délivrés au moment du départ. On y trouve aussi des notes sur la moralité, les antécédents, des lettres des correspondants ou des protecteurs. Toutes ces notes sont classées avec beaucoup d'ordre ; chaque pèlerin porte sur sa poitrine un numéro qui correspond au numéro de son dossier. Enfin, un secrétaire spécial est chargé de la tenue et du dépouillement de toutes ces pièces.

Cette organisation évite toute confusion, toute perte de temps. Sans elle, on s'égarerait certainement dans des recherches ou des préoccupations inutiles, et il serait impossible d'interroger avec quelque profit les nombreux malades qui se présentent dans une même journée au bureau des constatations.

Un des religieux de l'Assomption et un des missionnaires de Lourdes assistent à l'examen des guérisons. Ils écrivent, sous la dictée des médecins, tous les détails de l'observation. Comme nous, ils entendent le récit du malade, récit imagé, vivant, qui porte toujours l'empreinte d'une émotion indicible, où se mêlent les souvenirs amers du passé, les espérances radieuses de l'avenir. Mais ils entendent aussi les réserves exprimées, les objections formulées. Dans les notes qu'ils envoient à leurs journaux, ils cherchent à retracer le récit fidèle des modifications dont ils sont témoins, en conservant, autant que possible, les termes scientifiques, en donnant à chaque maladie le sens et la portée qui lui conviennent.

On a souvent critiqué ces exposés sommaires, ces publications hâtives. On a relevé des erreurs commises, des espérances que le temps n'a pas justifiées. Mais, en ces matières, la critique est aisée ; on oublie de rendre justice aux précautions prises pour se mettre à l'abri de toute erreur, à l'admirable organisation qui préside à ces enquêtes.

Ces publications hâtives, à côté de leurs inconvénients, ont aussi leurs avantages.

Elles appellent la discussion immédiate sur tous ces faits, discussion libre, contradictoire, où se mêlent les opinions et les voix les plus diverses.

Ce n'est pas dans le silence du cabinet que l'on peut édifier un travail qui demande le grand jour et ne repose que sur le témoignage. Il faut l'abandonner à la libre critique, à la presse, au journal, aux mille feuilles qui le reproduisent en le commentant, en le dénaturant souvent.

Quand il a passé par ces cribles successifs, on peut le reprendre et l'interpréter à sa valeur.

Pendant le pèlerinage national, nous avons publié, le jour même, le procès-verbal de la guérison de Constance Piequet et de Berthe Barussaud. La première avait été guérie d'un cancer au sein, la seconde d'un mal de Pott.

Cette publication a provoqué un vif mouvement de curiosité. De tout côté, on a écrit au médecin de Constance Piequet pour lui demander des renseignements sur cette guérison. Une enquête s'est ouverte, en France comme à l'étranger, enquête que chacun dirigeait à son gré, et qui nous apportait bientôt des renseignements très précieux.

La guérison du cancer s'est confirmée, tandis que le mal de Pott s'évanouissait. M. le Dr Récamier, qui avait soigné Berthe Barussaud nous écrivait, après avoir lu notre procès-verbal : « Cette jeune fille avait un mal de Pott hystérique, je lui avais appliqué des corsets purement suggestifs. »

C'était cette thérapeutique fin de siècle qui nous avait induit en erreur. Nous avons immédiatement pris condamnation et cessé toute enquête sur cette guérison.

Voilà l'avantage de ces publications hâtives ; elles nous permettent de faire un premier triage parmi tous ces faits d'inégale valeur.

Ces procès-verbaux, nous ne cessons de le rappeler, ne renferment que les dépositions des malades, et les certificats souvent très incomplets de leurs médecins.

Nous devons, pour empêcher l'opinion de s'égarer, donner le compte-rendu de la journée aux correspondants de la presse, aux religieux qui écrivent sur nos indications. Nous le faisons sous toute réserve, mais nous ne pouvons refuser ces premiers aperçus.

Le religieux est l'intermédiaire entre l'homme de science et cette foule, que l'enthousiasme soulève, qui proclame toutes les guérisons signalées autour des piscines, qui les commente, les amplifie ou les dénature, qui se presse sur les pas de l'heureux privilégié. Le nom de la maladie circule de bouche en bouche : « Il ne marchait pas ; il marche. Il avait une plaie ; elle est cicatrisée. Il était aveugle ; il voit. » C'est un diagnostic sommaire ; mais n'en demandez pas davantage. Quand le cœur vibre, quand la reconnaissance éclate, quand une puissante émotion agite une foule, la raison doit se taire. L'étude et la discussion du fait seraient inopportunes, déplacées.

Le religieux doit, dans quelques instants, en quelques heures, mettre de l'ordre au milieu de ces notes disparates ou de ces qualifications peu scientifiques. Il le fait avec tous les moyens dont il dispose, appelant à son aide les vingt ou trente médecins qui se trouvent à Lourdes, s'inspirant de leurs conseils, soulignant autant que possible leurs réserves.

Il faut songer que ces religieux ont entrepris une œuvre au-dessus des forces humaines. Réunir 1000 ou 1500 malades, les transporter, de toutes les parties de la France, dans vingt ou trente trains, véritables hôpitaux ambulants; à Lourdes, pendant trois jours, non seulement les entourer de tous les soins matériels, mais encore veiller sur eux avec une sollicitude de tous les instants, les préserver de toute imprudence et de tout excès de zèle; les rendre à leur famille sans avoir un accident à déplorer, avec une mortalité bien inférieure à celle des hôpitaux les mieux installés, n'est-ce pas un résultat remarquable?

Depuis dix et quinze ans, une expérience semblable est renouvelée, et ce grand pèlerinage se poursuit sans soulever une plainte ou une protestation.

Ah! il est facile, dans le silence du cabinet, de dépouiller les bulletins des guérisons, de chercher les notes faibles, les conclusions prématurées; mais on oublie que, pendant trois jours, les religieux, rédacteurs médicaux improvisés, pliant sous le poids de fatigues et de responsabilités de tout genre, n'ont ni le temps, ni la prétention d'édifier une œuvre scientifique à l'abri de toute retouche.

Prenez ces récits comme une esquisse superficielle

et à grands traits des premières impressions; mais ne leur demandez pas ce qu'ils ne peuvent ni contenir ni donner : une observation complète et technique embrassant tout le passé des malades et engageant l'avenir.

Demandez, au contraire, aux médecins un travail sérieux qui puisse défier toute controverse. Ils peuvent et doivent le donner; mais, pour atteindre ce résultat, il faut procéder différemment.

Quand j'ai voulu publier la guérison de Sœur Julienne, de Brive, je suis allé voir son médecin ordinaire, j'ai relevé avec lui tous les symptômes de sa maladie. J'ai pris les registres de l'infirmerie, et j'ai suivi, jour par jour, toutes les prescriptions qui me permettaient de constater la nature et les progrès du mal. J'ai comparé tous les certificats et toutes les attestations.

J'ai fait sur la guérison une semblable enquête, notant toutes les circonstances qui pouvaient donner à ce fait son caractère et son importance. Puis j'ai laissé s'écouler une année. J'ai revu la religieuse, j'ai de nouveau consulté son médecin, et j'ai publié son observation.

Un travail, fait dans ces conditions, est donc un travail de longue haleine; on ne peut l'édifier en quelques heures, après un examen rapide, superficiel. Les observations, rédigées par des médecins, portent toujours l'empreinte d'études sérieuses et longtemps poursuivies. Avec elles, l'histoire de Lourdes repose sur des données scientifiques, difficiles à récuser. Trop souvent on a voulu croire que les guérisons n'avaient pour interprètes que des hommes incompétents, et pour justification que des procès-verbaux faits d'enthousiasme et sous la dictée des pèlerins. C'est une double erreur. Tous les procès-verbaux qui paraissent dans le *Journal de Lourdes* ou dans les *Annales* sont rédigés par un médecin, sont accompagnés de tous les certificats et de toutes les pièces justificatives.

Il y a, dans ces notes succinctes, les bases d'une enquête qui doit se poursuivre. Mais ces premières indications ont leur valeur. La maladie est bien déterminée, et les résultats obtenus sont appréciés par des hommes compétents.

Dans le bureau des constatations, plusieurs de nos confrères ont trouvé les matériaux de travaux importants.

Ces enquêtes, si bien conduites, l'ordre et la méthode qui président à l'examen des malades, les certificats de nos confrères, les efforts unis de toutes ces volontés ont eu déjà une influence marquée sur l'opinion.

Il n'en est pas moins vrai que l'institution de ce bureau est une chose unique dans l'histoire des pèlerinages. « Quelques bons esprits ont voulu y voir une formalité inutile et une inconvenance bien déplacée. Pourquoi la froide raison vient-elle mêler ses calculs aux élans de la prière (1)? »

Pendant le dernier pèlerinage, nous lisions dans un compte rendu publié par un journal politique : « Si vous voulez connaître les guérisons, n'interrogez pas les médecins, leur discrétion est terrible; ils ignorent tout. La science, avec son scalpel, dissèque les fibres, analyse les molécules; mais cette autopsie d'un miracle n'est qu'un pâle rayon de lumière tombé sur un cadavre.

---

(1) *Lourdes devant la science* (R. P. Martin).

L'âme, avec ses secrets intérieurs, les épreuves du passé, les avenues de la guérison, voilà le poëme divin qui seul fait toucher le miracle et fait couler les larmes. »

Il est certain qu'avec nos réticences, nos enquêtes, nos hésitations et nos doutes, nous faisons souvent fort mauvaise figure au milieu de ces foules enthousiastes qui nous entourent, nous pressent de questions impatientes. Mais il n'en est pas moins reconnu que la présence des médecins à Lourdes a des avantages qui compensent et au delà les inconvénients que l'on signale. L'institution de notre bureau répond à des besoins de premier ordre.

Léon XIII a souvent approuvé les soins et les précautions prises par les religieux et les docteurs, afin que rien d'incertain ou de douteux ne fût accepté.

Le pèlerinage national. — La moyenne des guérisons obtenues.

Pendant la durée du pèlerinage national, c'est-à-dire pendant trois jours, 100, 150 malades se présentent devant nous, viennent faire constater leur guérison. Pendant cet interminable défilé, la clinique de Lourdes présente une physionomie à part, unique en son genre. Il n'y a pas un hôpital où toutes les classes de la société soient ainsi confondues, où la femme du monde vienne prendre la place de l'infirme de la Salpêtrière; où les affections les plus diverses se succèdent sans transition et sans choix.

Nous ne trouvons pas à Lourdes une clinique rivale, un nouveau champ d'expérience que l'on peut nous opposer. Les faits qu'on y observe sont inexplicables au point de vue scientifique, et d'avance on ne promet à personne ni guérison, ni amélioration.

Mais je dis plus : *Le programme de ces guérisons n'est pas écrit de main d'homme.*

Si nous choisissions les cas, nous prendrions les tumeurs et les plaies, les lésions organiques les plus évidentes ; nous disposerions tout pour la mise en scène, pour l'effet à produire ; nous voudrions forcer la conviction, donner réponse à toutes les objections.

En outre, nous voudrions faire venir ces guérisons à notre heure, alors que la foule impatiente les demande, que les médecins les attendent, que tout est préparé pour l'enquête.

Pendant les deux premiers jours du pèlerinage de 1890, nous n'avons pas vu un seul fait digne d'être noté. Nous étions pourtant douze médecins réunis, et nos mille malades, qui venaient de toucher Lourdes, c'est-à-dire la Terre Promise...... avaient des élans d'enthousiasme et de foi qui ne pouvaient être dépassés.

Nous attendions des plaies, des lésions extérieures ; et deux jours sur quatre, nous n'avons eu aucune guérison importante.

A un de nos confrères qui me demandait une guérison de son choix, je devais répondre : « Si je commandais ici à la lésion de se résoudre, à la maladie de s'effacer, je vous servirais tout ce que vous demandez ; mais je ne suis qu'un simple témoin, et vous devez voir, dans la disposition même de ces événements, l'empreinte d'une puissance plus haute. »

J'avais déjà fait ce rapprochement en 1888, pendant

le pèlerinage national. Le 21 août, nous étions quinze médecins réunis dans le bureau, et de notre salle, nous entendions les chants et les prières qui remplissaient la vallée, le mouvement des voitures et des brancardiers qui transportaient les malades, le bruit, l'enthousiasme de la foule, et tous, sous l'impression d'une même pensée, nous attendions avec impatience les guérisons remarquables et nombreuses qui, d'ordinaire, se présentent dès le premier jour.

Notre attente fut vaine ; une seule malade vint se *présenter* à notre examen, et cette pauvre femme nous offrait le type le plus accompli des affections nerveuses.

Nous n'avons pas eu ce jour-là d'autres faits à enregistrer. Je recommande ce résultat, je pourrais dire cette déception, à ceux qui croient au jeu toujours facile et assuré des émotions, à l'action infaillible du moral sur le physique.

Mais, dans les hôpitaux où l'on fait des séances d'hypnotisme, les sujets ne font ainsi jamais défaut, les résultats répondent toujours au programme.

Au mois d'août dernier, pendant toute la durée des grands pèlerinages, nous avions au milieu de nous un médecin anglais, un protestant, qui prenait des notes, interrogeait les malades, suivait tous nos débats avec le plus grand intérêt.

Il était arrivé muni de tous les appareils spéciaux pour l'examen des yeux, des oreilles, pour toutes les analyses ; d'un appareil photographique.

Il prenait indistinctement toutes les observations ; en nous quittant, il emportait un volumineux dossier.

Au moment de son départ, le Dr Henri Head a bien

voulu nous laisser, dans une note écrite, le résumé de ses impressions.

« Je voudrais, disait-il dans cette note, présenter avant tout aux autorités de Lourdes l'expression la plus sincère et la plus cordiale de ma reconnaissance; elles m'ont accordé à moi et aux autres docteurs toutes facilités pour l'examen libre et indépendant des malades. Tout ce que nous aurions pu demander nous a été librement et généreusement accordé.

» Je ne manquerai pas de faire connaître l'accueil hospitalier qui m'a été fait, et la courtoisie avec laquelle, bien qu'étranger, j'ai été reçu.

» Maintenant, pour ce qui concerne l'examen médical des guérisons, je suis heureux d'exprimer ma complète satisfaction pour la manière dont sont reçus les certificats de maladie.

» Rien ne peut surpasser le soin consciencieux avec lequel on discute la valeur de chaque certificat. Si cette méthode d'examen laisse quelque chose à désirer, la responsabilité doit en retomber tout entière sur ceux qui ont délivré ces certificats.

» Bien que je ne sois pas catholique, j'ai été si profondément intéressé par tout ce que j'ai vu et entendu, que j'espère pouvoir revenir l'année prochaine et continuer ces études si intéressantes. »

Si les médecins catholiques suivaient l'exemple du médecin protestant, les problèmes dont on vient chercher la solution à Lourdes seraient faciles à résoudre. Mais on n'étudie pas, on se tient à distance, on se prononce sans connaître et sans voir.

Dans la clinique la plus occupée de Paris, dans toutes

les cliniques réunies, vous ne pourrez trouver dans un mois, dans un an, ce qu'il nous est donné de voir et d'étudier chaque année, du 15 août au 1ᵉʳ octobre.

Pour contrôler nos affirmations, nous pouvons invoquer le témoignage de 150 médecins qui assistent à nos enquêtes, de notabilités de tous genres, de littérateurs célèbres, de correspondants de la presse, d'hommes pour la plupart en opposition avec nos idées, nos doctrines.

Ils viennent là pour formuler leurs objections, pour renverser tout l'échafaudage de nos théories et de nos preuves.

Interrogez-les. Presque tous vous répondront qu'ils n'ont rien renversé, qu'ils se sont trouvés en face de problèmes difficiles, qu'ils étaient moins affirmatifs au départ qu'à l'arrivée. Quelques-uns même vous diront que ce sont eux qui ont été renversés.

Il faut bien qu'il en soit ainsi, puisque, depuis trente-cinq ans, nous recrutons chaque année des adhérents nouveaux, et qu'il n'y a jamais de défection dans nos rangs. Au début, nous nous comptions par unités. Combien sont-ils aujourd'hui, les médecins qui ont rendu un public témoignage à cette action surnaturelle qui se révèle partout autour de nous? Cinq cents, mille, peut-être davantage.

Presque toutes les objections qui nous sont faites proviennent d'une connaissance incomplète du fait que l'on discute. On cherche l'objection avant de connaître la thèse. On s'arrête aux petits côtés des questions.

C'est surtout pendant le pèlerinage national que la clinique de Lourdes présente de l'intérêt.

Avec le pèlerinage national, c'est la foule, avec ses enthousiasmes, ses entraînements irrésistibles, c'est le flot qui déborde et qu'aucune digue ne peut contenir.

On a tout laissé, tout oublié, on ne songe ni à l'heure présente, ni à ses intérêts, ni à la terre.

Pendant trois jours, c'est un colloque ininterrompu avec le ciel, tous les instants sont consacrés à la prière ; la nuit, le jour. Les plus délicats oublient la fatigue, bravent les intempéries ; les malades sont là au milieu de nous, et ils n'ont compté ni avec la longueur, ni avec les dangers du voyage.

Pendant le séjour à Lourdes, une protection spéciale semble couvrir les malades. L'année dernière, pendant quatre jours et sur mille malades nous n'avons eu qu'un décès (1). Ce résultat est déjà merveilleux ; mille malades dans un hôpital doivent donner cinq ou six décès par jour, c'est-à-dire vingt ou vingt-cinq décès en quatre jours.

Ce résultat est plus surprenant encore si l'on songe que ces malades sont surmenés par un long voyage. A Lourdes, ils passent leurs journées autour de la Grotte, exposés sans abri, à la pluie, au vent, au soleil ; ils se plongent plusieurs fois par jour dans l'eau glacée des piscines.

Si on étudiait ces résultats au point de vue de l'hygiène, on y verrait sans doute la supériorité de la tente sur la salle d'hôpital, les bénéfices d'une aération absolument pure, les avantages des bains répétés, et des bains froids.

(1) Cette moyenne de un ou deux décès par an est la même depuis vingt ans.

Mais qui oserait sans distinction et sans mesure rompre ainsi avec les traditions reçues? Quel est le médecin qui pourrait garantir d'avance les résultats que l'on obtient ainsi sans mécompte? Car, depuis quinze ou vingt ans, pareille tentative se renouvelle et est suivie chaque année d'un pareil succès.

Ces malades, il est vrai, sont entourés à Lourdes des soins les plus délicats. Dans leurs hôpitaux, organisés pour trois jours, rien ne manque. Des religieuses, des hommes ou des femmes du monde s'enferment avec eux, et les soignent comme des amis et des frères, leur prodiguent secours et consolations. Il s'établit entre ces infirmiers improvisés et ces malheureux des relations qui se continuent au delà du pèlerinage. Le dévouement et l'abnégation deviennent, pour les favorisés de la fortune, une jouissance suprême. Quelle admirable manière de comprendre et de résoudre les questions sociales!

Pendant le pèlerinage national, on observe de très nombreuses guérisons; l'année dernière, nous avons fait une cinquantaine de procès-verbaux; mais nous n'avons certainement pas vu la moitié des malades qui ont éprouvé une amélioration dans leur état.

On a parlé de 110 ou 120 guérisons, nous ne pouvons discuter ce chiffre; mais en le prenant pour base d'une évaluation approximative, nous pouvons dire qu'il se produit un nombre au moins égal de guérisons dans l'ensemble des autres pèlerinages, et nous arrivons à 240 ou 250 guérisons; si nous ajoutons à ces premiers chiffres tous les malades qui guérissent dans le monde entier en s'unissant aux prières des pèlerins, en buvant l'eau de la Grotte, en invoquant Notre-Dame de Lourdes, nous pouvons doubler ces premiers chiffres et montrer avec quelle abondance Dieu daigne répandre ses grâces au milieu de nous.

En suivant cette proportion nous arriverions à 9 ou 10 000 guérisons pour la France, et nous pourrions peut-être doubler ce chiffre pour le monde entier, ce qui nous donnerait 20000 guérisons dans trente années, c'est-à-dire une moyenne de 5 ou 600 par année.

Mais la statistique, surtout sur le terrain où nous sommes placés, est une source d'erreur, un jeu de l'esprit, sans garanties dans ses chiffres. Les guérisons que nous cherchons à additionner sont disséminées dans le monde entier, inconnues pour la plupart, et nous ne faisons que balbutier, lorsque nous essayons d'enfermer dans des moyennes mathématiques les manifestations de la puissance divine.

Inclinons-nous devant ces grands résultats qui ne sont pas à notre portée. Si les guérisons matérielles soulèvent d'insolubles problèmes, que dirons-nous des guérisons des âmes, plus nombreuses, plus belles et plus mystérieuses encore?

Quel sera l'historien qui pourra nous dévoiler ces vertus cachées, ces sacrifices ignorés qui ont attiré le regard de Dieu? Qui nous dira ces merveilles de résignation, et ces colloques mystérieux qui semblent mettre le ciel en communication avec la terre? Qui nous dira ce que peut une humble prière pour mériter les grâces divines?

CHAPITRE II

COMMENT ON CONSTATE UN MIRACLE

La femme à l'aiguille. — Le miracle ne se voit pas comme un tableau, comme un décor. — C'est l'esprit qui juge et non l'œil qui voit. — Encore la photographie. — Une dernière enquête sur Joachime Dehant. — Marie Lemarchand, la malade au lupus. — Les témoignages.

Avec des éléments de contrôle aussi nombreux, aussi bien coordonnés, il devrait être facile d'interpréter les nombreuses guérisons qui se produisent à Lourdes; il devrait être facile de *constater un miracle*.

A la fin d'une de ces journées de pèlerinage où les malades assiègent la clinique, en présence de toutes ces modifications instantanées opérées sur les affections les plus diverses, on devrait pouvoir retenir un exemple au-dessus de toute incertitude et de toute objection.

Il n'en est pas ainsi. Les nombreux pèlerins qui viennent à Lourdes avec le désir de voir des miracles sont le plus souvent déçus dans leurs espérances. Le spectacle même de ces foules enthousiastes peut faire naître de singuliers doutes dans l'esprit d'un incrédule — que dis-je, d'un incrédule! — je ne l'étais certainement pas, lorsque j'assistais, il y a plusieurs années, au pèlerinage national. Mais je n'avais pas vu de miracles et je cherchais vainement à en voir.

Que pouvais-je apprendre ou retenir au milieu de ces

notes disparates, de ces qualifications peu scientifiques? Je ne connaissais pas le malade avant son arrivée; je recueillais parfois quelques détails de sa bouche; mais quelles conclusions retirer d'une information aussi incomplète?

Il faut entrer dans le bureau des médecins, refaire jour par jour l'histoire de ce malade, jeter ainsi les premiers jalons d'une observation, qu'une enquête ultérieure viendra compléter, consolider, ou mettre à néant.

C'est le 20 août 1886 que j'ai vu, pour la première fois, une guérison surnaturelle absolument inexplicable au point de vue scientifique. Le fait était très simple et pouvait facilement être interprété.

Une femme, Célestine Dubois, avait depuis sept ans un fragment d'aiguille brisée dans la paume de la main. Il en résultait des souffrances continuelles. La main était gonflée; les doigts contractés et fortement repliés. On avait fait des tentatives pour extraire ce corps étranger. On avait fait des incisions, dilaté la plaie pendant deux ou trois semaines. Tous les efforts étaient restés sans résultat.

Elle venait de plonger la main dans la piscine et, au bout de quelques minutes, cette aiguille, subitement dégagée, avait parcouru, en quelques secondes, un trajet d'environ huit centimètres. Elle était venue sortir à l'extrémité du pouce.

Cette rainure instantanément creusée formait un sillon rouge, profond à son origine, absolument sous-épidermique dans la dernière partie de sa course. Ce trajet, minutieusement étudié à la loupe, présentait un orifice de sortie et pas de porte d'entrée. Par quel mécanisme, l'aiguille, profondément implantée, depuis sept ans, dans les tissus fibreux de la main, avait-elle pu se dégager, voyager avec un telle rapidité sous la peau, sans arrêt, sans obstacle, en se creusant un sillon de huit centimètres ?

Ce fait était absolument inexplicable. Il devait laisser dans mon esprit une empreinte ineffaçable.

Je le racontais, à quelques jours de là, à un de mes confrères, je lui demandais s'il trouvait une explication possible. Je l'embarrassais ; il cherchait vainement une raison à côté : « Après tout, me dit-il, ne cherchons pas plus longtemps, pourquoi parler de surnaturel ? Le bon Dieu ne se dérangerait pas pour une aiguille. »

Le trait était heureux ; mais il ne résolvait pas mes doutes. Cette guérison fit du bruit.

Il était alors question d'une fourchette, que le Dr Labbé venait d'enlever de l'estomac d'un de ses clients ; le *XIXe Siècle* trouva matière à un rapprochement ingénieux. « Nous avions l'homme à la fourchette, dit-il ; nous avons la femme à l'aiguille. »

Voilà tout ce qui me fut donné pour la solution de mon problème. Ce fait a été l'objet d'une longue enquête. Les médecins interrogés ont *publié* un rapport consciencieux, et nous avons une observation fort intéressante, qui a été insérée dans les *Annales* de Lourdes.

Ainsi donc, pour le fait le plus simple, pour une guérison qui tombe sous les sens, que l'on peut interpréter sans une étude ou des connaissances spéciales, six médecins ont été appelés à donner leur avis, quatre médecins à Lourdes et deux médecins de l'Hôtel-Dieu de Troyes.

Une Commission a recueilli et discuté tous les témoignages, analysé les documents qui lui ont été fournis, et a publié, un an après, un rapport sérieusement motivé sur les caractères de cette guérison.

Sans vouloir trancher la question du miracle, la Commission s'est contentée de relever les circonstances très *exceptionnelles* et très *singulières* signalées par les Drs Viardin et Forest.

Nous-même, avant de publier ce récit, nous avons écrit au secrétaire de l'évêché, pour savoir si, depuis cinq ans, rien n'était venu infirmer ou détruire le résultat des premières enquêtes.

Un miracle ne se voit pas comme un tableau, comme un décor; nous ne sommes pas dans un théâtre, et nous ne pouvons mettre sous les yeux des spectateurs les changements à vue qu'ils nous réclament.

Nous ne pouvons éclairer l'eau de nos piscines d'un rayon de lumière électrique, et fouiller, jusque dans l'intérieur des organes, les lésions de tout genre, apparentes ou cachées, qui font le tourment de nos malades.

Un miracle ne peut se voir ainsi.

Il résulte de l'opposition qui existe entre deux états différents, la maladie et la santé.

Ce n'est pas l'œil qui voit cette opposition, c'est l'intelligence qui compare ces deux états distants, opposés, qui affirme que le sujet n'a pu naturellement passer en quelques instants de l'un à l'autre de ces deux états.

C'est un problème à étudier, à résoudre ; nos impressions premières peuvent nous induire en erreur, il faut les appuyer sur des enquêtes sérieusement faites.

Vous demandez dans un hôpital une séance d'hypnotisme. On peut vous la donner à toute heure, à toute réquisition. Je vais souvent à la Charité, dans le service du Dr Luys : il me fait voir ses premiers sujets, il répète sur eux les expériences les plus étonnantes.

Le Dr Luys est venu à Lourdes, il n'a rien vu ; j'aurais pu lui montrer quelques personnes qui avaient été guéries, mais il m'eût été impossible de reproduire chez elles et la maladie et la guérison. Nous n'avons pas à Lourdes de premiers sujets. Les résultats acquis sont définitifs ; on les obtient sans entraînement graduel.

On voudrait tenir dans la main la plaie qui guérit, la tumeur qui s'efface ; voir renaître des agonisants dans la piscine. On vient passer à Lourdes quelques heures, et on s'étonne de ne pas avoir, comme dans un théâtre, la pièce demandée, le spectacle de son choix.

Mais on voudrait découronner notre œuvre, lui enlever son caractère, la mettre à la disposition du premier venu. En réalité, sous prétexte de chercher le surnaturel, on voudrait l'écarter, l'effacer ou le détruire.

Un miracle est souvent très difficile à constater. Que de faits importants nous échappent! Lucie et Charlotte Renauld avaient la maladie la plus simple, la plus facile à voir : une jambe plus courte et plus mince que l'autre. Leurs jambes ont repris instantanément dans la piscine leur grosseur et leur longueur.

Il semble qu'il suffit d'avoir des yeux pour constater de semblables résultats. Non. Elles pouvaient avoir une contracture nerveuse, un raccourcissement apparent et non réel. Il nous a fallu une enquête de près d'une année pour avoir la signification exacte de ce fait. Et encore!

si la Commission d'examen n'avait pas fonctionné à Paris au moment du départ des malades, si le Dr Monnier n'avait pas examiné avec soin Charlotte Renault, nous ne serions pas arrivés à une certitude complète.

Ces questions sont complexes, difficiles entre toutes, et ce n'est pas avec un appareil photographique que nous pouvons en trouver la solution.

Un de nos confrères écrivait dans un journal de médecine : « Comme M. Zola, je demande qu'on photographie ces malades que les médecins affirment avoir vus guérir sous leurs yeux. Je veux une photographie à l'arrivée du train, à l'entrée dans l'eau, à la sortie du bain, puis six mois après. Que doit-on penser, disait-il, de gens qui trouvent que la photographie n'est pas capable de renseigner sur l'existence d'une fistule cutanée ? » et il ajoutait aussitôt : *La photographie ne donne pas les couleurs, ne permet pas de voir à travers un mur ce qu'il y a derrière, de voir à travers la peau si l'os sous-jacent est plus ou moins atteint.* C'était absolument ce que nous disions.

Ce qui n'empêchait pas notre confrère de conclure : « Pourquoi récuser à l'avance, comme on l'a fait, les services qu'un photographe peut rendre à ceux qui ne recherchent que la vérité, si ce n'est toutefois pour empêcher qu'on ne la rencontre au bord de la source ? »

Comment on prouve qu'une plaie de 0^m,32 de long s'est fermée instantanément dans la piscine, le vendredi 13 septembre, à 9 heures du matin.

Toutes ces objections, faites à distance, par des hommes étrangers à ces études, ne peuvent nous servir pour trouver la solution que nous cherchons. Chaque guérison doit être prise à part, étudiée dans ses détails, discutée avec toutes les pièces sous les yeux. Alors, la discussion se précise, et les conclusions sont rigoureusement déduites. L'enquête que nous allons résumer va nous montrer quel degré de certitude on peut atteindre en mettant en faisceau tous les témoignages et toutes les preuves qui viennent se grouper autour d'un même fait.

Nous nous proposons d'établir :

1° Qu'une malade est venue à Lourdes avec une plaie de 0^m,32 de long, sur 0^m,15 de large, plaie qui s'étend jusqu'aux os, qui se complique de gangrène, qui date de douze ans ;

2° Que cette malade, entrée dans la piscine le vendredi 13 septembre, à 9 heures du matin, en est sortie radicalement guérie, quelques instants après, avec une peau qui recouvrait toute la plaie, une cicatrice bien formée ;

3° Nous établirons ces deux propositions, de façon à rendre toute contestation impossible, toute objection vaine.

Cette guérison a été publiée partout ; pas un contradicteur ne s'est levé.

Lorsque Charcot, dans un article intitulé *La foi qui guérit*, voulut nous donner le secret des guérisons de Lourdes, il nous fit le récit de la guérison de la demoiselle Coirin, histoire qui remonte à 162 ans, et qu'il avait reconstituée d'après une ancienne gravure. C'est ce qu'il avait trouvé de plus fort dans sa carrière, dans le présent et le passé. Je lui répondis en lui citant la guérison de Joachime, et je le mis au défi de m'opposer un exemple semblable. Personne n'a relevé le défi.

Joachime Dehant est venue à Lourdes, avec le dernier pèlerinage belge. Elle a bien voulu nous résumer à grands traits les principaux détails de sa guérison.

Son voyage avait été des plus pénibles. La plaie de sa jambe répandait une odeur si pénétrante que tous ses compagnons de route avaient abandonné le compartiment où elle se trouvait. Arrivée à 9 heures du soir, elle était descendue chez Marie Latapie, route de Pau. Dans le milieu de la nuit, il faut refaire le pansement. La plaie, au niveau de la cheville, va d'un côté à l'autre, tous les os du talon sont sortis par fragments, Joachime les a recueillis dans une tasse, et la tasse est pleine de débris; tout autour sont des lambeaux de chair noirs, gangrenés. Joachime en arrache un ou deux qu'elle jette sur le plancher. Ils y seront encore lorsqu'elle reviendra du bain.

A 6 heures du matin, elle entre dans la piscine. Mlle Dorval, de Haltine, qui avait assisté au pansement, et trois religieuses du pèlerinage la soutiennent dans l'eau. Joachime y reste 30 minutes, et quand on la sort, sa plaie est toujours la même, rien n'est changé dans son état.

Une pensée de doute ne traverse même pas son esprit : « Ma mère faisait ainsi, dit-elle. Elle me faisait souvent répéter deux fois la même demande avant de m'accorder ce que je voulais. »

A 9 heures, second bain de piscine de 27 minutes. Joachime éprouve une douleur atroce dans sa jambe. Sa parole s'embarrasse, on la retire. Il n'y a plus trace de plaie Les os, les tendons, la peau, tout est en place, tout est refait, le jeu de l'articulation est parfait. On dirait qu'on a passé sur cette jambe comme un bas fait d'une peau neuve, intacte. Joachime elle-même n'y comprend rien.

« Je croyais bien guérir, mais en trois ou quatre heures; en quelques instants, non. » Il y avait douze ans qu'elle avait cette plaie, et sept ans qu'elle ne s'était pas levée. Elle rentre dans sa chambre, où elle trouve encore sur le plancher les lambeaux de chair qu'elle avait arrachés le matin.

Deux jeunes belges, le Dr Royer et M. Simon Deploige, professeur de droit social à l'Université catholique de Louvain, ont voulu reprendre tous les détails de l'enquête. Ils l'ont fait avec une méthode irréprochable, avec une précision, une rigueur qu'il est impossible de dépasser.

Ils ont divisé les témoignages en trois groupes :

1° Les médecins et les voisins; 2° Les compagnons de pèlerinage ; 3° Les propriétaires de l'hôtel où est descendue Joachime. Les personnes qui l'ont aidée à entrer dans la piscine.

M. le Dr Froidbise.

Le 12 juillet 1893, M. Deploige a eu, avec M. le Dr Froidbise, à Louvain, au sujet de la guérison de Joachime Dehant, l'entretien suivant :

D. — Vous avez examiné Mlle Joachime Dehant le 6 septembre et le 19 septembre 1878?

R. — Oui.

D. — Le 6 septembre, vous avez constaté, chez Mlle Dehant, l'existence d'une plaie à la jambe droite?

R. — Oui, l'existence d'une vaste plaie

D. — Quand vous avez examiné de nouveau Mlle Dehant, le 19 septembre, cette plaie avait disparu?

R. — Oui, complètement.

D. — Estimiez-vous que cette plaie aurait pu guérir naturellement du 6 au 19?

R. — Non. Le 6 septembre, la chair était à nu et le 19, la peau était complètement revenue sur toute la surface de la plaie : la peau était sèche et saine.

D. — Est-il vrai qu'après l'examen du 6 septembre, vous avez dit à Sœur Jean-Baptiste, de Gesves, que si la plaie de Joachime Dehant guérissait à Lourdes, cette guérison devrait être considérée comme miraculeuse?

R. — Oui.

Le 11 octobre 1893, M. Deploige a envoyé copie au Dr Froidbise du compte rendu qui précède. Par lettre du 12 octobre 1893, datée de Louvain, le Dr Froidbise lui a répondu : « Je ne trouve absolument rien à redire à la façon dont vous traduisez notre conversation du 12 juillet. Le tout est parfaitement exact. »

I. LES VOISINS

1º M. J.-B. Martin, ancien bourgmestre à Gesves.

C'est à Gesves que Mlle Joachime Dehant résidait, au moment où elle est allée à Lourdes, en 1878. M. Simon Deploige, et Me Georges Legrand, avocat à Namur, se sont d'abord adressés à l'ancien bourgmestre de Gesves, M. J.-B. Martin.

D. — Connaissez-vous Mlle Joachime Dehant, qui prétend avoir été guérie à Lourdes, au mois de septembre 1878?

R. — Oui, parfaitement. J'étais bourgmestre à Gesves et c'est de Gesves que Mlle Dehant est partie pour aller à Lourdes en septembre 1878 ; je la voyais tous les jours se rendre à la messe, en se traînant sur ses béquilles. Quand j'ai entendu dire qu'elle allait faire le pèlerinage de Lourdes, je me suis rendu chez elle. C'était un jour ou deux avant son départ pour Lourdes. Elle m'a dit : « Je vais vous montrer ma laide jambe. »

D. — Et qu'avez-vous vu ?

R. — Une plaie affreuse, une véritable infection.

D. — Quelle étendue avait la plaie ?

R. — Tout cela. (Ce disant, M. Martin avance la jambe droite et passe la main sur tout le côté extérieur, depuis à peu près le genoux jusqu'à la cheville.)

D. — Quelles étaient les particularités de la plaie, sa profondeur ?

R. — Ce que je puis vous dire, c'est que cela me faisait l'effet d'une vraie pourriture.

D. — Avez-vous vu Mlle Dehant après son retour de Lourdes ?

R. — Oui. Je suis allé à la rencontre de Joachime Dehant. Quand je l'ai vue descendre de voiture, Messieurs, ça m'a fait une impression, je ne l'oublierai jamais.

D. — Elle marchait ?

R. — Oui.

D. — Et la plaie ?

R. — Disparue.

D. — Avez-vous vu la jambe ?

R. — Oui. Il n'y avait plus de plaie ; la peau était revenue, un peu plus rouge peut-être, comme quand une plaie est cicatrisée.

2° Mme la Ctesse de Limminghe.

Le 6 octobre 1893, M. Royer, docteur en médecine à Lens-Saint-Remy et M. Deploige se sont rendus au château de Gesves, chez Mme la Ctesse de Limminghe, qui a envoyé Joachime Dehant à Lourdes en 1878. Voici quelques extraits des déclarations qu'elle leur a faites :

« Après avoir retenu le billet de pèlerinage de Joachime Dehant, le 23 ou le 24 août, je l'ai fait venir au château et je l'ai moi-même examinée très attentivement. Du genou à la cheville s'étendait une vaste plaie, à surface accidentée comme du papier de soie, cette plaie suppurait et dégageait une forte odeur; près de la cheville, il y avait un ulcère de couleur noirâtre. (C'est dans ces conditions que Joachime Dehant est partie à Lourdes le 10 septembre; j'ai revu la plaie la veille ou l'avant-veille du départ et il n'y avait aucun changement dans son état.)

» Le 15 septembre, j'ai reçu de Lourdes un télégramme de M. Raikem, le directeur du pèlerinage, m'annonçant la guérison de Joachime. »

Voici la copie de ce télégramme, dont Mme la Ctesse de Limminghe a remis l'original à M. Deploige :

ADMINISTRATION DES CHEMINS DE FER
POSTE, TÉLÉGRAPHE ET MARINE

Anesses,
15 septembre 78.

TÉLÉGRAMME

Déposé à Lourdes, 15-9-78. 1,40.

BUREAU DE
Comtesse de Limminghe,
Gesves, près Anesses (Belgique).

Joachime, parfaitement guérie.
Pour récépissé conforme,
4,85.

RAIKEM.

3° Sœur Jean-Baptiste (Hortense d'Aaut).

MM. Royer et Deploige ont également interrogé, le 6 octobre 1893, Sœur Jean-Baptiste, supérieure des Sœurs de la Providence et de l'Immaculée Conception, à Gesves.

D. — Avez-vous vu la plaie que Joachime Dehant avait à la jambe droite?

R. — Je l'ai bien vue quatre ou cinq fois.

D. — Comment était cette plaie?

R. — Elle couvrait presque toute la jambe, en dessous du genou jusqu'à la cheville. Il n'y avait pas de peau; la plaie était bosselée et rouge; il en sortait du pus blanc et jaune; l'odeur était très mauvaise, les linges enlevés de la plaie étaient toujours tout imprégnés de pus.

D. — Quand avez-vous vu la plaie pour la dernière fois?

R. — Le jour où M. le Dr Froidbise est venu examiner Joachime Dehant. Il l'a examinée chez nous, un matin. Quand le Dr Froidbise a eu fini son examen, il a dit : « Si celle-là se guérit, c'est un vrai miracle. »

D. — Vous avez entendu cela?

R. — De mes deux oreilles.

D. — Vous avez donc vu la plaie plusieurs fois. N'avez-vous pas constaté une amélioration d'une fois à l'autre?

R. — Oh! non.

D. — Avez-vous revu Joachim Dehant après son retour de Lourdes?

R. — Vers le 20 septembre. Il n'y avait plus de plaie, plus d'écoulement, mais une peau assez mince.

II. LES COMPAGNONS DE VOYAGE

1° M. Hubert Michaud.

Le 5 octobre 1893, MM. Deploige et Royer se rendirent à Jemelle, chez M. Hubert Michaud, ancien secrétaire communal de Schaltin, et eurent avec lui l'entretien suivant :

D. — Avez-vous été à Lourdes, au mois de septembre 1878, avec le pèlerinage belge?

R. — Oui.

D. — Est-il vrai que Mlle Joachime Dehant a été guérie à Lourdes pendant que vous vous y trouviez?

R. — Oui. Joachime Dehant a fait le voyage de Lourdes dans le même compartiment que moi. Je l'ai vue à Namur pour la première fois, dans la salle d'attente, le jour de notre départ, le 10 septembre. Elle était pâle et avait l'air très malade. Quand nous avons été embarqués, au bout d'un certain temps, les autres personnes du compartiment ont commencé à se plaindre de la mauvaise odeur qui se dégageait de la jambe de Joachime Dehant.

D. — Avez-vous été incommodé par cette odeur?

R. — Non. Je me trouvais près de la portière, moi; puis, je n'avais peut-être pas l'odorat aussi fin que mes compagnons. Eux, pour la plupart, se plaignaient vivement de la puanteur. On a même voulu laisser Joachime Dehant à Paris.

D. — D'où provenait cette mauvaise odeur?

R. — D'une plaie que Joachime Dehant avait à la jambe droite.

D. — Avez-vous vu cette plaie?

R. — Je l'ai vue à Lourdes, le soir de notre arrivée là-bas, le 12 septembre à l'hôtel.

D. — Logiez-vous au même hôtel que Joachime Dehant?

R. — Oui, chez Latapie.

D. — A quelle heure avez-vous vu la plaie, le 12 septembre?

R. — Vers neuf ou dix heures du soir. La chambre de Joachime Dehant était contiguë à la mienne. Avant d'aller se coucher, elle a voulu faire le pansement de sa plaie. Elle m'a appelé. Elle était assise par terre, dans sa chambre; et elle m'a dit qu'il lui fallait du linge pour sa plaie et qu'elle ne saurait se lever pour aller en chercher. Je lui ai remis alors son sac de voyage, dans lequel il y avait du linge.

D. — Comment était la plaie?

R. — Elle était du genou à la cheville.

D. — Avez-vous vu Joachime le lendemain?

R. — Oui, à notre retour à l'hôtel, on nous a appelés pour nous montrer la plaie qui était guérie.

D. — Qu'avez-vous vu?

R. — Il n'y avait plus de plaie, mais une peau neuve, plus rouge seulement que tout autour.

D. — Quelle heure était-il?

R. — Il pouvait être 9 heures du soir.

2° Mlle Devos.

MM. Royer et Deploige interrogèrent ensuite Mlle Adélaïde Devos, la sœur de M. le curé d'Émines.

D. — Avez-vous vu une plaie que Joachime Dehant

avait à la jambe droite, quand elle est allée à Lourdes avec vous, en septembre 1878?

R. — J'ai vu cette plaie à Paray-le-Monial, le lendemain de notre départ de Namur. C'était à l'hôtel; Joachime Dehant, assise par terre, dans une chambre de l'hôtel, m'a demandé de l'eau pour laver sa plaie, je l'ai aidée; mais, au bout d'un certain temps, je me suis trouvée mal, à cause de l'odeur infecte et de la vue de cette plaie si grande, et je n'ai pu continuer à lui donner mes soins.

D. — Avez-vous vu la plaie à nu, à Paray-le-Monial?

R. — Oui. Elle s'étendait du genou à la cheville; à la hauteur de la cheville, elle s'élargissait; mais du côté intérieur de la jambe, il y avait une bande de chair qui n'était pas attaquée.

D. — Est-ce que la plaie suppurait?

R. — Oh! oui. La plaie était bourgeonnée; le pus était blanc jaune; les linges étaient tout maculés de pus.

D. — Et cette plaie s'est refermée à Lourdes?

R. — Oui, le lendemain de notre arrivée à Lourdes.

D. — Est-ce que vous avez vu la plaie fermée, ce soir-là même?

R. — Oui. La peau neuve était encore rouge, elle s'écaillait, mais elle était sèche et ne coulait plus.

3° Léonie Dorval.

Léonie Dorval a vu la plaie que Joachime Dehant avait à la jambe droite et le pus qui en sortait. C'est en route, à Paray-le-Monial, que Léonie Dorval a vu la plaie pour la dernière fois. Elle n'a pas su à quel moment précis la plaie a été guérie; Joachime étant entrée dans la piscine sans enlever les linges qui entouraient la jambe. Le second jour, dans la matinée, le 13 septembre, vers 9 heures, après le second bain, Léonie a dit à Joachime : « Mais, Joachime, vous ne semblez plus souffrir de votre jambe. Qu'en pensez-vous? Si nous la débandions? » Elles le firent, et furent très saisies de voir la plaie cicatrisée. Elles remirent le bandage et se promirent d'abord de taire la chose. La jambe était toute machée, bleue et rouge ; elle ne blanchit que plus tard, petit à petit.

Le Dr Royer, se trouvant à Lourdes au mois de septembre dernier, est allé, route de Pau, n° 25, à l'hôtel Latapie où Joachime était descendue en 1878.

III. LES MAITRES D'HOTEL A LOURDES

1° Mlle Marie Latapie.

Elle arrive pendant que le Dr Royer s'entretient avec sa belle-sœur.

D. — Que vous rappelez-vous de la guérison de Joachime Dehant?

R. — Je me souviens d'avoir vu arriver Joachime avec des béquilles; elle geignait à chaque pas. Un prêtre qui l'accompagnait recommanda de la mettre à part, disant qu'elle sentait mauvais, qu'elle avait la gangrène. Et, en effet, elle ne sentait pas bon.

J'ai vu la plaie de sa jambe le soir, le jour même de l'arrivée, au moment où Joachime la découvrait pour en faire le pansement. La plaie était vilaine; les pièces de pansement étaient couvertes de saletés et de pus; les draps de lit furent salis pendant la nuit et durent être remplacés le lendemain.

D. — La plaie était-elle grande?

R. — Oh! oui, comme ça. (Et Marie Latapie montre la main droite étendue et de l'autre indique le dessus du poignet.)

D. — L'avez-vous vue guérie?

R. — Le lendemain, dans la soirée, lorsque Joachime est rentrée, elle nous a montré sa jambe. La plaie avait complètement disparu; il ne restait qu'une cicatrice rouge.

Conclusion.

Nous avons supprimé plusieurs dépositions qui venaient confirmer les affirmations et les témoignages que nous avons retenus. En résumant cette enquête, deux faits nous paraissent absolument établis :

1° L'existence, chez Joachime Dehant, jusqu'à la date du 12 septembre 1878, à 10 heures du soir, d'une plaie couvrant presque toute la jambe droite, du genou jusqu'à la cheville, suppurant abondamment, gangrénée par places, ne pouvant, suivant le témoignage du médecin, guérir en treize jours et n'étant d'ailleurs nullement en voie d'amélioration.

2° La disparition totale de la même plaie et son remplacement par une peau neuve, sèche et saine, le lendemain, 13 septembre 1878. La guérison est constatée dans la piscine à 9 heures du matin. Le soir, vers 9 ou 10 heures, par un très grand nombre de témoins qui viennent visiter Joachime.

Ont signé : Simon Deploige, D' Royer.

Tout le monde peut reprendre les détails de cette enquête. Il nous semble difficile de pousser la démonstration plus loin. Le Dr Marique, médecin de la famille de Joachime, nous écrit : « Je me suis fixé en 1880 dans la localité de Velaine ; j'ai été pendant dix ans le médecin de la famille Dehant. Si je n'ai pu constater par moi-même la guérison de Joachime, qui était de quelques mois quand je l'ai connue, je suis un témoin de sa parfaite guérison et de la continuation de sa bonne santé depuis cette époque.

Toutes les grandes guérisons de Lourdes sont étudiées avec le même soin.

Nous avons cité la guérison de Rudder, qui a été étudiée avec la même méthode.

Nous pouvons rappeler encore celle de Marie Lemarchand.

Marie Lemarchand.

Le docteur La Néele, de Caen, qui la soignait, avait diagnostiqué, en dehors d'un lupus suppurant qui couvrait toute la joue droite, les lèvres et une partie de la muqueuse buccale, des signes de tuberculose pulmonaire.

Après l'immersion dans la piscine, on constata que la plaie de la joue et des lèvres était complètement desséchée, et que la surface de celle-ci était bien cicatrisée.

Le Dr d'Hombres, qui fut témoin de la guérison, ayant accompagné la malade à la piscine, a pu saisir, pour ainsi dire, sur le fait, cette modification instantanée.

De plus, l'examen de la poitrine, fait au bureau des

constatations, fut absolument négatif au point de vue des signes de la tuberculose. La guérison s'est maintenue depuis ; la peau de la face a repris son aspect normal, laissant seulement une petite surface saillante au niveau de la partie centrale de la plaque lupeuse. Marie Lemarchand est actuellement pleine de santé, et elle a pris de l'embonpoint. Le D[r] La Néele a voulu, avant de constater la guérison de notre malade, que l'épreuve du temps lui eût donné une confirmation définitive.

Il nous écrivait, quelques mois après : « La guérison est complète à tous les points de vue et se maintient toujours.

» J'avais considéré cette malade comme incurable ; elle avait des plaies suppurantes à la figure, de nature tuberculeuse, un lupus. Je suis encore tout ému d'avoir pu toucher du doigt cette guérison absolument surnaturelle. Marie Lemarchand avait encore une tuberculose avancée qui ne m'avait laissé aucun doute. »

Le D[r] d'Hombres, qui a été témoin de la guérison de Mlle Lemarchand, nous écrit de son côté :

« Je me souviens très bien d'avoir vu Marie Lemarchand devant les piscines, attendant son tour pour prendre son bain.

» Je fus frappé de son aspect particulièrement repoussant. Les deux joues, la partie inférieure du nez, la lèvre supérieure, étaient recouvertes d'une ulcère de nature tuberculeuse et sécrétant un pus très abondant. Les linges qui recouvraient cette figure étaient tous maculés.

» Quelque temps après, ayant été appelé à l'hôpital,

Mme la M^ise de Palaminy me dit : « Venez donc voir la miraculée de notre salle. » Je me rendis immédiatement auprès de cette femme, que je reconnus fort bien, quoique l'aspect de son visage fût entièrement changé. Au lieu de la plaie hideuse que j'avais vue deux heures avant, je trouvai une surface encore rouge à la vérité, mais sèche et comme recouverte d'une épiderme de nouvelle formation. Les linges qui avaient servi au pansement avant son entrée dans la piscine étaient à côté d'elle et tous maculés de pus.

» Cette pauvre infirme avait aussi, avant le bain, une plaie de même nature à une jambe, et cette plaie, comme celle du visage, avait été séchée dans la piscine. »

« Je vous avoue en toute sincérité, ajoute le D^r d'Hombres, que je fus très vivement impressionné par ce changement si subit, déterminé par une simple immersion dans l'eau froide, étant donné, comme vous le savez, que le lupus est une affection très rebelle à toute espèce de médication.

» Une guérison aussi prompte est tout à fait en dehors des lois de la nature. Il ne m'appartient pas de déclarer que c'est un miracle, mais pour moi, cette guérison ne peut être attribuée qu'à un effet surnaturel. »

Cette déclaration si nette, si précise, du D^r d'Hombres, donne à ce fait un intérêt particulier.

Il a vu la malade à son entrée dans la piscine et à sa sortie, avant et après sa guérison ; il a été témoin du changement instantané qui venait de se produire ; mieux que toutes les photographies, il nous fait voir les modifications qui se sont opérées dans ce visage rongé par des tubercules ; il nous fait, de plus, partager sa surprise, son émotion.

Le D^r d'Hombres accompagnait encore Marie Lemarchand lorsqu'elle vint au bureau des médecins, faire constater sa guérison. Notre bureau était encombré en ce moment de médecins, de littérateurs, de journalistes. La peau du visage de Marie Lemarchand était rouge et luisante ; son épiderme de nouvelle formation accusait une cicatrice récente. Ce n'était pas un teint de lys et de rose.

Un interlocuteur célèbre, qui était assis en face de moi, ne pouvait admettre qu'une guérison surnaturelle pût laisser quelque trace après elle, et en voyant ce réseau de capillaires dans lequel le sang circulait à nu, il nous eût dit volontiers comme Diday : « Si la main a été divine, le vestige est tout humain. » Oui, en ce moment, la cicatrice était bien récente, et semblait se compléter sous nos yeux ; le miracle se continuait en quelque sorte devant nous.

Mais, dès le premier instant, toute trace de suppuration, de plaie, avait entièrement disparu. La peau qui ne semblait d'abord qu'une pellicule mince, transparente, reprenait peu à peu son épaisseur et sa teinte.

En étudiant ces guérisons extraordinaires qui se produisent autour de la Grotte, on réunit des documents, on poursuit des recherches sérieuses et bien intéressantes. On écrit une histoire qui n'a rien de commun avec la légende des ignorants ou des incrédules. Nulle part ailleurs on ne procède avec plus de prudence, plus de méthode ; nulle part ailleurs on ne demande ainsi le concours des hommes spéciaux, des savants et des médecins. En présence de tous ces faits, peut-on formuler encore un doute, une objection ? Oui. On nous dira : « Tout cela est fort bien, mais nous ne l'avons pas vu. »

Le témoignage est un élément de certitude qui vaut tout autant que nos yeux, nos oreilles, tous nos sens. Lorsque ce témoignage repose sur un nombre incalculable de témoins, sur une série de faits qui ne cessent de se répéter depuis trente-quatre ans, alors le témoignage nous conduit à des conclusions d'une rigueur mathématique.

Ces conclusions, même entourées des preuves les plus éclatantes, trouveront toujours des contradicteurs. Il faudrait pouvoir refaire la maladie à son gré, reproduire la tumeur ou la plaie, la guérir, l'effacer de nouveau, refaire cette opération à toute heure, à toute réquisition et encore ! Il y aura toujours des négateurs obstinés. « Ils verraient ressusciter des morts qu'ils ne croiraient pas. » Chez eux, l'erreur est plus enracinée dans la volonté que dans l'intelligence.

Malgré tout, notre fin de siècle s'éclaire de singulières lueurs. Depuis cent ans, on nous convie à célébrer les funérailles de la France chrétienne, et voilà que nous faussons compagnie à tous les rendez-vous, à tous les anniversaires. On veut nous ramener au culte de la raison, nous donner des dieux mortels et des cieux sans les horizons infinis. Vains projets ! le surnaturel nous environne, nous entendons la parole de Dieu et dans toutes ces guérisons merveilleuses, nous reconnaissons l'ouvrage de ses mains.

CHAPITRE III

LES POITRINAIRES A LOURDES

L'imagination et le miracle. — Impuissance de la suggestion. — Les poitrinaires pendant le pèlerinage national de 1890.

« C'est l'imagination humaine qui fait les miracles, nous dit Bernheim ; la suggestion réalise des merveilles que l'ignorance attribuait à la foi. C'est là, et non ailleurs, qu'il faut chercher l'explication de ce qui se passe journellement à Lourdes ; n'en déplaise aux fidèles, aux esprits forts, qui ne sont pas toujours de libres esprits. » (Albert Bonjean.)

« Mais, d'autre part, nous dit toujours Bernheim, la suggestion est une thérapeutique fonctionnelle. Vous ne pouvez ordonner à la lésion de se résoudre, à la synoviale altérée de reprendre ses fonctions, vous ne pouvez réduire un membre luxé, restaurer une substance détruite. »

La suggestion ne tue pas les microbes, ne cicatrise pas les tubercules.

Les maladies, de leur nature, progressives et envahissantes, continuent leur marche. Il arrive un moment où la suggestion ne peut rien. Il importe donc de distinguer les maladies qui résultent d'une altération matérielle qui tombe sous les sens, des troubles fonctionnels ou nerveux. C'est ce que nous allons faire dans la dernière partie de ce travail : étudiant d'abord les tumeurs, les plaies, les affections organiques qui guérissent à Lourdes; en second lieu, les troubles fonctionnels ou nerveux qui se présentent à chaque pas devant nous, et qui donnent matière aux considérations les plus intéressantes.

Du 21 au 25 août 1890, pendant le pèlerinage national, et parmi les 1000 ou 1500 malades qui étaient réunis autour de la Grotte de Lourdes, les guérisons les plus importantes et les plus nombreuses ont été constatées chez des poitrinaires.

Chaque jour se présentaient devant nous des malades qui nous portaient des certificats attestant qu'ils étaient arrivés au troisième degré de la phtisie, et sur lesquels nous trouvions à peine les traces d'une congestion légère. Des poumons, sur lesquels les tubercules ou les bacilles évoluaient depuis des mois ou des années, étaient encore moins perméables à l'air, présentaient parfois quelques râles, mais tout travail morbide paraissait arrêté. Les malades accusaient un bien-être depuis longtemps inconnu.

Ces résultats seront-ils durables? Nous ne pouvons en donner la preuve à l'heure actuelle. Mais, tels qu'ils sont, ils ont leur importance.

Essayez, dans un hôpital, de faire lever quinze ou vingt phtisiques; arrêtez la fièvre, l'expectoration, la sueur, tous les phénomènes de décomposition organique. Faites mieux : comblez les cavernes, ces lésions profondes, dont vous suiviez, avec l'oreille, tous les développements; remplacez tous ces tissus altérés par un tissu normal, comme vous fermez une plaie par une surface nouvelle. Faites tout cela en un instant, en une seconde, et dites-moi si vous avez fait une œuvre vaine, qui ne mérite pas d'arrêter l'attention d'un homme sérieux?

Mais je dis plus.

Ces résultats sont d'ordinaire durables, et, pour le prouver, nous allons reprendre les exemples des années précédentes, et montrer quelle est la suite et le terme des guérisons qui s'opèrent autour de la Grotte.

On reconnaît aisément une maladie de poitrine. Dans les formes avancées, une erreur de diagnostic ne se conçoit guère. Avec l'auscultation, les médecins suivent et précisent l'étendue des lésions.

Avec l'analyse, ils peuvent retrouver les germes qui produisent le tubercule, et avoir la preuve anatomique certaine de son existence.

Enfin, le public lui-même lit facilement, sur la physionomie des malades, la nature et le progrès de leur affection.

Les poitrinaires au dernier degré ne conservent guère de chances de guérison. Quand le poumon est détruit, quand il est creusé par des cavernes profondes, quand l'économie est usée et la résistance à bout, la nature et l'art sont également impuissants; la mort est inévitable, dans un délai qu'il est souvent facile de préciser.

La guérison des poitrinaires, à Lourdes, est un fait important entre tous. On ne peut invoquer ici ni un effet nerveux, ni une erreur d'observation.

La suggestion est impuissante, et le diagnostic bien établi.

La guérison de Sœur Julienne, des Ursulines de

Brive, survenue à Lourdes, le 2 septembre 1889, est un fait considérable, bien facile à interpréter.

Six médecins ont constaté la maladie et ont reconnu qu'elle était incurable; sept médecins ont constaté la guérison et, depuis plusieurs années, cette guérison instantanée et absolument inexplicable, ne s'est pas démentie.

Cette observation porte à chaque page la trace évidente d'une action surnaturelle. En la publiant, avec tous les développements qu'elle comporte, elle pourra servir de base à la thèse que nous cherchons à établir.

Cependant, un seul fait, aussi probant qu'il soit, ne peut avoir l'autorité du nombre; isolé ou exceptionnel, il se comprendrait moins ou perdrait de son importance.

En parcourant les *Annales* de Lourdes, nous avons trouvé trente guérisons de phtisiques dans des conditions pareilles : même gravité, guérison aussi rapide, aussi complète. Cependant, nous avons laissé de côté tous les faits qui n'étaient pas appuyés par le témoignage d'un ou plusieurs médecins.

Avec ces trente observations, nous avons les éléments d'un travail clinique très important; nous avons la preuve que ces guérisons se poursuivent et se répètent, depuis plus de trente ans, en conservant les mêmes caractères. C'est un enseignement que l'on voudrait vainement méconnaître; il s'impose à nous avec la logique inexorable des faits les mieux établis.

CHAPITRE IV

GUÉRISON DE SŒUR JULIENNE, DU MONASTÈRE DE SAINTE-URSULE DE BRIVE, LE 2 SEPTEMBRE 1889

Poitrinaire au dernier degré. — Transportée mourante à Lourdes. — Guérison instantanée dans la piscine. — Six médecins ont constaté la maladie. — Sept médecins ont constaté la guérison.

Sœur Julienne est née en 1864, au village de La Roque, canton de Sarlat. Le village de La Roque est placé dans un des plus beaux sites de la magnifique vallée de la Dordogne. Resserrées dans un espace trop étroit, ses maisons superposées s'étagent sous une roche grandiose qui leur sert d'abri, et se mirent dans la rivière. Le village est habité par une population robuste, énergique, aux mœurs un peu rudes, population de pêcheurs, qui vivent sur la Dordogne, ou de cultivateurs pauvres, mercenaires pour la plupart.

C'est là que Sœur Julienne a été élevée jusqu'à l'âge de onze ans. Elle est la troisième d'une famille de neuf enfants, tous encore vivants.

A onze ans, Julienne fut placée à l'orphelinat de l'hospice de Sarlat. Le curé de sa commune, le vénérable abbé Gouzot, l'oncle de Monseigneur l'archevêque d'Auch, voyant la famille de Julienne plier sous le poids de charges excessives, avait obtenu pour elle une place dans cet établissement.

J'ai vu souvent cette jeune enfant pendant son séjour à l'hospice ; elle souffrait d'une inflammation chronique des paupières et de la conjonctive, trace d'un tempérament lymphatique assez accusé.

Elle avait, nous disent les religieuses, une piété particulière pour la Sainte Vierge ; chaque jour, elle récitait son rosaire et l'office de l'Immaculée Conception, qu'elle avait appris par cœur. « Au moment de ma Première Communion, nous dit-elle, je m'étais sentie appelée à la vie religieuse ; » et, toute enfant, au premier éveil de sa raison, la pensée qu'elle retrouvait dans ses souvenirs les plus lointains, et qui avait d'abord germé dans son esprit, était bien celle de se consacrer à Dieu.

A dix-neuf ans, elle entre au couvent des Ursulines, se sentant un attrait particulier pour le cloître. Mais, à la fin de son postulat, l'évêque de Tulle, premier supérieur du couvent, lui demande de faire le sacrifice de la clôture, la communauté n'ayant personne pour le service extérieur. Elle prend son emploi de tourière qu'elle n'a plus quitté jusqu'à ce jour.

C'est une physionomie bien connue dans la ville de Brive que celle de Sœur Julienne ; elle est l'intermédiaire officiel et constant entre les 68 religieuses du monastère, monde invisible derrière ses grilles, et les parents des élèves, les fournisseurs de la maison.

Dans les rues de Brive, qu'elle traverse chaque jour, tout le monde la salue, l'arrête ou lui parle. Sa guérison a eu un retentissement exceptionnel. Toute la population de la ville avait suivi, avec le plus vif intérêt, les phases de sa longue maladie, et son départ pour Lourdes avait donné lieu aux appréciations, aux commentaires les plus divers. On avait vu, généralement, dans ce ce voyage, une consolation dernière accordée à une mourante.

Sœur Julienne était depuis trois ans dans la communauté, lorsque, au mois d'août 1886, elle ressentit les premières atteintes de sa maladie. Ce furent d'abord les symptômes d'une bronchite, avec fatigue générale. Cette indisposition, qui aurait dû être passagère, se prolongea, en s'aggravant, pendant tout le mois d'août et de septembre, et, au mois d'octobre, elle fut obligée de s'aliter.

Elle reste deux mois couchée, on lui met des vésicatoires pour dégager la poitrine, mais la maladie semble avoir des racines profondes; la vie est touchée dans ses sources. Tous les symptômes de la phtisie se dessinent, et lorsque la malade se relève, au commencement de décembre, le médecin demande qu'on l'envoie dans sa famille, respirer l'air natal.

Sa famille, c'était l'orphelinat de Sarlat. Je la revis là, languissante, pâle, amaigrie, sous le coup d'une diathèse imminente. Elle se relève pourtant; le repos, l'hygiène, la jeunesse semblent devoir triompher de ces premiers accidents.

Elle rentre à Sainte-Ursule au mois de janvier, et reprend son emploi. Elle n'a plus son entrain et ses forces; elle reste néanmoins debout et à son poste, jusqu'au commencement d'octobre 1887.

A ce moment, seconde poussée plus grave que la première; elle crache le sang en abondance. Le Dr Pomarel, qui a succédé au Dr Lagorce, la couvre de flanelle, lui fait prendre les Eaux-Bonnes.

Sœur Julienne se relève en novembre et, tout en conservant une petite toux sèche, persistante, elle ne revient à l'infirmerie qu'au mois de mai 1888 : nouvelles hémoptysies, nouvelle crise.

Au mois de juillet, elle fait sa profession ; le médecin, peu rassuré sur l'avenir, donne pourtant un avis favorable, par intérêt pour elle, par bonté ; et afin de lui éviter le plus cruel des sacrifices.

Enfin, au mois de janvier 1889, dernière poussée, qui ne sera suivie d'aucune rémission. Sœur Julienne s'alite à la fin de février pour ne plus se relever ; elle est aphone, les étouffements sont incessants, très pénibles, la fièvre continue et très élevée. Les crachats sont sanguinolents, on entend des râles dans toute l'étendue de la poitrine. Le médecin prononce le mot de *phtisie galopante*.

Elle prend de la quinine pendant plusieurs jours pour arrêter la fièvre, mais sans résultat. On applique des pointes de feu à dix reprises différentes et jusqu'à 200 chaque fois ; on lui met successivement 15 vésicatoires, de la teinture d'iode. Elle ne peut supporter l'huile de foie de morue, on lui donne du chloral et de l'opium.

A partir du mois de juillet, les crachats cessent de contenir du sang, et deviennent franchement purulents. « Je crachais mes poumons », disait la Sœur.

La maladie se localise au sommet du poumon droit. A ce niveau, il y a une matité très prononcée et des râles caractéristiques (Dr Pomarel).

La fièvre continue toujours. Tous les moyens sont impuissants pour arrêter les progrès du mal.

Ainsi, voilà une maladie qui a débuté au mois d'octobre 1886, par une première poussée qui a duré trois mois ; poussée caractéristique qui, sous le nom de rhume négligé, dissimule mal la gravité de la lésion qui menace d'éclater.

Seconde poussée au mois d'octobre 1887. C'est alors que les hémorragies pulmonaires se déclarent.

Au mois de mai et au mois d'octobre 1888, troisième et quatrième crises.

Enfin, au mois de janvier 1889, crise finale, pendant laquelle la maladie prend d'abord les allures d'une phtisie à marche rapide, pour se terminer par une localisation au sommet du poumon droit et par une consomption de l'économie.

Pendant ces trois mois, brûlée d'une fièvre intense, la malade, qui ne se nourrit que de bouillon et de lait, perd rapidement ses forces, ne peut se tenir debout et arrive rapidement à cet état cachectique qui indique la période ultime des maladies de poitrine.

A Pâques, sa mère était venue la voir, et, comme elle ne pouvait entrer dans la communauté, on avait porté Sœur Julienne sur un fauteuil, dans une chambre en dehors de la clôture ; mais elle avait eu à peine la force de parler à sa mère, et il avait fallu la replacer au plus vite dans son lit.

D'après le récit que nous venons de faire de la marche et des symptômes de cette affection, il est difficile, même pour des personnes étrangères à la médecine, de ne pas reconnaître une maladie de poitrine dont tout trahit l'allure et les progrès.

Sœur Julienne était phtisique.

Six médecins l'ont reconnu et déclaré formellement.

C'est d'abord le Dʳ Lagorce, le médecin de la communauté, et qui, dès les premiers jours, n'a pas caché son sentiment.

Après lui, je l'ai vue à Sarlat, lorsqu'elle vint respirer l'air natal ; tout trahissait chez elle une diathèse imminente.

Le Dʳ Pomarel, qui a suivi jour par jour les progrès de sa maladie, a pu préciser davantage la nature et l'étendue des lésions. Le Dʳ Pomarel a bien voulu mettre sous mes yeux le registre de l'infirmerie, pendant l'année 1889. A chaque page, nous trouvions le nom de Sœur Julienne, et en regard les prescriptions variées, qui nous permettaient de reconstituer toutes les phases de la maladie et d'en suivre les progrès. Pendant une absence du Dʳ Pomarel, le Dʳ Peyrat, de Brive avait fait appliquer deux vésicatoires à la religieuse, et avait porté le même jugement sur la nature de cette affection et sa terminaison fatale.

Enfin, le Dʳ Marfan, de Castelnaudary, et un médecin de Bordeaux, cousin de la Supérieure, avaient confirmé absolument l'opinion et les appréhensions de leurs confrères.

Le diagnostic ne pouvait donc être douteux.

D'après le témoignage de six médecins, d'après tous les symptômes que nous venons de relever, *Sœur Julienne était poitrinaire.*

D'après les lésions du poumon, surtout avec l'usure organique qui se faisait depuis de longs mois, avec cette fièvre intense et continue, elle touchait au terme fatal. C'était une question de mois ou de jours.

Sœur Julienne pouvait-elle guérir ? — Si nous nous

plaçons sur le terrain de l'impossibilité absolue, mathématique, nous devons reconnaître qu'une démonstration de ce genre est difficile. Peut-être qu'avec du temps, des soins, un changement de milieu, une reprise partielle au moins pouvait se concevoir.

Mais nous ne sommes pas des mathématiciens, nous sommes des médecins, et si nous parlons en cliniciens, en hommes d'expérience et de pratique, nous devons avouer que la guérison sortait de toutes les prévisions possibles. Une maladie de poitrine qui a envahi progressivement une économie, qui, depuis trois ans poursuit une marche fatale, qui a triomphé de toute résistance organique, ne s'arrête pas d'elle-même.

Mais nous disons plus :

À quelque point de vue qu'on se place, que l'on parle de possibilité relative ou de possibilité absolue, que l'on parle en mathématicien ou en médecin, une guérison instantanée, complète, qui, dans quelques secondes, effacera toute trace de la maladie, est absolument impossible.

Le Dr Pomarel racontait un jour, dans une de ses visites, qu'il avait entendu parler d'une malade de Saintes, paralysée depuis de longs mois, qui avait été guérie subitement à Lourdes. Ce nom de Lourdes, prononcé devant Sœur Julienne, fit naître en son âme l'intime persuasion qu'elle y serait guérie. Chose étrange ! cette assurance même l'empêchait d'exprimer un désir dans ce sens. Une religieuse, sa compagne d'infirmerie, la pressait de faire ce voyage; le médecin revenait quelquefois sur ce sujet, la Supérieure interrogeait la malade pour savoir si elle voulait aller à Lourdes. La Sœur, devant ces sollicitations répétées, paraissait indifférente.

Un Jésuite de Rouen, le P. Duponchel, qui était venu prêcher une retraite, et qui vint confesser la Sœur, le 14 août, à l'infirmerie, lui dit qu'elle devait se soumettre au désir de la Mère et se rendre à Lourdes. « Mais si j'y vais, dit-elle, je serai guérie. — Allez-y, » dit le Père, et le voyage fut décidé.

Cependant, le D' Pomarel n'avait parlé de Lourdes que pour faire diversion aux préoccupations de la malade et de son entourage, mais il n'avait jamais pensé que la possibilité d'un pareil voyage pût même se présenter à l'esprit. Aux premières ouvertures qui lui furent faites, il ne crut d'abord qu'à un caprice de malade. « Si vous désirez aller en pèlerinage, dit-il, allez aux Grottes de Saint-Antoine, aux portes de Brive. » On essaye de l'y transporter, couchée dans une voiture, elle revient très fatiguée.

Devant les instances répétées des religieuses, le médecin finit pourtant par se rendre. Mais il veut alors régler tous ses préparatifs de départ. Il exige un compartiment réservé de première classe. Il veut accompagner la religieuse à la gare. Sœur Julienne désire partir un samedi, jour consacré à la Sainte Vierge.

La veille, plusieurs dames de Brive avaient voulu la voir avant son départ et on l'avait portée dans la chambre où elle avait reçu sa mère à Pâques. Mais elle n'avait pu y rester que quelques minutes, et il avait fallu la remettre au lit. Le soir, les religieuses viennent lui faire leurs adieux et lui donner leurs commissions pour Lourdes, mais elle ne peut leur parler, c'est à peine si elle les entend.

Le samedi 1ᵉʳ septembre, on la descend à la chapelle. A 4 heures du matin, elle fait la Sainte Communion, soutenue par ses deux compagnes de route, la seconde Sœur tourière et une dame de Brive, qui lui avait offert de l'accompagner.

La Sainte Communion, c'était le Viatique : humainement parlant, elle courait au-devant de la mort.

A la gare, où elle arrive en voiture pour prendre le train de 5 heures, le contrôleur la porte dans son wagon; et la voyant si malade : « Elles sont folles, dit-il, on ne devrait pas permettre pareille témérité. On ramènera certainement un cadavre. »

Elle reste jusqu'à Toulouse sans voix, à moitié évanouie. A Toulouse, on la dépose dans la salle d'attente.

Il y avait à ce moment le pèlerinage de Marseille. Monseigneur l'archevêque d'Albi, ému de pitié devant cette Sœur si malade, s'arrête pour la bénir, tous les pèlerins s'écartent d'elle avec respect et compassion. Une dame lui mouille les lèvres avec de l'eau de Lourdes et cette eau semble la ranimer.

De Toulouse à Lourdes, le voyage est un peu moins pénible. Cependant, à la descente du train, la tourière du Carmel, qui est venue au-devant des religieuses, recule effrayée en la voyant : « Nous ne l'aurions pas reçue, dit-elle, si nous l'avions sue si malade. » En arrivant au Carmel, on fait prévenir l'aumônier qu'il faudra probablement administrer une malade dans la nuit. La nuit fut, en effet, des plus douloureuses, les étouffements furent continuels.

Nous sommes au dimanche matin, 2 septembre. Sœur Julienne n'a rien pu prendre; on lui donne un peu de bouillon, et la tourière du Carmel la prend dans ses bras et la porte dans une voiture.

« Elle ne reviendra certainement pas, » dit-elle en la quittant. Trois personnes l'accompagnent à la Grotte ; on la dépose sur un banc en la soutenant de tous côtés. Elle ne peut ni prier, ni penser ; elle est à bout. C'est à peine si elle jette un regard sur la Vierge.

Après quelques instants, un brancardier vient la chercher dans une petite voiture à bras pour la conduire à la piscine. Là, nouvel et dernier obstacle.

Le médecin de Brive hésitait à la laisser partir. Le conducteur ne voulait pas la monter dans le train. Les Sœurs du Carmel osent à peine la recevoir et les dames préposées à la piscine ne veulent pas la baigner.

« C'est une poitrinaire que vous nous conduisez, disent-elles, et au dernier degré ; nous ne baignons pas ces malades, nous ne faisons que les éponger. Il nous faut un ordre formel du médecin. »

On rappelle le consentement donné par le médecin de la communauté, on insiste. « Si vous le voulez, disent ces dames, restez avec nous, et prenez toute la responsabilité de ce que nous allons faire. »

On déshabille Sœur Julienne, qui est là immobile, sans voix, presque sans connaissance, et toute couverte de sueur. On la soulève pour la plonger dans la piscine, et, au moment où elle touche l'eau, sa bouche s'entr'ouvre et ne se referme pas, le souffle expire sur ses lèvres : sa pâleur est celle d'un cadavre.

On la croit morte, on la retire aussitôt. L'eau n'avait pas encore touché le côté gauche de son corps. On la soutient, on la dépose sur la marche qui précède la piscine. Une anxiété cruelle pénètre les personnes qui l'entourent; on cherche à surprendre un signe de vie.

A ce moment, ses joues se colorent légèrement, ses yeux s'entr'ouvrent, sa poitrine se dilate..... elle se redresse et se tient debout.

« Vous êtes mieux ? lui dit-on.

— Mais oui, je me sens mieux ! » et subitement son regard s'éclaire, une vie nouvelle anime cette physionomie jusque-là morne, immobile et glacée. Sœur Julienne refuse de s'asseoir; elle s'habille seule, et bientôt elle veut marcher sans appui et retourner à la Grotte.

« Je sentais, dit-elle, que j'avais la force et cependant je ne savais pas marcher. Je regardais mes pieds s'avancer et je me demandais s'ils étaient à moi.

» J'étais, du reste, étrangère à ce qui se passait autour de moi. En sortant de la piscine, la foule m'entoure, se presse sur mes pas; j'avais peine à avancer. J'étais pourtant calme et j'ai pu arriver jusqu'à la Grotte, où je suis restée une demi-heure à genoux en prières.

» Le prédicateur qui était en chaire, me désignant à la foule, lui dit : « J'allais vous parler de la puissance de Marie; regardez celle qui passe, sa vue vous en dit plus que mes paroles. »

» On entonne le *Magnificat* et bientôt, pour me dérober à l'enthousiasme, à la curiosité des pèlerins, on me fait monter en voiture, on me ramène au Carmel. Je monte lestement dans cette voiture, où j'agonisais naguère. Au Carmel, les tourières m'entourent, toutes les religieuses descendent au parloir et je vais prier une demi-heure avec elles à la chapelle. Il est midi, je n'ai encore rien pris, je me mets à table et je fais le premier repas sérieux que j'eusse fait depuis un an. Depuis le mois de janvier, je ne prenais guère que du bouillon et du lait.

» Dans l'après-midi, je reviens à pied à la Grotte, mais il faut encore me ramener en voiture pour me soustraire à la foule qui me suivait et formait un cercle compact autour de moi.

» Le lendemain, je suis allée voir le Dr de Saint-Maclou qui m'a auscultée, interrogée, examinée longuement. Il avait auprès de lui un médecin de Béziers, et tous les deux ont déclaré qu'ils ne trouvaient aucune trace de la maladie antérieure.

» Au moment de ma guérison dans la piscine, je n'avais rien ressenti ; mais, dans la journée, j'ai éprouvé de violentes douleurs, des contractions dans la poitrine. Mes pieds, déshabitués à marcher, ont enflé pendant quelques jours. Ce sont là les seules et dernières traces de ma maladie. »

Cependant, à Brive, dans la communauté, on priait nuit et jour, on récitait le rosaire, à la chapelle, les bras en croix.

Le dimanche, on reçoit à midi une première dépêche qui laisse entrevoir la guérison et, le soir, le médecin en apporte une seconde qui dissipe tous les doutes. Le docteur de Lourdes télégraphiait à son confrère : Nouvelles parfaites, envoyez opinion sur malade.

Le vendredi, le Dr Pomarel va au-devant de la Sœur jusqu'à la première station ; il a hâte de vérifier cette guérison inexplicable et inattendue pour lui. Il examine la Sœur, tâte son pouls, lui fait faire quelques pas dans le wagon..... et, devant l'évidence, il ne peut contenir son émotion, des larmes remplissent ses yeux.

Nous ne pouvons, en spectateurs impassibles, suivre pendant de longs mois les drames intimes et poignants qui se déroulent devant nous. Nous sommes vulnérables par bien des points. Nous laissons une partie de nous-mêmes dans notre vie professionnelle.

A la descente du train, à Brive, le docteur va chercher le contrôleur qui présidait au départ. Celui-ci recule stupéfait en voyant la religieuse pleine de force.

Une foule énorme remplit l'avenue de la gare, et la Sœur n'ose pas descendre. On la prend dans une voiture, pour la soustraire une fois encore aux ovations enthousiastes. Mais, à la porte de son couvent, elle trouve la cour, la chapelle, remplies d'une multitude compacte qu'elle a peine à traverser.

On entre à la chapelle et, pendant le chant du *Magnificat,* pendant la bénédiction, il faut ouvrir les rideaux de clôture, que l'on n'ouvre que les jours de profession et de prise d'habit. La foule les aurait déchirés. Sœur Julienne était agenouillée sur un prie-Dieu, en avant des religieuses, elle pleurait d'émotion. Après la cérémonie, on se réunit à la salle de communauté. Devant toutes les Sœurs, le médecin et l'aumônier, la miraculée refait le récit de sa guérison. Il est neuf heures du soir quand on songe à lui faire prendre de la nourriture et du repos.

Quelle différence entre le départ et le retour, entre la miraculée du 1er septembre et la malade de la veille !

Il faut reprendre ce récit dans ses lignes principales.

pour bien fixer, au point de vue médical, l'enseignement qui se dégage de ce fait.

Voilà une religieuse de vingt-six ans, dont la première jeunesse a été remplie par des manifestations lymphatiques accusées; ophtalmie, inflammation chronique des paupières. Dans ses antécédents de famille, on trouve quelque tare héréditaire. Sa mère a souffert d'une coxalgie dans son enfance, elle est restée boiteuse.

Au mois d'août 1886, après un travail excessif, un emploi abusif de la machine à coudre, Sœur Julienne est prise d'une bronchite insidieuse qui se prolonge pendant trois mois. L'air natal, le repos, les soins de tous genres effacent incomplètement cette première atteinte. Mais son économie, blessée dans ses sources, ne se relèvera jamais; elle reste pâle, amaigrie, languissante.

Ce n'est pas une maladie accidentelle, c'est une poussée constitutionnelle; c'est un germe de phtisie qui a été déposé dans cette poitrine.

Le premier médecin ne s'y trompe pas. Les cinq médecins qui viennent après lui confirment, en le précisant, son diagnostic. Il n'y a pas une seule variante dans les divers jugements qui sont portés sur l'avenir réservé à cette Sœur.

La marche de l'affection est caractéristique. C'est d'abord à l'automne et puis au printemps, que les poussées se renouvellent. Elles se rapprochent, elles deviennent plus graves.

La maladie prend les allures d'une phtisie à marche rapide, puis la lésion se localise au sommet droit. Il y a de la matité, des râles humides, des crachats caractéristiques, la fièvre est continue, la résistance à bout.

Nous touchons au terme de ce drame pathologique. C'est une question de jours.

Et c'est alors qu'en une minute, en une seconde, tout s'efface. Cette poitrine, creusée par les tubercules, infiltrée et congestionnée dans toute son étendue, a retrouvé son intégrité. Il n'y a plus trace d'une lésion quelconque. Cet organisme épuisé, sans résistance, a repris son ressort, a retrouvé le libre jeu de ses fonctions. Il n'est question ni de transitions ménagées, ni de convalescence. C'est un changement à vue, une véritable résurrection.

Six médecins avaient constaté la maladie.

Sept médecins constatent la guérison.

D'abord le Dr Pomarel, qui s'opposait au départ de la Sœur, qui ne la croyait pas capable de supporter le voyage, va au-devant d'elle pour s'assurer qu'il n'est pas le jouet d'une fable.

Dans le récit que le Dr Pomarel envoie à son confrère de Lourdes, nous lisons : « Le cas de la Sœur Julienne paraissait des plus alarmants et des plus désespérés, lorsqu'il y a quelques semaines, cette jeune Sœur me parla de son désir d'aller à Lourdes, cela ne me parut pas bien sérieux ni d'une exécution possible, je crus à une fantaisie de malade. Peu à peu, cependant, la manifestation du même désir se renouvelant sans cesse, j'ai consenti à autoriser le voyage, en faisant accompagner la jeune malade par des personnes aussi intelligentes que dévouées..... Ce départ pour Lourdes s'effectuait le samedi matin, 31 du mois d'août..... Vous savez le reste. »

Le Dr Pomarel ne se contente pas de donner un

certificat. Il soignait en ce moment sa sœur gravement malade ; il part immédiatement avec elle pour Lourdes.

Il veut trouver le secret de ces guérisons merveilleuses qui surprennent et dépassent son intelligence.

Notre cher confrère n'a pas eu la consolation de ramener sa sœur guérie ; mais il nous a montré, par la spontanéité de sa démarche, que les esprits élevés savent mettre leurs actes en harmonie avec leurs convictions.

Le Dr Peyrat a vu la Sœur, le Dr de Saint-Maclou l'a auscultée avec soin ; je l'ai vue moi-même à diverses reprises. Personne n'a pu trouver dans ses poumons la trace même d'une simple congestion. C'étaient des poumons sur lesquels aucun souffle morbide ne semblait avoir passé.

Si j'avais écrit cette observation sous la dictée de la religieuse, j'aurais pu lui donner une portée plus haute, montrer la main de Dieu bien visible dans la disposition de ces événements.

La maladie de Sœur Julienne est bien facile à interpréter, sa vie est plus facile encore à écrire ; elle est transparente comme le cristal. Il n'y a pas eu d'étape distincte dans son existence. A onze ans, elle entre à l'orphelinat. C'est la communauté. Elle n'en sortira plus, le souffle du monde n'a pu ni la ternir, ni l'atteindre.

Sa première pensée, aussi loin que remontent ses souvenirs, appartient à Dieu. Elle entrevoit la vie religieuse dans cet éveil de sa raison. A sa Première Communion, cette même pensée se grave plus distincte dans son esprit. Elle avait une tendresse particulière pour la Sainte Vierge, et, plus tard, si elle ne peut satisfaire le désir le plus intime de son cœur, et s'enfermer dans le cloître, si elle doit, par ses fonctions, rester en contact avec le monde, c'est qu'elle doit aussi rendre publiquement témoignage des grâces exceptionnelles dont elle va devenir l'objet.

La maladie survient au moment où elle a fait le sacrifice de sa vie pour les pécheurs, elle y voit l'accomplissement de son vœu, la réalisation d'un désir agréable à Dieu.

Et cependant, pendant trois ans de souffrances ininterrompues, dans des alternatives diverses, avec des rémissions partielles, elle a quelques moments de doute, sinon de défaillance. Il est plus facile de faire le sacrifice de sa vie sur le champ de bataille que de s'immoler, victime volontaire, et d'assister, en pleine jeunesse, à la décomposition de son organisme, sous le poids d'une diathèse qui l'étreint.

Elle écarte longtemps la pensée d'un pèlerinage à Lourdes; elle ne peut, ni ne veut demander sa guérison. Si près du but, pourquoi revenir en arrière? Pourquoi rester sur la terre quand le ciel s'entr'ouvre?

« J'aime mieux, dit-elle dans son langage naïf, aller me promener en paradis, que de courir encore dans les rues de Brive. »

Quand la Supérieure a parlé, elle se soumet. « J'irai à Lourdes, dit-elle, et je suis certaine de guérir. » Elle voit dans cet ordre l'expression absolue de la volonté de Dieu.

Dans ces natures simples et droites, qui toute leur vie n'ont poursuivi qu'un but, qui ont fait abstraction de leur volonté, de leur personnalité, qui ont dirigé leurs pas, sans résistance, dans le sillon tracé par une règle bien définie, vous ne trouvez pas de ressorts faussés, d'équilibre rompu, et cette tension nerveuse, résultat des luttes, des souffrances, du contact et des déceptions du monde.

En écoutant Sœur Julienne faire le récit de sa guérison, j'étais frappé de sa parole claire, nette, de cette note toujours juste, qui venait souligner chaque fait.

« Ce récit, me disait-elle, je l'ai fait bien souvent. Le lendemain de ma guérison, pendant quatre heures, debout, auprès de la Grotte, j'ai dû le répéter à tous les pèlerins de Nantes, de Niort et de Tours. Pendant plusieurs mois, je ne pouvais sortir dans les rues de Brive sans être interrogée.

» C'était une épreuve chaque jour renouvelée ; aujourd'hui encore, en vous répétant ce que j'ai dit cent fois, ces détails intimes que vous me demandez, j'éprouve une confusion à parler de moi, à livrer à la publicité ma personne et ma vie. Plus que jamais, j'aspire à me cacher derrière les grilles du cloître. »

Vous pardonnerez, ma chère Sœur, au médecin de votre famille, au premier médecin de votre jeunesse, de venir encore parler de vous ; de soulever le voile derrière lequel vous vouliez abriter votre vie, de se faire l'historien des faveurs divines qui vous ont été si largement départies ; nous travaillons tous deux dans une préoccupation plus haute que toute préoccupation personnelle.

Vous êtes allée à Lourdes, vous avez demandé votre guérison pour rendre témoignage de la puissance, de la bonté de la Vierge Immaculée ; et, moi je cherche à faire pénétrer dans l'esprit des hommes de science ou des hommes du monde, des ignorants ou des incrédules, les convictions qui animent mon âme. Je rends aussi témoignage à la vérité, que j'ai eu le bonheur d'entrevoir en étudiant ces nombreux malades qui retrouvent la santé auprès de la Grotte de Lourdes.

Quand on poursuit ces enquêtes avec le concours de tous les médecins qui ont été mêlés à ces événements, quand une ville entière voit une religieuse, après trois ans de maladie, sortir de son lit et reprendre sans transition, sans convalescence, ses occupations et son emploi, il faut laisser de côté les objections théoriques, la suggestion ou l'effet nerveux, et toutes ces solutions préparées d'avance, mais qui ne peuvent trouver ici leur application. Il faut s'incliner et reconnaître les manifestations d'une puissance plus haute.

Du reste, nous le disions en commençant, ce n'est pas seulement la guérison de Sœur Julienne qui vient confirmer la thèse que nous développons. Nous avons trouvé, en parcourant les *Annales* de Lourdes, le récit de trente guérisons semblables, aussi surprenantes, aussi instantanées, appuyées par les certificats les plus explicites, et par les noms des médecins les plus autorisés.

CHAPITRE V

LES POITRINAIRES
(Suite).

Guérison d'une de mes malades à Lourdes, au mois d'août 1889. — Ces guérisons sont contraires à toutes les lois physiologiques. — Jeanne Gasteau. — Mal de Pott. — Notre-Dame des Victoires envoie ses malades à Lourdes.

Je trouve dans mes notes personnelles une observation qui pourrait prendre place à côté de la maladie et de la guérison de Sœur Julienne.

Melle C..., âgée de 21 ans, a perdu son frère de la poitrine. Dans le courant de 1888, elle crache le sang. Tous les symptômes d'une maladie de poitrine se dessinent et s'accusent chaque jour. Je la vois à la fin de l'hiver 1889. Elle a de la toux, de l'essoufflement, du mouvement dans le pouls; elle se nourrit mal, les crachements de sang se répètent à des intervalles plus rapprochés. Nous passons l'été dans ces conditions, tous les moyens sont impuissants pour arrêter l'évolution de la phtisie.

Au mois de juillet, je conseille une saison à Cauterets; la malade part le 1er août, le voyage est pénible. Mlle C... a une abondante hémorragie dans la gare d'Agen.

Le Dr Rozier, de Cauterets, constate dans un certificat que je copie textuellement :

A droite, en arrière, dans le tiers de la hauteur du poumon, des râles sous-crépitants aux deux temps, un souffle très intense; en avant, sous la clavicule, souffle avec peu de râles.

A gauche, l'auscultation indique les mêmes phénomènes, mais disposés en sens inverse. C'est dans les régions sus et sous-claviculaires que la voix retentit le plus et que les râles sont plus abondants et plus humides.

Le Dr Rozier n'ose pas, dans ces conditions, conseiller l'usage des eaux. La malade prend des bains de pieds, quelques cuillerées d'eau de Mauhourat et respire l'air de la montagne.

En quittant Cauterets, la jeune fille s'arrête à Lourdes avec sa mère. C'était pendant le pèlerinage national; je me trouvais à Lourdes à ce moment-là, et je revois ma cliente. « Si je vais mieux, me dit-elle, le mérite n'en revient pas aux eaux de Cauterets, car je n'en ai pas bu. » Le Dr Rozier m'avait écrit de son côté, en me disant qu'il n'avait pas voulu essayer d'une médication active, et que ses craintes étaient très grandes pour l'avenir.

La mère, justement préoccupée, paraît décidée à tous les sacrifices; s'il le faut elle conduira sa fille passer l'hiver dans le Midi.

Mais où aller et quel parti prendre? 15 ou 20 médecins étaient réunis dans le bureau des constatations, je leur demande conseil. Ils examinent ma malade, le Dr de Saint-Maclou l'ausculte avec beaucoup de soin, et il me dit que, dans ces formes actives de la phtisie, les climats du Midi et du bord de la mer ont souvent des inconvénients, qu'il hésite à prononcer un nom. C'était aussi mon sentiment. J'engage Mlle C... à se reposer un mois ou deux avant de prendre une détermination définitive.

La jeune fille va prier à la Grotte et part par le train du soir, pour rentrer chez elle.

Voilà la première partie de son histoire : antécédents héréditaires directs, évolution bien constatée d'une maladie de poitrine, lésions avancées dans le sommet des deux poumons. Le médecin ordinaire, les médecins de Cauterets, les médecins réunis à Lourdes sont unanimes et également affirmatifs dans leur jugement.

Je revois Melle C... au mois d'octobre. Je ne trouve trace d'aucune lésion dans la poitrine; souffle, râle, matité, tout a disparu. L'état général est transformé. Il y a une augmentation de poids de 8 ou 10 livres. Cet heureux changement n'est pas une modification passagère, mais un résultat définitif, bien acquis. Depuis six ans, ni les rigueurs de l'hiver, ni les épidémies d'influenza n'ont pu l'ébranler ou le compromettre. Depuis cette époque, il n'y a eu ni toux, ni bronchite; l'état général n'a pas faibli un seul instant.

Que s'est-il donc passé? et comment pouvons-nous interpréter cette guérison?

Depuis son retour de Lourdes, cette malade avait éprouvé une amélioration sensible qui s'était affirmée chaque jour; il n'y avait pas eu une résurrection instantanée, un coup de théâtre, comme pour Sœur Julienne; mais une reprise graduelle et continue. On ne peut en rapporter le bénéfice ni aux eaux de Cauterets, qu'elle n'avait pas bues, ni à un traitement quelconque : elle n'avait pris aucun remède.

Une phtisie qui évolue, depuis dix-huit mois, avec cette violence, cette intensité sur un terrain bien préparé, qui s'accuse par des lésions avancées aux sommets des deux poumons, qui ébranle l'économie, ne s'arrête pas d'ordinaire. S'il y a une amélioration, elle n'est ni complète, ni durable, les lésions acquises subsistent, on en trouve la trace en attendant qu'elles reprennent leur marche et qu'elles s'accusent par des désordres nouveaux.

Melle C... est venue cette année à Lourdes. Elle s'est présentée de nouveau aux médecins qui l'avaient vue l'année dernière, et qui ont pu constater qu'elle était complètement guérie. Un de nos confrères, qui la voyait pour la première fois, et qui entendait le récit de sa maladie, la description de tous les signes que l'auscultation nous avait révélés, me disait : « Je n'admettrai jamais que cette personne que je vois là, avec toutes les apparences d'une santé parfaite, soit cette phtisique dont vous venez de nous faire la description.

— Si je pouvais, lui répondis-je, faire renaître la maladie sous vos yeux, et l'effacer à mon gré, refaire en un instant, et devant vous, le miracle qui s'est produit l'année dernière, je vous donnerais la preuve que vous souhaitez. Ceci n'est pas en mon pouvoir. Constatez l'état actuel, et jugez du passé par les certificats et les affirmations que je mets sous vos yeux. Nous ne pouvons retenir le temps qui s'écoule, embrasser d'un seul regard toutes les pages d'une histoire; nous ne pouvons que contrôler les preuves données, les témoignages reçus. Dans ce fait, les garanties les plus sérieuses se trouvaient réunies. »

Nous avons dit que Melle C..., en sortant du bureau des médecins, le 25 août 1889, était allée prier à la Grotte. Cette prière fut le seul acte extérieur, visible, de son passage à Lourdes. Elle n'a pas pris de bain de piscine, elle n'est pas venue en pèlerinage, elle ne s'est pas mêlée à ces foules qui, par leurs supplications ininterrompues, nuit et jour, semblent faire violence au ciel. Non, elle s'est agenouillée devant la Grotte, elle a prié quelques instants, elle a demandé et obtenu sa guérison.

Un Père de l'Assomption, qui écoutait le récit de Melle C...., voulut l'interroger à part, surprendre le secret des voies mystérieuses qui avaient pu mériter à cette âme si simple et si droite une aussi grande grâce. Mais il ne put en savoir davantage.

Tout se réduisait à cette réponse qui renfermait l'histoire de sa guérison : Depuis mon passage à Lourdes, depuis ma prière à la Grotte, j'ai constaté une amélioration progressive qui ne s'est pas démentie. Un mois après, j'étais guérie, et jamais, depuis lors, je n'ai eu d'accident du côté de la poitrine.

Dans cette variété infinie de faits, on trouve la réponse à toutes les objections formulées contre les guérisons de Lourdes. Si, au milieu du bruit et de l'entraînement des foules, on peut parler de suggestion, que peut-on dire ici? Quel rapprochement établir entre cette prière si simple et cette guérison qui arrête brusquement le cours d'une maladie de poitrine qui semble des plus graves?

C'est en rapprochant des résultats amenés par des causes si diverses, c'est en étudiant les nuances, les notes qui différencient tous les faits, que l'on peut conserver à l'histoire de Lourdes sa physionomie et son enseignement véritable.

Dans ces faits encore récents, et dont le retentissement

a été considérable, on a pour juges les parents, les amis, et souvent les hommes les plus réfractaires à toute idée de surnaturel. Si, dans notre récit, un seul point, une note, une nuance même étaient contestables, ils seraient immédiatement relevés. Nous pouvons varier dans les questions d'interprétation; mais dans l'exposé et le développement du fait, nous devons être absolument d'accord.

Une histoire écrite de la sorte, sous les yeux des contemporains, abandonnée au jugement, à la critique de tous les témoins, amis ou adversaires, sera de nos jours une histoire sérieuse et laissera pour l'avenir, des pages toujours utiles à consulter.

Si un médecin venait nous dire qu'il a pu guérir trente malades qui paraissaient voués à une mort certaine, n'exciterait-il pas l'étonnement et l'admiration de tous ses confrères? A l'heure actuelle, tous les savants cherchent le remède de la phtisie. Si, par des inoculations heureuses, ils obtenaient, non pas trente, mais dix ou vingt succès, ils croiraient avoir dérobé le feu du ciel! Leurs résultats inattendus seraient prônés par toutes les voix de la presse.

Dans les guérisons dont nous venons de faire le récit, il est une chose plus étonnante encore que la guérison elle-même, c'est son instantanéité.

Guérir trente phtisiques, qui touchent au terme de la vie, est chose qui dépasse la portée de nos moyens. Mais les guérir en un instant, en une seconde, sans transition, sans convalescence; voir de malheureux agonisants, décolorés, sans souffle, sans voix, sans connaissance, retrouver dans une secousse, rapide comme l'éclair, la vie, la force, la santé, voilà bien un résultat qui n'est pas seulement au-dessus de nos moyens, mais qui est contraire à toutes les lois naturelles.

Tous les moyens dont la médecine dispose, toutes les ressources de la nature ne peuvent effacer, avec la rapidité de l'éclair, des lésions graves, profondes, accumulées pendant des mois et des années. Si jamais, grâce aux découvertes modernes, on vient à pouvoir conjurer ou guérir la phtisie, le remède ne sera ni infaillible, ni instantané; on ne ramènera pas ainsi un malade de l'agonie à la santé, on devra suivre une méthode lente, graduelle.

Inclinons-nous ici devant ces résultats merveilleux! Les sciences humaines, limitées comme notre raison, ne peuvent atteindre à cette hauteur; mais elles peuvent nous constituer juges des garanties de tous genres qui établissent la réalité de ces guérisons surhumaines. C'est sur ce terrain que nous limitons nos recherches et nos affirmations.

Nous n'avons pas suivi la tuberculose dans ses manifestations si variées. Le tubercule est l'aboutissant et le terme de toutes les misères physiques et souvent de toutes les souffrances morales. Un dernier exemple va nous montrer comment guérissent les tubercules des os, connus sous le nom de mal de Pott.

Mal de Pott. — Jeanne Gasteau. — Sa maladie.

Jeanne habite sur la place des Petits-Pères, en face de l'église, à l'ombre pour ainsi dire du sanctuaire. Couchée depuis de longs mois, elle avait fait placer son lit auprès de la croisée, afin de pouvoir suivre le mouvement ininterrompu des fidèles. Son regard arrivait jusque sur le seuil de l'édifice; de là, elle s'unissait à toutes les prières, elle suivait par la pensée toutes les cérémonies.

Les habitués de Notre-Dame des Victoires ont remarqué bien souvent cette jeune fille, toujours couchée à la même place, derrière cette croisée, les traits creusés par la fièvre, le regard brillant, qui portait l'empreinte de la souffrance et de la maladie.

Elle était bien l'image de ces jeunes poitrinaires que la mort a touchées de son aile, et qui s'acheminent d'un pas plus ou moins rapide vers le terme fatal.

Jeanne, à peine âgée de dix-sept ans, était malade depuis cinq ans. C'est en 1887, l'année de sa Première Communion, qu'elle ressentit les premières atteintes de son mal.

Le médecin reconnut une déviation déjà très prononcée de la taille; il conseilla l'usage de corsets avec tuteurs en fer sous les bras.

Mais cette déviation n'était que la conséquence d'un travail plus profond qui se faisait dans son organisme : cette jeune fille portait en elle tous les germes d'une affection tuberculeuse, qui devait se généraliser dans la suite.

Le père de Jeanne était mort jeune, d'une maladie de langueur qui avait retenti sur la poitrine; les enfants paraissaient avoir hérité du tempérament de leur père. Jeanne, plus encore que son frère et sa sœur, semblait porter le poids de cette hérédité fâcheuse.

Sa sœur aînée avait eu une enfance difficile, sa taille s'était également déviée, mais, plus tard, sa santé s'était fortifiée, elle avait pu entrer chez les Franciscaines et supporter les fatigues de la vie de communauté.

M%me% Gasteau, restée veuve avec trois enfants, avait dû liquider sa maison de commerce dans des conditions onéreuses et s'était retirée à Neuilly. Elle avait fait appeler le D%r% Thuvien, pour soigner sa fille.

Le mal s'était aggravé, la déviation de la taille était si prononcée que tout le corps était rejeté d'un côté : une hanche remontait très haut, une jambe était beaucoup plus courte que l'autre. Dans ces conditions, la marche était à peu près impossible.

Pour rétablir l'équilibre, le docteur suspend la jeune fille par la tête et les épaules, et moule son corps dans un vêtement de plâtre.

Cet appareil doit rester en place deux ou trois mois, pour être appliqué de nouveau dans les mêmes conditions. Pendant trois ans, les corsets se succèdent et sont remis avec tout le soin possible.

Vains efforts : l'infirmité progresse toujours. Bien plus, il survient une complication plus grave. Au niveau des reins, la colonne vertébrale est douloureuse, sensible au moindre choc ; un abcès correspondant à cette région ne tarde pas à se former et à faire saillie dans le flanc droit. C'est une tuberculisation des vertèbres, un mal de Pott qui vient assombrir singulièrement la situation.

M%me% Gasteau a quitté Neuilly pour venir se fixer à Paris dans le logement qu'elle occupe encore aujourd'hui. Sa fille ne mange plus, elle a constamment de la fièvre avec des redoublements très marqués ; la présence de l'abcès a déterminé un développement considérable dans le côté, les moulages en plâtre ne peuvent plus être supportés. C'est à ce moment que la poitrine se prend ; on trouve dans les sommets des poumons des lésions évidentes. A Paris, le Dr Menessier succède au Dr Thuvien.

Nous sommes au mois de novembre 1891 : la malade s'alite pour ne plus se relever. Le médecin fera bien quelques tentatives pour la faire sortir du lit, mais la jeune fille ne peut se tenir debout, elle met un quart d'heure pour aller d'un lit à l'autre ; elle est doublée en arc de cercle, il faut la soutenir des deux côtés. On essaye de l'alimenter, mais sans résultat ; chaque jour elle s'affaiblit davantage.

Au mois de juin, on appelle le Dr Châteaubourg ; celui-ci traite Jeanne Gasteau franchement comme une poitrinaire ; il lui fait des injections de gaïacol.

Les injections n'ont pas plus de succès que les autres traitements. L'abcès, qui part du niveau des reins et descend dans le flanc droit, devient plus saillant ; à son niveau, le son est absolument mat, la paroi est épaissie, infiltrée.

Les médecins s'apprêtent à faire une ponction dans cet abcès, mais l'état de la malade est si misérable qu'ils conseillent à la famille de la faire transporter à l'hôpital Saint-Joseph, pour pratiquer cette opération.

En suivant la marche progressive de cette maladie, il n'est pas possible de conserver des doutes sur sa nature, sur son issue fatale et prochaine.

Voilà une jeune fille d'un tempérament très faible, avec une déviation de la taille qui l'a réduite à un état d'infirmité déplorable.

Vers l'âge de seize ans, les vertèbres déviées deviennent tuberculeuses : c'est le mal de Pott avec les abcès qui en découlent. La poitrine se prend, il y a de la toux, des lésions dans les poumons. La jeune fille cesse de manger, la fièvre la consume, depuis huit ou dix mois elle ne quitte pas le lit.

Le D͏ʳ Menessier a nettement caractérisé cette situation dans un certificat annexé au dossier.

Dans un long entretien que j'ai eu avec lui, il a précisé, plus encore que dans son certificat, tout ce qu'il avait constaté. Il a insisté sur la lésion du poumon, sur les symptômes du mal de Pott, sur cet abcès par congestion qu'il sentait si bien sous son doigt et qu'il a été tenté à plusieurs reprises de ponctionner.

Il n'est pas nécessaire d'être médecin pour comprendre toute la gravité de cette situation. Jeanne est venue au monde avec des antécédents fâcheux du côté de son père. A vingt mois, elle a eu une méningite des plus graves ; depuis cinq ans, elle subit des conditions de déchéance que rien ne peut enrayer, elle fait des tubercules dans tous ses tissus. Elle descend rapidement une pente fatale, ce n'est plus qu'une question de mois ou de jours. Il ne faut plus parler de guérison ; une tuberculisation aiguë, générale, qui envahit à la fois le système osseux et le poumon, ne peut s'arrêter dans sa marche.

Le pèlerinage. — La guérison.

Dans ces conditions, Jeanne tourne sa pensée vers Notre-Dame de Lourdes. Dans la famille Gasteau, on avait une piété tendre pour la Sainte Vierge. La mère avait voué tous ses enfants au bleu jusqu'à l'âge de sept ans. Pour Jeanne, elle avait fait plus encore, elle l'avait consacrée, à quatre ans, tout spécialement à la Sainte Vierge, et, toute sa vie, elle devait porter la livrée de Marie. M. Gasteau père était un bon catholique, et, dans les dernières années de sa vie, il avait donné à ses enfants une très belle statue de Notre-Dame de Lourdes. J'ai vu cette statue sur la cheminée, entourée de fleurs, bien évidemment l'objet des soins pieux de toute la famille.

La piété trouvait, dans tous ces cœurs, si éprouvés par la souffrance et le malheur, un terrain de choix.

Jeanne s'était fait inscrire parmi les malades du pèlerinage national, et le moment du départ approchait. Mais comment transporter à une telle distance une malade si faible, qui ne prenait à peu près rien, avec une fièvre continue et des souffrances que le moindre choc rendait intolérables?

L'entreprise était téméraire.

Jeanne avait une confiance sans bornes, elle était certaine de guérir à Lourdes, et rien ne l'aurait retenue.

On la conduit au chemin de fer avec mille précautions, dans une voiture, au pas, et en suivant les rues au pavage le plus doux et le plus régulier.

Dans le chemin de fer, il faut subir les conditions communes; les chocs, les trépidations retentissent douloureusement dans ce corps si endolori. Pendant tout le voyage, qui dure trois jours, la malade ne prend guère qu'un demi-litre de bouillon. Comment a-t-elle pu arriver vivante? Elle aurait dû mourir cent fois pendant le trajet.

Enfin, le samedi 20 août, au matin, nous sommes au port : voilà Lourdes !

De la gare, la malade est portée sur un brancard directement à la Grotte. Elle fait la Sainte Communion, elle est à jeun, elle n'a presque rien pris pendant tout le voyage.

De la Grotte, elle va prendre sa place à l'hôpital des Sept-Douleurs, salle du Sacré-Cœur. C'est le premier moment de repos ou d'arrêt depuis trois jours.

Vers les trois heures de l'après-midi, Jeanne est portée à la piscine, mais elle est si faible qu'elle s'évanouit dans l'eau ; elle sort du bain plus malade encore, si c'est possible.

C'est l'heure de la procession du Saint-Sacrement. Les malades sont à leur place, groupés sur le passage qu'elle doit suivre. Sur la première ligne, les brancards où sont couchés les grands malades, quelques petites voitures disséminées çà et là.

Derrière les brancards, assis, à genoux, appuyés sur leurs béquilles, les paralytiques, les infirmes, toute la série des plaies et des tumeurs blanches. Enfin les parents, les amis, immobiles, anxieux, forment une haie épaisse, impénétrable, qui s'étend depuis la Grotte jusqu'aux arcades du Rosaire, et depuis le Gave jusqu'au rocher.

Un grand silence règne dans cette multitude, les malades attendent dans un recueillement profond ce moment solennel, si longtemps désiré.

Quels seront les heureux privilégiés, ceux que la main de Dieu va soulever sur leur couche et faire marcher triomphants et transformés au milieu de son cortège ?

Jamais prince ou roi n'entendit sur son passage semblables acclamations, prières aussi ardentes. Mais jamais prince n'eut un pareil pouvoir, ne fut aussi accessible, aussi compatissant pour les malades et les deshérités.

Ce moment d'attente est imposant, grandiose. Lorsque le Saint-Sacrement apparaît, tous les fronts se découvrent, on fléchit les genoux, un frisson parcourt la foule, les acclamations retentissent, le ciel paraît se mettre en communication directe avec la terre.

.*.

Jeanne arrive en retard au sortir des piscines, portée sur son matelas.

On a quelque peine à lui trouver une place dans le troisième ou quatrième rang. Elle est là avec sa robe bleue et son ruban d'Enfant de Marie, plus pâle encore si c'est possible, sans mouvement, sans paroles.

Le Saint-Sacrement approche ; Jeanne soulève un peu la tête, elle entr'ouvre les yeux ; sa mère veut la relever. « Laissez-moi, » lui dit-elle.

Cependant, elle fait encore un effort, elle se soulève lentement, elle parvient à se mettre sur son séant pendant que l'on donne la bénédiction à la Grotte.

Le Saint-Sacrement traverse de nouveau les rangs des malades. « Alors, nous dit-elle, j'entends une voix intérieure qui me dit : *Lève-toi ! Lève-toi !* Des fourmillements parcourent tous mes membres comme une flamme, et aussitôt je sens un calme absolu.

» Cette douleur sans trêve que je ressentais dans le flanc a subitement disparu, ce côté si tendu, si volumineux s'est affaissé brusquement ; je me redresse sur mon matelas et je traverse aisément tous les rangs des brancards qui étaient au-devant de moi. Je me dirige vers la Grotte.

» Ma mère avait un moment détourné la tête, elle regardait une jeune poitrinaire, qui nous avait beaucoup intéressées pendant le voyage, qui se levait de son côté et suivait le Saint-Sacrement.

» En reportant les yeux sur mon matelas, elle le voit vide ; une émotion indicible la saisit. Elle m'aperçoit bientôt marchant libre, agile, les vêtements à peine attachés, au milieu des malades, elle me rejoint dans la direction de la Grotte.

Je me mets à genoux, les bras en croix, je reste une demi-heure en prières, je ne ressens aucune fatigue, et cependant, après ce voyage de trois jours, je n'ai encore pris aucun repos et à peine quelques gouttes de bouillon. »

Une force inconnue la soutenait, une joie sans bornes l'inondait. Elle voyait sa Vierge bien-aimée, elle conversait avec elle.

Qui pourra nous traduire les accents de reconnaissance et d'amour qui de son cœur montaient vers le ciel ? Qui nous dira les ravissements de son âme ? C'est là, dans cette prière, dans cette première effusion, que la pensée d'une vocation religieuse s'est présentée à son esprit, et cette pensée remplira désormais sa vie tout entière.

En recueillant de sa bouche le souvenir ineffaçable de ces instants solennels, je comprenais qu'il est des sentiments qui ne peuvent être interprétés dignement, que la plume ne peut traduire. La nature serait impuissante à produire d'aussi profondes, d'aussi salutaires émotions.

Il y avait dans cette guérison une coïncidence bien remarquable : c'était le jour anniversaire de sa naissance, le jour de sa fête (sainte Jeanne de Chantal), que cette jeune fille venait de renaître à la vie; elle entrait à ce moment dans sa dix-huitième année.

Elle se relève, abandonne son brancard, reprend le chemin de l'hôpital ; elle monte d'un pas léger les marches des escaliers.

Le lendemain dimanche, et le lundi, elle vient au bureau des médecins. Nous l'examinons avec le plus grand soin. Le Dr Serre presse sur ses épaules de tout son poids, il ne détermine aucune douleur. La respiration est un peu rude au sommet des poumons, mais il n'y a plus de râles, toute trace d'abcès a disparu. La colonne vertébrale est déviée, mais absolument consolidée; il n'y a de sensibilité nulle part, et la rigidité est complète.

A son retour à Paris, la première visite de Jeanne est pour Notre-Dame des Victoires. Le surlendemain, elle va d'Auteuil à Vaugirard à pied, elle fait deux heures de marche; elle a laissé son corset, qu'elle n'avait pas quitté depuis cinq ans.

Huit jours après, elle traverse encore à pied tout le parc de Saint-Cloud, elle reste debout toute la journée sans éprouver la moindre fatigue. Au moment de son départ pour Lourdes, elle ne pouvait supporter la trépidation d'une voiture; elle mettait dix minutes pour aller d'un lit à l'autre, elle ne pouvait se redresser, se tenir debout. Quelle transformation!

Depuis, il n'y a pas eu un moment de défaillance. Durant tout l'hiver, elle n'a pas été arrêtée un seul jour. Pendant l'épidémie d'influenza, elle était seule debout, elle soignait tous les siens.

« Si vous traversez la place de Notre-Dame des Victoires, regardez à cette croisée, vous ne verrez plus la malade que vous avez vue pendant si longtemps clouée à cette place ; mais si vous apercevez Jeanne, vous comprendrez, à la limpidité idéale de sa figure, à la pureté de ses regards qui conservent comme un rayon du ciel, que l'ange de Dieu qui lui avait apporté sa délivrance lui a, en même temps, laissé comme témoignage visible de son passage quelque chose de sa pureté virginale et de sa céleste beauté (1). » Vous verrez une jeune fille bien droite, grande, alerte, le regard plein de vie, et qui ne conserve aucune trace de ses infirmités.

Pour moi, en écoutant le récit de sa maladie, je me disais que la médecine est bien impuissante à porter remède à des désordres pareils. Nous ne guérissons pas les tubercules, surtout lorsqu'ils envahissent tous les organes, lorsque les malades cessent de manger et que la fièvre les consume.

Jamais nous ne pouvons obtenir ces changements à vue, et rendre à de malheureux agonisants, en une seconde, la plénitude de leurs forces et de leur santé. Ces résultats ne sont pas à notre portée.

---

(1) *Univers*, septembre 1892.

CHAPITRE VI

PLAIES ET TUMEURS — CANCERS

Drossin et Marie Moreau, cancers du sein. — Amélie Chagnon, plaie et carie du pied, tumeur blanche du genou. Sa guérison instantanée, le 21 août 1891. — Guérison de Mlle *Gaillé, fille du D*^r *Gaillé, ostéite ancienne. — Élise Lesage, tumeur blanche du genou. — Le D*^r *de Saint-Germain.*

Nous avons cité, dans le cours de notre récit, un très grand nombre de plaies guéries instantanément à Lourdes : les plaies de Rudder et de Joachime Dehant, les dartres qui couvraient la figure de Marie Lemarchand. Nous avons relevé dans les *Annales* la guérison de plusieurs cancers; cancers des plus graves, dont quelques-uns s'étaient reproduits après une première et même une seconde opération.

Nous pouvons rappeler ici les deux exemples suivants :

Mme Drossin, âgée de 44 ans, est atteinte depuis six ans d'un cancer du sein et de glandes dégénérées dans l'aisselle.

Après deux bains de piscine, il ne reste aucune trace de son mal.

« J'aurais vu repousser une jambe, dit son médecin, que je ne serais pas plus étonné. »

Dr TEUWEN.

Cancer ulcéré du sein droit (1).

Le Dr Martel, qui décrit avec soin cette tumeur, avait proposé d'en faire l'ablation. Mais la cachexie, déjà avancée, l'avait fait reculer.

Mme Moreau commence une neuvaine à Notre-Dame de Lourdes, met une compresse d'eau sur son sein, s'endort, et deux heures et demie après, elle porte la main sur le sein, la tumeur a disparu et, à la place de cette plaie fétide, il y a une cicatrice régulière et bien fermée.

Le Dr Martel dit, en terminant son certificat : « On peut ranger sans crainte ce fait parmi ceux qui possèdent, d'une manière évidente, le caractère du surnaturel. »

Pour les guérisons des plaies et des cancers, on demande des garanties absolues ; ces guérisons entraînent avec elles la preuve d'une action surnaturelle, mais il faut qu'elles soient établies de façon à ne laisser prise à aucune critique. Il faut que tous les témoignages concordent ; le malade doit être suivi jour par jour, heure par heure, jusqu'au moment de son entrée dans la piscine.

La guérison d'Amélie Chagnon, que nous allons reproduire, nous paraît au-dessus de toute contestation.

Amélie Chagnon, de Poitiers (Pèlerinage national de 1891). — Plaie et carie du pied. — Tumeur blanche du genou. — Guérison instantanée le 21 août.

La guérison d'Amélie Chagnon peut prendre rang à côté des grandes guérisons de la Belgique, à côté de celles de Rudder et de Joachime Dehant.

(1) *Annales*, t. X, p. 14. Marie Moreau, cancer du sein, Dr Martel, de Béziers.

Elle est d'une date plus récente ; elle s'est passée sous nos yeux.

Nous avons pu retrouver les principaux témoins, interroger les médecins qui l'avaient observée. Nous avons recueilli de la bouche d'Amélie les détails de ce grand événement.

Tous les témoignages concordent.

Cette jeune fille est arrivée à Lourdes le 21 août, au matin. Le même jour, à trois heures de l'après-midi, elle est entrée dans la piscine. On a constaté à ce moment qu'elle avait au pied une carie des os, une plaie profonde qui suppurait abondamment et avait taché les linges et le bas qui la recouvraient. Elle avait, de plus, une tumeur blanche du genou.

Il fallut étendre la jeune fille sur un drap pour la mettre dans l'eau. Elle ne pouvait s'appuyer sur sa jambe. Au bout de quelques instants d'immersion, Amélie s'est redressée seule, ne conservant aucune trace de ces graves lésions. *Caries, plaies, tubercules des os, articulations détruites*, tout a été réparé dans quelques instants.

La plaie était remplacée par une cicatrice solide. L'os carié, mobile, qui dessinait une traînée bleuâtre sous la peau, avait repris son aspect, sa consistance. Il s'était soudé aux parties voisines. Au genou, plus de gonflement, plus de douleur; une articulation absolument saine.

La jeune fille a pu chausser immédiatement des bottines qu'elle n'avait pas mises depuis bien des années, et marcher sans aucune gêne.

Cent personnes affirment le fait.

Nous suivons cette maladie jour par jour, heure par heure, jusqu'au moment de sa guérison dans la piscine.

Depuis cette époque, la jeune fille n'a pas cessé de vivre sous les yeux des mêmes personnes, témoins de sa guérison, comme elles l'avaient été de sa maladie. Les médecins apportent aussi leur témoignage; ils ne font ni restriction, ni réserve.

Le fait matériel est évident, palpable. Le résultat acquis est au-dessus de nos vaines discussions. Cet exemple va nous montrer à quel degré de certitude on peut arriver en accumulant les preuves et les affirmations qui viennent se grouper autour d'un même fait.

*
* *

Tout, dans la vie de cette jeune fille, converge vers ce grand événement. On peut écrire son histoire en faisant le récit de sa maladie et de sa guérison.

Jusqu'à treize ans, c'est la préparation éloignée. A mesure que sa santé faiblit, sa piété se révèle chaque jour davantage.

De treize à dix-sept ans, c'est l'évolution lente, implacable, de ce mal cruel que rien ne peut enrayer.

A dix-sept ans, le pèlerinage et la guérison.

Après quelques mois de séjour dans le monde, où elle rend témoignage des grâces reçues, c'est la vie cachée, la vie religieuse. Elle conserve désormais, dans le silence et le recueillement, le dépôt de ces faveurs exceptionnelles.

Les premières années.

Amélie Chagnon est née le 17 septembre 1874. Élevée par une mère très pieuse, confiée plus tard à la direction des Sœurs de la Sagesse, à Montmorillon, elle n'a conservé de ses premières années qu'un souvenir, celui de son amour pour la Sainte Vierge.

« Je l'aimais, nous dit-elle, par attrait naturel. Je
» n'aurais pas pu ne pas l'aimer. C'était pour moi un
» sentiment irrésistible d'une grande douceur.

» Ma mère et moi, nous faisons chaque jour notre
» prière devant une statue de la Sainte Vierge, statue
» fort ancienne, seul héritage que j'ai recueilli et que
» j'ai transmis à ma tante, qui le conserve précieuse-
» ment. »

Pendant que son âme s'ouvrait ainsi aux premières inspirations de la grâce, on observait chez elle les manifestations d'un tempérament lymphatique très accusé.

Elle avait des ophtalmies fréquentes, des eczémas, des glandes engorgées. C'était le prélude d'accidents plus graves qui allaient éclater pendant son adolescence.

Elle perdit sa mère fort jeune; elle avait à peine dix ans. « Je me souviens, nous dit-elle, que, dans ses der-
» niers instants, avant d'entrer en agonie, ma mère eut
» encore la force de demander que l'on récitât auprès
» d'elle les litanies de la Sainte Vierge.

» Au milieu des litanies, elle s'interrompit un moment
» pour me consoler, en me disant : « Ne pleure pas,
» mon enfant, je suis heureuse, je vais voir le bon Dieu
» et la Sainte Vierge. »

» Aux dernières invocations, elle expirait avec un
» grand calme. »

Avant de mourir, sa mère avait demandé à sa sœur de prendre avec elle son enfant.

Quelques mois après, Amélie, recueillie par sa tante,

Augustine Doucelin, était placée, à l'âge de onze ans, à l'ouvroir des Sœurs du Sacré-Cœur de Poitiers. C'est là qu'elle fit sa Première Communion en 1886, dans de grands sentiments de piété. Elle était tellement pénétrée de l'importance de ce grand acte, qu'elle s'évanouit après sa confession générale. Le lendemain, en revenant de la Sainte Table, elle eut l'intuition bien nette de sa vocation religieuse ; elle crut comprendre que Dieu l'appelait au Sacré-Cœur.

La maladie de 1887 à 1891.

C'est à treize ans et demi qu'Amélie ressent les premières atteintes de son mal. Le pied devient rouge, douloureux. Sa tante, en service chez Mme de Villedon, lui donne, pendant un an, les premiers soins.

Le mal restait stationnaire. Pensant alors qu'un changement d'air et de régime pourrait avoir une influence salutaire, elle place sa nièce chez Mlle Mounier, femme très pieuse, pleine de bonté, qui, autant qu'elle le put, adoucit pour cette enfant les fatigues du service.

Amélie est restée dix-huit mois chez Mlle Mounier. Elle passait, avec sa maîtresse, l'hiver à Poitiers, l'été à Parthenay. A Parthenay, le Dr Gaillard soignait la jeune fille ; mais, malgré tous les soins, le mal empirait. Amélie se traînait péniblement, tout travail lui devenait impossible ; il fallut se résigner à entrer à l'hôpital, le 28 octobre 1890.

Depuis trois mois, du reste, une complication nouvelle était survenue, une tumeur blanche du genou venait compliquer la carie du pied. En entrant chez les hospitalières de Poitiers, la jeune fille dit à sa tante :

« Je crois que ma maladie est un appel du bon Dieu ; je m'étais relâchée dans mes pratiques de piété, j'avais besoin d'un avertissement. C'est pour mon bien que le bon Dieu m'éprouve. »

Pendant un an, on met en œuvre tous les traitements usités en pareil cas. C'est d'abord le Dr de Lamardière, qui reconnaît bientôt que le mal est incurable, puisqu'il a sa source dans une disposition générale de l'économie ; c'est ensuite le Dr Dupont, qui applique des révulsifs, des pointes de feu. Rien n'y fait.

L'os du pied suppure toujours, il est carié dans toute son étendue, il commence à se détacher des parties voisines ; en appuyant sur une extrémité, on fait basculer l'autre ; il est mobile dans tous les sens.

Le Dr Gaillard nous a dit : « Je l'ai tenu souvent au bout de mes pinces ; j'ai été tenté de l'enlever, mais l'écoulement assez abondant de sang que je provoquais m'a toujours arrêté, et j'ai préféré laisser faire cette opération à l'hôpital. »

Ce n'était pas seulement le pied qui était malade, c'était aussi le genou ; il fallait également traiter la tumeur blanche.

On avait emprisonné le genou, la jambe, dans un appareil inamovible, et la jeune fille marchait péniblement avec des béquilles.

Mais, après quelques mois de cette immobilité qui ne donnait pas de résultat, on enlève l'appareil. La douleur est intolérable, tout mouvement impossible ; avant le pèlerinage, la jeune fille reste trois mois sans quitter le lit. Pendant cette longue maladie, on fait des prières, des neuvaines, mais la pensée de la jeune fille est constamment tournée vers Lourdes. C'est là qu'elle doit guérir, elle en a la certitude.

Elle attend avec impatience le moment du pèlerinage, elle supplie son médecin de suspendre jusque-là toute tentative : « Il est inutile de faire de nouveaux remèdes, je serai guérie à Lourdes. » Où a-t-elle puisé cette confiance?

En 1889, elle était venue une première fois avec sa tante, pendant le pèlerinage national; son pied était malade, elle marchait péniblement..... elle n'avait obtenu aucune amélioration.

Ce premier essai ne pouvait l'encourager, et cependant elle ne doute pas, elle affirme à tout le monde qu'elle sera guérie.

Au point de vue des probabilités humaines, cette affirmation est une folie. Mais le résultat donnera raison aux affirmations de cette enfant, et ses pressentiments ne la tromperont pas.

Le pèlerinage. — La guérison.

L'heure du pèlerinage est arrivée. Le 20 août, on fait un dernier pansement, on lave la plaie, on met dessus de la vaseline, on change les bandes, les linges; Sœur Marie de la Croix et Sœur Marie de Saint-Augustin, qui ont la direction de la salle, donnent à la malade les derniers soins. Dans l'après-midi, on la prend sur un matelas pour la déposer sur une charrette et la transporter ainsi à la gare.

Amélie annonce tout haut sa guérison; elle enverra une dépêche pour en donner la nouvelle; elle emporte des bottines neuves qu'elle a fait faire pour les mettre au retour.

Des bottines ! il y a quatre ans qu'elle n'en a pas mis. On la couche dans le wagon, sur son matelas. Mmes Rigaud et Audibert montent avec elle dans le même compartiment. Pendant la route, Mme de Rœderer, Mme de La Salinière, plusieurs autres dames qui la connaissent viennent prendre de ses nouvelles, et ne la perdent pas de vue un instant ; elles la suivront à l'hôpital, aux piscines.

On arrive à Lourdes le 21 août, à 9 heures du matin. Amélie est couchée sur un brancard au sortir du wagon et portée à la Grotte. C'est dans l'après-midi seulement qu'elle peut aller à la piscine. Elle demande à Mme de La Salinière de vouloir bien la baigner.

Il est trois heures, un vendredi.

On défait son pansement ; toutes les compresses, les bandes qui entourent son pied sont traversées par le pus qui s'est écoulé de la plaie ; le bas lui-même est taché. Pendant le voyage, la suppuration a été plus abondante.

On dépose sur un drap la jeune fille qui ne peut s'appuyer sur sa jambe. On la soulève pour la plonger dans l'eau. Un saisissement profond s'empare d'elle, elle perd en partie connaissance. Cependant, les douleurs violentes qu'elle ressent dans sa jambe la raniment bientôt ; elle répond aux prières que l'on récite pour elle, on la reprend pour la retirer.

« Mais je ne suis pas guérie, dit-elle, remettez-moi dans l'eau. » On se rend à ses désirs, on la remet dans la piscine. Ses douleurs sont tout d'abord plus violentes, son genou craque, il lui semble qu'un liquide brûlant s'écoule de son pied ; puis, subitement, le calme se fait.

« Je suis guérie » dit-elle! aux dames qui l'entourent; et aussitôt, laissant le drap qui la soutenait, elle se relève; son regard rencontre une image de la Sainte Vierge qui était en face d'elle, il s'y fixe longuement, et sa pensée s'élève vers sa bienfaitrice dans un profond sentiment de reconnaissance.

On regarde son pied, il n'y a plus de plaie; mais une cicatrice solide. Le genou est revenu à son état normal, plus de gonflement, de douleur; la jeune fille s'appuie facilement dessus.

Mme de La Salinière a bien voulu nous donner des détails très précis sur le moment et le mécanisme de cette guérison :

Nous étions six personnes, nous dit-elle, pour soutenir sur son drap la jeune fille dans l'eau. Mlle de Chabot et moi du côté de la tête; Mme de Ricard et une autre dame, dont j'oublie le nom, du côté des pieds. Deux religieuses nous prêtaient leur concours.

Entre les deux immersions, au moment où nous avions soulevé l'enfant, toujours sur son drap, pour la retirer de l'eau, *j'apercevais très distinctement sur son pied nu la plaie qui existait toujours.* Sur les instances d'Amélie, qui nous disait d'un ton suppliant : « Si vous vouliez me remettre dans l'eau, je suis sûre que je guérirais, » nous redescendîmes les trois marches de la piscine déjà remontées.

Pendant cette seconde immersion, Amélie pria selon son inspiration; et nous, nous suivions ses prières. Au bout d'une minute ou deux, quel ne fut pas notre étonnement de voir la jeune fille sauter hors du drap et marcher en me disant :

« Je ne sens plus rien, la Sainte Vierge m'a guérie..... »

Je me mis immédiatement à genoux pour examiner son pied, et je vis très distinctement *une surface rose qui paraissait tout fraîchement cicatrisée, sa forme était celle d'une cuvette, grande comme une pièce de deux francs, entourée d'un bourrelet saillant, mais le tout bien sain et parfaitement net.* Nous regardons le genou; rien, rien, que les traces des pointes de feu.

La guérison s'est faite réellement sous les yeux des six personnes qui entouraient en ce moment la jeune fille.

Amélie se rend aussitôt à la Grotte, qu'on ouvre devant elle. Elle s'agenouille sur ce genou qui la faisait tant souffrir; elle reste longtemps à remercier sa Vierge bien-aimée.

Au bout d'une demi-heure, elle vient au bureau des médecins, portant avec elle les linges tout maculés de pus qui enveloppaient son pied; elle nous montre ses certificats qui déclarent qu'elle est atteinte de tumeur blanche du genou et d'une plaie avec carie des os.

Nous cherchons vainement la trace de ces lésions. Il n'y a rien au pied, rien au genou; la cicatrice n'a même plus ce bourrelet saillant que l'on a constaté au sortir de la piscine. La guérison se continue et se complète à vue d'œil. Elle a été instantanée dans ses parties essentielles. Ce que nous constatons à Lourdes, les médecins de Poitiers vont le constater à leur tour.

Certificat du Dr Dupont.

Je soussigné, Pierre Dupont, docteur en médecine à Poitiers (Vienne), certifie que Mlle Amélie Chagnon était atteinte:

1° D'une arthrite du genou gauche, de nature scrofulo-tuberculeuse, avec gonflement énorme de l'articulation, surtout au niveau des culs-de-sac; sensibilité excessive au toucher, tendance à luxation et développement considérable de fongosités,

2° D'une carie du deuxième métatarsien gauche avec trajet fistuleux et suppuration osseuse.

Je donnais depuis plusieurs mois déjà mes soins à cette jeune fille.

J'avais tout d'abord employé les vésicatoires, puis les pointes de feu profondes, enfin appliqué sur toute la longueur du membre un appareil inamovible que je retirai, il y a un mois et demi environ, sans le moindre résultat. Les douleurs articulaires étaient toujours très vives, l'empâtement persistait et les fongosités semblaient même avoir augmenté.

L'état du pied était le même. J'avais donc décidé, lorsque l'état général serait amélioré, sous l'influence du régime et d'une médication appropriée, de pratiquer l'extraction complète du deuxième métatarsien et ensuite de faire des injections intersticielles de chlorure de zinc dans les tissus du genou.

Lorsque je prévins cette jeune fille de la nécessité de subir ces diverses opérations, elle me pria de les différer, parce qu'elle était dans l'intention d'aller à Lourdes. Je me conformai tout naturellement à son désir, et, au moment où elle partit, elle ne quittait pas son lit; la suppuration du pied persistait, et l'état du genou était tel que je l'ai décrit plus haut.

La veille du départ, je la vis souffrir tellement que j'éprouvai une certaine appréhension et me demandai comment elle pourrait supporter les fatigues du voyage.

A son retour, voici les constatations exactes que je fis : Le trajet fistuleux, qui était d'environ 0^m,02, avait disparu. La cicatrisation était complète, nette, solide. Aucune sensibilité à la pression sur les différentes parties de l'articulation.

En foi de quoi, j'ai délivré le présent rapport que je certifie conforme à la vérité.

Signé : Dupont.

Poitiers, 30 août 1891.

Le Dr Gaillard résume son impression dans les lignes suivantes :

Je soussigné, Hyacinthe-Joseph Gaillard, docteur en médecine de la Faculté de Paris, habitant la ville de Parthenay (Deux-Sèvres), certifie que Mlle Amélie Chagnon, âgée de dix-sept ans, demeurant à Poitiers, à laquelle j'ai donné mes soins pour une ostrite des os du pied gauche et une arthrite chronique du genou, est complètement guérie et qu'il ne reste aucune trace de ces deux affections. La plaie du pied offre une cicatrice solide, et le genou a le même volume que le droit ; les mouvements sont libres et normaux dans les deux articulations.

En foi de quoi, je lui ai délivré le présent certificat pour servir et valoir ce que de droit.

Signé : Dr Gaillard.

Parthenay, 5 septembre 1891.

Dans un certificat dont on peut souligner tous les termes, le Dr Dupont nous dit : « Je donnais depuis plusieurs mois mes soins à Mlle Amélie Chagnon, pour une carie de l'os du pied et une tumeur blanche du genou. J'étais décidé à pratiquer l'extraction complète de l'os malade et à faire des injections de chlorure de zinc dans les tissus du genou.

» La jeune fille me pria de différer ces opérations jusqu'à son retour de Lourdes. La veille de son départ, je la vis souffrir tellement que je me demandai comment elle pourrait supporter les fatigues du voyage ; il y avait plusieurs mois qu'elle ne quittait pas le lit. A son retour, la fistule du pied était fermée, la cicatrisation était *complète, nette, solide.* Aucune sensibilité sur le parcours de l'os. Au genou, tous les mouvements sont possibles sans douleur. La jeune fille se met à genoux, se relève, marche, sans éprouver la plus légère souffrance. »

Nous avons revu, dans ces derniers temps, nos confrères de Poitiers. Le D*r* Gaillard nous a rappelé les tentatives qu'il avait faites pour extraire cet os qui paraissait ne tenir que par quelques fibres.

Le D*r* Dupont, en nous répétant les termes si précis de son certificat, nous a dit : « J'ai reçu plus de cent lettres dans lesquelles on me demandait des renseignements sur ce fait. La plupart de ces lettres étaient signées par des confrères. A tous je répondais : La maladie et la guérison sont indiscutables. Pour les interpréter, il n'est pas nécessaire d'être médecin. Il suffit d'avoir vu la plaie et la tumeur blanche le jour du départ, et, quatre jours après, d'avoir touché cette cicatrice solide qui remplaçait la plaie, de n'avoir plus trouvé aucune trace de la tumeur blanche.

» Ce que j'ai vu, ajouta-t-il, toutes les personnes qui vivent dans l'entourage de cette enfant l'ont vu comme moi. »

Nous avons interrogé les Sœurs de l'hôpital, celles qui, le matin du départ, avaient pansé la plaie; leurs affirmations ont été tout aussi formelles.

Enfin, les religieuses qui ont accompagné l'enfant pendant le voyage, les dames qui faisaient partie du pèlerinage, ont observé de plus près encore le moment précis de la guérison.

A son retour de Lourdes, Amélie rentre chez sa tante.

Là, pendant trois mois, elle reçoit chaque jour de nombreuses visites, elle montre son pied à toutes les personnes qui viennent la voir.

A la fin de novembre 1891, elle est admise chez les religieuses du Sacré-Cœur, comme postulante. Elle y reste jusqu'au mois d'août 1893. Pendant deux ans, sa vie s'écoule sous les yeux des mêmes témoins, et l'on constate que non seulement tous les accidents passés sont bien effacés, mais que sa santé a subi une transformation complète.

Mme de La Salinière, qui assistait à la prise d'habit, le 8 novembre 1892, nous écrivait : « J'ai assisté, au Sacré-Cœur, à une touchante cérémonie : Amélie Chagnon, une de nos miraculées de l'année dernière, a pris l'habit.

» La Sainte Vierge ne fait pas les choses à demi, cette chère enfant respire la santé. »

Une visite au Sacré-Cœur du Mans, le 2 novembre 1893.

Depuis le mois d'août, Amélie est au Sacré-Cœur du Mans. C'est là que je suis allé la voir le 2 novembre. J'ai quelque peine à reconnaître ma jeune fille de Lourdes. Celle que j'avais vue au sortir des piscines était une jeune fille pâle, amaigrie. Ses plaies étaient cicatrisées, mais les traces de ses longues souffrances étaient mal effacées.

Deux ans se sont écoulés. Amélie a pris de l'embonpoint, des couleurs, et je me dis, comme Mme de La Salinière « que la Sainte Vierge ne fait pas les choses à demi. »

Elle ne m'attendait pas; elle est émue, surprise, intimidée. Mon nom lui rappelle les grands souvenirs du 21 août 1891.

« Ne désirez-vous pas, lui dis-je, revenir à Lourdes?

— Non, c'est contraire désormais à ma vocation, et si j'y revenais, c'est que je serais malade.

Avant de prendre l'habit, la Supérieure de Poitiers m'a offert, en présence de M. Périvier, vicaire général, de m'y envoyer. J'ai refusé.

— Mais vous devez un pèlerinage d'action de grâces!

— Je me suis arrangée pour cela avec la Sainte Vierge. Ma tante y est revenue à ma place.

— Avez-vous lu ce qu'on a publié sur votre guérison?

— Non, je n'ai rien lu. J'ignore si l'on a publié quelque chose sur moi.

— Quel est le souvenir qui se présente le plus souvent à votre esprit?

— C'est celui de ce tableau, qui était en face de moi quand j'étais dans la piscine, et sur lequel mes yeux se sont arrêtés quand je me suis relevée. Je le vois sans cesse devant moi.

— Sentez-vous parfois peser sur vous le poids des grâces que vous avez reçues?

— Non, je suis heureuse d'avoir pu suivre ma vocation. Je sens bien quelquefois que le démon n'est pas content, mais que m'importe? »

La Sœur qui est avec elle ajoute : « Notre vocation nous commande la joie extérieure, l'oubli de nous-même, une générosité sans limites. Nous nous devons à nos élèves. Les questions personnelles ne doivent pas avoir de place parmi nous. »

Je prolonge mon interrogatoire; je multiplie mes questions; je les répète sous vingt formes différentes. La religieuse qui assiste à notre entretien trouve que j'abuse, Amélie ne témoigne ni lassitude ni impatience ; c'est toujours le même calme, la même simplicité. Si je m'arrête, elle se tait. Si j'interroge de nouveau, elle répond d'un mot ; mais elle répond sans jamais se mettre en scène. Elle est bien dans l'esprit de sa règle, et chez elle, le côté personnel est absolument effacé.

C'est une âme d'une limpidité parfaite, un pur cristal qu'aucun souffle ne peut altérer.

« Avez-vous oublié quelque chose dans vos réponses?

— J'ai oublié de vous dire que j'avais été reçue Enfant de Marie, et depuis ce jour, j'ai toujours récité le petit office de l'Immaculée Conception. C'est le seul point que j'ai omis et c'est le plus important.

— Que faites-vous dans la Communauté?

— Je suis employée à l'infirmerie comme auxiliaire.»

Chacune de ces réponses, chaque trait nouveau, fait surgir dans mon esprit une comparaison qui s'impose. N'avais-je pas devant moi comme la reproduction, dans ses grandes lignes, de la figure de Bernadette?

Comme Bernadette, Amélie avait quitté le monde pour conserver le dépôt des grâces qu'elle avait reçues. Mais auparavant, elle avait mis au grand jour le caractère de sa guérison. Elle s'était prêtée à tous les interrogatoires ; elle s'y prêtait encore sans aucune marque de lassitude ou d'ennui.

Comme Bernadette, elle était attachée à l'infirmerie, afin que sa vie pût s'écouler sous les yeux des médecins.

Enfin, elle ne doit pas revoir la Grotte où sa pensée s[e] reporte sans cesse. Et les lignes que nous écrivons su[r] elle ne seront jamais mises sous ses yeux.

Au Sacré-Cœur du Mans, comme chez les Sœurs d[e] Nevers, avec elle, comme avec Bernadette, on parle pe[u] de Lourdes, jamais de sa guérison. Elle passe inaperçu[e].

C'est une novice que rien ne distingue ; rien ne vien[t] altérer la paix de son âme.

J'ai dû, sans doute, troubler un instant le calm[e] absolu de sa retraite. J'en ai surpris l'aveu, le seul q[ui] lui soit échappé. A la fin d'une séance, où je l'avai[s] retenue plus longtemps, je lui demandai quelle impre[s]sion mon interrogatoire laissait dans son esprit.

Elle ne répondit pas. Pressée davantage, elle me dit « J'ai hâte que ce soit fini. »

Bernadette, parfois aussi, avait hâte d'arriver à [la] fin, de retrouver sa solitude, de se soustraire à un[e] mise en scène trop prolongée.

Quand on rencontre une de ces guérisons, éclatante[s] comme la lumière, on saisit plus aisément les grande[s] lignes du plan divin auquel elles correspondent. O[n] suit la trace d'une préparation éloignée. La guériso[n] n'est plus un fait isolé dans l'existence, mais un poin[t] culminant vers lequel tout converge. La vie se divis[e] en deux parts :

Dans la première, on monte, on monte sans cess[e] vers ce sommet, en se dégageant chaque jour des lien[s] qui fixent à la terre ; dans la seconde, on s'éloigne len[-]tement, à regret, de ces cimes, comme ébloui de ce[s] hautes visions ; on rend désormais témoignage de[s] vérités entrevues et des faveurs reçues.

Il en a été ainsi pour Amélie Chagnon.

Ce grand jour du 21 août 1891 est le point culminant de sa vie. Pendant toute sa jeunesse, elle s'est préparée à l'événement qui devait s'accomplir ce jour-là, préparée par la prière et la souffrance, les grandes voies du ciel. Jusque-là, un seul sentiment remplit son âme : l'amour de la Sainte Vierge. « Je l'aimais, nous dit-elle, par attrait naturel; c'était un besoin pour moi. » Elle avait reçu cet amour en héritage; c'est la dernière pensée que sa mère lui a léguée en mourant.

La maladie vient avec l'adolescence, elle l'accepte comme un avertissement du ciel. « Je crois, ma tante, que cette maladie est un appel du bon Dieu; je m'étais relâchée. »

Elle aurait pu avoir une maladie intérieure; mais non! Elle doit servir d'enseignement, il faut que son mal soit visible pour tous. Elle aura une plaie extérieure qui suppurera pendant plusieurs années, une plaie dans laquelle les médecins enfonceront leurs stylets, que tout le monde pourra voir et toucher comme on pourra voir et toucher la tumeur blanche du genou.

Ce n'est pas dans sa famille qu'elle est soignée, mais dans un hôpital. Là, tous les moyens de contrôle abondent, les médecins opèrent sous les yeux de nombreux témoins.

C'est encore de l'hôpital qu'elle part pour son pèlerinage, accompagnée des religieuses, des dames qui l'ont visitée pendant sa maladie et qui l'accompagneront jusque dans la piscine, qui enlèveront son pansement fait de la veille, toucheront sa plaie et la verront en quelques secondes disparaître complètement, en laissant une empreinte qui n'est plus que la trace et le témoignage du mal disparu.

Immédiatement au sortir des piscines, les médecins qui se trouvent à Lourdes constatent le caractère de cette cicatrice qui n'a que quelques instants de durée et qui a la solidité et l'aspect d'une cicatrice ancienne.

A Poitiers, les médecins de la jeune fille sont renversés par ces changements si subits.

Amélie reste trois mois chez sa tante, près de deux ans comme aspirante ou novice au Sacré-Cœur. Elle revoit les religieuses qui l'ont soignée, toutes les personnes qui l'ont connue, des curieux en grand nombre, elle répète à chaque instant du jour le récit de sa guérison.

Mme de La Salinière nous écrit : « Au mois de septembre, quelques jours après le pèlerinage, Amélie vint me voir. J'examinai son pied, la plaie n'était plus rose, mais de couleur naturelle ; elle présentait l'aspect d'une ancienne cicatrice, le bourrelet avait disparu.

» La jeune fille fit avec nous des courses à pied de plus de quatre kilomètres, rien ne la fatiguait..... »

Les mots de carie ou de tumeur blanche peuvent ne réveiller dans l'esprit du public que des notions confuses, mais nous savons que ni le génie de l'homme, ni toutes les forces de la nature ne peuvent effacer en un instant de semblables lésions.

Cette guérison nous réserve une leçon plus haute. Le temps a consacré tous ces résultats. Il n'y a pas eu de rechute. On peut donc, en écrivant l'histoire de cette jeune fille, établir qu'il y eut un jour, une heure, dans sa vie, où elle a vu s'opérer en elle un changement complet.

Non seulement ces accidents extérieurs, manifestation d'une diathèse profonde, qui imprégnait son économie, ont disparu; mais il s'est fait en elle une sorte de rénovation qui l'a mise pour jamais à l'abri des atteintes passées.

Ces résultats ne sont pas à notre portée. Nous sommes directement visés par ces enseignements. Vainement nous chercherions à nous dérober, nous sommes atteints.

Il y a trente ans, combien étions-nous de médecins à nous incliner devant les guérisons de Lourdes? Combien sommes-nous aujourd'hui? Il se fait chaque jour des brèches plus profondes dans les rangs des irréconciliables; quand la raison est touchée, le cœur ne tarde pas à suivre.

La guérison que nous allons résumer a été constatée par le D{^{r}} Gaillé sur sa propre fille. Il ne peut y avoir ni erreur ni surprise. Depuis cinq ans, le père suivait les progrès du mal, et c'est sous ses yeux qu'une guérison instantanée et définitive s'est produite.

GUÉRISON CONSTATÉE LE 6 AOUT 1892

Pélerinage d'actions de grâces.

Altération grave des os du pied, qui date de cinq ans. — Guérison instantanée, le 8 décembre 1891, à la fin d'une neuvaine faite en invoquant Notre-Dame de Lourdes.

Au mois d'août 1892, M{^{lle}} Gaillé vint à Lourdes en actions de grâces. Elle avait été guérie le 8 décembre dernier, à la fin d'une neuvaine qui se terminait le jour de la fête de l'Immaculée Conception.

Son père, le Dr Gallié, de Valence-d'Albi (Tarn), nous raconte dans une longue lettre tous les détails de sa maladie et de sa guérison.

« Je vous donnerai, nous dit-il, avec d'autant plus de joie et de plaisir cette relation, que jamais on n'a vu, je crois, sans une intervention divine, une semblable guérison, si subite, si radicale. C'est un miracle, on ne peut l'expliquer autrement.

» C'est au mois de juillet 1886 que commença la maladie. Un os du pied droit, le premier métatarsien devint très douloureux ; les soins que je donnai à ma fille arrêtèrent ces premiers accidents. Mais, au mois de février 1887, l'inflammation reprit avec une intensité nouvelle. Ma fille était alors au couvent du Bon-Sauveur d'Albi. Je la fis rentrer dans la famille. J'instituai de nouveau un traitement énergique ; je l'envoyai aux bains de mer. Une deuxième fois le mal fut enrayé, avec des cautérisations au fer rouge, répétées tous les quinze jours.

» La fin de 1889 et l'année 1890 se passèrent dans des conditions satisfaisantes. La guérison paraissait parfaite ; ma fille ne souffrait un peu qu'aux diverses variations de température. Nous pensions qu'elle était guérie.

» C'est à ce moment qu'elle entra comme postulante chez les Filles de la Charité de l'hospice d'Albi, où elle resta jusqu'au 24 janvier 1891. Elle partit alors pour le noviciat de Paris ; mais, vers le 15 février, moins d'un mois après son départ, les anciens symptômes de la maladie du pied éclatèrent avec une intensité qu'ils n'avaient jamais eue. Il fallut s'aliter.

» Malgré tous les traitements employés, son état s'aggravait de jour en jour. Le D⁏ Brochin, médecin de la communauté, voulait lui enlever l'os malade et faire une résection partielle du pied. Je m'y opposai formellement. Je fis rentrer ma fille à Valence, où elle arriva le 19 mars 1891.

» Je repris tous les traitements qui m'avaient réussi jusqu'alors, mais qui ne me donnèrent que des résultats bien incomplets. Les eaux furent mal supportées, et, le 25 août, il fallut suspendre toute médication.

» A ce moment l'os et le pied étaient très douloureux, très enflammés. Je voyais qu'une opération était inévitable et, malgré la répugnance de ma fille, je comprenais que le moment était arrivé de prendre un parti décisif.

» En septembre, M. le curé de Valence partait pour Lourdes. Il vint voir ma fille. « Demandez à la Sainte Vierge, lui dit-elle, ma guérison, et dites-lui que, si je guéris, j'irai la remercier à Lourdes. » Cette pensée d'un pèlerinage à Lourdes ne quitte plus la pensée de mon enfant, et je dus pour le moment abandonner toute idée d'opération.

» Le 29 novembre, ma fille Marguerite, ses sœurs, plusieurs parents et amis commencent une neuvaine à Notre-Dame de Lourdes pour la fête de l'Immaculée Conception. La malade suit tous les exercices de la retraite. On était obligé de la soutenir ou plutôt de la porter, et cependant la distance à parcourir n'était que de cent mètres environ.

» Le jour de la clôture, elle suit tous les exercices avec

une dévotion plus vive encore ; mais elle se trouve plus fatiguée que de coutume, ses souffrances sont atroces. Elle prie ses sœurs et ses amies de vouloir bien la ramener à la maison; elle rentre vers 5 heures du soir. Elle s'assit en pleurant et, à sa mère qui lui demande la cause de ses larmes, elle répond : « O maman, je suis bien malheureuse, je ne puis plus me supporter. »

» Au bout d'une demi-heure environ, elle se lève brusquement. « Maman, je suis guérie, s'écrie-t-elle ; mon pied ne me fait aucun mal, je puis marcher ! » Elle remuait, en effet, ce pied et marchait comme si elle n'avait jamais souffert. »

« Vous comprendrez, bien cher confrère, ajoute le Dr Gaffé, la joie de la famille. On pleurait de joie. Le soir même, ma fille rendait visite à tous nos parents. Elle fut au couvent suivre la procession aux flambeaux. Personne ne la soutenait, elle marchait bien seule et sans aide.

» J'étais absent de chez moi. Je rentre une heure après, et, en descendant de voiture, sa petite sœur arrive et me dit : « Papa, Marguerite est guérie. » Je ne pouvais croire à cette guérison si miraculeuse et si subite.

» Sa mère vint à cet instant me confirmer la guérison et me dire de rentrer pour constater le miracle. Je rentre, je fais enlever les bas. L'os, que j'avais laissé volumineux et très douloureux, que je ne pouvais toucher sans provoquer une vive douleur, était comme celui du pied gauche, peut-être plus petit. Je pouvais le presser, lui imprimer tous les mouvements. Ma fille n'éprouvait aucune souffrance.

» Ma famille criait au miracle! N'allons pas si vite, attendons, contentons-nous de prier Dieu et la Sainte Vierge. Le temps fera le reste. La guérison est restée complète. Depuis lors, il n'y a pas eu la moindre douleur, elle a pu mettre toute espèce de chaussures, ce qui était impossible auparavant. Cette guérison est miraculeuse.

» On ne peut, dans ce cas, arguer de nervosisme, de suggestion; c'est un fait matériel, physique. Je joins à ma lettre le certificat que le Dr Brochin, de Paris, remit à ma fille au moment de son départ, et je pense que mes confrères, qui ont vu mon enfant, ne me refuseront pas de constater les faits dont ils ont été témoins et voudront bien proclamer le caractère absolument inexplicable de cette guérison. »

Élise Lesage, de Bucquoy (Pas-de-Calais). — Tumeur blanche du genou guérie dans la piscine, le 21 août 1892. — Les guérisons dans les hôpitaux et les guérisons de Lourdes.

Je visitais ces jours derniers les hôpitaux de Paris. Dans une salle de médecine, le chef de service me montre une malade qui était atteinte d'une contracture très douloureuse du genou, affection rebelle, qui peut en imposer pour une tumeur blanche.

« Voilà, me dit-il, les malades que vous guérissez à Lourdes. »

En même temps, il me découvrait le genou de cette femme, emprisonné dans une gouttière, portant à sa surface la trace de nombreuses pointes de feu. Tout mouvement était impossible, tout contact douloureux.

Cette femme était pâle, émaciée, et portait sur son visage la trace de ses longues souffrances.

« Ces guérisons n'ont aucune importance, me disait le médecin, elles s'obtiennent facilement partout. »

L'œil de la malade se fixait sur lui avec étonnement, avec anxiété; elle se demandait, sans doute, comment on lui faisait attendre si longtemps une guérison si facile.

« Depuis combien de temps cette malade est-elle dans votre service, dis-je au médecin?

— Depuis deux ou trois mois.

— Quel traitement a-t-elle suivi?

— Au début, des vésicatoires, plus tard, des cautérisations au fer rouge, plusieurs fois répétées, enfin l'immobilité dans une gouttière.

— Vous avez tout fait et vous n'avez rien obtenu. Quand espérez-vous la voir guérir?

— Je l'ignore. Mais peut-être en mettant le feu à son lit, la ferait-on sauter à bas, et se sauver à toutes jambes.

— Mettre le feu au lit des malades!

Je ne vois pas bien cette médication nouvelle en usage. Arroser les lits de pétrole, c'est dangereux, même pour le voisin. Si, par hasard, l'expérience ne réussissait pas, si la malade ne pouvait se lever, le résultat serait désastreux.

J'aime mieux le traitement par l'eau que par le feu, et la piscine me paraît préférable au gril, à la chaudière. »

Ce raisonnement n'avait qu'un but : Me prouver que les maladies nerveuses peuvent guérir sous l'influence d'une violente commotion, et que les guérisons de Lourdes se rangent sous cette loi. Nous n'observons, nous dit-on sans cesse, que des troubles nerveux qui disparaissent sous l'influence de toutes les suggestions réunies autour de la Grotte.

L'eau froide des piscines agit par le saisissement profond qu'elle détermine dans l'organisme.

Nous répondons : Il y a des malades qui guérissent sans entrer dans la piscine.

La foule, avec ses entraînements, ses enthousiasmes, détermine de pareils effets.

Mais il y a des malades qui évitent les foules, recherchent le recueillement, la solitude.

Chez eux, le site avec ses enchantements, le cadre si suggestif de la Grotte, tiennent lieu de tout le reste.

Mais il y a des malades qui guérissent sans venir à Lourdes.

C'est une question de foi.

Il y a des enfants bien inconscients de la guérison qu'on sollicite pour eux et qu'on obtient quelquefois.

Ce sont des exceptions, on ne raisonne pas avec les exceptions. Et l'on nous répète encore : Vous ne voyez disparaître, à Lourdes, que des accidents nerveux.

Mais alors, les médecins doivent être suggestionnés à leur tour, car ils nous apportent chaque jour des exemples nombreux, irrécusables, de tumeurs, de plaies, de maladies organiques guéries à Lourdes.

Ce ne sont pas seulement des médecins choisis, convaincus d'avance ; ce sont des hommes, dont le nom fait autorité dans la science, dont personne ne peut suspecter le témoignage.

A toutes les objections que l'on nous fait, nous pouvous répondre par des exemples sans cesse répétés et plus concluants les uns que les autres.

A ce médecin d'hôpital, qui me montrait sa fausse tumeur blanche qu'il ne pouvait pas guérir, j'aurais pu citer l'exemple d'Élise Lesage qui a été guérie instantanément à Lourdes, le 21 août 1892, d'une tumeur blanche du genou qui n'était que trop réelle.

Mlle Élise Lesage a été guérie, alors que les médecins avaient déclaré que la guérison était absolument impossible dans les conditions où elle s'est produite.

Il pouvait se faire une soudure, une ankylose lente, mais elle devait rester toujours boiteuse; jamais elle ne pourrait refaire une articulation neuve, retrouver la souplesse qu'elle avait perdue.

La guérison a été instantanée et complète; il serait impossible, aujourd'hui, de savoir quel a été le genou malade, si les traces de feu ne laissaient encore leur empreinte.

Les trois médecins qui ont soigné Mlle Lesage n'hésitent pas à déclarer que la guérison est absolument inexplicable. Parmi ces médecins, nous trouvons l'homme le plus compétent que nous ayons pour le traitement de ces maladies : le Dr de Saint-Germain, chirurgien de l'hôpital des enfants, membre de l'Académie de médecine.

La maladie. — La guérison.

Élise Lesage avait un tempérament délicat; sa première enfance avait été maladive. Vers l'âge de dix-sept ans, au mois de mars 1891, sans cause connue, elle éprouve des douleurs dans le genou gauche, douleurs bientôt suivies de gonflement.

Il faut s'arrêter, se mettre au lit, garder le repos absolu.

On applique de la teinture d'iode, des vésicatoires, un appareil qui immobilise le genou.

On donne tous les reconstituants possibles, rien n'y fait. Le mal s'aggrave, la famille, justement alarmée, demande une consultation.

Le Dr de Saint-Germain, de Paris, est appelé au mois de juillet. Il examine attentivement cette articulation malade ; il trouve un gonflement considérable dans le creux du jarret, et en dedans du genou.

Les membranes internes sont dégénérées, épaissies, il n'y a plus ni poli, ni élasticité.

C'est une articulation détruite, les os pourront se souder les uns aux autres, c'est le seul mode de guérison possible. Tout le membre inférieur devra se mouvoir dans son entier, comme une tige inflexible.

Dans une consultation que nous avons sous les yeux et que nous reproduisons textuellement, le Dr de Saint-Germain conseille :

« 1° Appliquer sous le chloroforme cinq grandes raies de feu et vingt-cinq pointes de feu autour du genou ;

» 2° L'application quotidienne de teinture d'iode autour de l'articulation du cou-de-pied ;

» 3° En cas d'insuccès, au bout de deux mois, surtout en cas d'aggravation notable, la résection deviendrait nécessaire ;

» 4° Le traitement général déjà institué devra être rigoureusement continué. »

Au bout de six semaines, les prévisions du Dr de Saint-Germain paraissent se réaliser. Le mal s'aggrave.

Pour éviter la résection, on met en usage un traitement plus actif encore.

Tous les quinze jours, pendant quatre mois, on enfonce dans le genou quarante aiguilles en platine, rougies au blanc, avec un appareil électrique, on les fait pénétrer jusqu'à un centimètre et demi, on atteint les os, on arrive ainsi jusqu'au mois de février, l'amélioration est peu sensible.

Dans le courant de l'été, on conduit la malade aux eaux de Saint-Amand. Elle revient avec des douleurs moins vives, elle peut faire quelques pas avec des béquilles, la jambe toujours immobilisée dans son appareil, et sans jamais toucher le sol du pied malade.

Le pèlerinage national s'organise; Élise se fait inscrire. Depuis longtemps sa pensée est sans cesse tournée vers Lourdes; c'est là qu'elle doit guérir, elle n'a plus confiance dans les moyens humains.

Elle part avec ses béquilles, la jambe toujours enfermée dans son appareil.

A Poitiers, autour du tombeau de sainte Radegonde, elle se soutient quelques instants sur son pied malade. Ce n'est pas un résultat complet, mais c'est le premier rayon d'espérance. C'est le signe avant-coureur de la guérison définitive.

A Lourdes, elle entre dans la piscine, toujours avec son appareil, on lui a défendu de le quitter.

En sortant de l'eau, elle s'appuie facilement sur son pied et vient directement au bureau des médecins. Elle nous demande de lui enlever son appareil.

Nous fendons cette gouttière dans toute son étendue, et nous mettons à jour ce genou depuis si longtemps immobilisé dans cette boîte rigide. Il n'y a ni raideur, ni ankylose, pas de gonflement, pas de trace de tumeur blanche; tous les mouvements sont libres. La cuisse, au-dessus du genou, a trois centimètres de moins que du côté opposé, mais, dans la soirée, on la mesure de nouveau, elle a déjà regagné deux centimètres.

Toutes les traces de ces désordres aussi anciens, aussi graves, se sont effacées à vue d'œil.

Ce n'est pas une amélioration, c'est une guérison complète.

Au retour, les médecins de la jeune fille reconnaissent franchement qu'un pareil résultat renverse toutes les prévisions, est à l'encontre de toutes les lois naturelles. Nous avons revu Mlle Lesage pendant le pèlerinage national de 1893. Ce n'était plus la même personne. L'année dernière, elle se traînait sur ses béquilles, pâle, amaigrie; cette année, elle frappait par son entrain, son allure décidée; sa physionomie trahissait les sentiments de joie et de reconnaissance qui remplissaient son âme. Le contraste était absolu.

Cette guérison avait le caractère des grandes guérisons de Lourdes. Il fallait la mettre en lumière, la soumettre au contrôle de tous les médecins qui avaient soigné cette jeune fille.

Une interview chez le Dr de Saint-Germain.

J'avais demandé à M. Lesage de me conduire sa fille pendant mon séjour à Paris et, le 23 janvier, je recevais la visite du père et de la fille, heureux de pouvoir donner encore un témoignage de gratitude envers Notre-Dame de Lourdes.

Je proposai à Mme Lesage de l'accompagner chez le Dr de Saint-Germain, qui l'avait vue en consultation chez des médecins ordinaires.

A deux heures, nous étions dans le cabinet du chirurgien des enfants.

« Mon cher confrère, lui dis-je, je viens vous présenter un cas peut-être unique dans votre pratique. »

Le docteur sourit :

« Voyons, de quoi s'agit-il ?

— Vous souvenez-vous de Mme Lesage, qui avait une tumeur blanche du genou et que vous êtes allé voir à Amiens ?

— Parfaitement.

— Dans une consultation écrite en entier de votre main et signée par vous, vous conseillez d'abord les pointes de feu et, s'il n'y a pas d'amélioration, la résection des os malades.

Il n'y a pas eu d'amélioration, on n'a pas fait la résection, et la guérison a été instantanée et complète dans quelques minutes. »

Le docteur examine le genou, le palpe dans tous les sens, le plie. « Mais il n'y a rien, dit-il, c'est parfait. Il n'y a pas trace d'engorgement, de raideur; l'articulation est intacte.

— Comment tout cela s'est-il produit ?

— La guérison s'est produite dans la piscine de Lourdes. J'avais sans doute raison de vous dire que vous n'aviez pas vu d'exemple pareil.

— J'en ai vu un autre, dans les mêmes conditions, me dit le docteur; j'ai soigné longtemps une jeune fille pour une coxalgie. Tous nos moyens restaient sans effet. La guérison fut obtenue à Lourdes, en un instant et radicalement. »

Le docteur me donne le nom de cette malade, dont l'observation n'a pas été publiée.

« J'avais vu, lui dis-je, cette jeune fille, mais j'avais cru à une coxalgie nerveuse.

— Mais non, ajoute M. de Saint-Germain, c'était une coxalgie bien réelle, avec lésion articulaire grave. On nous reproche si souvent de prendre des maladies nerveuses pour des lésions organiques, que nous ne publions aucune guérison de coxalgie et j'avais laissé cette observation de côté.

— Ainsi, mon cher confrère, je puis m'appuyer sur votre témoignage pour interpréter la guérison de Mlle Lesage ?

— Vous le pouvez, me dit en nous quittant le chirurgien des enfants, je n'ai aucune réserve à formuler. Cette guérison est inexplicable et sort du cadre de nos observations. »

Je cherche vainement par quel côté on peut essayer de battre en brèche des faits appuyés sur un tel ensemble de témoignages.

Dira-t-on que les médecins, quelle que soit leur expérience, peuvent se tromper ? Mais ils nous donnent ici les motifs de leur jugement. Une contracture nerveuse n'entraîne pas le développement de tumeurs, de fongosités tout autour de l'articulation, dans le creux du jarret. Le cou-de-pied est malade comme le genou, c'est une diathèse qui porte son action sur plusieurs points à la fois. Si nous n'avions qu'un exemple pareil! mais à Lourdes ce sont des faits d'observation usuelle.

La guérison d'Élise Lesage peut prendre place à côté de celle d'Amélie Chagnon. Chez Amélie, la plaie, la carie de l'os, donnaient à la tumeur blanche sa signature, son nom.

Il me semble qu'il est difficile de pousser plus loin la rigueur d'une démonstration.

Quand ces questions, sans cesse débattues dans les livres, dans la presse, dans les conférences, auront été vulgarisées, tous les préjugés tomberont. Les hommes de science, difficiles à ébranler, deviendront nos meilleurs auxiliaires.

Que vous attardez-vous? disais-je dernièrement aux confrères qui m'entouraient; venez avec nous, faites-vous une opinion.

Vous trouvez que nos enquêtes sont incomplètes, nos travaux inachevés ; mettez les mains à l'œuvre.

Faites mieux, la chose est facile. Prenez un ou deux comme exemples, étudiez-les.

Si vous rencontrez une guérison, comme celle d'Élise Lesage, votre esprit s'éclairera de lueurs inattendues et vous ne vous attarderez plus à des objections sans cesse réfutées.

CHAPITRE VII

MALADIES DE L'ESTOMAC

Ulcère de l'estomac; Marie Jarland; D' Nave, D' Sarrazin. — Sœur Hubertine. — D' Klein. — D' Semal.

Nous observons à Lourdes toute la série des maladies de l'estomac, depuis le trouble fonctionnel jusqu'à l'ulcère et la tumeur cancéreuse. Les malades touchent souvent à la cachexie; ce sont des cadavres ambulants. Pour leur rendre leurs forces perdues, il ne suffit plus d'arrêter les accidents dyspeptiques, causes premières du mal; il faut qu'une véritable résurrection s'opère en eux.

L'exemple suivant nous montrera quel est le sens et la portée des guérisons observées dans ces conditions :

« En 1873, Marie Jarland avait trente et un ans. C'était une femme robuste, élevée à la campagne, occupée dans son enfance aux travaux des champs. Elle n'avait jamais été malade; elle était même dans des conditions de santé au-dessus de la moyenne. Domestique chez M. de Lavelle, président du tribunal de Sarlat, elle est restée dix-sept ou dix-huit ans dans cette maison, jusqu'à la mort de son maître.

» Au mois de mars de l'année 1873, Marie Jarland boit, par erreur, un verre d'eau de cuivre étendu dans du bouillon; c'est-à-dire environ 35 grammes d'acide sulfurique dilué. Elle ressent aussitôt une grande amertume, une chaleur brûlante dans l'estomac; mais elle ne vomit pas. Le lendemain, elle éprouve une fatigue générale, des douleurs de courbature dans les membres. Au bout d'un mois, les vomissements se déclarent, elle rejette deux ou trois fois par jour ses aliments.

» Il se fait autour des parties plus profondément atteintes un travail de destruction qui pénètre jusqu'aux vaisseaux et entraîne des hémorragies abondantes.

» Dans le cours des trois premières années, elle a vingt-neuf vomissements de sang noir, coagulé, qu'elle rejette par pleines cuvettes. Au bout de trois ans, les hémorragies cessent. Il semble que la cicatrisation tend à se faire. Mais l'économie a été trop ébranlée pour que ce travail aboutisse à une résolution complète. L'estomac ne peut reprendre ses fonctions. La digestion est très difficile. Les vomissements continuent, le lait seul peut être supporté en petite quantité.

» Jusqu'à son pèlerinage à Lourdes, en 1887, c'est-à-dire pendant quatorze ans, Marie Jarland va rester dans ces conditions misérables. On sent, au niveau de l'estomac et de la grande courbure, une tumeur manifeste, douloureuse, soulevée par les artères profondes de la région.

» Quelques médecins, trompés par ces apparences, prononcent le mot de « squirre » ou de « cancer ». Évidemment, il s'est formé, autour des points ulcérés, une zone inflammatoire qui épaissit les tissus et forme une tuméfaction visible. La douleur est si vive en ce point que la malade ne peut serrer ou rattacher ses vêtements, et que toute pression est insupportable.

» Elle a été soignée par trois médecins, par le Dr Nave, par le Dr Sarrazin et par moi. Je l'ai vue pendant bien des années, alors qu'elle avait ces hémorragies si abondantes, que rien ne pouvait arrêter. J'avais porté le diagnostic d'ulcère simple de l'estomac. Sans trouver les traces d'une affection organique, je ne savais pas quel serait le terme d'une maladie aussi grave. Le Dr Sarrazin, qui l'a soignée en dernier lieu, alors qu'on trouvait une tumeur volumineuse, a dû concevoir des craintes sérieuses. La pensée d'une lésion organique s'est présentée à son esprit.

» Pendant les quatre ou cinq derniers mois qui précédèrent son voyage à Lourdes, l'état de notre malade s'était sensiblement aggravé. La tumeur de l'estomac était devenue plus sensible. Marie ne se nourrissait qu'avec un demi-litre de lait. Le jour de son départ, elle ne put rien prendre. Elle fit le voyage à peu près à jeun, aussi, sa faiblesse était telle qu'elle avait des syncopes continuelles.

» Le 26 septembre, elle arrive à Lourdes, à 7 heures du matin. Après avoir entendu la messe à la Grotte, elle prend un bain de piscine, sans aucun résultat; un second le soir. Le matin du 27, troisième bain; elle n'éprouve aucune amélioration.

» Le soir, à 5 heures, dernier bain; dans la piscine, une secousse violente se fait sentir à l'estomac. En sortant, elle ne trouve plus trace de sa tumeur. Elle s'habille, elle peut resserrer sa robe, sans gêne, sans souffrance.

» A peine dans le train, à 8 heures du soir, le même jour, elle éprouve une sensation de faim irrésistible, qu'elle n'avait pas ressentie depuis bien des années.

Elle mange une aile de poulet. Dans la nuit, elle boit un litre de lait. Le matin, à 5 heures, à la gare de Bordeaux, elle prend une tasse de chocolat.

» Cet estomac, malade depuis quatorze ans, dont la muqueuse était ulcérée, les parois enflammées, hypertrophiées, avait retrouvé, en un instant, l'intégrité de son jeu et la souplesse de son tissu. Depuis le 27 septembre, depuis le bain de piscine pris à 5 heures du soir, il n'y a pas eu le moindre faux pas dans cet organisme.

» Instantanée, la guérison est restée complète et sans rechute. »

L'hystérie simule souvent l'ulcère de l'estomac, donne des symptômes pareils en durée et en gravité. Mais, pour admettre une semblable thèse dans l'observation de Marie Jarland, il faudrait écarter d'abord la cause première : l'acide sulfurique. Cet estomac avait été brûlé profondément; et chez les hystériques, une fracture de jambe, une plaie, une brûlure sont soumises aux lois ordinaires de restauration des tissus. Sans doute, une lésion traumatique peut devenir l'occasion de complications nerveuses qui se greffent sur elle. Mais alors, le tempérament des malades doit nous renseigner.

Sur ce point, nous ne pouvons avoir de doute. Voilà une robuste fille de la campagne qui, dans tout le cours de son existence, n'a pas présenté un seul trouble nerveux, qui n'a, dans ses antécédents, aucune tare héréditaire. Pour admettre que, pendant quatorze ans, tous les accidents observés appartiennent à une prédisposition nerveuse, il faudrait que cette diathèse eût été bien somnolente, bien cachée jusque-là.

Marie Jarland est une femme qui a su conduire sa vie avec une sagesse, une régularité parfaites, qui est restée vingt ans chez les mêmes maîtres, faisant partie de la maison. Elle est, à l'heure actuelle, à mon service. Je peux l'étudier et l'observer chaque jour. Je ne trouve chez elle aucune prédisposition nerveuse, et je devrais conclure que le verre d'acide sulfurique n'a été que l'étincelle qui a provoqué un tel incendie; je devrais admettre cette thèse sans aucune preuve, pour donner satisfaction à une doctrine, à une théorie préconçues. La chose n'est pas sérieuse.

Quand nous écrivons l'histoire d'un malade dans un hôpital, d'un client que nous rencontrons sur notre route, nous pouvons faire une étude clinique, mais que d'inconnus devant nous! Antécédents, caractère, tempérament, tout nous est étranger. C'est avec des notes de convention et sur des données générales que nous traçons le récit de la maladie et de la guérison.

Dans l'observation de Marie Jarland, tous les détails sont personnels. C'est une histoire vivante, une photographie d'une ressemblance absolue. Tous les éléments sont faciles à grouper. Son intelligence, sa vie morale ont pu se développer lentement et sans secousse, dans un milieu où les occupations matérielles occupent la plus grande place. Le système nerveux se fortifie, s'équilibre à l'abri de ces commotions qui usent, dans les villes, les jeunes organisations.

Dans son cœur, la piété se développe sans effort. Elle a une dévotion particulière pour la Vierge de Lourdes. Avant de pouvoir visiter la Grotte, elle a souvent fait le pèlerinage spirituel.

A Lourdes, sans impatience du résultat, mais sans découragement, elle prend quatre bains de piscine. Ce n'est que dans le train, au retour, qu'elle a la certitude de sa guérison.

Il est facile d'écrire l'histoire de ces malades. C'est à nos côtés et sous nos yeux que leur vie s'écoule. Nous pouvons, par une longue étude, redresser nos jugements et nous mettre à l'abri de toute surprise.

Sœur Hubertine (8 septembre 1893).

Les pèlerins belges obtenaient, le 8 septembre 1893, une importante faveur : une de leurs malades avait trouvé, le matin, dans la piscine, une guérison instantanée et complète.

Sœur Hubertine, de la Congrégation du Très Saint-Sauveur, était arrivée dans le plus triste état.

Son médecin, le Dr Klein, déclare « que cette jeune Sœur, depuis plus de trois ans, ne peut supporter aucune nourriture ; le lait même, avec la glace, provoque des vomissements : ces vomissements contiennent souvent du sang noir en grande quantité. » Un jour, dans une crise plus violente, la Sœur a rendu deux cuvettes de sang. On a cru la perdre ; son pouls était imperceptible. Elle a reçu l'Extrême-Onction.

Tous les médicaments ont été essayés et sont restés sans effet : lavage de l'estomac, cocaïne, morphine, même l'hypnotisme, qui, du reste, n'a pas eu de prise sur elle.

Le médecin ajoute : « Le caractère de Sœur Hubertine, que j'ai étudié pendant deux ans, exclut toute hypothèse de maladie nerveuse ; il s'agit bien d'une maladie organique, d'un ulcère de l'estomac, ainsi que le prouvent la quantité de sang qui a été rendu, sa couleur noire et la gravité de tous les symptômes. »

Dans cet intervalle, il y a eu des alternatives diverses, mais jamais d'arrêt, et la Sœur est restée quatorze mois sans quitter le lit. Elle a consulté les médecins de la Faculté de l'État de Liége ; les médecins de Roubaix et d'Épinal; tous ont été unanimes; ils ont reconnu un ulcère de l'estomac.

C'est une maladie bien cruelle que l'ulcère de l'estomac. Les malheureux qui en sont atteints voient leurs forces s'en aller chaque jour : c'est une agonie lente, contre laquelle on ne peut rien, et qui semble inévitablement les conduire vers une issue fatale. Parfois, une hémorragie foudroyante entraîne la mort subite. C'est la faim avec toutes ses tortures : le lait lui-même augmente les souffrances, et l'estomac ulcéré se révolte au moindre contact.

Dans ces conditions, le voyage de la Sœur avait été bien pénible. Pendant sa durée (deux jours et demi environ), elle avait humecté ses lèvres avec du lait et de la glace; c'est à peine si elle en avait pris un verre durant tout le trajet.

Elle arrive exténuée à l'hôpital, le jeudi soir; et, le lendemain matin, 8 septembre, elle est reprise de ses vomissements habituels; elle rend une quantité notable de sang. On la porte à la Grotte; la Sœur n'a pas la consolation de faire la Sainte Communion : avec ses vomissements, la chose est impossible; de la Grotte on la conduit à la piscine. Elle se prête à tout, elle a confiance qu'elle va guérir.

A peine dans l'eau, une violente contraction l'étreint, il semble que son estomac se déchire; un frisson la secoue dans tout son être, et puis, aussitôt, le calme se fait.

La Sœur reprend sa voiture et rentre à l'hôpital. Là, sans hésiter, elle prend un bol de lait chaud; il y avait deux ans qu'elle n'en avait pas pris autant. Son estomac le supporte. Bien plus, elle éprouve la sensation de la faim, sensation qui lui était depuis si longtemps inconnue. A midi, elle prend place à la table commune, elle mange de la soupe, deux portions de haricots, trois pêches, du pain en quantité, elle boit du vin et du café.

Elle sort à pied, elle va et vient toute la journée; mais, à quatre heures, poussée par la faim, elle rentre à l'hôpital pour prendre un bol de café au lait. Le soir, au souper, pommes de terre et fruits comme le matin. La Sœur suit la procession aux flambeaux dans tout son parcours, et, à 10 heures, avant de se coucher, elle mange encore un pain d'épices, un œuf frais et boit un verre de vin (1).

On croit rêver en entendant le récit d'une pareille transformation; mais, c'est bien son estomac qui, le matin, rejetait du sang à flots, qui, suivant les médecins, n'était qu'une plaie, qui, subitement, a retrouvé la tolérance la plus complète. Cet estomac, si on avait pu l'ouvrir, comme on ouvre la main, on aurait trouvé sa surface ulcérée et saignante. Qu'étaient devenues toutes ces lésions?

La médecine peut-elle expliquer des modifications si profondes et si instantanées?

(1) C'était un vendredi; la Sœur veut observer l'abstinence.

Sœur Hubertine appartient à une famille nombreuse. Ils étaient onze enfants, ils sont encore sept. Elle avait une robuste constitution qu'elle a usée au service des malades. Elle a passé, pendant un an, toutes les nuits auprès d'un malheureux prêtre, dormant à peine une ou deux heures par jour. C'est là qu'une fluxion de poitrine est venue l'arrêter, c'est là que sa maladie d'estomac a pris naissance.

Dans sa Congrégation, les Sœurs sont constamment auprès des malades et passent une nuit sur deux. Aussi, la religieuse qui l'accompagne nous dit : « Nous mourons jeunes dans notre communauté. »

La Sœur Hubertine n'a consenti à prendre du repos que lorsqu'elle a été absolument à bout. A ce point, rien n'a pu la relever. Tous les remèdes ont été inutiles, et sa vie, disons-nous, n'était plus qu'une lente agonie.

Elle est restée six mois sans pouvoir faire la Sainte Communion. Et, plus tard, c'était en Viatique qu'elle la recevait : elle ne pouvait avaler qu'une très faible parcelle de la Sainte Hostie. Elle était donc privée à la fois de la nourriture spirituelle et corporelle.

La Sœur avait la certitude qu'elle serait guérie à Lourdes ; elle buvait de l'eau de la Grotte, et, dans ces longs mois où toute espérance lui faisait défaut, sa pensée était sans cesse au pied du rocher.

Elle n'avait jamais demandé de venir à Lourdes. Les religieuses du Sauveur accompagnent souvent les pèlerinages alsaciens-lorrains, mais elles ne viennent jamais pour un motif personnel. Sœur Hubertine, pour rester fidèle à sa règle, avait repoussé toutes les propositions qu'on lui avait faites dans ce sens. C'est à son insu qu'on l'a fait inscrire parmi les malades du pèlerinage belge, et c'est par obéissance qu'elle est venue.

Le médecin, qui l'interrogeait hier, lui disait :

« Qu'avez-vous promis pour obtenir votre guérison?

— Mais rien, répond la Sœur. Nous n'avons pas le droit de promettre, puisque nous ne possédons rien. » Et, pressée davantage, elle ajoutait : « Je demanderai peut-être à ma supérieure la permission de mettre une plaque pour rappeler la date de ce grand jour.

— Pourquoi avez-vous demandé votre guérison ?

— Mais, pour pouvoir reprendre ma place auprès de mes malades et pour leur rapporter de Lourdes une impression salutaire. Souvent nous soignons des incrédules, des hommes qui ont perdu toute foi, et nous avons beaucoup de peine à leur faire accepter les derniers sacrements; quand ils sauront que j'ai été guérie à Lourdes, ils ne résisteront plus. »

Comme nous sommes loin des motifs humains qui guident d'ordinaire notre conduite et inspirent nos prières!

C'est dans l'exercice de la charité que la Sœur a pris sa maladie, et c'est pour reprendre l'exercice de sa charité, pour la rendre plus efficace, qu'elle demande sa guérison !

Cette religieuse a trouvé la voie droite et sûre qui devait la conduire à la guérison. Elle l'a trouvée, au jour et à l'heure voulus, elle l'a trouvée instantanée et complète. C'est une sorte de résurrection qui s'est accomplie en elle.

La Sœur a pris sa place, le jour même, à la piscine : elle a baigné les malades, elle a été rendue à sa vocation.

Si vous aviez voulu la voir, il aurait fallu la chercher parmi les Hospitalières les plus vaillantes et les plus actives. Elle était là, telle que vous l'auriez vue il y a trois ou quatre ans, avant que la maladie et la souffrance ne l'eussent courbée sous leurs cruelles étreintes.

Le Dr Sémal, membre de l'Académie de médecine de Bruxelles, président du dernier Congrès d'anthropologie, assistait à l'interrogatoire de Sœur Hubertine. Cette guérison l'intéressait et l'étonnait profondément.

Il nous a promis de faire une enquête auprès des médecins qui avaient soigné la Sœur, et de nous faire connaître le résultat de ses recherches.

CHAPITRE VIII

MALADIES DES YEUX

M. Henri Lasserre; rétinite. — Kératite diffuse. — Décollement des deux rétines. — Vion-Dury. Sa guérison discutée à la Société d'ophtalmologie, par un protestant et présentée comme un fait unique dans la science.

La guérison des aveugles et de toutes les variétés des maladies des yeux forme un des chapitres les plus intéressants de l'histoire de Lourdes. Ces lésions diverses par leurs causes et leurs symptômes nous donnent un abrégé de toute la pathologie humaine.

On a voulu, avec l'amaurose nerveuse, donner la solution de ces modifications surprenantes. Le vice de ce raisonnement se trahit de lui-même, et toute réfutation est superflue. Sans doute, il y a des cécités nerveuses. Le champ visuel peut se rétrécir, la notion des couleurs se perdre ou s'altérer. Mais il s'agit bien de cela!

Nous sommes en présence de décollements de la rétine, d'atrophies de la papille, de ces inflammations profondes de la cornée sur laquelle toutes les diathèses viennent marquer leur empreinte. Il n'y a pas d'organe sur lequel on puisse, avec plus de précision, déterminer la nature et les conséquences des diverses maladies.

La disparition instantanée d'une lésion organique de l'œil est un fait au-dessus des efforts de la science et de la puissance de la nature.

La guérison de M. Lasserre nous a valu l'ouvrage de Notre-Dame de Lourdes.

Nous ne pouvons reproduire ici « ce récit surhumain, tracé en style magique. » (Diday, examen médical.)

Nous allons le résumer en ses parties essentielles.

Henri Lasserre avait une hyperémie, une congestion de la papille. Les deux oculistes les plus distingués de l'époque : les D⁻ Demarres et Giraud-Teulon, après avoir constaté la lésion de la rétine, avaient mis tout en œuvre pour en arrêter le développement. Le repos absolu des yeux, le séjour à la campagne, l'hydrothérapie, les toniques, tout avait été fait et tout était resté sans effet. Peu à peu, la vue s'affaiblissait et les yeux avaient fini par refuser leur service. Plusieurs mois s'étaient écoulés dans ce triste état. Le malade avait de sombres pressentiments et, dans son entourage, on ne se dissimulait pas que sa vue était perdue.

C'est alors que, sur les conseils d'un ami, d'un protestant, Henri Lasserre se fait apporter de l'eau de Lourdes. Il mouille successivement ses deux yeux et son front; mais à peine a-t-il touché de cette eau miraculeuse les parties malades, qu'il se sent guéri tout à coup, sans transition, avec une soudaineté qu'il ne peut comparer qu'à celle de la foudre. Vingt-huit ou trente ans se sont écoulés depuis sa guérison. Sa vue est parfaite. Ni le travail le plus soutenu et le plus ardu, ni les longues veillées ne l'ont fatigué.

Nous avons publié la guérison du P. Hermann, atteint d'un double décollement de la rétine, qui fut instantanément guéri à la Grotte. Mais nous avons été témoin d'une guérison plus surprenante encore, plus facile à interpréter pour les personnes étrangères à la médecine.

En 1887, nous avons vu à Lourdes, pendant le pèlerinage national, un enfant de onze ans à peu près complètement aveugle. L'œil gauche ne percevait aucune lueur et l'œil droit distinguait à peine la nuit du jour Il fallait le conduire par la main, le faire manger.

Il était dans cet état depuis deux ans.

Sa mère, qui nous le conduit, nous dit qu'elle a perdu cinq enfants morts dans la première enfance. Le père est dans un asile d'aliénés. Il ne lui reste que cet enfant ; il est aveugle.

Les deux cornées ont perdu leur transparence, elles ont cet aspect piqueté, rugueux, dépoli, qui caractérise la kératite interstitielle ; elles ressemblent à des billes de marbre. D'après les antécédents, la nature spécifique de la maladie paraissait suffisamment établie.

Au sortir des piscines, cet enfant retrouve subitement la vue. Toutes les personnes qui l'entourent constatent le fait, et une foule nombreuse l'accompagne jusqu'au bureau des médecins.

Non seulement l'enfant peut se conduire seul, mais il distingue les objets les plus fins, le mouvement d'une petite aiguille à seconde. En examinant les yeux à la loupe, nous remarquons que la cornée a retrouvé son poli, sa transparence. Il y a par places quelques taches, quelques légers nuages qui n'ont pas entièrement disparu, mais la plus grande partie de la cornée est débarrassée, la lumière peut pénétrer jusqu'aux parties profondes.

Si on peut guérir d'une kératite diffuse par un travail

de résorption lent, qui dure des mois ou des années, on n'en guérit jamais instantanément.

Nous avons revu cet enfant dans le courant de l'année suivante; il avait été placé à l'asile Saint-Charles, rue de Sèvres; il suivait les cours de l'école, il lisait, il écrivait sans aucune difficulté. Sa vue était absolument normale.

Le 2 août 1890, François Vion-Dury a été guéri d'un double décollement de la rétine qui l'avait rendu absolument aveugle depuis sept ans.

Il raconte sa maladie et sa guérison avec des détails si précis, si circonstanciés, qu'il serait difficile de trouver une observation plus complète et plus concluante, même sous la plume d'un médecin.

« Vers le milieu de novembre 1882, je fus désigné pour un service de *patrouille* dans la ville, depuis six heures du soir et par une pluie battante; en sorte que bientôt je fus tout mouillé comme mes compagnons. Au milieu de la nuit, un incendie se déclara au café de l'Hôtel-de-Ville. Nous fûmes commandés pour travailler à en arrêter les progrès. A l'étage supérieur se trouvaient quatre personnes qu'il fallait arracher aux flammes nous volâmes à leur secours, et nous fûmes assez heureux pour les sauver toutes. En ouvrant une porte, je vis une grande flamme m'arriver en pleine figure.

» Depuis ce moment, mes yeux se sont tellement affaiblis que, au bout de trois mois, je n'y voyais plus rien. En vain, à l'hôpital de Dijon, on essaya divers traitements. On finit par constater le *décollement des deux rétines;* et, le 24 mai 1883, on me renvoya dans ma famille, avec une gratification de 180 francs.

» Tout le monde plaignait mon triste sort. Je dus faire différentes démarches, soit à Bourg, soit à Belley, pour obtenir une pension suffisante, au lieu d'une simple *gratification renouvelable*.

» Le 11 juillet 1884, je recevais la pension de 600 francs avec mon congé définitif. Bientôt, on m'engagea à faire quelques démarches pour obtenir une pension plus forte. C'est dans ce but que M. Dor me délivra la déclaration du 16 septembre.

» Voici cette déclaration :

Je, soussigné, docteur en médecine, domicilié, 2, quai de la Charité, à Lyon, déclare que Vion-Dury François, soldat réformé de Lalleyriat, canton de Nantua (Ain), est affecté de décollement des deux rétines. Bien que la rétine se soit rappliquée dans l'œil gauche, cet œil ne distingue pas le jour de la nuit. Avec l'œil droit, M. Vion-Dury compte à peine les doigts à 0^m,30 de l'œil. Il ne peut donc faire absolument aucun travail et doit être considéré comme complètement aveugle des deux yeux, sa maladie étant absolument incurable.

Dr Dor.

Lyon, le 16 septembre 1884.

» Au mois d'août de la même année, j'allai à Lausanne consulter le Dr M. Dufour, oculiste distingué. En son absence, son adjoint, M. Verret, après m'avoir examiné, me déclara qu'il n'y avait rien à faire.

» Je sollicitai mon admission à l'hospice de Confort (près Bellegarde, Ain). J'y arrivai le 16 juillet 1890.

» Deux ou trois jours après mon entrée, la Sœur Louise me dit : « Pauvre Monsieur, vous êtes encore bien jeune (trente ans) pour être complètement aveugle. Si vous avez la foi et si vous aimez bien la Sainte Vierge, vous pourrez obtenir, par son intercession, de voir assez pour vous conduire. »

» Tous les jours, Sœur Louise, et surtout Sœur Marthe, me répétaient les mêmes paroles. Cette dernière ajoutait : « Écoutez, on fera prier les enfants, et la prière des enfants est efficace. Je vous donnerai de *l'eau de Lourdes;* vous vous laverez les yeux par trois fois; et, si vous avez bien confiance, la Sainte Vierge vous guérira. » Je répondais toujours : *Je ne suis pas digne !* »

» Je commençai cependant une neuvaine qui devait finir le vendredi 1ᵉʳ août. Ce jour-là, je n'avais constaté aucune amélioration.

» Le lendemain, je dis à la Sœur : Vous m'avez parlé d'eau de Lourdes, vous m'en remettrez bien un peu ? En effet, quelques instants après, Sœur Marthe est entrée, apportant une petite fiole d'eau de Lourdes. Elle l'a déposée en disant : « François, la voilà sur votre table.

— Mais, ma Sœur, comment faudra-t-il prendre cette eau de Lourdes ? faut-il un linge ?

— Non, vous en toucherez simplement votre doigt, et vous le passerez sur vos yeux.

— Et que faudra-t-il dire ?

— Notre-Dame de Lourdes, ou : O Marie conçue sans péché !....

— Ah ! ma Sœur, si vous saviez, je ne suis pas digne !..... Il y a quelque chose qui se passe en moi..... je ne sais pas ce que j'ai..... Tenez, laissez-moi tranquille ! »

» Je me mis au lit, tant j'étais fatigué..... Je prenais le flacon et je voulais le déposer; mais ma main le retenait toujours sur la table..... J'hésitais..... C'était un combat indéfinissable. Est-il possible !..... lâche que tu es!..... le diable ne sera pas toujours maître !..... D'un mouvement nerveux, je brisai le bouchon et enlevai avec effort la partie qui était restée.

« Bienheureux Chanel, je ne suis pas digne, demandez pour moi à la Sainte Vierge d'y voir clair ! »

» Par trois fois, faisant toucher l'index de la main droite à l'eau de Lourdes, je l'ai chaque fois passé rapidement sur les deux yeux. A la troisième, j'ai ressenti une violente douleur, comme si l'on m'avait enfoncé un couteau dans les deux yeux. Mais la Sœur s'est trompée; c'est de l'ammoniaque qu'elle m'a donnée ! Pour m'en assurer, je portai le flacon à mes lèvres; à peine l'eau les avait-elle touchées que la vue m'est revenue *tout d'un coup*, aussi promptement *qu'un coup de fusil*.

» Je distinguais les rideaux, les croisées, etc. « Simon, Simon, je vois! (C'était mon plus proche voisin.) Allez vite chercher les Sœurs. » Un autre, qui n'était pas encore au lit, s'est approché : « Si vous voyez, dites comment je suis habillé? — Vous avez un tricot, une cravate, un chapeau. — Mais, c'est vrai! il voit! » puis il court avertir les Sœurs; elles arrivent à l'instant.

» Dans l'intervalle, je m'étais levé. Les Sœurs m'ont trouvé appuyé sur mon lit, tenant la fiole d'*eau de Lourdes* et disant : « Est-ce possible ! est-ce croyable !..... Ah! mon Dieu! mon Dieu! Enfin!..... ô Sainte Vierge Marie, ma bonne Mère, que vous êtes bonne!..... Ah! ma pauvre mère, elle qui m'avait tant recommandé de faire cela, si elle me voyait, qu'elle serait contente!..... Que j'ai donc eu de bonheur de venir dans cette maison!..... » Je m'agenouillai, et je dis : « Priez, priez, mes Sœurs. » Nous avons fait ensemble une prière.

» A la voix, je reconnaissais successivement chacune des personnes présentes ; je dis en particulier à Sœur Gabrielle : « Oh ! comme vous êtes habillée ! vous avez un voile blanc, comme des religieuses que j'ai vues à Dijon ! C'est donc vous, ma Sœur Marthe ; en vous entendant marcher, je vous croyais plus jeune. »

« Cachez la lampe, disait la Sœur Louise, la lumière pourrait lui faire mal aux yeux. — Non, non, laissez-la, rien ne me fait mal. » On me présenta un livre dans lequel je lus plusieurs phrases. « Sœur Martha, voici mes lunettes (1), je n'en ai plus besoin, portez-les à la chapelle ; allons-y remercier le bon Dieu. »

» Le dimanche matin, à 5 heures 1/2, j'étais déjà à la chapelle pour assister à la sainte messe et faire ma communion. J'ai demandé un livre pour lire les actes préparatoires. Je me levai pour aller à la Table Sainte ; le Frère Directeur des écoles chrétiennes de Confort, ignorant ce qui s'était passé, m'offrait le bras pour me conduire. Je lui fis signe que je n'en avais pas besoin. A la fin de l'action de grâces, M. le Curé fit réciter le *Magnificat*.

» Depuis cette époque, *je vois comme à vingt ans*. Le samedi 16 août, j'accompagnai M. le Curé qui se rendait à Bourg. De la gare de Châtillon-de-Michaille, je distinguai parfaitement la croix qui est sur la montagne de *Mentières*, et je fis remarquer à M. le Curé des faucheurs dans les prés, en haut de Confort, c'est-

---

(1) Il portait des lunettes, non pour y voir clair, puisqu'il était complètement aveugle ; mais pour protéger l'organe des yeux, qui est très délicat.

à-dire à une distance d'au moins trois à quatre kilomètres en ligne directe.

Cette guérison a été discutée au dernier Congrès d'ophtalmologie. C'est un médecin protestant qui a demandé à ses collègues l'explication de ce fait, unique dans la science. Nous donnons ici le compte rendu de la discussion que nous trouvons dans les journaux de médecine.

SOCIÉTÉ FRANÇAISE D'OPHTALMOLOGIE

(Onzième session, tenue à Paris du 1er au 4 mai 1893.)

Les guérisons de Lourdes.
Observation présentée par un médecin protestant.

Dans la réunion du 1er mai, M. Dor, oculiste distingué de Lyon, appelle l'attention de la Société sur la guérison spontanée d'un double décollement rétinien.

« Un jeune soldat, dit-il, Vion-Dury, est atteint, en 1883, d'un double décollement de la rétine, survenu à la suite d'un accident. Quand je l'observai beaucoup plus tard, il existait, à gauche, de larges cicatrices d'un décollement ancien et à droite un décollement partiel. Le malade était à peu près aveugle, son acuité visuelle n'était guère que d'un deux-centième (1/200), autant d'un côté que de l'autre.

» Ce décollement a été constaté par un grand nombre de spécialistes et a résisté à toutes les tentatives de traitement.

» Vion-Dury est resté sept ans et demi dans cette situation. Puis, sans traitement spécial, à l'occasion d'un voyage à Lourdes, la vue est redevenue à peu près normale. L'œil droit a une vision parfaite et l'œil gauche a une acuité d'un tiers au lieu d'un deux-centième.

» Ce cas, ajoute le Dr Dor, est le seul connu jusqu'ici, où la guérison soit arrivée après un si long temps. »

Le professeur Panas, en répondant à M. Dor, lui rappelle un exemple observé par le Dr Pamard, d'Avignon. Un malade, atteint d'un double décollement rétinien, fut guéri spontanément à la suite d'un voyage.

M. Panas ne nous dit pas si le décollement était aussi grave, aussi ancien.

En outre, la théorie du voyage n'a rien à faire ici. C'est par erreur que l'on fait venir Dury à Lourdes. Il n'y est jamais venu ; il a été guéri dans son hospice, en mettant une compresse d'eau de Lourdes sur ses yeux.

Nous sommes heureux que cette question ait été portée devant nos Sociétés savantes par un homme dont on ne peut soupçonner ni l'indépendance, ni les connaissances spéciales.

M. Dor est un oculiste distingué et un médecin protestant. Il est venu à Lourdes au mois de septembre dernier, et nous avons attiré son attention sur la guérison de Vion-Dury qu'il avait longtemps soigné. Il nous avait promis de nous faire connaître son sentiment en toute sincérité. Il a tenu parole, il a porté la question devant les Sociétés savantes.

CHAPITRE IX

PARALYSIES

Ataxie.— M. l'abbé Sonnois, la maladie dure depuis treize ans, la guérison est instantanée. — Malade de Charcot. — Pierre Delannoy. — Guérison d'une paralysie par apoplexie cérébrale, D' Hélot, de Bolbec. — Lucie et Charlotte Renauld, paralysie infantile chez l'adulte. — Mme Gimard, paralysée depuis dix-sept ans, création instantanée des tissus détruits.

Le professeur Charcot écrivait, dans une de ses dernières publications : « La guérison plus ou moins soudaine des paralysies était autrefois considérée comme un miracle du meilleur aloi. La science ayant démontré que ces paralysies étaient d'origine nerveuse, la guérison miraculeuse n'existe plus en pareille matière. »

Pour établir si une maladie est de nature nerveuse, nous ne pouvons avoir de meilleur juge que M. Charcot lui-même. Nous avons vu guérir à Lourdes des paralysies que M. Charcot et ses collègues de la Faculté de Paris classaient parmi les paralysies consécutives à une lésion de la moelle.

En second lieu, nous les avons vu guérir par des procédés qui s'écartent absolument de la manière dont guérissent ces malades dans les hôpitaux et ailleurs.

La différence porte à la fois et sur la nature de la maladie et sur le mode de guérison. Le fond et la forme, tout est en dehors des règles connues.

Les deux premières observations se rattachent à cette

maladie, si fréquente de nos jours, que l'on désigne sous le nom d'*ataxie*.

GUÉRISON DE M. L'ABBÉ SONNOIS
FRÈRE DE Mgr L'ARCHEVÊQUE DE CAMBRAI

Lourdes, le 6 septembre 1890.

Ataxie; guérison inexplicable; la maladie dure depuis treize ans; tous les traitements, sous la direction des maîtres les plus habiles, sont restés sans effet; la suggestion ne peut être invoquée; le malade a le pressentiment du jour et de l'heure de sa guérison.

Au mois de septembre 1890, Mgr Sonnois, alors évêque de Saint-Dié, venait à Lourdes à la tête des Alsaciens-Lorrains. Ce pèlerinage laisse toujours une impression profonde sur son passage; il réveille dans nos cœurs les souvenirs les plus chers et les plus douloureux.

Il nous vient du pays de Jeanne d'Arc, c'est l'espérance; il nous vient des pays annexés, c'est le deuil. On ne voit jamais sans émotion ces bannières voilées, ces frères courbés sous le joug étranger, ces costumes que la peinture et la sculpture ont partout reproduits, images de la patrie dans ses jours d'épreuve.

M. l'abbé Albert Sonnois, frère de Mgr l'évêque de Saint-Dié et son vicaire général, arrivait le 4 septembre à Lourdes, précédant d'un jour les pèlerins; il était trop souffrant pour partager avec eux les fatigues du voyage.

Il y avait treize ans qu'il était malade. C'est au printemps de 1877 qu'il avait ressenti les premières atteintes de son mal, d'abord des douleurs à la nuque, le long de la colonne vertébrale, dans les jambes, dans les articulations ; douleurs qui, comme des coups de lance, s'irradiaient partout, mais surtout dans les membres inférieurs. Il s'était beaucoup mouillé pendant le Carême précédent, et il attribuait à cette cause l'origine de sa maladie. Mais, en remontant plus avant dans son passé, il se souvenait que, à vingt et un ans, étant élève de philosophie au Séminaire, il avait éprouvé des accidents analogues, moins intenses à la vérité, qui l'avaient pourtant contraint à suspendre ses études.

La période des douleurs avait duré sept ans, de 1877 à 1884 ; en 1884, la marche était devenue pénible, vacillante, incoordonnée, le malade ne pouvait rester debout les yeux fermés, sans chanceler et tomber ; il avait de la peine à écrire, la main dirigeant mal la plume.

La sensibilité était à peu près supprimée dans les parties inférieures ; il n'avait plus le sens du toucher : le froid et le chaud déterminaient une égale sensation. La vue s'affaiblissait graduellement et la lecture devenait très difficile.

En présence d'une maladie aussi grave, dont la marche progressive semblait conduire à une issue fatale, les frères de l'abbé Sonnois, justement préoccupés, conduisirent le malade à Paris. Ils le placèrent chez les Frères de Saint-Jean de Dieu et le confièrent aux soins du professeur Potain.

Le Dr Potain crut trouver dans ces désordres multiples les signes d'une affection rhumatismale généralisée. Il prescrivit le salicylate, les bains de vapeur et les pointes de feu, le long de la colonne vertébrale, cinq cents chaque fois.

Au bout de trois ou quatre semaines, l'estomac se refuse énergiquement à recevoir le salicylate. Les bains de vapeur, mal supportés, sont réduits à deux par semaine. On abandonne enfin cette médication pour revenir à l'iodure de potassium. Sous l'influence de ce traitement, l'état de l'abbé Sonnois s'était aggravé. Lorsqu'il quitte Paris, après un séjour de deux mois et demi, il est plus fatigué qu'à son arrivée.

Le trouble de la parole, qui venait à peine de se déclarer, était déjà très prononcé; il ne trouvait plus le mot propre; en écrivant, il mettait un nom pour un autre; écriture et langage étaient souvent inintelligibles. Il avait complètement perdu le sommeil, ses idées se troublaient, sa pensée était confuse, voilée. Pendant trois ans, il n'a pu dire la messe et réciter son bréviaire.

Les grandes crises douloureuses amenaient des fatigues plus marquées du côté de l'intelligence. L'abbé restait dans un état mélancolique habituel, et, pendant plusieurs mois, il a eu des idées de suicide dont il ne pouvait se débarrasser.

Il était dans cette triste situation lorsque, au mois d'avril 1890, son frère fut nommé évêque de Saint-Dié; il l'accompagne dans sa nouvelle résidence. Cette nomination et ce changement de vie déterminent chez l'abbé une secousse morale puissante et semblent ranimer un peu son esprit affaibli et découragé. Mais tout cela reste sans effet sur les principaux symptômes de sa maladie. Il ne retrouve ni le sommeil ni la possibilité de marcher, et les douleurs qui s'irradient dans tout son corps sont toujours aussi fréquentes, aussi pénibles.

Le médecin et l'ami qui a longtemps soigné M. l'abbé

Sonnois, à Auxonne, lui a écrit une longue lettre, que nous avons sous les yeux, dans laquelle il relève toute la série des accidents qu'il a observés et dans leur ordre de succession. Il marque bien les périodes distinctes qui donnent à cette maladie son véritable caractère ; c'est d'abord la nature des douleurs qui semblent partir de la tête, de la colonne vertébrale, pour retentir un peu partout : douleurs en ceinture, fulgurantes le long des membres, douleurs et troubles du côté de l'estomac et de l'intestin.

En 1884, sept ans après le début des accidents, la marche devient de plus en plus pénible, la coordination des mouvements a des défectuosités presque constantes, et quand le malade veut s'avancer, une jambe vient heurter l'autre jambe ; de là des chutes qui se produisent fréquemment.

A mesure que la maladie progresse, nous arrivons à la troisième période : l'intelligence est atteinte, la mémoire très affaiblie. Malgré une attention soutenue et une recherche de longue durée, les mots ne se présentent pas, soit sous la plume, soit dans le cours de la conversation.

Il y a de la diplopie, tous les objets paraissant doubles, et à la lumière artificielle, lampe ou bougie, la perte de la vision est absolue.

L'ensemble de ces symptômes, leur ordre de succession, leur marche progressive m'avaient fait porter, dit le médecin, le diagnostic d'*ataxie*, et tous les traitements institués n'avaient pu enrayer les progrès du mal.

M. l'abbé Sonnois est arrivé à Lourdes le jeudi soir, 4 septembre. A ce moment tous les accidents de sa maladie étaient à leur apogée. Le voyage l'avait beaucoup fatigué. Le 5 septembre, il va à la piscine, mais il n'obtient aucune amélioration. Le soir du même jour, il était auprès de son frère, lorsque l'abbé Noël vint demander qui devait célébrer le lendemain matin la messe d'actions de grâces du pèlerinage. « C'est moi ! » dit notre malade. On le regarde avec étonnement, on croit à un caprice. L'abbé insiste, on élude la réponse.

Le lendemain, 6 septembre, l'abbé, soutenu par deux aides, se traîne péniblement à la Grotte ; il s'assied sur une chaise pendant la messe de son frère. La messe finie, on le soulève, on lui donne les vêtements sacerdotaux, on l'aide à s'approcher de l'autel. Il y avait trois ans qu'il n'avait pu célébrer la messe et lire son bréviaire.

« Je veux faire la génuflexion, nous dit l'abbé, et je la fais aisément ; je monte facilement les marches de l'autel, je fais tous les mouvements, j'accomplis toutes les cérémonies des rites sacrés sans difficulté, sans fatigue. Instantanément, tous les symptômes de la maladie avaient disparu.

» Je me tenais droit comme aujourd'hui ; les yeux étaient devenus excellents, les mains tremblantes avaient recouvré la sûreté des mouvements ; j'étais guéri !

» Dans cette journée, je marchai beaucoup, et le soir, je fus pris de douleurs dans les reins ; ce furent les dernières traces de ma maladie ; elles disparurent brusquement dix jours après pour ne plus reparaître. Depuis lors, j'ai mené une vie fort active. J'ai pu suffire à tout ; je n'ai jamais ressenti la plus légère douleur rappelant celles d'autrefois. »

M. l'abbé Sonnois remplit les fonctions de vicaire général, travaille dans son cabinet huit heures par jour. A peine rentré à Saint-Dié, il faisait à pied des courses de dix kilomètres dans la montagne.

L'abbé nous dit encore : « Le sommeil, qui avait fui mes paupières depuis des années, ne s'est pas interrompu une seule nuit; la vue est excellente, les forces ont grandi. Je suis au physique plein de vie et au moral plein de joie, deux choses que depuis bien des années je ne connaissais plus. Je crois pouvoir affirmer, et je le fais le cœur débordant de reconnaissance, que l'épreuve est décisive, et que je suis bien en possession d'une bonne santé. »

Le médecin ordinaire avait porté le diagnostic d'ataxie. Il est certain que ce diagnostic se justifiait pleinement en rappelant les accidents que nous venons d'énumérer, les douleurs et leur caractère, l'incoordination des mouvements, l'affaiblissement de la vue, les troubles de l'intelligence, la paralysie de la vessie, etc. Et sans pouvoir en préciser le terme, il considérait la maladie comme incurable.

Mais quel que soit le nom que l'on donne à sa maladie, M. l'abbé pouvait-il guérir comme il a guéri, en un instant, complètement et sans rechute ultérieure? Pouvait-il guérir par un effet de sa volonté seule?

Nous l'avons dit souvent : avec du temps, des soins, l'aide de la nature, presque toutes les maladies sont curables; mais supprimez ces trois agents et obtenez des résurrections instantanées, vous devenez alors témoin d'un résultat supérieur aux forces naturelles.

Voilà donc un premier point bien important à retenir.

M. l'abbé Sonnois qui, depuis des années, voit sa maladie suivre une marche progressive, pourra retrouver peut-être lentement la régularité plus ou moins complète de ses fonctions, mais il ne pourra jamais, dans une seconde, reprendre l'entière possession d'une santé depuis si longtemps compromise.

Cependant, c'est bien dans un instant rapide comme la pensée que sa guérison s'opère, et cet instant n'est pas pris au hasard dans sa vie, il coïncide avec le moment précis où le malade s'agenouille devant l'autel. Vainement il s'est plongé dans la piscine, vainement il a prié, il a bu de l'eau de la source, tout est resté sans effet. Il guérit en récitant les premières prières de la messe.

Mais cette guérison, il n'osait ni l'espérer, ni la demander. « Je venais, nous dit-il, demander la grâce de bien mourir, ou du moins une amélioration dans l'état de mes facultés mentales. Car perdre l'intelligence m'effrayait par-dessus tout. »

Je dis que ce mode de guérison ne pouvait être prévu par aucun médecin et qu'il sort absolument des lois ordinaires de nos observations.

Il est vrai que pour l'expliquer, on a trouvé un mot bien commode. C'est un effet d'auto-suggestion, nous dit-on.

L'auto-suggestion est une influence absolue du moral sur le physique, capable d'effacer instantanément les désordres fonctionnels les plus anciens et les plus graves. Mais cette influence doit pouvoir s'observer partout ; toutes les émotions, tous les grands ébranlements doivent la produire. On doit en connaître la source, on doit pouvoir la mettre en action, on doit obtenir des résultats absolument semblables à ceux que nous observons à Lourdes. Il n'en est rien.

A Lourdes, sans préparation, brusquement, souvent à l'insu des malades, ou contrairement à leur attente, c'est-à-dire en dehors de toutes les règles suggestibles, on obtient des effets si puissants, qu'ils sont sans comparaison avec les résultats obtenus par les maîtres les plus habiles. Il y a un abîme entre ces deux ordres de faits. On l'a si bien compris, que, pour les faits de Lourdes, on a ajouté un qualificatif et l'on a dit *suggestion religieuse*, c'est-à-dire une suggestion que la foi seule peut produire avec cette action puissante, illimitée.

C'est donc une espèce à part, une suggestion que l'on ne retrouve que là, qui se joue de nos combinaisons. Mais une suggestion qui donne de pareils effets doit elle-même prendre sa source au-dessus de nos faibles moyens d'action.

Ce n'est plus seulement une question de mots; qu'importent les termes? Tout diffère, et le principe et le résultat. Ce que nous obtenons dans nos cliniques n'est qu'un jeu d'enfant, une expérience curieuse et sans comparaison avec les guérisons merveilleuses observées à Lourdes.

Entre des résultats si différents, il y a la distance qui sépare l'étincelle électrique de nos cabinets de physique, de cet éclair éblouissant qui déchire la nue, embrase le ciel. Notre comparaison est encore imparfaite, car ces deux phénomènes appartiennent également aux lois naturelles, et les observations que nous étudions sont au-dessus ou en dehors de ces lois.

Vainement, on a voulu obscurcir ces questions, en les enfermant dans le cadre trop étroit de nos théories. Qu'un poitrinaire guérisse, qu'une plaie se cicatrise, qu'une économie troublée dans son jeu reprenne ses fonctions, la chose n'a rien qui soit impossible. Mais qu'un poitrinaire guérisse en une seconde, qu'une plaie se ferme instantanément, qu'un organe, immobilisé depuis des années, reprenne sans transition l'intégrité de ses fonctions, voilà des résultats qui dépassent notre entendement et toutes les suggestions du monde ne peuvent les produire.

La suggestion demande pour s'exercer un terrain préparé, favorable, et l'abbé Sonnois ne répondait pas à ce programme. Avec son caractère ferme, sa foi bien éclairée, il savait qu'il pouvait trouver à Lourdes la guérison, mais il s'abandonnait sans réserve à la volonté divine.

Je lui demandais si dans sa famille il n'y avait pas des prédispositions, des affections héréditaires pouvant expliquer, dans une certaine mesure, sa maladie.

« Mes parents, me dit-il, sont morts fort âgés, quatre vingts ans et plus. Nous sommes quatre frères, deux dans le clergé : l'archevêque de Cambrai et moi; deux dans l'armée, tous les deux sont généraux : l'un général de division et l'autre général de brigade. »

Ce n'est pas d'ordinaire dans ces milieux élevés, bien au-dessus du niveau commun, que s'observent ces phénomènes étranges qui font osciller les volontés et les intelligences au gré de toutes les impressions. On ne peut invoquer ici les théories qui ne trouvent leur application que dans des organismes déprimés ou faussés.

Il y avait treize ans que l'abbé Sonnois était malade lorsqu'il est venu à Lourdes; depuis longtemps tout avenir, toute espérance semblaient perdus pour lui. Il avait lu souvent le récit des guérisons merveilleuses qui s'opéraient autour de la Grotte, il était prêtre, il avait une dévotion particulière pour la Sainte Vierge; pourquoi recourir si tard à ce remède souverain ?

Une pensée de résignation à la volonté de Dieu devait sans doute le retenir, comme elle avait retenu Sœur Julienne.

Un mois et demi avant son pèlerinage, le 11 juillet, date bien précise dont il ne perdra jamais le souvenir, la pensée de venir à Lourdes lui vint brusquement comme une illumination soudaine. « J'ai eu, me disait-il, deux intuitions bien nettes dans ma vie, l'une a déterminé ma vocation sacerdotale, l'autre m'a conduit ici. »

Lorsqu'il annonce cette résolution à son frère : « Enfin, lui répond Monseigneur, il y a longtemps que j'attendais cette détermination et que je la demandais à Dieu dans mes prières. »

Monseigneur de Saint-Dié n'avait pas désespéré de la guérison de son frère, et il venait de le nommer son vicaire général, n'ayant pu faire agréer le candidat qu'il avait présenté. Ainsi, chez les deux frères, une même intuition semble avoir existé, sans entente préalable.

Il y a de ces appels intimes et mystérieux qui se font dans les âmes et qui sont le premier appel de la grâce. Un ataxique, que nous voyons à Lourdes depuis plusieurs années, que nous rencontrons partout au milieu des pèlerins, dans sa petite voiture, me disait en me montrant l'abbé Sonnois, Sœur Julienne : « Mais comment ont-ils donc fait pour guérir? S'il y a un secret, qu'ils me le confient; un sacrifice à faire, je suis prêt à tout. Je me baigne comme eux, je prie, j'ai confiance et depuis plusieurs années je n'obtiens rien. »

Pourquoi?..... N'avait-il donc pas l'auto-suggestion?

Pourquoi?..... Il le demanda à Sœur Julienne, qui lui répondit : « Je suis venue ici par ordre de ma Supérieure ; on m'a plongée mourante dans la piscine. J'en suis sortie guérie : pourquoi et comment? Je n'en sais pas davantage. »

L'abbé Sonnois lui aurait dit ce qu'il nous a écrit depuis : « Comment ai-je eu l'inspiration de dire la messe d'action de grâces à la Grotte? Mais elle m'a été mise dans l'esprit, dans le cœur, au moment précis où, devant moi, l'abbé Noël demandait à mon frère qui célébrerait cette messe.

» Comment puis-je comprendre les desseins de la Providence? Étais-je destiné à rendre témoignage de la puissance de Notre-Dame de Lourdes? Dieu avait-il d'autres desseins sur moi? Ce sont là des questions auxquelles je ne sais que répondre.

» Les miracles ou les grâces extraordinaires ne s'arrêtent pas uniquement à celui qui en est l'objet. La réponse peut se lire dans l'ensemble des circonstances ultérieures de la vie, et cette réponse nous échappe immédiatement.

» Pour moi, je crois que le but premier, je ne dis pas principal, a été de récompenser mon frère du grand sacrifice qu'il fit en acceptant, par obéissance à un ordre formel du Pape, l'épiscopat qu'il avait déjà refusé plusieurs fois. »

M. l'abbé Sonnois ajoute : « Je voudrais vous dire plus, je ne le puis, je ne vois pas. Certes, si un jour, il plaît à la Sainte Vierge de me montrer ce qui me reste à faire, je m'empresserai de répondre, et si j'entrevois ce que la miséricorde divine a voulu, je le dirai bien haut. » Admirables paroles, qui élèvent notre pensée au-dessus des préoccupations de la terre ; dans ces hautes régions où la foi nous emporte, on aperçoit des horizons inaccessibles à la nature humaine.

.

Pour saisir le sens et la portée des guérisons de Lourdes, nous appliquons toutes les ressources de notre esprit, tous les moyens dont la science dispose. Nous épuisons toutes les hypothèses pour donner une explication rationnelle de tous ces faits qui sont hors de toute règle ; nous cherchons à les faire rentrer dans le cadre, aujourd'hui sans limites, des maladies nerveuses et des influences suggestives.

Mais, en faisant la part la plus large aux théories modernes, il y a des résultats absolument inexplicables. Il y a dans ce fait, comme dans la plupart des faits que nous analysons, un bouleversement complet de toute loi ou tout au moins de toute prévision.

En poursuivant cette étude sous des formes diverses, suivant la nature des observations qui nous sont soumises, nous faisons un travail aride, difficile, hérissé de termes techniques, mais nous faisons un travail utile, nécessaire. Je ne dis pas que nous arrivons ainsi à forcer les convictions ; ce serait trop ambitieux ; mais, au moins, nous pouvons renverser le fragile échafaudage des objections superficielles et des idées préconçues.

Pendant que nous poursuivons cette tâche, à côté, au-dessus de nous, s'écrit une histoire plus haute et dont nous ne pouvons saisir que quelques feuillets épars. C'est l'histoire des âmes, de toutes ces vertus cachées, de ces sacrifices ignorés qui ont attiré le regard de Dieu. Cette histoire est plus belle que tous les récits de guérisons.

Si M. l'abbé Sonnois avait écrit lui-même l'histoire de sa guérison, nous n'aurions pas seulement le récit pâle et décoloré fait par un homme de science, nous aurions une histoire vivante et vécue, un tableau sur lequel seraient tombées de sa plume ou de son pinceau des couleurs qui nous sont inconnues; il aurait pu faire passer dans nos âmes tous les enthousiasmes, tous les ravissements de son âme.

MALADE SOIGNÉ PAR M. CHARCOT, POUR UNE ATAXIE QUI SUIVAIT UNE MARCHE PROGRESSIVE

Pierre Delannoy, par le D' Petit; ataxie au 3° degré, soigné sans résultat, pendant six ans, par douze médecins des hôpitaux de Paris; guéri instantanément à Lourdes, au mois d'août 1889.

Pendant le pèlerinage national de 1889, la guérison de Pierre Delannoy a eu un retentissement exceptionnel.

Sous la plume du D' Petit, professeur à l'École de Rennes, cette observation a pris une importance considérable. Il faut la lire en entier dans le tome XXII des *Annales*. Après avoir raconté tous les détails de la maladie et de la guérison, le D' Petit va au-devant de toutes les objections, et les résout de façon à donner satisfaction aux critiques les plus exigeants.

Il établit d'abord l'identité de Delannoy. L'homme que nous avons vu à Lourdes, du 20 au 22 août 1889, est-il bien le même, qui, depuis 1883 jusqu'en 1889, a successivement passé seize fois dans différents services des hôpitaux de Paris? Une dépêche, envoyée le 1er septembre de l'hôpital de la Charité, dissipe tous les doutes de ce côté.

On télégraphie : « Nous avons vu Delannoy quatre fois cette semaine; les médecins sont renversés : il marche comme un facteur rural. »

Les diverses opinions des douze médecins des hôpitaux de Paris, qui ont donné leurs soins éclairés pendant ces six années à Pierre Delannoy, ont toutes été consignées sur les feuilles d'observation.

Ces certificats, bien en règle et tous munis de leurs dates et du cachet de l'administration, nous ont aidé à reconstituer l'histoire de Delannoy.

Pour établir le diagnostic, il n'y a qu'à lire le tableau ci-après :

ANNÉES	MÉDECINS AYANT TRAITÉ	NOMS DES HÔPITAUX	NOM DE LA MALADIE
1883	Pr Charcot.	Salpêtrière.	Ataxie locomotrice.
1884	Dr Gallard.	Hôtel-Dieu.	Ataxie locomotrice.
1885	Dr Rigal.	Necker.	Ataxie locomotrice.
1886	Dr Ball.	Laënnec.	Ataxie locomotrice.
1887	Dr Rigal.	Necker.	Ataxie locomotrice.
1887	Dr Empis.	Hôtel-Dieu.	Ataxie.
1887	Pr Laboulbène.	Charité.	Ataxie locomotrice.
1888	Dr Rigal.	Necker.	Ataxie locomotrice.
1888	Pr Ball.	Laënnec.	Tabès ataxique.
1888	Dr X.	Beaujon.	Tabès dorsal.
1888	Dr Ferréol.	Charité.	Ataxie.
1888	Dr Gérin-Roze.	Lariboisière.	Ataxie locomotrice.
1888	Dr Bucquoy.	Hôtel-Dieu.	Ataxie.
1889	Drs Sée et Durand-Fardel.	Hôtel-Dieu.	Ataxie locomotrice.
1889	Dr Dujardin-Beaumetz.	Cochin.	Ataxie locomotrice.
1889	Dr Mesnet.	Cochin.	Sclérose de la moelle.

Si le doute était possible devant une pareille unanimité, les divers traitements suivis par Delannoy pourraient encore nous renseigner d'une façon certaine. Delannoy a été pendu cinquante fois, brûlé au fer rouge plus souvent encore, il a eu des cautères. Le diagnostic de sa maladie est écrit sur son dos en caractères indélébiles.

Non seulement ce malheureux était atteint d'ataxie, mais il avait depuis longtemps traversé la première et la deuxième période de la maladie; il entrait dans la troisième : période paralytique de Charcot. Dans ces conditions, les lésions de la moelle sont irrémédiables.

La guérison radicale est impossible. Dans tous les cas, elle ne pourrait se faire d'une façon très incomplète que graduellement pendant des mois et des années.

Cependant, Delannoy a guéri subitement, le 20 août 1889. Il a guéri non pas dans la piscine, mais pendant qu'il était agenouillé sur les dalles de la Grotte et que le Saint-Sacrement passait près de lui.

Sa guérison s'est maintenue deux ans.

Après cette époque, Delannoy serait rentré de nouveau dans un hôpital.

Avions-nous été victimes d'une illusion, d'une supercherie ?

Pendant les derniers pèlerinages, nous avons vu deux malades, dans des conditions à peu près semblables, qui voulaient nous faire constater des guérisons qui n'étaient qu'apparentes.

Si nous nous sommes trompés, les douze médecins des hôpitaux de Paris qui ont soigné Delannoy se sont trompés avec nous. Un malade ne peut simuler pendant six ans une ataxie aussi grave. Il ne peut simuler davantage une guérison qui ne serait pas réelle, la simuler pendant deux ans, sous les yeux de cent témoins divers.

Maladie et guérison sont indiscutables.

Que signifie la rechute ? Le malade est-il retombé dans ses premiers errements? Il ne nous appartient pas de faire la part de toutes les responsabilités. Un miracle est une grande grâce, difficile à porter.

Une guérison suivie de rechute, après deux ans, peut conserver son importance. Les malades guéris à Lourdes ne sont pas désormais à l'abri de toute atteinte, ils restent soumis à nos communes misères.

Paralysie, suite d'apoplexie cérébrale.

Le Dr Helot, de Bolbec, a publié, dans les *Annales* d'octobre, novembre et décembre 1890, une très remarquable étude sur la guérison de Mme Fouré, survenue à Lourdes, le 13 septembre 1888.

Mme Fouré, nous dit M. Helot, avait été frappée le 16 mai 1886, à l'âge de 55 ans, d'une attaque d'apoplexie qui se rapportait à la forme commune de l'hémorragie cérébrale. Dès les premiers jours, le médecin qui la soigna n'eut aucun doute sur ce diagnostic. Le début, la récidive, la marche, la paralysie des membres du côté droit et de la face du côté gauche, la délimitation régulière et fixe de la paralysie de la sensibilité accompagnant partout celle du mouvement, confirmèrent pleinement son opinion.

Pas un médecin sérieux n'y aurait contredit, et la pensée même d'une erreur de diagnostic ne serait venue à personne, sans la terminaison brusque et complète qui survint, le 14 septembre 1888, et qui est absolument le contraire de ce qui se passe habituellement.

En effet, lorsqu'un apoplectique doit guérir, dès les premiers jours, la paralysie diminue graduellement; mais cette amélioration devient de moins en moins sensible, et, après un temps très variable, qu'on peut évaluer d'une manière générale à quelques mois, les progrès se font si lents que l'état du malade semble définitif.

Cependant, la guérison peut encore exceptionnellement se compléter; mais plus on s'éloigne du début de la maladie, plus les progrès sont insensibles et moins on a de chances d'obtenir cette terminaison.

Il faut donc poser en principe que si l'hémorragie cérébrale doit guérir, elle ne guérira que lentement et progressivement. C'est l'opinion formelle de tous les médecins.

Après avoir bien précisé la nature de la maladie, le D¹ Hélot démontre qu'une guérison subite ne pouvait être obtenue par aucun traitement. Il conclut par ces paroles:

Qu'on relise attentivement et sans parti-pris l'observation que nous avons publiée, et l'on restera convaincu qu'il est raisonnablement impossible d'assigner à cette maladie une autre cause que celle que nous avons donnée, impossible également d'en expliquer la guérison subite par une cause naturelles. Nous pouvons donc affirmer ce qui suit, sans craindre une contradiction sérieuse :

Mme Fouré, atteinte d'une hémorragie cérébrale grave, caractérisée par une hémiplégie persistante, à peu près complète dans le bras droit, incomplète, mais encore très prononcée à la face, du côté gauche, et dans la jambe droite, a été, au bout de deux ans, *instantanément* et *complètement* guérie, en revenant d'un pèlerinage à Lourdes; et ce fait demeure inexplicable au point de vue des sciences naturelles.

Ici doit se borner le rôle du médecin. C'est aux théologiens de décider maintenant si cette guérison, *qui déroge aux lois de la nature*, porte avec elle les autres caractères qui constituent le miracle.

Nous le croyons et il nous paraît difficile qu'on puisse penser autrement.

D^r CH. HÉLOT.

Canteleu-lès-Rouen, 21 novembre 1890.

Lucie et Charlotte Renauld avaient une jambe plus courte que l'autre de 0^m,03. Nous avons vu repousser leurs jambes dans la piscine. Il est difficile d'aller plus loin dans la voie de l'extraordinaire.

Lucie et Charlotte Renauld.

Deux jambes plus minces et plus courtes qui reprennent instantanément, dans la piscine, leur grosseur et leur longueur.

La famille Renauld habite au centre du quartier Mouffetard, au n° 69 de la rue de ce nom; elle se compose du père, de la mère et de neuf enfants.

Lucie Renauld, la plus jeune des deux enfants, est venue avec le pèlerinage national de 1891. Elle apportait un certificat de son médecin qui déclarait « qu'elle était atteinte d'une atrophie musculaire de la jambe gauche, suite de paralysie infantile. »

Cette jeune fille avait la jambe gauche plus petite et plus courte que la droite; elle ne pouvait marcher qu'avec un talon surélevé de 0^m,03; même, avec ce soulier, elle devait encore fléchir la jambe droite pour pouvoir s'appuyer en même temps sur les deux pieds.

Après le dernier bain de piscine (le cinquième, pris le 24 août), les deux jambes sont devenues égales comme longueur et comme grosseur; la jeune fille marche nu-pieds sans aucune claudication; aussitôt qu'elle reprend ses chaussures, son talon surajouté la fait boiter en sens inverse. Un de nos confrères du bureau des constatations veut bien l'accompagner chez un cordonnier. On enlève les 0^m,03 du talon ; elle marche aussitôt avec la plus grande aisance.

Cette guérison ne pouvait recevoir aucune explication ; mais il fallait être bien fixé sur la nature de la maladie, nous ne l'étions pas ; je montrai cette enfant au Dr Bonnefin, de Paris ; il crut comme moi à une paralysie infantile ; il me fit observer que, dans ces conditions, on n'obtenait jamais une guérison complète. Je m'étais promis de faire une enquête sur ce fait, et de réunir, si je le pouvais, les renseignements les plus précis.

Dans le courant de l'hiver, je me transportai chez les Renauld, rue Mouffetard. Je ne trouvai que le père ; il me reçut assez froidement. « Nous avons constamment des visites au sujet de cette enfant, me dit-il, nous ne pouvons répondre à tout le monde. Je ne sais pas ce qu'elle avait. »

Je compris qu'il était inutile d'insister, je me retirai. Je me rendis à l'atelier où travaillait l'enfant : là, l'accueil fut tout différent. La maîtresse était une femme intelligente, une chrétienne éclairée ; c'est elle qui avait donné la première idée d'un pèlerinage à Lourdes ; elle qui avait tout réglé pour le départ et le voyage.

Elle répondit avec bonne grâce à toutes mes questions, mais elle ne savait rien sur la nature de la maladie. Après quelques autres tentatives, qui restèrent infructueuses, je dus renoncer à poursuivre mon enquête. Le médecin qui avait délivré le certificat n'avait vu l'enfant qu'au moment du départ et n'était guère mieux renseigné que moi ; il avait constaté le raccourcissement, il s'en était tenu là ; c'était une observation perdue, une guérison sur laquelle il était impossible de se faire une opinion nette et précise.

**

Je ne pensais plus à cette enfant lorsque, le 21 août dernier, je vis entrer dans le bureau des médecins une jeune fille de dix-huit ans, du nom de Charlotte Renauld, qui me portait un certificat du Dr Deleschamps, attestant qu'elle était atteinte « de claudication consécutive à une paralysie du membre inférieur du côté droit. »

C'était la sœur de Lucie Renauld. Elle avait la jambe droite plus courte ; comme sa sœur, elle portait un talon surélevé. Comme sa sœur, elle avait vu sa jambe s'allonger dans l'eau, elle était sortie ne boitant plus et il avait fallu mettre, aussitôt après, les deux souliers au même niveau.

La coïncidence était singulière ; je dois le dire, je soupçonnais une supercherie. La jeune fille répondait avec embarras, avait hâte de quitter notre bureau, n'était pas autrement étonnée de sa guérison qu'elle considérait comme une chose toute naturelle.

Je n'y comprenais rien, tout me paraissait suspect. Mes confrères partageaient mon incertitude.

Admettre un miracle se produisant d'une façon identique chez les deux sœurs, à un an d'intervalle et pour une même infirmité, cela ne s'était jamais vu.

Pourquoi ces jambes étaient-elles devenues plus courtes ? Les médecins étaient embarrassés pour donner un nom à cette maladie. Tout sortait de l'ordinaire, et la façon dont la famille Renauld recevait de semblables grâces était bien surprenante.

La guérison obtenue, on faisait le silence ; on n'aimait ni les enquêtes, ni les visiteurs. Lourdes semblait rentrer pour eux dans le cadre d'une clinique médicale. Je désespérais de faire la lumière et j'allais encore classer à la suite l'observation de Charlotte Renauld, lorsque j'eus la bonne fortune de rencontrer le Dr Monnier, chirurgien de l'hôpital Saint-Joseph.

« J'ai une observation importante à vous communiquer, me dit-il, celle de Charlotte Renauld. Je l'ai examinée avec soin avant son départ pour Lourdes, je l'ai vue à son retour, j'ai mesuré les deux jambes comme longueur, comme grosseur ; je faisais partie de la Commission qui visite les malades du pèlerinage national, et j'ai eu la chance de mettre la main sur un des faits les plus intéressants. »

Le Dr Monnier est chirurgien de l'hôpital Saint-Joseph, service des enfants ; il s'occupe surtout d'orthopédie ; ce cas rentrait directement dans ses études. Du reste, c'était un fait exceptionnel, et je comprends parfaitement l'embarras des médecins qui avaient soigné ces deux jeunes filles. On avait parlé de paralysie infantile, mais cette affection commence dans les premières années de la vie, et dans les cas qui nous occupent, la maladie ne s'était déclarée qu'à treize ans.

On avait songé à une coxalgie, à une déviation de la taille ; mais on prenait l'effet pour la cause, c'était la jambe plus courte qui donnait ces attitudes vicieuses et cette démarche embarrassée.

Il s'agissait de tout autre chose. Au moment de l'adolescence, il se déclarait chez ces enfants une maladie qui paraissait avoir son siège dans la moelle, et qui retentissait dans les nerfs correspondants. La nutrition de la jambe était immédiatement troublée, cette jambe, qui cessait de se nourrir, cessait aussi de croître et devenait rapidement plus mince et plus courte.

Pourquoi ces accidents étaient-ils survenus chez les deux sœurs et de la même façon? Cette affection est héréditaire dans la famille. Nous avons appris qu'un frère du père de ces enfants avait la même infirmité. Il était mort à trente-cinq ans, ayant été réformé du service militaire parce qu'il était boiteux. Une cousine germaine est également atteinte de la même façon; enfin, un frère des jeunes filles a, lui aussi, un léger embarras dans la marche.

Ces faits sont peu connus, très rares. Ces deux observations présentent beaucoup d'intérêt au point de vue médical. Les notes du Dr Monnier vont parfaitement mettre en lumière ce côté de la question. Nous sommes excusables de n'avoir pu interpréter à leur valeur ces deux guérisons, lorsqu'elles se sont produites devant nous. Tout nous faisait défaut : les renseignements et une connaissance exacte du sujet.

Voici le certificat du Dr Monnier :

Guérison d'une atrophie du membre inférieur droit.

C'est à l'âge de quatorze ans que Charlotte Renauld a présenté une certaine irrégularité dans sa démarche; elle a commencé à boiter, à incliner tout son corps sur le côté droit.

Le premier médecin consulté croit à un début de coxalgie; la mère, effrayée, conduit sa fille au dispensaire

Furtado-Heine, dirigé par le D¹ Redard, qui s'occupe spécialement d'orthopédie.

Le D¹ Redard constate simplement un raccourcissement vrai du membre inférieur droit, atteignant *trois centimètres*. Il fait mettre une semelle de liège dans le soulier, pour remédier à la différence de longueur, et la stabilité normale du corps fut rétablie.

C'est le 12 juillet 1892 que nous sommes appelés à examiner pour la première fois cette jeune fille. Elle nous paraît jouir d'une assez bonne constitution. Nous la faisons coucher et nous constatons une différence de longueur de près de 0^m,03 du côté du membre inférieur droit. De plus, le mollet correspondant a 0^m,02 de moins que le gauche; par contre, chose curieuse, la cuisse droite a 0^m,01 de plus. Rien par ailleurs, pas de coxalgie, pas de luxation congénitale.

Un nouvel examen est pratiqué le 28 octobre 1892 et donne les résultats suivants :

1º Toute trace de raccourcissement a disparu. La jambe droite paraît même de trois ou quatre millimètres plus longue que l'autre;

2º Le mollet droit n'a plus que 0^m,01 de moins que le gauche;

3º Enfin, la circonférence de la cuisse droite ne l'emporte plus que d'un demi-centimètre sur la gauche.

Pour mesurer la longueur, nous faisons coucher l'enfant, et nous mettons les deux épines, les deux hanches, absolument sur le même plan. Lorsque la jeune fille est debout, la direction du tronc est verticale, les hanches et les épaules sont sur le même plan. Ajoutons que cette jeune fille a grandi de 0^m,02 ou 0^m,03 du 12 juillet au 28 octobre.

En résumé, il s'est produit chez Charlotte Renauld, en dehors de tout état morbide, un allongement du membre inférieur droit qui dépasse de 0^m,028 à 0^m,029 la croissance normale du membre inférieur gauche, *fait absolument extraordinaire*.

D¹ MONNIER,
chirurgien de l'hôpital Saint-Joseph.

Paris, 28 octobre 1892.

Ainsi le Dʳ Monnier examine la jeune fille le 12 juillet, il constate un raccourcissement de trois centimètres de la jambe droite ; il l'examine de nouveau le 29 octobre, et il constate que les deux jambes sont d'égale longueur.

Est-il possible d'expliquer comment la jambe droite a pu, même dans trois mois, regagner les trois centimètres qu'elle avait perdus pendant trois ou quatre ans de maladie ?

Pouvons-nous prouver que cet allongement s'est fait instantanément dans la piscine de Lourdes ? Pouvons-nous tout au moins déterminer le moment où cette modification s'est produite ?

Nous avons vu cette jeune fille le 21 août, après son bain de piscine, nous l'avons examinée avec soin avec quinze ou vingt confrères et nous avons constaté que ses deux jambes étaient absolument égales comme longueur, qu'il n'y avait plus de claudication. Il faut donc reporter au 21 août la date de sa guérison ; l'examen du Dʳ Monnier, le 28 octobre, ne vient que confirmer les résultats de notre examen du 21 août.

Mais l'enfant n'a-t-elle pas été guérie du 12 juillet au 21 août par un travail lent et graduel ?

Mᵐᵉ Nivert, la femme du Dʳ Nivert de Paris, avait fait inscrire cette jeune fille parmi les malades du pèlerinage national, elle l'accompagnait pendant le voyage ; à Lourdes, elle ne l'a pas quittée, elle était avec elle dans le bureau des médecins, elle nous a donné les détails les plus circonstanciés sur sa guérison et nous en a fait connaître le moment précis.

La directrice de la salle d'hôpital, salle Saint-Dominique, où se trouvait Charlotte Renauld, est venue déposer dans le même sens devant nous. Enfin, les dames préposées aux piscines nous ont dit que, le dimanche 21 août, Charlotte avait éprouvé une forte douleur dans sa jambe et s'était aperçue dans l'eau que ses deux jambes étaient égales. Il avait été impossible de lui faire reprendre en sortant de l'eau son soulier droit avec son contrefort élevé et sa plaque de liège. On lui avait procuré immédiatement des sandales avec lesquelles elle était allée prier à la Grotte. Ainsi elle était arrivée à la piscine avec son soulier de malade, elle n'avait pu le reprendre à la sortie.

Que de témoignages qui s'échelonnent entre ces deux dates et qui ne permettent pas de conserver de doutes ! Du reste, une jeune fille de dix-huit ans ne simule jamais une claudication, elle fait tout, au contraire, pour la dissimuler, et s'il y avait eu une amélioration progressive, elle s'en serait aperçue, il aurait fallu diminuer progressivement l'épaisseur de la plaque de liège.

Mais une amélioration progressive, qui aurait fait gagner, du 12 juillet au 21 août, les trois centimètres qui manquaient à cette jambe, est absolument impossible. Si la jambe malade avait grandi de trois centimètres, la jambe saine aurait grandi de trois centimètres aussi, et il y aurait eu toujours le même écart entre elles.

Car si une jambe, frappée d'atrophie, qui cesse de se nourrir, devient plus petite et plus courte, elle ne pourra jamais retrouver ce qu'elle aura perdu lorsque la vie lui sera rendue. Il faudrait pour cela que la jambe droite eût gagné trois centimètres et demi pendant ces quarante jours, pendant que la gauche n'en gagnait qu'un demi et comme on n'aurait pu arrêter ce mouvement de croissance exagérée comme un mouvement d'horlogerie cette jambe serait devenue plus longue dans la suite, ce qui ne s'observe jamais.

Sortons de l'hypothèse : il est parfaitement reconnu que ces raccourcissements, liés à des maladies des centres nerveux, héréditaires dans certaines familles, ne guérissent jamais; que ce travail d'atrophie s'arrête, mais ne se répare pas.

Cette jeune fille a gagné dans ces quarante jours deux centimètres dans toute sa taille, comment pourrions admettre que sa jambe malade seule en ait gagné trois?

Toutes les lois de la vie seraient troublées. A-t-on jamais vu pareil désordre dans la croissance de nos membres, de nos divers tissus? Nous sommes obligés de discuter les hypothèses les plus invraisemblables ; mais, pour qui veut voir et juger, il y a surabondance de témoignages et de preuves pour établir que Charlotte Renauld, comme sa sœur Lucie, a vu sa jambe plus courte s'allonger dans la piscine le 21 août.

Ce sont des résultats aussi surprenants que la guérison instantanée d'une plaie extérieure et visible, et ces deux exemples rentrent dans la catégorie des faits les plus remarquables qui aient été observés à Lourdes. Voir des jambes repousser et gagner trois centimètres en quelques secondes, il est difficile d'aller plus loin. Si on récusait tous les témoignages, une croissance de trois centimètres en trente-neuf jours serait encore un phénomène extra-naturel. De telle sorte que, dans toute hypothèse, nous sommes en présence d'un fait inexplicable.

Nous ne pouvions soupçonner la famille Renauld de jouer au miracle ou de verser dans les notes religieuses exagérées. Charlotte, une fois guérie, a repris son travail, ses occupations accoutumées, et n'a eu d'autre souci que de se soustraire à la curiosité dont elle était l'objet.

Cependant, nous ne sommes pas, à Lourdes, dans une clinique ordinaire; le côté médical n'est qu'un des côtés de la question et souvent le moins intéressant. L'étude de l'âme, de ses vertus cachées, de ses sacrifices ignorés, voilà les côtés élevés et les plus intéressants. Dans ce sens, je ne trouvais rien qui parût justifier de si exceptionnelles faveurs.

Mes doutes me reprenaient.

Vainement, j'avais envoyé plusieurs personnes prendre des informations, la famille se dérobait et semblait fuir toute explication.

Sans doute, le regard de Dieu pénètre à des profondeurs qui nous sont inconnues, mais ici tout, à la surface au moins, paraissait contraire à l'action de la grâce; et c'était une grâce bien extraordinaire qui avait été dévolue à cette famille. Deux ans de suite, à l'heure voulue, deux de ses enfants avaient été guéris miraculeusement d'infirmités incurables. Il y avait là un mystère qu'il fallait éclaircir.

Que seraient les enseignements que nous recueillons à Lourdes, si nous les limitions à l'exposé médical des lésions effacées?

Mais si la maladie des enfants Renauld, si leur guérison étaient pour un médecin l'objet de bien intéressantes études, la vie morale de cette famille nous réservait d'autres surprises.

Nous n'allions pas trouver les notes d'une piété tendre, ces prières incessantes qui semblent faire violence au ciel. Tous les efforts dans cette famille étaient concentrés dans l'action, dans la lutte pour défendre la foi. La somme d'énergie et de forces qui se dépense dans ces milieux ouvriers pour assurer la vie matérielle, la mère l'avait dépensée pour assurer la vie de son âme et celle de ses enfants.

De même que les ouvriers apportent dans la lutte pour l'existence une résistance inconnue aux classes supérieures, de même aussi, pour conserver leur foi, ils ont, sous des dehors plus rudes, avec une pratique moins assidue et toujours difficile de la religion, une persévérance qui triomphe de tous les obstacles.

La mère des enfants Renauld va nous en donner un remarquable exemple. C'est elle qui a toujours été la sauvegarde et la bénédiction de son foyer.

Elle me conduisit sa fille Charlotte, le 20 novembre dernier, chez les Pères de l'Assomption de la rue François Ier. Elle me refit d'abord le récit de la maladie et de la guérison de ses deux filles, puis elle ajouta :

« Lucie, la plus jeune, est placée dans une école professionnelle, dirigée par les Sœurs de Saint-Vincent de Paul ; elle y restera jusqu'à vingt et un ans. Charlotte est rentrée dans la famille, elle s'occupe de couture et prend sa part des soins du ménage.

— Vous avez dû être bien heureuse, madame, lui dis-je, de la guérison de vos enfants, pouvez-vous nous dire ce qui vous a mérité une aussi grande grâce ? »

Mme Renauld garda d'abord le silence, elle parut ne pas entendre.

La directrice de la salle Saint-Dominique assistait à notre entretien, elle avait soigné l'enfant pendant le pèlerinage, elle lui rappelait tous les souvenirs inoubliables de ces trois jours; son retour dans la salle au sortir de la piscine, lorsqu'elle rentrait alerte, gaie, avec ses sandales neuves et sa jambe allongée.

La mère écoutait avec une émotion visible. Sans doute, à ce moment, elle vit devant ses yeux toute sa vie passée, elle comprit quels efforts avaient pu lui mériter ces faveurs exceptionnelles. Son âme, longtemps fermée, ne put retenir le secret de ses luttes, de ses souffrances, elle commença le récit suivant, que nous écoutâmes avec une religieuse attention :

« J'ai eu douze enfants, nous dit Mme Renauld; il m'en reste neuf. Les garçons ont été élevés chez les Frères; ils ont été mieux dirigés que je ne l'ai été moi-même.

» Ma mère était absolument incrédule, elle nous avait placées, ma sœur et moi, dans une école laïque. Nous allions à la messe le dimanche, mais il était entendu qu'après notre Première Communion, nous ne devrions plus y aller, et que toute pratique religieuse nous serait interdite. Nous aurions voulu retarder le moment de la Première Communion, tant cette pensée de ne « plus aller à l'église » nous était pénible!

» Notre père, qui était Belge, avait un reste de foi qu'il devait à son éducation première, à son pays d'origine; c'est lui qui nous avait appris nos prières. J'avais été très bien préparée à ma Première Communion; je la fis avec de grands sentiments de piété; ce fut un grand jour dans ma vie, je ne l'ai jamais oublié.

» Notre mère dirigeait un débit de vin. Elle se couchait à une heure du matin, se levait à 6 heures. Nous devions faire comme elle, et le dimanche, pour entendre la messe, nous allions à 5 heures 1/2 chez les Jésuites allemands. Pour arriver à l'heure, souvent nous ne dormions pas de la nuit. Nous devions nous confesser pendant la messe, mais nous étions bien heureuses quand nous pouvions mener nos projets à bonne fin.

» Nous avons prié dix ans, ma sœur et moi, pour la conversion de notre mère; nous avons eu le bonheur de l'obtenir.

» Jusqu'à vingt ans, je faisais partie d'un patronage, chez les Sœurs de Clignancourt; j'y étais encore lorsque je fus demandée en mariage. Mon confesseur m'interrogea sur les sentiments religieux de mon fiancé : « Je ne crois pas, lui dis-je, qu'il pratique. — Demandez-lui au moins s'il vous permettra d'aller à la messe. »

» A cette question, mon mari me répondit brusquement : « Vous êtes donc bigote! Vous ne voulez sans doute pas y aller tous les jours? Le dimanche, je le veux bien. »

» Ce fut sur cette assurance que je donnai mon consentement. Après quelques mois de mariage : « Je pense, me dit mon mari, que vous allez cesser d'aller à l'église; c'est assez maintenant. — Vous me l'avez promis, lui répondis-je, vous ne pouvez vous rétracter. » Je tins bon, mais je dus recommencer mes excursions matinales et me lever avant 6 heures. Cependant, devant ma volonté bien arrêtée, mon mari finit par se rendre, et c'était lui qui, plus tard, me réveillait le matin lorsque j'étais en retard.

» Mon beau-père et ma belle-mère étaient absolument incrédules. Ils ne faisaient pas faire la Première Communion à leurs enfants. Cependant, mon mari, pendant qu'il était soldat, allait à la messe. C'était le bon temps, nous dit Mᵐᵉ Renauld. Rentré dans la vie civile, il ne mettait plus les pieds à l'église.

» Aujourd'hui, nous faisons la prière en commun avec les enfants; le père quelquefois l'apprend aux plus petits; nous fermons le lavoir à midi, le dimanche, en attendant mieux. Nous avons un gendre, Eugène Clément, qui sort du patronage de Nazareth, et qui a été guéri à Lourdes, il y a quatre ans, d'une maladie de cœur. »

Tout, dans la vie de cette femme, a été le fruit, le résultat d'un effort personnel. Enfant, elle doit lutter pour conserver sa foi, observer les pratiques les plus essentielles de la religion.

Avec le mariage renaissaient les difficultés; mais dans son cœur se trouve une flamme qu'aucun souffle ne peut éteindre, qui finit par éclairer l'âme de ses parents, qui rayonne partout autour d'elle dans son foyer.

Pour nous, qui avons été nourris et bercés dans les bras de la religion, qui avons trouvé devant nous une voie droite et facile, pouvons-nous apprécier à leur valeur les mérites de cette femme?

Dieu, juste dispensateur de ses dons, les a bien distingués! A cette famille de neuf enfants, soumise à la rude obligation du travail, et fidèle à sa loi, malgré tous les obstacles, il prodigue ses grâces. Grâces intérieures et cachées, grâces extérieures et visibles : deux guérisons miraculeuses survenues à Lourdes à un an d'intervalle.

Voilà comment se complète cette observation, plus belle encore sous le second aspect que sous le premier.

J'ai entendu bien des récits de guérisons, je n'ai jamais été ému comme par le récit de cette femme. Cette histoire, elle ne l'avait jamais racontée, elle voulait en garder le secret, et voilà pourquoi elle se dérobait à toutes nos questions. Mais, en évoquant les souvenirs de la guérison de sa fille, nous avons touché les fibres les plus sensibles de la mère, et son âme, longtemps fermée, nous a laissé voir jusqu'au plus intime d'elle-même.

Sa vie tout entière a été un magnifique apostolat. Élevée par une mère incrédule, placée dans les écoles laïques, elle recueille dans les catéchismes de sa paroisse les premières notions de la religion. Ces enseignements ne s'effaceront jamais de sa mémoire et porteront tous leurs fruits. Avec ces premières lueurs, à peine entrevues, elle atteindra les plus hauts sommets.

Elle prendra sur son sommeil pour assister à la messe, elle protégera sa jeunesse dans un patronage; après dix ans de prières, elle obtiendra la conversion de sa mère. Avec le mariage se présenteront d'autres difficultés; fille, femme ou mère, toute sa vie se passera dans la lutte. Elle n'a guère connu les consolations, les douceurs de la religion. Mais l'épreuve a singulièrement fortifié son âme; on retrouve dans sa physionomie, dans son accent, dans sa parole, une énergie, une rudesse même, qui indiquent une trempe peu commune.

Avec une Première Communion bien faite et quelques leçons de catéchisme, cette femme traverse la vie sans aucun appui matériel, au milieu d'obstacles qui s'accumulent et se renouvellent; chez elle, l'action tient lieu de la prière.

Rien ne l'arrête….. Sans lutte trop aiguë, en se pliant aux circonstances, mais avec une persévérance que rien ne lasse, elle atteint son but et fixe sur toute sa famille le regard et les bénédictions du ciel.

Inclinons-nous devant ces grands exemples; leur enseignement est salutaire.

Ils nous montrent que le culte de Notre-Dame de Lourdes n'est pas le privilège de quelques âmes choisies, mais le culte le plus répandu, le plus populaire. Il pénètre dans nos grandes villes, au milieu des cités ouvrières, dans les quartiers les plus inaccessibles, comme il pénètre au centre de l'Afrique et chez les sauvages de l'Océanie. Il s'adapte merveilleusement à tous les pays, comme il s'adapte aux besoins de chacun de nous, et c'est sous cette forme que Dieu se plaît à nous manifester ses miséricordes.

La guérison de Mlle Gimard, que nous allons reproduire, présente un point bien important à noter. Après dix-neuf ans de paralysie, elle a retrouvé non seulement tous ses mouvements, mais encore l'atrophie consécutive à cette longue immobilité a disparu instantanément.

C'est une loi physiologique, nous dit Charcot, qui veut que l'atrophie qui suit la paralysie ne disparaisse pas instantanément, et toujours la guérison est beaucoup plus apparente que réelle. L'atrophie ne peut échapper à la loi de régénération des tissus qui se fait par un travail lent et graduel.

Ici, la reprise a été subite, instantanée.

Guérison de Mlle Amélie Gimard, de Bordeaux, survenue à Lourdes, le 24 août 1890.

Paralysée depuis dix-sept ans. — Ne se nourrit que de bouillon et de lait. — En 1884, premier pèlerinage à Lourdes sans résultat. — Sa guérison, le 24 août 1890, pendant le passage de la procession du Saint-Sacrement. — Impressions diverses des malades au moment de leur guérison.

Mlle Amélie Gimard, de Bordeaux, faisait partie du pèlerinage national de 1890. Elle a été guérie le dimanche 24 août, pendant le passage de la procession du Saint-Sacrement. Paralysée depuis dix-sept ans et trois mois, ne pouvant depuis plusieurs années supporter aucune nourriture solide, elle était réduite à un état de maigreur qui paraissait à peine compatible avec la vie. Elle n'avait plus que la peau et les os. On ne trouvait plus trace de ses muscles; ses jambes étaient les jambes d'un squelette.

Dans ces conditions, elle s'est relevée brusquement sur son brancard, elle a suivi d'un pas ferme et assuré la procession, mettant ainsi en défaut toutes les notions physiologiques, et nous montrant par son exemple que l'on peut marcher sans muscles et sans tendons.

Les médecins qui ont soigné Mlle Gimard n'ont pu dissimuler l'étonnement que leur causait cette guérison soudaine et absolument inexplicable.

« Le fait d'avoir pu marcher aussi longtemps, dit le professeur Mesnard, avec une atrophie musculaire si considérable, m'a paru tout à fait digne d'être noté dans un certificat médical. »

« De plus, ajoute le même médecin, je puis constater que les muscles des mollets ont un volume à peu près normal et qu'ils se contractent avec énergie. » Les muscles détruits se sont donc reproduits avec une rapidité absolument en dehors des lois ordinaires de nos observations.

I. — La maladie.

Mlle Amélie Gimard est âgée de cinquante-neuf ans. Elle est née à Bordeaux, son père était vétérinaire, il exerçait sa profession dans la rue du Palais-Gallien. Dans les dernières années de sa vie, il s'était retiré à Caudéran, dans un faubourg de Bordeaux. Mlle Amélie est la plus jeune de quatre frères ou sœurs. Son éducation terminée, elle rentra dans la maison paternelle, où elle s'occupait des soins du ménage.

Sa mère était d'une santé délicate, son frère mourut à vingt-quatre ans, d'une maladie de poitrine, une de ses sœurs perdit la vue bien jeune, l'autre s'était mariée. Dans ces conditions, c'était à elle qu'incombait, en grande partie, la direction et la tenue de la maison.

Jusqu'à l'âge de quarante ans, sa santé ne lui donne aucune préoccupation, elle était forte et robuste. A quarante ans, une sorte de paralysie envahit les bras et les jambes; elle ne peut se tenir debout, elle est obligée de s'aliter.

La famille met tout en œuvre pour arrêter la maladie dans ses débuts.

On a d'abord recours à l'hydrothérapie: Mlle Gimard

entre à la maison de santé du Dʳ Delmas; mais l'hydrothérapie reste sans effet. Après l'hydrothérapie, les vésicatoires, les cautères sur la colonne vertébrale, toute la série des iodures et des bromures. Neuf médecins reprennent à tour de rôle la direction du traitement, leurs efforts successifs restent sans résultat. La maladie suit une marche progressive et les accidents vont en s'aggravant chaque jour.

La longue durée de la maladie donnera à ces premiers accidents une gravité chaque jour croissante, leur imprimera même un caractère d'incurabilité que les médecins n'hésiteront pas à reconnaître.

Ces accidents nerveux avaient dû trouver dans le tempérament de Mˡˡᵉ Gimard un terrain favorable, bien préparé.

Elle a perdu sa mère et son frère, ils sont morts tous deux d'une maladie de poitrine; une de ses sœurs est morte il y a quelques années, d'un ulcère de l'estomac. Il y avait donc dans sa famille un germe de maladies organiques.

En échappant à cette influence directe, Mˡˡᵉ Amélie semble avoir payé son tribut d'une autre façon à cette hérédité morbide. Lorsqu'elle se mit au lit, à l'âge de quarante ans, en 1873, son médecin crut reconnaître une maladie de la moelle. Dès le début, il y eut une paralysie, une impossibilité de marcher. La malade put d'abord rester assise sur un fauteuil, se faire rouler d'une chambre dans l'autre, mais peu à peu ces déplacements devinrent difficiles, pénibles, il fallut y renoncer.

Dans les dernières années, il fallait, pour la faire

glisser d'un lit sur un autre, passer un drap sous elle et la lever avec précaution. Sa vue s'affaiblit; il fallut renoncer à tout travail, à toute distraction; les heures s'écoulaient lentement, au milieu de souffrances continuelles, et sans aucune diversion possible.

Pour comble d'infortune, sa sœur, qui la soignait, avait à peu près perdu la vue. « Il m'est arrivé souvent, me disait-elle, d'entendre marcher dans les appartements voisins, de croire que des malfaiteurs s'étaient introduits dans notre maison; je n'osais demander à ma sœur de s'en assurer, puisqu'elle n'y voyait pas, et nous passions toutes les deux la nuit dans des transes mortelles, enfermées dans notre chambre. »

En 1884, Mlle Gimard vint à Lourdes avec un pèlerinage de Bordeaux; vainement elle pria, prit plusieurs bains de piscine; elle n'éprouva aucun soulagement.

« Je crois, nous dit-elle, qu'une misérable pensée de vanité dut arrêter sur moi l'action de la grâce: « Allons, ma pauvre femme, laissez-vous faire! » me dirent les brancardiers en me déposant sur mon brancard à la descente du train.

« Ma pauvre femme! » ce mot ne m'allait pas, je ne voulais pas être confondue avec les pauvres. Le lendemain, je voulus revêtir une plus belle robe que j'avais apportée et me faire mettre quelques atours, restes de mes toilettes abandonnées. Ce fut avec beaucoup de peine que l'on procéda à cette toilette, car je ne pouvais me mouvoir.

» Ces soins furent superflus, ils me faisaient perdre de vue l'objet principal de mon voyage.

» Je rentrai donc à Bordeaux, toujours dans le même

état, et, dans les années qui suivirent, ma situation devait s'aggraver d'une façon sensible.

Pendant les trois dernières années, mon estomac ne pouvait digérer; on me nourrissait exclusivement de bouillon et de lait, je ne pouvais supporter aucune nourriture solide.

» J'avais été soignée jusque-là, par les D⁰ˢ Delmas, Caussade, Rousset, Dupuy, Duty, Naud, Viaud. Dans les derniers temps, je recevais les soins du Dʳ Aumont, qui avait fait appeler le professeur Mesnard en consultation. En tout, onze médecins : tous leurs soins n'avaient pu apporter aucun changement dans mon état.

» J'étais devenue d'une maigreur excessive; je n'avais plus que la peau et les os, j'étais un véritable squelette. »

M. le curé de Caudéran, voyant que cette pauvre malade paraissait absolument sans ressources, l'engagea à se faire inscrire parmi les malades du pèlerinage national. Mais aurait-elle la force de supporter les fatigues du voyage ? Le Dʳ Aumont le crut et donna un certificat de maladie pour joindre à son dossier.

II. — La guérison.

La sœur de Mlle Amélie et une religieuse du Bon-Pasteur l'accompagnent; ce n'est pas trop de deux personnes pour veiller sur une malade aussi sérieusement atteinte. A Lourdes, elle trouve un lit dans la salle Saint-Camille, à l'hôpital des Sept-Douleurs.

Le 22 et le 23 août, on la porte deux fois par jour à la piscine. Il n'y a aucun soulagement.

Le dimanche 24, les malades se disposent tous à assister à la procession du Saint-Sacrement. Mme Gimard, découragée, refuse de sortir de son lit. Pourquoi s'imposer de nouvelles fatigues ? M. Blavignac, pharmacien à Bordeaux, insiste, et, autant de force que de gré, la fait prendre sur un brancard et transporter à la Grotte. Dans la précipitation, on a à peine le temps de l'habiller, d'attacher ses vêtements. Elle est déposée devant la Grotte, elle prie avec les malades qui l'entourent.

Au moment où le Saint-Sacrement arrive auprès d'elle, porté par Mgr Gouzot, archevêque d'Auch, elle éprouve une sensation étrange, elle est soulevée sur son brancard.

« Il me semble, nous dit-elle, que je suis couchée sur une vague qui me soulève ; j'ai tout à fait la sensation d'un flot qui me porte. Cette sensation dure environ cinq minutes. Je reprends mes prières, je cherche à me distraire de cette préoccupation pour retrouver un peu de recueillement. La cérémonie poursuit son cours.

» Le Saint-Sacrement traverse de nouveau nos rangs, et, lorsqu'il arrive près de moi, sans avoir conscience de ce que je fais, je me redresse sur mon brancard, je me lève et je marche d'un pas assuré derrière le Saint-Sacrement.

» Mes vêtements, à peine attachés, glissent et m'échappent ; les personnes qui m'entourent les retiennent et cherchent à les fixer ; je n'ai aux pieds que de mauvaises pantoufles, et je m'enfonce dans la boue jusqu'à la cheville, dans un sol détrempé par une pluie continuelle. Mais rien ne m'arrête, je m'avance sans aucune hésitation, et je vais ainsi depuis la Grotte jusqu'au milieu de l'esplanade de l'église du Rosaire, pendant un trajet d'environ deux cents mètres.

» Le *Magnificat* retentit autour de moi. Ma sœur et la religieuse, qui ne pouvaient me voir, se disent en entendant ce chant : « Si c'était Amélie qui était guérie ! »

» Elles fendent la foule et m'aperçoivent, les vêtements en désordre, mais la figure radieuse, au milieu d'une foule enthousiaste.

» Leur émotion est extrême ; elles m'arrêtent et me conduisent dans l'église du Rosaire, où l'on recommence le chant du *Magnificat*. Au sortir de l'église, je regagne, toujours à pied et sans être soutenue, le milieu de la grande avenue, et de là je rentre à l'hôpital dans une voiture à bras.

» Il y avait trois ans que je n'avais pris aucune nourriture solide ; une dame, à l'hôpital, distribuait des gâteaux aux malades de la salle ; elle m'en offre. « Je ne prends rien, Madame, lui dis-je, mon estomac ne peut supporter que le lait ou le bouillon. » Un prêtre qui se trouvait à côté me dit : « Mais à Lourdes, tout le monde mange. »

» Je prends le gâteau, je le mange avec plaisir ; j'en demande un second, j'en fais acheter d'autres, je ressens une faim que je ne puis satisfaire, je fais mettre du pain dans mon bouillon. Cette sensation, qui m'était inconnue depuis si longtemps, s'était réveillée brusquement dans toute sa plénitude, je ne pouvais me rassasier.....

» Le lendemain nous partions. Je voulus marcher, mais il me semblait que je marchais sur des épingles. Mes pieds, qui depuis dix-sept ans ne s'étaient pas posés à terre, étaient devenus d'une sensibilité excessive ; je n'avais plus sous la plante qu'une peau très mince, presque dépourvue d'épiderme.

» Cependant, en arrivant à Bordeaux, au couvent des Dames du Bon-Pasteur, je pus me rendre à pied à la chapelle, et je n'ai jamais gardé le lit depuis le jour de ma guérison.

» En rentrant à l'hôpital, le 24 août, après la procession, les dames de la salle, qui m'avaient habillée une heure avant, furent frappées de la modification instantanée qui s'était produite dans l'état de mes jambes. Elles avaient pris de la vie, de la couleur, et même un volume appréciable. Les jours suivants, ce résultat est devenu plus sensible encore, et M. Mesnard, professeur agrégé à la Faculté de Bordeaux, exprime son étonnement en présence de ce résultat qui semble contraire à toutes les lois physiologiques.

» Je soussigné, professeur agrégé à la Faculté de médecine, médecin des hôpitaux de Bordeaux, renouvelle dans ce certificat ce que j'ai déjà constaté chez Mlle Gimard, pensionnaire au couvent du Bon-Pasteur, de Caudéran. Cette demoiselle était atteinte de paraplégie nerveuse, avec cette particularité que celle-ci était accompagnée d'une atrophie presque totale des muscles, des membres inférieurs et plus particulièrement des mollets.

» J'ai revu Mlle Gimard à la fin de 1890, marchant passablement et présentant des masses musculaires, à peu près suffisantes aux membres inférieurs. Elle m'a raconté que, lors du pèlerinage national à Lourdes, en 1890, au mois d'août, elle avait pu se lever et marcher en suivant le Saint-Sacrement pendant un parcours de deux cents mètres.

» Le fait d'avoir pu marcher aussi longtemps avec une atrophie musculaire aussi considérable, m'a paru tout à fait digne d'être noté dans un certificat médical. J'ajouterai qu'il y avait dix-sept ans et trois mois que Mlle Gimard ne marchait pas, elle vivait sur son lit, ne pouvant même rester sur un fauteuil.

» Aujourd'hui, j'ai pu constater de nouveau que les muscles des mollets ont un volume à peu près normal, et qu'ils se contractent avec énergie. Mlle Gimard s'est rendue à pied dans mon cabinet, faisant ainsi trois kilomètres environ ; elle retournera à son couvent de la même façon.

» En foi de quoi, je délivre le présent certificat.
» Dr MESNARD. »
Professeur agrégé à la Faculté de Bordeaux.
Bordeaux, 2 octobre 1891.

Ainsi, voilà une paralysie qui dure dix-sept ans et trois mois, qui résiste à tous les moyens employés, qui entraîne un amaigrissement qui ne peut être porté plus loin sans compromettre la vie, qui trouble toutes les fonctions : la vue est affaiblie, l'estomac ne digère plus. En une seconde tout disparaît, la malade se relève, marche, éprouve une faim irrésistible.

Ce résultat n'est pas une surprise faite à l'économie, c'est un résultat complet, définitif. Depuis deux ans, il n'y a pas eu de rechute. Chose plus étonnante encore, les muscles des jambes, tous ces tissus atrophiés et détruits, renaissent à vue d'œil, se reproduisent comme par une création instantanée.

Tel est le fait matériel tel qu'il est attesté par tous les témoins, par les médecins dont nous copions les certificats.

III. — Les signes qui précèdent la guérison.

Mlle Gimard a cinquante-neuf ans, elle n'est plus à l'âge où l'on joue avec les nerfs. Cette maladie de dix-sept ans de durée a déterminé une infirmité irrémédiable et ne doit avoir chez elle d'autre terme que celui de sa vie même. Une maladie nerveuse dont on peut mourir est une maladie sérieuse et trop réelle. La guérison, dans les conditions où elle s'est produite, est digne de nos méditations.

« Il y a des moments, nous disait Mlle Gimard, où je me demande si j'ai été guérie à Lourdes, si j'ai bien été l'objet d'un miracle. J'oublie tous les détails de cette guérison instantanée, la maladie s'oublie si vite ! Mais il y a une chose qui me ramène au sentiment de la réalité et que je n'oublierai jamais. C'est ce sentiment indéfinissable que j'ai éprouvé sur mon brancard, ce mouvement de flot, de vague, qui m'a soulevée tout entière au moment du passage du Saint-Sacrement.

» Cette sensation, je ne puis l'oublier, je ne l'avais jamais ressentie dans ma vie ; je ne puis ni la comprendre ni l'expliquer, mais elle provenait certainement d'une cause étrangère et supérieure à ma nature. »

Souvent, dans les guérisons de Lourdes, nous observons des commotions identiques qui semblent indiquer l'intervention d'une force supérieure. *C'est un signe sensible* qui tombe sous nos sens, et qui, cependant, échappe à l'action de notre volonté. Lorsque Bernadette voulait traverser le Gave à la suite de ses compagnes, un souffle puissant vint par deux fois retentir à ses oreilles, lui fit relever la tête et diriger ses regards vers la Grotte.

Les malades qui guérissent à Lourdes ressentent dans leurs membres, depuis si longtemps paralysés, des sensations violentes, douloureuses, prélude du mouvement et de la vie qui reviennent instantanément.

Chez les aveugles, un rayon éblouissant passe devant leurs yeux avant que la lumière leur soit rendue. De malheureux agonisants, sans force et sans voix, se relèvent dans la piscine, comme mus par un ressort. La douleur arrachait des larmes à Mlle Dubois pendant que l'aiguille cheminait dans sa main fermée, violemment contractée depuis plusieurs années.

Nous trouverions dans ces phénomènes étranges le sujet d'une étude intéressante; ils se répètent trop souvent, sous les formes les plus diverses, pour n'être que de purs accidents, sans corrélation entre eux. Nous pourrions les rapprocher de ces appels mystérieux qui conduisent parfois les malades à Lourdes, et semblent leur indiquer le moment de leur guérison. Commotions et pressentiments viennent donner à ces guérisons un caractère qu'on ne peut méconnaître.

CHAPITRE X

LES MALADIES NERVEUSES A LOURDES

Les maladies nerveuses de Lourdes ne ressemblent pas aux maladies nerveuses que l'on observe dans les hôpitaux. — Elles sont souvent compliquées de lésions organiques. — Une femme nerveuse peut se casser une jambe. — Guérison d'une de nos clientes, inutilement traitée par les maîtres de la science pendant quinze ans. — Mlle Marguerite Savoye. — Résurrection d'un agonisant.

Lourdes offre un champ très vaste pour l'étude des maladies nerveuses.

On n'observe pas d'ordinaire le malade d'hôpital, type artificiel, exagéré ou créé ; vous observez surtout la femme qui porte le double poids de ses devoirs et de sa maladie ; celle que la religion soutient et relève. Au milieu des souffrances les plus cruelles, vous constatez souvent chez elle des qualités morales vraiment exquises.

A côté des formes légères, à peine accusées, vous avez les accidents les plus graves. C'est une clinique sans rivale et par le nombre et par la variété des sujets. Souvent, dans ce milieu, nous pouvons démêler les données d'un problème qui n'est pas encore trop complexe et remonter jusqu'à la cause première des accidents morbides.

Ah ! je comprends qu'avec les clientes de Charcot, nous sommes dans un monde à part. Mais nos malades ne sont séparées que par des nuances, par une ligne de démarcation insensible, des limites de la vie commune.

Parfois l'économie n'est, pour ainsi dire, touchée qu'à la surface; les manifestations du mal sont intermittentes, éloignées les unes des autres. Il faut une grande précision, dans l'examen et l'étude, pour interpréter tous ces phénomènes, les ramener à leur point de départ.

Nous observons à Lourdes la disparition d'accidents nerveux comme on en observe à la Salpêtrière et dans les hôpitaux; mais nous faisons sur ces faits les plus grandes réserves. Nous ne nous appuyons jamais sur eux pour faire la preuve d'une intervention surnaturelle.

Chez les femmes nerveuses, nous rencontrons aussi des lésions organiques. Elles peuvent se casser une jambe, devenir poitrinaires. Les tubercules, les fractures ou les plaies sont soumis aux lois connues de réparation des tissus. Si une jambe se soude instantanément, même chez un sujet nerveux, le résultat mérite d'être consigné.

Mieux que tous les raisonnements, l'observation suivante montrera quel caractère peut revêtir, à Lourdes ou dans l'atmosphère morale de Lourdes, la guérison d'un état nerveux compliqué de lésions organiques.

***

Mme A... P... a toujours été très impressionnable et a présenté de bonne heure les traces d'un tempérament nerveux. Elle se marie à dix-huit ans, et, deux ans après son mariage, à la suite d'une contrariété, les premiers accidents éclatent dans toute leur intensité.

Les fonctions de l'estomac se troublent, et des vomissements répétés vingt ou trente fois par jour apportent un trouble profond dans la nutrition. La famille, justement alarmée d'une perturbation aussi grave dans la santé de cette jeune femme, tient à s'entourer des plus hautes garanties et des conseils les plus autorisés. On conduit la malade à Velpeau en 1858; celui-ci cherche dans un traitement local le remède à tous ces désordres; il garde la malade à Paris en observation et pratique des cautérisations. Ce traitement exaspère les accidents; la malade rentre chez elle sans amélioration, mais semble pourtant retrouver quelque temps après un calme relatif. On dirait que cette dépense nerveuse a épuisé ses forces, il se fait une détente momentanée. La période de calme n'est pas de longue durée; les accidents reparaissent.

La malade revient à Paris et s'adresse à Jobert de Lamballe. Jobert pratique des cautérisations au fer rouge, cautérisations profondes, qui ont pour but de détruire tous les tissus malades. Ce traitement est aussi inutile que le premier. Quelques années plus tard, on fait un troisième voyage à Paris, et l'on consulte Nélaton. Mais la malade revient une troisième fois de Paris sans guérison, sans amélioration, découragée, désillusionnée. Quelques années s'écoulent dans cette triste situation. La famille désolée veut tenter un dernier essai.

La réputation de Courty était arrivée jusqu'à nous. De tous les côtés de la France, les malades se dirigeaient sur Montpellier. Mme A... part pour cette ville. De nouveaux accidents s'étaient, du reste, développés chez elle.

Depuis longtemps, une suppuration continuelle, abondante, indiquait que la lésion constatée dès le début avait évolué. Il y avait quinze ans que la malade était en traitement.

Elle arrive à Montpellier en novembre 1873, et reste cinq mois dans une maison de santé. Courty met tout en œuvre. Rien ne réussit ; la maladie s'aggrave. A la fin, Courty, découragé, reconnaît que le mal est au-dessus de ses forces ; il s'excuse des souffrances inutiles qu'il a infligées à la malade, et sa parole, trahissant sa pensée, il laisse deviner à cette malheureuse femme que son affection est absolument incurable.

Mme A... rentre chez elle en mars 1874. Bien des années se sont écoulées depuis le début de la maladie. Toutes les célébrités ont été consultées, tous les traitements mis en œuvre, et cependant chaque jour le mal progresse. Elle ne peut plus se tenir debout ; elle marche appuyée sur deux bras et toute courbée ; ses douleurs sont continuelles, atroces.

Pendant le séjour de Mme A... à Montpellier, une malade, également en traitement chez Courty, l'avait engagée un jour à aller visiter une chapelle des Jésuites, où se trouvait une statue de Notre-Dame de Lourdes.

La distance était grande. Malgré sa fatigue, elle avait fait ce pèlerinage avec une grande foi et une grande confiance. Le souvenir de l'impression qu'elle éprouva auprès de la statue de la Sainte Vierge lui est toujours resté présent, et elle ne peut encore en parler sans émotion. Avant de quitter Montpellier, elle voulut faire une neuvaine dans cette chapelle et se consacrer spécialement à Notre-Dame de Lourdes.

Quelque temps après, une de ses cousines, qu'elle affectionnait beaucoup, lui demanda de l'accompagner à Lourdes. Elle fait part de ce projet à son mari, mais celui-ci refuse absolument. « C'est une folie, dit-il; la prudence la plus élémentaire le défend. » Il finit pourtant par se rendre. Elle part pour Lourdes, le 22 août 1874. Elle sait qu'elle ne doit pas guérir, qu'elle a une maladie incurable; elle ne demande pas la santé. Ce qu'elle demande, c'est la résignation à ses souffrances, la force de les supporter, la guérison de sa cousine, la conversion des siens.

Elle croit si peu à sa guérison que, pendant les trois jours qu'elle reste à Lourdes, elle ne prend pas un seul bain. Le dernier jour pourtant, sur les instances de ses amies, elle consent à boire un verre d'eau, mais toujours dans la même disposition d'esprit.

Elle repart de Lourdes, horriblement fatiguée. Son mari vient la rejoindre, très préoccupé des suites de ce voyage. Il lui demande de ses nouvelles; elle secoue la tête : « Rien n'est changé dans mon état. — Si la Sainte Vierge t'avait guérie, reprend M. A..., je l'en aurai remerciée tous les jours de ma vie. » Elle se couche, en conservant cette pensée : *Mon mal est absolument sans remède.*

Le lendemain, elle se lève, marche sans fatigue, va, vient, sans aide et sans appui, visite ses colons et ses fermiers d'un pas assuré. Ces derniers, accoutumés à la voir, depuis de longues années, avec l'empreinte de la souffrance et de la maladie, courbée, pliée en deux, portée plutôt que soutenue, la regardent avec la plus grande surprise. Les membres de la famille, partagés entre la crainte et l'espérance, n'osent encore s'abandonner à la joie que leur cause ce changement inespéré; quant à elle, elle est inconsciente du résultat que tout le monde constate.

Cependant, il faut se rendre à l'évidence. Non seulement ses fonctions ont repris en un instant leur jeu, leur intégrité, mais encore cette suppuration qui, depuis des mois et des années, indiquait qu'une plaie profonde étendait chaque jour ses ravages, s'était tarie du soir au matin. Cette plaie intérieure, qui fournissait un écoulement abondant, que tous les traitements n'avaient pu modifier, qui s'aggravait même par les efforts faits pour en arrêter le développement, cette plaie s'était cicatrisée tout à coup.

La malade, au moment de se coucher, était réduite au dernier degré de l'épuisement et de la faiblesse. Elle se réveillait transformée, animée d'une vie nouvelle. Ainsi, en un instant, s'était évanouie une maladie qui durait depuis seize ou dix-huit ans, qui se compliquait d'accidents matériels, visibles, qui s'était préparée lentement par un ébranlement de toute l'économie; en un instant, la malade retrouvait tout ce qu'elle avait cru perdu!

Depuis lors, quatorze ans se sont écoulés. L'épreuve du temps est décisive; nous n'avons pas eu une seule rechute. Mme A..., n'a eu besoin ni de traitements, ni de soins; elle a été rendue à la vie commune, ne conservant que le souvenir de ses souffrances passées.

Si je n'étais pas médecin, je ferais ressortir tout ce qu'il y avait de généreux et de grand dans cette âme brisée par la souffrance qui, dans un élan sublime, s'oubliait elle-même pour ne demander que la résignation et prier pour les autres, pour la conversion de ceux qu'elle aimait. Si je n'écrivais que pour des médecins, j'aurais pu donner bien des détails techniques, bien des indications précises, qui caractériseraient suffisamment les lésions matérielles dont j'ai fait mention.

Rappelons que déjà, en 1858, Velpeau croyait trouver dans la lésion d'un organe l'explication de cet ébranlement général qui se traduisait par des troubles nerveux de tout genre. Après Velpeau, les docteurs Jobert, Nélaton et Courty, c'est-à-dire les hommes les plus considérables de la médecine contemporaine, ont suivi pas à pas l'évolution de cette maladie.

Avec des hommes d'une autorité aussi considérable, le diagnostic ne peut être un instant mis en doute. Je n'ai pas à l'établir, et je ne dois pas insister davantage.

Mme A. P... est la fille d'un ancien député, la sœur d'un membre du Sénat. Dans le milieu élevé où elle a vécu, milieu aussi attentif qu'éclairé, tous les détails de cette longue maladie ont été notés, relevés avec soin. Dans le récit que je viens de faire, j'ai pu laisser dans l'ombre des points secondaires, mais je n'ai pu altérer la physionomie générale de cette observation qui a laissé dans mon esprit une empreinte ineffaçable. Du reste, dans la famille, dans l'entourage de Mme A..., l'évidence de sa guérison s'est imposée avec une telle clarté que personne n'a eu un moment de doute. Quand on a vu, pendant des années, une personne aimée plier sous le poids de la douleur et que, soudain, elle retrouve sous vos yeux, force, santé, jeunesse, quand on est témoin de ces transformations subites, complètes, l'esprit n'hésite pas, il s'incline devant la réalité des faits.

*
* *

Cette observation est des plus importantes. Elle nous montre que les maladies nerveuses se présentent sous des aspects bien divers. La femme du monde ne ressemble pas aux malades de la Salpêtrière, et les malades de Lourdes, prises dans tous les milieux de la vie sociale, ne subissent pas les conditions de déchéance que l'on observe dans les hôpitaux. Elles sont souvent affectées de lésions matérielles qui se rattachent, effets ou causes, aux grandes perturbations de l'action nerveuse, et ces lésions, atrophies, plaies, tumeurs, ne peuvent s'effacer ou se cicatriser en un instant.

Chez nos malades, on observe souvent les qualités les plus éminentes et les plus exquises. L'esprit et le cœur ne subissent pas l'impression des troubles physiques. On dirait même qu'au milieu de ces luttes, de ces souffrances, les qualités morales s'élèvent au-dessus du niveau moyen.

Les médecins qui n'ont voulu voir dans les guérisons de Lourdes que des guérisons de maladies nerveuses, ont commis une erreur manifeste dont nous fournissons chaque jour la preuve. Ceux qui rejettent toutes les maladies où l'élément nerveux joue un rôle plus ou moins prépondérant, laissent de côté des faits souvent très importants et qui méritent bien de prendre place dans nos *Annales*.

L'observation que nous venons d'écrire est bien intéressante au point de vue des conditions dans lesquelles le fait s'est accompli. On a cherché le secret des guérisons de Lourdes dans l'eau de la fontaine, dans l'action des piscines, dans une impression, dans un effet de suggestion; et pourtant, voilà une malade qui ne prend pas un bain, qui, jusqu'au dernier jour, ne boit pas une goutte d'eau, qui n'est pas venue à la Grotte pour elle, mais pour accompagner une de ses parentes, qui n'attend ni ne demande sa guérison, et qui, le lendemain de son retour chez elle, se trouve subitement guérie. Ce changement merveilleux s'opère d'une façon inconsciente. Les parents constatent les premiers ce résultat inespéré.

Ici, toutes les théories étagées pour expliquer les guérisons de Lourdes croulent et s'effondrent.

Notre malade, par la volonté, la pensée, l'espérance ou le désir, est restée absolument étrangère à sa guérison.

L'observation que je viens de résumer a été prise sur une malade de ma clientèle; malade que j'ai suivie pendant plusieurs années, notant et étudiant avec soin tous les symptômes qui se déroulaient sous mes yeux. Ce fait est resté bien vivant dans mes souvenirs. Il a tenu en éveil toute ma sollicitude et, dans sa longue histoire, je retrouve les noms les plus considérables de la médecine contemporaine.

Je ne pouvais prévoir, quand je commençais à soigner Mme A..., quel serait le terme d'une affection sur laquelle tous les traitements restaient sans effet; mais je n'aurais jamais cru qu'une lésion aussi ancienne, aussi profonde, guérirait et disparaîtrait en quelques instants; qu'une constitution usée par la souffrance retrouverait sans transition son équilibre et ses forces. J'étais au début de ma carrière, plein de confiance dans la puissance de mon art, mais en même temps bien renseigné sur la force des obstacles que le mal y oppose souvent. Si l'on m'eût parlé de Lourdes et de ses guérisons, je n'aurais pas même compris qu'un rapprochement fût possible entre une affection aussi grave et un moyen aussi simple.

La guérison de M™ A..., ne fit pas sur moi l'impression qu'elle aurait dû faire. Je constatais les résultats, j'en acceptais les bénéfices, je ne voulais pas conclure, je ne voulais pas entrer dans un domaine qui n'était pas le mien, dans une voie inconnue.

Un de mes confrères, homme d'esprit, me disait : « Prenez garde ! ne vous engagez pas dans cette voie ; si vous y mettez le petit doigt, vous y passerez tout entier. » Je n'y mis pas le petit doigt. Que de médecins agissent de même ! Ils reconnaissent la réalité du fait, mais ne veulent pas remonter jusqu'à sa cause. Pas plus que moi, ils ne veulent conclure.

Plusieurs années après l'événement de 1874, me trouvant à Lourdes pendant le pèlerinage national, je vis entrer dans le bureau des médecins une malade qui venait d'être guérie à la piscine, et racontait en termes nets, précis, tous les détails de sa guérison. Le fait était visible, palpable. Ce jour-là, je compris, et j'arrivai jusqu'à la conclusion. Il ne suffit pas toujours d'un miracle pour déchirer les voiles et soumettre notre esprit. La foi est un don du ciel, mais c'est un don que la volonté doit accepter.

Dans les exemples qui vont suivre, nous verrons qu'une modification profonde et complète semble s'opérer dans le tempérament des malades, c'est une rénovation de tout leur être qui se fait à Lourdes, il n'y a plus chez elles ni lymphe, ni nerfs.

Nous essayerions vainement d'obtenir de semblables transformations.

Mlle Marguerite Savoye va nous en donner une preuve bien convaincante.

II. — Marguerite Savoye, de l'Étoile, près Lons-le-Saunier. — *16 septembre 1892.*

Pendant que les grandes foules du pèlerinage national de 1893 semblaient faire violence au ciel pour obtenir la guérison de leurs malades, pendant que cinquante et quelques médecins essayaient de saisir la preuve d'une intervention surnaturelle, une jeune fille, agenouillée devant la Grotte, ne se lassait pas de rendre grâce des bienfaits qu'elle avait obtenus. Elle revoyait devant ses yeux tous les détails de sa guérison merveilleuse. C'était là que, l'année dernière, elle avait retrouvé une santé parfaite.

Autour d'elle, les foules passaient indifférentes, les médecins ne l'ont pas vue au bureau des constatations. Marguerite Savoye fuyait le bruit. Elle faisait son pèlerinage d'actions de grâces, accompagnée d'un prêtre de son voisinage.

Il y a un an, elle était arrivée à Lourdes dans des conditions bien différentes. Quelle maladie avait-elle, ou plutôt, quelle maladie n'avait-elle pas?

Lorsque les enfants du premier âge cessent de se nourrir, ils tombent dans un état cachectique que l'on a désigné sous le nom d'athrepsie; ils se momifient, se dessèchent, la peau est parcheminée, les yeux seuls conservent encore une trace de vie.

Tel était bien l'état de Mˡˡᵉ Savoye. C'était un cadavre que l'on portait sur un brancard : pâle, sans voix, elle était effrayante à voir. Âgée de vingt-cinq ans, elle pesait quarante livres : le poids d'un enfant. Depuis six ans, elle n'avait pas quitté le lit, et, depuis six ans, elle n'avait pris aucune nourriture solide : de l'eau sucrée, quelques cuillerées à café de bouillon, quelques pastilles de chocolat à des intervalles éloignés.

Au moment de son départ pour Lourdes, son médecin déclarait qu'elle avait quinze jours à vivre. Les docteurs qui la virent au bureau des constatations n'osèrent pas la toucher, c'est à peine si l'on percevait un souffle insensible ; il n'était pas question de piscine, personne n'eût voulu la mettre dans l'eau.

C'est dans ces conditions que Marguerite fut déposée sur son brancard, devant la Grotte, le vendredi 16 septembre, à 9 heures du matin.

Au moment du passage du Saint-Sacrement, une impulsion violente, irrésistible, la soulève sur sa couche et la projette violemment à terre. Elle tombe d'une hauteur de 0ᵐ,60 environ. Elle se retrouve à genoux, au pied de son brancard. Aussitôt, elle se relève, s'avance sans appui.

« Je suis guérie ! » dit-elle à haute voix.

Sa mère, éperdue, se précipite au-devant.

« Je suis guérie ! »

Elle veut aller aussitôt à la piscine. En une seconde, ses forces sont revenues, une vie nouvelle l'anime. Au sortir de l'eau, elle rentre à l'hôpital et prend immédiatement place à la table commune. On ne peut la rassasier : toutes les heures, il faut la faire manger, et il en sera ainsi pendant un mois.

Elle pesait quarante livres, elle en pèse aujourd'hui cent dix. A vingt-cinq ans, sa croissance a repris son cours, et, dans l'espace de quelques mois, elle a grandi de sept ou huit centimètres.

Ce jour-là même, elle reparut au bureau des médecins, non plus sur son matelas, mais debout et solide sur ses jambes. Elle était pâle, amaigrie ; une flamme illuminait son regard et tout semblait renaître en elle. Une joie sans limite inondait son âme.

A la nouvelle de cette résurrection, tout le village de l'Étoile avait été remué. Le retour de Marguerite fut un véritable triomphe.

Sur la route de l'Étoile à Lons-le-Saunier, dans un parcours de six kilomètres, tout le village était venu au-devant d'elle. La maison de la jeune fille était pavoisée. Un autel avait été dressé à sa porte avec une statue de Notre-Dame de Lourdes. Au pied de l'autel, on avait placé un fauteuil pour recevoir l'ancienne malade. Arrivée là, la jeune fille écarte le fauteuil, se met à genoux et reste longtemps en prière. Le maire de la commune est à ses côtés, ses parents, ses amis l'entourent. Bientôt les questions commencent, la jeune fille reprend le récit de ses derniers jours ; il est bien tard, il est minuit qu'on ne se lasse pas encore de l'entendre raconter tous les détails de sa guérison.

Le dimanche suivant, à la grand'messe, tous les yeux sont fixés sur elle. Les enfants ne la connaissent pas : il y a six ans qu'elle n'a pas quitté son lit, et, six ans, c'est long dans la vie d'une paroisse. Les incrédules, en la regardant, se disent entre eux :

« Comment ! c'est là le miracle qu'on nous présente ! Voyez comme elle est pâle, comme elle est maigre ! sa guérison n'est qu'apparente. » Ils ne pensent pas qu'ils s'exposent à recevoir un démenti formel, et que leur opposition va rendre le fait plus éclatant encore. Marguerite doit attendre près d'une heure, avant de quitter l'église, pour se soustraire à la curiosité qui l'entoure.

Cette jeune fille est revenue à Lourdes avec un certificat de son médecin, le Dr Guichard, de Lons-le-Saunier, homme justement considéré dans le pays. Le docteur déclare que Mlle Savoye est complètement guérie de la maladie qui l'a retenue si longtemps au lit, et il ajoute *que sa guérison est réellement miraculeuse.*

Pour bien comprendre l'importance de cette guérison, il faut en entendre le récit de la bouche même de Marguerite, récit simple, naturel, sans art. C'est une âme d'une limpidité parfaite. Le rayon du ciel, qui l'a ranimée sur sa couche, semble l'éclairer encore de ses dernières lueurs : Bernadette devait raconter ainsi ses apparitions.

Pendant qu'elle parle, on ne songe pas à l'interrompre ; un doute n'effleure même pas la pensée lorsqu'elle fait revivre sous nos yeux les détails de cette scène admirable.

Cette force violente et irrésistible, qui l'a soulevée sur sa couche et projetée violemment sur le sol, est bien le signe sensible des guérisons surnaturelles. Nous le retrouvons dans tous les grands faits de Lourdes, mais rarement aussi marqué, aussi puissant.

Lorsque Marguerite Savoye vint à Lourdes pour la

première fois, elle nous apportait un certificat de son médecin, le Dr Guichard, médecin en chef de l'hôpital de Lons-le-Saunier, qui déclarait que, depuis cinq ou six ans, cette malade n'avait pris aucune nourriture. De l'eau sucrée, quelques cuillerées de bouillon et un peu de vin de peptone. « Cette inanition prolongée défie, disait-il, toute comparaison avec les jeûneurs les plus célèbres. Actuellement, jour de ma dernière visite, elle n'a pris dans toute la journée que quelques cuillerées d'eau. »

Au retour, le même médecin constatait que Marguerite Savoye, qui gardait le lit depuis six ans, avait obtenu dans son pèlerinage à Lourdes *une guérison réellement miraculeuse.*

Le 15 octobre dernier, nous recevions une lettre de cette jeune fille, qui nous disait :

Monsieur le Docteur,

Avant de quitter le monde, j'ai voulu vous faire mes adieux, et vous exprimer mes sentiments de profonde reconnaissance.

Après avoir reçu l'insigne faveur de ma guérison, il est bien juste que je me rende à l'appel du bon Dieu et de notre bonne Mère Immaculée.

Le jour de ma Première Communion, j'avais demandé au ciel la grâce d'être religieuse et, pendant six ans, j'ai été clouée sur un lit de douleur.

Quand j'ai été aux pieds de la Sainte Vierge de la Grotte de Lourdes, je lui ai demandé de me guérir si je devais être utile sur la terre, et, dans le cas contraire, je l'ai priée de m'accorder la grâce d'une bonne mort.

Puisque j'ai retrouvé assez de santé pour pouvoir observer la règle de saint François d'Assise, la Supérieure des religieuses franciscaines a bien voulu m'admettre au nombre de ses religieuses, et moi, je suis mille fois heureuse de me donner tout entière à Dieu. Je quitterai ma famille et toutes les personnes qui me sont chères dans la première quinzaine de novembre.

Mes chers parents ont du chagrin en pensant à la séparation ; mais ils sont trop chrétiens pour s'opposer à mes désirs et entraver les desseins du bon Dieu. Ils se résignent et se soumettent à sa sainte volonté.

Si le bonheur de retourner à Lourdes m'est refusé, ainsi que celui de vous revoir, M. le Docteur, vous pouvez être assuré que je n'oublierai jamais la Grotte bénie.....

Marguerite Savoye supporte sans faiblir toutes les austérités de la vie religieuse ; caractère, tempérament, tout a été transformé chez elle. Ce résultat est plus surprenant que la guérison d'une tumeur ou d'une plaie.

Est-il au pouvoir de l'homme de donner l'intelligence, le jugement, l'équilibre dans les facultés à de malheureuses créatures placées aux derniers degrés de l'échelle humaine et qui semblent ne conserver que quelques lueurs confuses de raison ?

Je n'ai jamais lu, sans un étonnement profond, le récit de la guérison de Mlle Célina Ferry, de Bazegney (Vosges).

Mlle Ferry vint à Lourdes en 1891. Elle était malade depuis trente ans. Elle avait quarante-sept ans, et c'est à dix-sept ans qu'elle avait ressenti les premières atteintes d'une névrose constitutionnelle et générale.

L'exposé de ses souffrances ressemble à un martyrologe.

Son état moral n'était pas moins malade que son état physique. Elle vivait dans un état de tristesse et d'inquiétude perpétuelles, une conscience très timorée augmentait l'agitation d'un système nerveux impressionnable à l'excès.

Son curé nous disait : « C'est une martyre, torturée physiquement et moralement. » Tout ce que la médecine pouvait faire, c'était de lui donner des calmants pour apaiser ses douleurs.

Au départ de Lourdes, elle était débarrassée de tous les maux qui l'avaient martyrisée pendant trente ans. Mais surtout elle était tranquille, gaie, forte, transformée, et, arrivée chez elle, elle se mit tout de suite aux travaux du ménage, prit la direction de la maison.

Depuis, elle travaille, elle marche, elle étonne tout le monde par son entrain, ce n'est plus la même personne.

Ces résultats ne sont pas à notre portée. Nous ne pourrons jamais effacer en un instant les désordres causés par trente années de souffrance. Nous ne pourrons transformer une femme timide, inquiète, mal équilibrée, en une femme forte, vaillante, d'un jugement sûr et d'un entrain qui ne se démentira jamais.

Ce n'est pas seulement à Lourdes que l'on obtient de semblables transformations. Mais à distance, dans le monde entier, avec l'eau transportée de la Grotte, avec une simple prière, on obtient de semblables effets.

Un agonisant guéri subitement par l'eau de Lourdes.

Le 31 août, nous recevions de Lyon la communication suivante :

« C'est pour glorifier la puissance et la bonté de **Notre-Dame de Lourdes** que je prends la liberté de vous adresser la relation d'un fait, vraiment extraordinaire et inexplicable, sinon miraculeux, qui vient de se passer dans notre couvent des Religieux hospitaliers de Saint-Jean de Dieu, à Lyon : la guérison subite et complète d'un jeune novice, par l'intercession de la Vierge puissante de Massabielle.

Vous ferez de ce récit l'usage qu'il vous plaira. Une communauté de quatre-vingts religieux peut vous en certifier la rigoureuse exactitude.

Et le 11 novembre, le Fr. Lazare, en nous envoyant le certificat du médecin, nous disait : « Depuis la date mémorable du 15 août, notre Fr. Adolphe n'a jamais ressenti le moindre malaise. Il remplit depuis six semaines l'emploi le plus pénible de la maison, il est occupé à l'infirmerie des gâteux ; il continue à jouir d'une santé qu'il n'a jamais connue jusqu'à présent. »

Le Dr Carrier, dans un certificat que nous allons résumer, nous fait parfaitement le tableau de cette crise si longue et si grave ; il nous fixe sur la nature de la maladie et précise bien les points qui, dans cette guérison, sortent des lois ordinaires de nos observations.

Lyon, le 10 novembre 1891.

Le Fr. Adolphe est âgé de vingt et un ans. Il est d'une faible constitution, et ce n'est pas sans hésitation que ses supérieurs l'ont admis à prendre l'habit des Religieux hospitaliers de Saint-Jean de Dieu.

Le 20 décembre dernier, il contracta une bronchite, et, à cette occasion, on put constater chez lui des troubles cardiaques caractérisés par un souffle et des irrégularités dans la contraction de cet organe. . . . .
. . . .
Le 7 juin survinrent des vomissements, qui arrivèrent

au point de ne plus tolérer l'ingestion d'aucun aliment. Rien ne put les atténuer, la glace et le champagne frappé finirent même par les provoquer. Depuis le commencement du mois d'août, l'alimentation devint absolument impossible. Les phénomènes d'inanition se développèrent avec une intensité croissante.

Le 15 août, on put croire que le terme fatal était arrivé; la maigreur et la faiblesse étaient extrêmes, les yeux étaient ternes et voilés, le pouls insensible, et les téguments se refroidissaient. Vers trois heures du soir, on dut lui administrer les derniers sacrements.

A 8 h. 1/2, dans la soirée, la respiration était devenue rare et difficile, et les dernières périodes de l'agonie paraissaient atteintes, quand on lui instilla entre les lèvres une cuillerée à café d'eau de Lourdes, puis une seconde cuillerée quelques instants après.

A ce moment, le malade se sentit subitement soulagé : les phénomènes de l'agonie disparurent; il se déclara guéri, voulut se lever, et prit sans difficulté diverses boissons; vers quatre heures du matin, il demanda des aliments, d'abord liquides, puis solides, sans éprouver la moindre fatigue.

Les forces, revenues subitement, s'accentuent avec une grande rapidité et, depuis lors, la guérison s'est maintenue. Le Fr. Adolphe occupe un emploi des plus pénibles auprès des malades gâteux et paralytiques et n'en paraît aucunement fatigué.

Tels sont les faits que nous avons observés et que nous rapportons fidèlement. Il est de la dernière évidence que la maladie dont il est ici question est une *névrose*. Névrose symptomatique d'un état d'anémie développée depuis longtemps, chez un sujet prédisposé.

Aussi, n'a-t-on pas lieu de s'étonner outre mesure de la cessation soudaine des symptômes; mais il est un point sur lequel il est juste de porter l'attention : c'est la disparition instantanée des phénomènes propres à l'inanition, arrivés à une période extrême, au point d'atteindre les dernières limites de l'agonie, et la réapparition si soudaine des forces qui paraissaient perdues à tout jamais.

D' CARRIER.

Le D' Carrier nous dit : « Ce religieux était atteint de névrose, ce qui explique dans une certaine mesure la cessation soudaine des accidents. » Cependant, lorsqu'une névrose nous conduit à l'agonie et nous menace d'une mort prochaine, sa disparition instantanée n'est pas un fait d'observation usuelle, car il y a des névroses qui tuent directement, d'autres qui sont la première manifestation des maladies organiques.

En outre, à côté du point médical ou canonique à résoudre, il y a toujours un fait personnel qui ne regarde que l'intéressé. Si nous disions à ce religieux que sa guérison est chose de peu d'importance, il nous répondrait que nous n'avons pas passé comme lui par les affres de l'agonie pour apprécier les bienfaits d'une semblable résurrection.

Mais, sans vouloir réhabiliter les maladies nerveuses au point de vue de la démonstration scientifique du surnaturel, nous avons, dans les dernières phrases de ce rapport, des preuves irréfutables de manifestations surnaturelles.

Ce religieux, lisons-nous, a vu disparaître en un instant tous les symptômes de sa maladie — c'était un névrosé; la chose n'est pas impossible; — mais ce qui est absolument inexplicable, *il a retrouvé toutes ses forces instantanément et dans leur plénitude.*

Il a vu, en quelques secondes, disparaître tous les accidents propres à une inanition arrivée à sa période ultime. C'est son médecin qui l'affirme. Mais de même que, pour combler une plaie, il faut que le sang apporte des matériaux nouveaux, de même, pour refaire les forces perdues et les organes usés, il faut qu'une alimentation progressive répare tous les tissus.

En ouvrant les yeux, en ressaisissant sa vie qui s'échappait, ce malade ne pouvait réparer en un instant son organisme épuisé.

Véritable naufragé de la *Méduse*, il devait remonter lentement le chemin descendu et ne pouvait, en touchant le sol, retrouver dans leur intégrité ses forces et sa santé.

La nature, du reste, ne procède jamais ainsi. La convalescence dans les longues maladies est une loi qu'il faut subir.

L'instantanéité dans le retour des forces, sorte de résurrection, est chose qui dépasse notre entendement, c'est un résultat supérieur à nos moyens d'action.

Les lois de nutrition de tous nos organes reposent sur les mêmes données. L'inanition, qui frappe l'économie de déchéance, laisse des traces visibles et durables; pour les effacer, il faut un effort graduel et soutenu. C'est toujours par une gradation et une transition ménagée que l'on répare ces grandes pertes de nos forces vitales. En dehors de ces règles, tous nos moyens d'action restent sans effet, car la main de l'homme n'a pas une puissance créatrice et ne peut que seconder l'effort de la nature.

Ces problèmes sont graves et complexes; ils se retrouvent dans les maladies nerveuses comme dans les maladies organiques, et les sciences médicales rencontrent à chaque pas devant elles des obstacles insurmontables.

Si de tels exemples étaient exceptionnels, on pourrait élever contre eux des objections de détail, contester leur authenticité; mais ils se produisent chaque jour, et constituent ce que mon ami, cher et regretté, le Dr de Saint-Maclou, appelait le miracle du nombre. Quel est, en effet, l'hôpital où l'on voit ainsi guérir dans une telle proportion les maladies nerveuses les plus graves, les plus invétérées?

L'histoire de Lourdes doit se lire dans l'ensemble de ces faits merveilleux qui se prêtent un mutuel appui et forment un bloc inébranlable, à l'abri des vaines disputes et des critiques superficielles. Sans doute, on peut détacher un exemple, chercher les côtés faibles, les résultats incomplets; ce sont des objections de détail qui n'atteignent pas l'œuvre.

Une erreur d'ensemble dans les faits et dans les personnes est inadmissible, à moins de renverser les grandes règles de la certitude humaine.

CHAPITRE XI

LES MALADIES NERVEUSES A LOURDES

Le miracle expérimental et les guérisons de Lourdes. — Céleste Mériel, depuis sept ans à la Salpêtrière ; sa guérison dans la piscine. — Une morphinomane inutilement traitée pendant deux ans ; sa guérison à Lourdes. — Eugénie Bron.

Mais, à côté de ces états si graves, dans lesquels tous les éléments de dissolution se trouvent réunis, nous rencontrons des guérisons de maladies nerveuses sans aucun mélange de lésions organiques. Ces guérisons ont servi de thèmes à toutes les objections de nos adversaires. On n'a plus voulu voir autour de la Grotte que des hystériques et des troubles fonctionnels.

On a fait des miracles dans les hôpitaux. La célèbre Etcheverry, une pensionnaire de la Salpêtrière, a reçu l'ordre de guérir d'une paralysie nerveuse, au moment d'une cérémonie du mois de Marie. La paralysie a disparu à l'heure voulue. On a fait des miracles ! S'il n'y en avait pas d'autres à Lourdes, je n'aurais pas pris la plume pour écrire le récit de ces guérisons.

Toutes ces paralysies, qui s'effacent avec l'hypnotisme ou la suggestion, semblent marquer le dernier degré de la puissance de la nature ou de l'art. Nous les observons aussi ; nous voyons ces paralysies s'effacer sous nos yeux ; mais nous ne tenons pas compte de ces résultats.

Là où s'arrête l'action de l'homme commence à peine l'action surnaturelle. On arrive, dans les hôpitaux, à la limite des forces physiques; on ne les dépasse pas.

La guérison de Céleste Mériel est plus remarquable que celle d'Etcheverry. Le miracle expérimental n'est qu'un jeu à côté de ce fait étrange, et cependant ce fait nous ne le citons que pour mémoire.

Pour nous, il n'autorise aucune conclusion.

Céleste Mériel, âgée de trente-quatre ans, vient de l'hôpital de la Salpêtrière. Elle porte un certificat du Dr Falret, daté du 18 juin 1888, qui déclare « qu'elle est atteinte de surdi-mutité, et que son état ne l'empêche pas de se déplacer. » Ce certificat est un modèle en son genre, il respecte absolument le secret professionnel. Il n'est besoin ni de titre ni de diplôme pour constater qu'une malade est sourde, qu'elle ne parle pas, et pourtant qu'elle peut monter en wagon sans danger pour sa vie.

Les guérisons de Lourdes inspirent un tel effroi, qu'à ce seul nom, la plume, la main et la pensée, hésitent chez les plus vaillants. Mais qu'avait donc Céleste Mériel? Veut-on nous tendre un piège ou veut-on éviter un rapprochement entre une maladie organique bien constatée et une guérison impossible à récuser? Il ne dépendra pas de nous de soulever le voile qui nous cache l'impression de nos confrères. Depuis huit ans ils donnent des soins à cette femme, ils doivent avoir une opinion bien arrêtée sur sa maladie.

Céleste Mériel nous dit qu'elle s'est mariée en 1878. Deux ans après, elle fut trouvée, le matin, dans son lit, sans connaissance, dans un état comateux, le côté gauche paralysé, la bouche fortement déviée. Il n'y a pas chez elle de signes prédominants d'hystérie, mais son histoire est celle de beaucoup de ménages parisiens. A peine mariée, les épreuves, la gêne deviennent les hôtes habituels du foyer ; son mari la délaisse, sa santé subit une atteinte profonde, et une première attaque amène une paralysie qui paraît sans remède.

Il faut frapper à la porte de l'hôpital. Elle est soignée deux ans à l'hôpital Necker, dans le service du Dr Rigal.

Tous les remèdes restent sans résultats ; elle est placée comme incurable à la Salpêtrière, dans le service du Dr Charcot, au mois d'octobre 1882. Une nouvelle attaque, survenue deux ans plus tard, lui fait perdre la parole. Son économie, ébranlée par ces secousses successives, se détériore chaque jour. Une suppuration des deux oreilles indique l'usure organique qui va en s'accentuant. Cette suppuration amène une double perforation du tympan et une surdité très prononcée. C'est dans ces conditions que la malade arrive à Lourdes, paralysée du côté gauche, n'entendant pas et ne parlant pas. A l'hôpital où on la recueille, on la prend pour une idiote. De fait, elle est étrangère à tout ce qui se passe autour d'elle, elle ne peut se mouvoir ; son œil vague et sans intelligence ne trahit aucune impression. On la porte à la Grotte et à la piscine.

Après un premier bain, elle se redresse sur ses jambes, pose ses béquilles et marche sans appui ; elle rentre dans la salle des malades et ne peut manifester que par signes la joie que lui cause cette première guérison. Cette guérison pourtant ne soulève autour d'elle aucun enthousiasme, tant elle est restée jusque-là étrangère à la vie, au mouvement général de la salle.

On la reconduit à la piscine une seconde fois, et la parole lui est rendue. Elle vient nous rendre compte, dans le Bureau des constatations, de l'heureux changement qui vient de se produire.

Elle commence, dans un monologue ininterrompu, le récit de ses souffrances. Il nous est absolument impossible de l'interroger, sa surdité est absolue. Nous ne pouvons communiquer avec elle que par écrit, en lui faisant lire quelques mots. Dans ces conditions, il est impossible de reconstituer son observation, surtout avec le certificat en deux lignes qui lui a été délivré.

Nous renonçons à poursuivre une enquête impossible, et lui donnons rendez-vous au lendemain.

Le lendemain, elle revient, marchant librement, s'exprimant parfaitement bien, et entendant d'une façon normale. Du mardi au jeudi, une vraie résurrection s'est opérée en elle, et la dernière infirmité guérie a laissé une preuve irrécusable de la nature et de la cause de sa maladie.

On peut aisément dire d'une paralysie qu'elle est fonctionnelle et sans lésion matérielle, d'un mutisme, qu'il est hystérique. Mais, lorsque, pendant des années, une suppuration profonde et répétée a profondément désorganisé les organes si délicats de l'ouïe, détruit les tympans et supprimé l'audition, on ne peut parler de troubles nerveux; la maladie porte sa signature et la lésion se touche du doigt.

Lorsque Céleste Mériel s'est présentée devant nous, le mercredi, absolument sourde, nous avions avec nous le Dr Henri Martin, d'Orléans, ancien chef de clinique des sourds-muets de Paris, bien familiarisé avec l'étude des maladies de l'oreille. Il a examiné longtemps les deux conduits auditifs de cette femme, il a constaté la perforation des tympans, les altérations, les boursouflures des bords. Du reste, Céleste Mériel, bien habituée à toutes les expériences, à tous les examens de ce genre, s'est empressée d'elle-même de fermer la bouche et le nez et de souffler fortement; l'air expiré passait avec bruit par les oreilles.

Le lendemain, elle entendait parfaitement le mouvement d'une montre à $0^m,3o$ de distance et au milieu de tout le bruit de la clinique. Elle répondait sans effort, sans difficulté, à toutes les questions qui se croisaient autour d'elle. L'état anatomique de ses oreilles n'était pourtant pas modifié. Les tympans étaient toujours perforés, mais la fonction était rétablie.

Une vie nouvelle semblait animer la physionomie de cette femme, jusque-là si morne, si terne. Elle répondait à toutes les questions avec une vivacité, une intelligence, une netteté dans l'expression et la pensée, qui surprenaient également. Cependant, que n'avait-elle pas souffert depuis huit ans ! Au lendemain de son mariage, abandonnée par son mari, séparée de son enfant, jetée sur un lit d'hôpital, elle avait vu, alors qu'elle n'avait pas encore trente ans, les portes de la Salpêtrière se refermer sur elle.

Depuis six ans, dans cet hospice, elle avait été ballottée de service en service, soumise sans résultat aux médications les plus diverses. A plusieurs reprises, on avait essayé de l'hypnotiser, mais toujours sans résultat, car elle était étrangère au monde extérieur. Elle était là, sans mouvement, sans voix, sans oreille. Son intelligence survivait seule en elle et ne pouvait lui servir qu'à comprendre l'étendue de son malheur.

Cette pauvre femme, dont le cœur était fermé à toute espérance humaine, venue à Lourdes sans une amie, sans une parole d'encouragement, déposée sur un lit, comme un être privé de raison, venait de ressaisir santé, force, jeunesse, espérance, de renouer le fil rompu de son existence.

Son histoire est bien intéressante, non seulement pour le médecin, mais pour tous ceux qui, s'élevant au-dessus des conditions matérielles de la vie, cherchent dans le secret du cœur le secret des grâces et des faveurs dévolues à chacun.

On le voit, la guérison de Céleste Mériel laisse bien loin toutes les guérisons de nos hôpitaux. Le résultat est autrement net, saisissant. Si, pendant son séjour à la Salpêtrière, on avait obtenu sur cette malade une modification assez profonde, une semblable résurrection, cette observation eût été consignée dans tous nos recueils, dans tous nos journaux de médecine. A Lourdes, nous la laissons dans le groupe des maladies nerveuses. Elle nous paraît insuffisante pour établir la preuve d'une action surnaturelle.

Au milieu des hystériques, une jeune fille se présente avec le cachet des maladies nerveuses. Nous avons pourtant beaucoup de peine à établir la nature des accidents qu'elle nous signale. En l'écoutant, nous nous rappelons involontairement cet adage : « Quand une femme vous parle, écoutez bien ce qu'elle vous dit, mais cherchez surtout ce qu'elle vous cache. » Ce qu'elle nous cache, il n'est pas toujours facile de le deviner. La jeune fille nous vient en aide.

Depuis deux ans et plus, elle prend chaque jour de la morphine à haute dose (jusqu'à 5o et 6o centigrammes en injections). Cette passion funeste a résisté à tout. Mais la morphinomane a trouvé, à Lourdes, une force qui lui était inconnue. Elle a jeté sa seringue; depuis deux ou trois jours, elle s'est privée de morphine. Sa résolution paraît inébranlable. L'avenir nous dira si elle l'a véritablement été. Un tel triomphe, remporté sur une habitude aussi tyrannique, méritera d'être consigné.

Les adeptes de l'hypnotisme reconnaissent qu'ils n'ont pas grande action sur les morphinomanes. Le Dr Luys nous dit que, chez elles, les réactions du système nerveux sont infidèles et les suggestions peu durables. Le sujet obéit tant qu'il est à l'hôpital; mais, une fois dehors, il revient à ses inévitables pratiques. A l'hôpital même, il trouve toujours moyen de tromper la surveillance la plus active.

La résolution de notre morphinomane paraissait inébranlable. Nous n'avions néanmoins aucune confiance dans sa parole. On ne triomphe pas en un instant d'une habitude aussi tyrannique.

Six mois après, le 16 mars 1890, cette jeune fille nous écrivait :

« La morphinomane que vous avez vue à Lourdes, le 22 août dernier, est heureuse de venir vous dire aujourd'hui que sa guérison est complète, et que Notre-Dame de Lourdes a daigné la délivrer de sa funeste passion. La piqûre que j'avais faite avant mon départ de Bordeaux, le 19 août, a été la dernière. Depuis ce temps, je n'y pense plus que pour remercier Dieu qui m'a si miséricordieusement retirée de l'abîme.

» Je vous envoie, Monsieur, la pièce à conviction, la seringue de Pravaz qui me servait, et que je vous prie de déposer en ex-voto à la Grotte. Notre-Dame de Lourdes m'a guérie du plus difficile, mais elle ne m'a point enlevé mes autres souffrances, en particulier une maladie intérieure qui s'aggrave chaque jour, pour laquelle je vais subir une opération des plus dangereuses. »

C'étaient, en effet, ces souffrances intolérables qui avaient nécessité l'emploi de la morphine. Et, chose bien importante à noter, notre malade avait renoncé à cette morphine alors que ses douleurs devenaient chaque jour plus pénibles et plus continues.

Mlle X... a bien voulu me communiquer tous les détails de sa longue et intéressante observation.

En 1885, à la suite de violentes névralgies, son médecin commença l'emploi des piqûres. L'année suivante, elle se trouvait à la campagne, et le médecin, qui ne pouvait la voir chaque jour, lui conseilla de faire elle-même quelques injections quand les souffrances seraient trop vives.

« En rappelant mes souvenirs, me dit-elle, je crois que c'est au mois de février 1887 que je commençai à me piquer tous les jours, et même plusieurs fois par jour. Je me disais bien que je prenais trop de morphine. J'essayai de diminuer les doses; mais alors je ne pouvais plus me tenir debout.

» Dans les derniers jours de mai 1888, ma sœur

Gabrielle me fit comprendre la nécessité de cesser l'usage de ce fatal poison. Je le compris, et je lui remis tout ce qui me servait : morphine, ordonnance et seringue.

» C'était le matin, en revenant de la messe, j'avais déjà pris ma première dose de 18 centigrammes; mais, vers midi, je fus fort mal à l'aise. Un peu plus tard, je dus aller me coucher, mes jambes me refusaient tout service. La nuit fut affreuse. Jamais je n'oublierai ce que j'ai souffert ce jour-là et le lendemain. C'est horrible et je prie Dieu de l'épargner à tous ceux qui pourraient l'éprouver.

» Le matin du troisième jour, mes supplications pour obtenir de la morphine ayant été inutiles, je trouvai moyen de tromper la surveillance de ma sœur. Je la priai de me laisser faire une piqûre d'eau de Lourdes. Hélas! je rougis de ma ruse! Je pris de la morphine que j'avais retrouvée au fond d'un tiroir et je fis plusieurs injections qui me rendirent un calme momentané.

» Dans la suite, je trouvai toujours le moyen de me procurer seringue et morphine et de me piquer en cachette. Tous les miens étaient extrêmement inquiets de l'état où j'étais. Je m'abrutissais, je devenais indifférente à tout.

» C'est alors, le 24 avril 1889, que ma sœur aînée m'accompagna pour me remettre aux soins d'un médecin spécialiste. Ce dernier ne crut pas qu'il fût possible de cesser brusquement la morphine. Je restai plusieurs mois sous sa direction, ne pouvant ni dormir, ni manger, toujours faible et couverte d'abcès très douloureux.

» Au mois d'août, je demandai d'aller à Lourdes. Le

docteur m'envoya promener, me disant qu'on le prendrait pour insensé s'il pensait à une chose pareille dans l'état où j'étais. Un peu plus tard, voyant la désolation dans laquelle me plongeait son refus, il consentit à me laisser partir, en me recommandant d'emporter avec moi une provision de morphine, une suspension brusque pouvant avoir les plus fâcheux effets.

» Il fut aussi convenu que je ferais, immédiatement avant de partir, une piqûre de 3 centigrammes, pour avoir un voyage moins pénible. Mais, que dirai-je du voyage ! J'arrivai plus morte que vive. Après m'être couchée deux heures, je fus à la Grotte. Je pus me baigner ; mais je n'avais aucune amélioration, j'étais désolée. La nuit fut affreuse : je me fais traîner à la Grotte le matin, ne trouvant aucune voiture pour me porter.

» Je fais la Sainte Communion, qui semble me donner un peu de force, et j'entre encore à la piscine. Je me baigne, et je me sens si bien en sortant que je laisse mes cannes. Pendant plus de deux heures, je fais le service des grands bains, non seulement déshabillant les malades, mais aidant à les baigner, portant les brancards. J'étais ravie. Après avoir pris mes repas à la hâte, je reviens aux piscines jusqu'à 9 heures, après un service des plus fatigants. Le 22, dernier jour de notre séjour, je restais encore 8 heures en service à la grande piscine. Je ne souffrais plus. J'étais telle que vous m'avez vue à ce moment-là, ayant retrouvé mes forces et l'équilibre de mon organisme.

» Depuis ce temps-là, je n'ai plus jamais touché à la morphine, et ma santé générale s'est de beaucoup améliorée. Mon caractère est absolument changé, je suis devenue gaie, rieuse, active, aimant à travailler. »

Pour nous, comme le disait le Dr de Saint-Maclou, la guérison de notre morphinomane n'est pas un miracle. C'est une grâce spéciale de Dieu qui se manifeste par un phénomène naturel. Mais ce phénomène, dans nos hôpitaux, prendrait rang parmi les faits les plus surprenants. En effet, non seulement cette jeune fille a pu vaincre en un instant une habitude aussi tyrannique, mais encore cette cessation brusque, qui devait avoir les plus fâcheuses conséquences, a été suivie d'une sorte de résurrection. Cette jeune fille, qui, depuis des mois ou des années, menait une vie languissante, se soutenait à peine, a pu, sans transition, porter et baigner les malades, et passer sa journée à la grande piscine, occupée à ces pénibles fonctions.

Ces deux exemples nous montrent que les guérisons des maladies nerveuses observées à Lourdes sortent du cadre banal des modifications que l'on constate dans les hôpitaux.

Pendant les derniers pèlerinages, nous avons observé une guérison sur une jeune fille qui avait été traitée inutilement par les professeurs les plus célèbres de la Suisse, à Bâle, Berne, Léman, etc.

Nous résumons en quelques lignes son observation.

I. — **Eugénie Bron**, *1er septembre 1893.*

Le pèlerinage bourguignon-franc-comtois conduisait, au milieu de ses malades, une jeune fille dans des conditions bien étranges.

Eugénie Bron, de Corban, dans le Jura bernois,

avait, depuis trois ans, les mâchoires contractées, les dents crochetées ; il lui était impossible d'ouvrir la bouche, et, pour l'empêcher de mourir de faim, on avait dû limer une dent et, par cette ouverture, introduire un tube de caoutchouc ou de verre.

On parvenait ainsi à lui faire avaler de petites quantités de thé ou de café. Le lait et le bouillon provoquaient des vomissements, et les vomissements, avec cette bouche fermée, devenaient une complication redoutable ; ils provoquaient des souffrances atroces, et pouvaient amener l'asphyxie.

Cette inanition prolongée avait déterminé un amaigrissement considérable : de 50 livres environ. La faiblesse était extrême, et la jeune fille, privée de l'usage de ses jambes, ne quittait plus le lit.

Comment était-elle arrivée à cet état misérable ?

Par une série ininterrompue de souffrances et de maladies diverses qui, depuis plus de six ans, ne lui avaient pas donné un moment de trêve.

Elle appartenait à une famille nombreuse. Ils avaient été dix enfants, ils sont encore sept vivants. La vie, dans ce milieu, avait été particulièrement difficile. « Souvent j'ai vu, nous dit la mère, mes enfants pleurer de faim, et je ramassais, pour les nourrir, les débris de pain abandonnés dans les chemins. »

« Et moi, dit la jeune fille, quand je n'avais pas autre chose, je remplissais mon estomac d'eau, pour ne pas ressentir les angoisses de la faim. »

Dans ces conditions, sa place était à l'hôpital ; elle a fait de longs séjours dans les hôpitaux de Berne et de Bâle, où elle a été soignée par les médecins les plus célèbres de la Suisse. On avait moulé son buste dans du plâtre. On a gardé sa photographie.

Quelle maladie avait-elle? Un mal de Pott? Une tumeur blanche des vertèbres cervicales, comme l'indique son corset de plâtre? L'*enquête* nous l'apprendra.

Quel que fût le point de départ, le terme fatal était proche : on ne peut vivre indéfiniment avec quelques tasses de thé ou de café.

Eugénie Bron, arrivée le 31 août, était allée directement à la piscine. Elle y était revenue le 1er septembre, au matin, mais sans obtenir aucun résultat.

Le vendredi soir, vers 3 h. 1/2, elle était étendue sur son matelas, devant la Grotte. La procession revenait vers l'église, et le flot des pèlerins achevait de s'écouler dans cette direction. Une solitude relative se faisait autour d'elle.

Eugénie avait désiré, pendant tout le voyage, pouvoir embrasser le rocher béni. Ce désir devenait plus impérieux. Elle supplie les personnes qui l'entourent de la transporter dans l'intérieur de la Grotte. On hésite. Une porte est déjà fermée. Enfin, un brancardier, ému de ses instances, la prend dans ses bras et l'approche du rocher.

La jeune fille applique ses mains contre la pierre, y colle ses lèvres.

« O Notre-Dame de Lourdes, dit-elle, s'il vous plaît, que votre sainte volonté soit faite, guérissez-moi : je suis votre enfant et vous êtes ma Mère, je me donne à vous pour toujours ! »

La mère disait à ses côtés : « O Vierge, vous voyez

ma misère ; guérissez mon enfant ! » — Et toutes les deux arrosaient la pierre de leurs larmes.

Le brancardier détache la jeune fille du rocher et reprend le chemin qu'il vient de parcourir.

Mais, arrivée derrière l'autel, Eugénie pousse un cri effrayant. Une douleur atroce la transperce.

Est-ce la vie ? Est-ce la mort ?

C'est la vie.

Eugénie glisse, légère, entre les bras du brancardier, se redresse sur ses jambes, sa bouche s'ouvre.

Un éclair illumine son visage.

Une transfiguration s'accomplit sous les yeux de toutes les personnes qui l'entourent.

Et puis, ce sont des transports de joie. On se prosterne, on baise la terre, on part, on oublie le matelas, et la jeune fille, suivie d'une foule nombreuse, vient au bureau des médecins.

Son émotion est trop vive pour lui permettre de ressaisir froidement sa pensée et de reprendre le récit de sa vie passée.

Il faut remettre son interrogatoire au lendemain.

Du bureau des médecins, Eugénie reprend la suite de la procession et arrive au chœur de l'église du Rosaire.

L'émotion et la faiblesse la plongent dans un évanouissement passager. Elle reprend bientôt ses esprits.

Le lendemain, Eugénie faisait à la Grotte la Sainte Communion. Il y avait trois ans qu'elle n'avait pu la recevoir, puisqu'elle ne pouvait desserrer les dents.

« Chaque jour, nous dit-elle, pendant ces trois ans, je faisais la communion spirituelle. Je la faisais à minuit. En m'endormant, je récitais trois *Pater* et trois *Ave* pour les âmes du Purgatoire, afin de me réveiller aux premiers coups de l'horloge, et, à minuit, je restais longtemps en prières.

» J'ai prié un an pour obtenir qu'une personne charitable voulût bien me payer le pèlerinage de Lourdes, et cette personne s'est trouvée à point nommé. »

Eugénie était arrivée dans un grand état de dénuement. Mais que lui importaient vêtement et nourriture, puisqu'elle allait voir Lourdes!

Depuis sa guérison, des personnes charitables l'ont munie de tout : chapeau, châle, jusqu'aux bas, tout lui a été donné.

Eugénie mange peu à la fois, car son estomac a un très petit volume; mais elle mange de tout et ne souffre plus. Elle marche toute la journée, et la peau de ses pieds, qui n'est pas encore durcie, est sensible. Quand elle s'est redressée, il lui semblait qu'elle marchait sur des épingles.

Cette guérison a produit une profonde impression sur les pèlerins de la Bourgogne et de la Franche-Comté. Elle sera l'objet d'une étude plus complète. Mais, jusqu'à ce jour, nous l'avons classée parmi les affections nerveuses qui ne peuvent nous donner la preuve d'une intervention surnaturelle.

D'après la théorie moderne du miracle, le monde entier est en puissance de suggestion; l'œil le plus exercé, le médecin le plus instruit ne peut reconnaître ses effets sous une variété infinie de manifestations et de formes.

La suggestion, qui naît de tout ou de rien, d'une impression légère ou d'une émotion violente, efface en un instant les troubles nerveux les plus anciens et les plus graves.

Cependant, la suggestion ne peut donner une fièvre typhoïde, créer le cancer, creuser une plaie profonde. Affirmer que, chez l'homme, intelligence, jugement, qualités morales ou affectives, tout est sous la dépendance de la suggestion, n'est-ce pas détruire d'un mot notre personnalité, notre libre arbitre, et résoudre ainsi les plus hauts problèmes de philosophie sociale ?

Les sujets sur lesquels on observe sont préparés, entraînés de longue main et doivent fausser les appréciations.

Par une culture intensive, la contagion de l'exemple, le séjour prolongé à l'hôpital, on développe toutes les prédispositions, on porte les accidents à leur summum d'intensité, et on trouve des types en dehors de toute moyenne.

On va plus loin. Dans ces services de malades triés sur le volet, on a deux ou trois sujets hors de pair.

« Jamais aucun acteur, dit Delbœuf, aucun peintre, Rachel ou Sarah Bernhardt, Rubens ou Raphaël ne sont arrivés à cette puissance d'expression. J'ai vu une jeune fille de la Salpêtrière réaliser une suite de tableaux qui effaçaient, en éclat et en force, les plus sublimes efforts de l'art; on ne pouvait rêver de plus étonnants modèles. Je revins de là, la séance finie, la tête pleine de somnambulisme, pendant tout le reste de la journée et de la nuit, mon cerveau fut réellement un organe à répétition. »

Dans les hôpitaux, on sort des conditions de la vie réelle. Irions-nous dans un cirque, prendre un homme entraîné dès l'enfance, rompu à tous les exercices du corps, pour nous donner une idée de notre force et de notre résistance habituelles? Mais, entre les malades que nous soignons dans le monde et les grandes nerveuses de nos hôpitaux, il y a le fossé creusé par l'éducation et le milieu; il y a les termes divers d'un problème insoluble par une seule donnée : ce sont des quantités dissemblables qui ne peuvent s'additionner.

En outre, est-il permis d'affirmer que nous effaçons d'un mot, d'un geste, tous les accidents nerveux? Ne savons-nous pas que ces guérisons sont rares, exceptionnelles? Si les manifestations changent, le terrain n'est pas modifié; pourquoi d'ailleurs les malades passeraient-elles leur vie dans les hôpitaux? Nous ne pouvons croire que ce soit dans un but de pure curiosité, ou même pour le seul profit de la science, qu'on les enferme ainsi pendant la plus grande partie de leur existence.

Voyez-vous un médecin de maladies nerveuses qui viendrait dire au chirurgien son collègue : Désormais, vous ne soignerez plus les coxalgies, vous n'enlèverez plus les tumeurs ou les cancers, vous n'opérerez plus les aveugles ou les sourds. Toutes ces infirmités sont des illusions. Il suffit d'un ordre venu de moi pour les faire disparaître, je fais tomber de vos mains les couteaux, les scalpels, tous les appareils inutiles. Avec la suggestion, le transfert ou l'aimant, j'ai le remède à tous les maux.

Comment accueillerait-on ces affirmations? Par un éclat de rire, sans doute.

Les travaux récents sur l'hypnotisme ont pu nous

révéler des phénomènes curieux, ils n'ont pu faire table rase de toutes nos connaissances. Chaque homme apporte avec ses maladies, son tempérament, son caractère, sa note personnelle. Avant de pouvoir jeter tout cela dans le même moule, il faudra faire litière de nos traditions et de nos lois les mieux acquises. Quel que soit le champ des maladies nerveuses, elles ont une limite, et cette limite, le médecin la connaît. Quelle que soit la variété de leurs formes et de leurs aspects, elles se trahissent par des signes qui ne peuvent tromper un homme exercé.

En voulant étendre le champ des nerfs au delà de leurs limites réelles; en prêtant à la suggestion une puissance merveilleuse, on veut résoudre par la question préalable tous les faits embarrassants, rendre impossible toute incursion dans le monde immatériel. Mais il y a un péril évident dans cette façon de procéder.

Si nous sommes certains que nos lois ne peuvent être dépassées ou violées, si le miracle est impossible, pourquoi détourner la tête et fermer les oreilles à tous les bruits du dehors? Pourquoi refuser de faire la preuve d'une vérité évidente pour tous?

Pendant que nos Académies, nos Facultés se cantonnent dans une négation systématique, des faits, chaque jour plus importants, viennent battre en brèche une théorie insuffisante. Dans nos rangs, de nombreuses personnalités se détachent du groupe: convaincus, indifférents ou curieux, un grand nombre de médecins ne veulent plus jurer sur la parole du maître. Ils vont contrôler par eux-mêmes les guérisons qui se produisent à l'encontre de nos procédés.

CHAPITRE XII

HYPNOTISME, SUGGESTION ET MIRACLE

Il y a à Lourdes des entraînements d'une puissance inouïe. — Ils sont sans effet sur les guérisons. — Hypnotisme veut dire sommeil. — A Lourdes, personne ne dort. — Contrefaçon de Lourdes.

Nous avons surabondamment prouvé que la théorie de la suggestion est impuissante à expliquer les guérisons de Lourdes. Nous ne reprendrons pas cette thèse.

Mais nous tenons à établir que les plus grands entraînements d'enthousiasme et de foi ne peuvent nous donner la raison de ces guérisons inexpliquées.

La veille du départ du pèlerinage national, les directeurs traversent les salles d'hôpital et convient tous les malades à tenter un dernier effort.

« Vous êtes venus, leur disent-ils, de toutes les parties de la France. Rien ne vous a arrêtés, ni la fatigue, ni la longueur du voyage. Vous priez depuis quatre jours, demain il faut partir et vous n'êtes pas guéris ! Il nous reste quelques heures pour faire violence au ciel. Venez tous à la Grotte, et là, après la bénédiction, vous vous lèverez, vous marcherez devant votre Dieu et sous son regard. Sa main toute-puissante vous portera, vous rendra la force et la santé. »

Cet appel électrise ces malheureux. Tous, ils viennent ou se font porter devant la Grotte.

Vers 4 heures, la procession s'ébranle. Nous voyons entre une double haie de pèlerins qui se tiennent immobiles, un cierge à la main, s'avancer dans un profond silence cinq, six cents malades, défilant lentement un à un, sans un cri, sans une plainte.

Il y a les paralytiques, les poitrinaires, qu'un dernier souffle de vie anime à peine. Là, une mère porte son enfant dans ses bras. Ici, des enfants soutiennent leur père ou leur mère. Quelques-uns s'affaissent, soutenus et relevés aussitôt par les brancardiers. Le plus grand nombre, par des efforts inouïs, remonte les rampes de l'église du Rosaire et arrive jusqu'à la basilique.

Un officier, à mes côtés, me disait : « Pendant la dernière guerre, après une de nos plus sanglantes batailles, j'ai vu ainsi défiler nos blessés entre une double haie de soldats ; c'était un spectacle pareil, une émotion semblable. »

Tous ces malades se sont groupés dans la basilique autour du Saint-Sacrement, et, le visage éclairé d'un rayon divin d'espérance, l'œil fixé sur leur Dieu, dans un suprême effort, une dernière prière, ils ont concentré toutes les puissances de leur âme. Le spectacle était saisissant.

Ce n'étaient plus les supplications, les appels bruyants des processions eucharistiques ; c'était un échange muet de sentiments et de pensées avec ce Dieu dont l'amour égalait la puissance, ce Dieu, seul arbitre de leurs destinées, qui pouvait effacer d'un souffle leurs infirmités, leurs misères. Qui pourra dire quels traits de feu s'échappaient de ces cœurs embrasés ? Qui pourra rendre ces colloques silencieux dans lesquels ces malheureux, qui avaient touché le fond de la souffrance et de l'épreuve, traduisaient leur dernière espérance?

Nous sortîmes tous profondément émus de cette solennelle et grandiose manifestation. Nous ne doutions pas que de nombreux malades n'eussent retrouvé la santé, dans un effort qui semblait dépasser les forces humaines, dans une prière dont Dieu seul pouvait mesurer l'ardeur et la confiance. Le directeur du pèlerinage, le R. P. Picard, me disait : « Nous aurons demain de nombreuses guérisons. — Je crois comme vous, lui répondis-je, que de nombreux malades se présenteront devant nous, débarrassés de leurs infirmités ; toutes les affections que la volonté, la confiance, la suggestion peuvent effacer, auront certainement disparu. »

Le lendemain, à 7 heures, nous étions réunis au Bureau des médecins, nous attendions les résultats de la grande manifestation de la veille, les malades allaient partir ; le moment était décisif.

Nous attendîmes vainement ; *pas un malade ne se présenta*. Nous vîmes des guérisons déjà connues, quelques affections organiques améliorées ou guéries, mais pas un malade atteint d'un trouble fonctionnel ou nerveux n'avait retrouvé le libre jeu de ses organes.

La suggestion serait-elle donc un vain mot, ou nos malades seraient-ils devenus réfractaires au choc des émotions les plus profondes? Cet entraînement progressif, soutenu pendant plusieurs jours, aurait-il usé leur suggestibilité et leur force de réaction?

Mais c'est le contraire qui devrait se produire. Dans les hôpitaux, les sujets entraînés deviennent des instruments passifs d'une obéissance, d'une docilité extrêmes.

Qu'importe d'ailleurs l'explication, le fait nous suffit. Il reste prouvé que les plus grands mouvements d'enthousiasme et de foi, que tous les entraînements qui soulèvent les foules ne peuvent nous donner la raison de ces guérisons soudaines, nombreuses, inexpliquées, qui s'observent chaque jour à Lourdes depuis plus de trente ans.

Le pèlerinage national nous réservait cet enseignement; grande leçon, à la portée de toutes les intelligences, et qui s'impose à la méditation des hommes les plus compétents; car jamais, d'un côté, la suggestion n'a été poussée plus loin, et jamais le résultat n'a été plus négatif.

Les faits de Lourdes, nous dit-on, appartiennent désormais à la science. La science les accepte, les classe, les étudie; l'interprétation seule reste en litige. Ainsi posée, la question se précise, se limite et la discussion devient plus facile.

Hypnotisme veut dire sommeil, et c'est, en effet, dans l'état de sommeil provoqué que l'on obtient par suggestion les résultats les plus complets et les plus surprenants.

A l'état de veille, dit Bernheim, beaucoup d'imaginations sont réfractaires au choc des émotions morales.

A Lourdes, pourtant, personne ne dort. C'est bien à l'état de veille que l'on se plonge dans les piscines, ou que l'on boit l'eau de la source. Dans ces conditions, le cerveau, en possession de toutes ses facultés, peut réagir contre les impressions extérieures, se défendre de tout entraînement.

En outre, ce n'est pas dans l'isolement, dans le demi-jour, dans le silence, ni sous la fascination d'une parole qui commande, d'un regard qui s'attache à leur regard, que vous retrouverez les malades de Lourdes. C'est à la vive lumière, au milieu du bruit, du tumulte de la foule, quand tout intéresse et distrait, et que leurs facultés sont constamment en éveil.

Il faudrait un narcotique puissant pour les endormir dans un pareil milieu ; ce n'est pas dans un bain d'eau glacée, pris souvent dans les conditions les plus pénibles, alors que les malades se succèdent sans interruption, que l'on pourrait obtenir un pareil résultat.

D'ailleurs, nous n'avons pas là des sujets de choix, comme à la Salpêtrière, sur lesquels on peut agir avec méthode, répéter, multiplier les séances. Non, ce sont des malades de tout pays, de toute condition, de tout âge, de tout sexe.

Comment soumettre ces malades, qui viennent pour la première fois et ne séjournent que quelques heures, à un entraînement progressif et savant? Personne à Lourdes ne les connaît ; ils sont entourés de leurs parents, de leurs amis ; dans ces conditions, ils peuvent se défendre de toute influence étrangère.

Admettrez-vous la suggestion chez un enfant de trois ans à peine, qui crie et se débat quand on le plonge dans l'eau, qui n'a aucune conscience du résultat que l'on désire?

Comment expliquer la suggestion chez des malades qui guérissent rentrées chez elles, alors qu'elles n'espèrent plus, qu'elles ne pensent même plus à leur guérison?

Si l'hypnotisme peut, à la longue, par des séances répétées, réussir chez tous les sujets, à Lourdes, ni les séjours prolongés, ni les immersions fréquentes ne peuvent garantir le succès. L'eau de la Grotte n'est pas un médicament dont on peut graduer les doses, prédire à l'avance les effets thérapeutiques. On ne peut promettre ni amélioration, ni guérison ; chacun a le soin de sa conduite et le secret de ses espérances.

Mais, pour obtenir à Lourdes des effets de suggestion avec ces foules qui se succèdent, avec des éléments si divers, il faudrait créer sur place une sorte d'épidémie suggestive, inoculer, dans quelques instants ou dans quelques heures, cette épidémie ; il faudrait que l'air qu'on y respire, que le sol, que les eaux, eussent la vertu de l'aimant.

L'on verrait alors des manifestations d'ensemble, et de même que M. Bernheim peut endormir à son gré toute une salle de malades : poitrinaires, convalescents, rhumatisants, on pourrait, à Lourdes, agir sur un groupe entier et faire relever d'un mot ou d'un geste de longues files de paralytiques ou d'infirmes.

Il n'en est jamais ainsi ; les guérisons y sont relativement rares, et dans tous les cas, ne sont au pouvoir de personne.

Nous savons que, chez les ataxiques, on peut faire disparaître momentanément les douleurs. Il y a des myélites curables ou susceptibles de s'arrêter spontanément. Il y a des arrêts parfois fort longs dans la marche de toutes les affections ; mais l'on ne peut retenir, au profit de l'hypnotisme, toutes ces modifications salutaires, qui se produisent par un effort spontané de l'organisme.

A Lourdes, on assiste, sans aucune suggestion préalable, à la guérison instantanée d'un aveugle, d'un sourd, d'un muet de naissance; des plaies se cicatrisent en quelques instants. On voit disparaître et guérir, dans les piscines, des tumeurs malignes, des affections organiques de tout genre.

Une dernière considération me semble accentuer, encore plus que toutes les autres, l'opposition entre les faits de Lourdes et les faits d'hypnotisme.

L'hypnotisme ne date que d'hier, et déjà on reproduit partout et à volonté les expériences les plus étonnantes, non seulement à Paris et à Nancy, mais dans toutes nos chaires, dans toutes nos cliniques, sur les planches des théâtres, dans les concerts et sur les places publiques. La science de M. Charcot n'obtient pas des effets plus saisissants que la voix de Donato. Ces expériences sont du domaine commun : chacun peut, à son gré, endormir, commander, être obéi, trouver un esclave docile qui n'aura plus d'autre volonté que celle de l'hypnotiseur.

Il y a trente ans que Lourdes existe avec ses foules qui se succèdent, avec ses guérisons et ses miracles sans cesse renouvelés. *Je ne connais pas encore de contrefaçon de Lourdes*. Les lieux de pèlerinages abondent, la foi est vive ailleurs, l'enthousiasme religieux se retrouve partout, comment se fait-il que l'on ne retrouve nulle part ni pareille affluence, ni d'aussi nombreuses guérisons?

Si, comme le disait M. Diday, en tête de son livre sur les miracles de Lourdes, toutes ces choses n'avaient été inventées que pour gagner de l'argent, le procédé était pourtant bon à retenir et à reproduire. Un pareil trésor ne pourrait rester secret. Faut-il croire que les rochers de la Grotte aient une vertu particulière, et faudra-t-il analyser les pierres des montagnes, l'air qu'on y respire, comme on analysait, il y a trente ans, l'eau de la source, pour y découvrir des vertus cachées ?

Non, la science peut chercher encore, perfectionner ses procédés d'analyse, elle ne trouvera pas ces secrets. Le souffle de Dieu a passé dans cette Grotte. La voix qui parlait, il y a trente ans, à Bernadette, n'a cessé de se faire entendre, d'appeler les foules, et ces foules sont récompensées de leur foi par des guérisons et des prodiges. Le surnaturel est là; les théories ou les appellations nouvelles ne changent rien au fond des choses.

Par ce temps de libre examen, on ne peut résoudre une question sans l'étudier. Si les médecins croient que les faits de Lourdes sont mal interprétés, qu'ils consentent, la chose en vaut la peine, à dissiper une illusion sans fondement. Mais il n'est plus permis de répondre en haussant les épaules ou par une assimilation dédaigneuse, jetée en passant.

Il y a quelques années, pendant le grand pèlerinage national, un de nos maîtres les plus connus se trouvait à Lourdes. Il voulut bien jeter la nuit, à la dérobée, un regard sur la Grotte, admirer sans doute le spectacle saisissant de cette foule en prières; mais nous l'attendîmes vainement au Bureau des constatations. Cependant, à ce moment-là, 12 médecins se succédaient dans ce Bureau, occupés à relever, à interpréter les observations de 45 malades, qui venaient d'être soulagés ou guéris au sortir des piscines.

Ce spectacle devait avoir pour un savant un puissant intérêt. Erreur ou vérité, il importait de soulever le voile et de faire jaillir la lumière. Ne serait-on pas tenté de croire qu'au seul nom de Lourdes, une suggestion funeste, mélange de respect humain et de préjugé, a pesé jusqu'à ce jour sur les yeux et l'intelligence d'un grand nombre de médecins?

Au milieu des contradictions qui nous environnent, les enseignements de Lourdes ont exercé une influence profonde parmi nous. Il est intéressant de suivre les progrès de ce mouvement d'adhésion qui s'étend et se généralise chaque jour davantage, et de le mettre en regard des objections qui nous sont faites.

CHAPITRE XIII

LE MÉDECIN CATHOLIQUE DE NOS JOURS
LES INCRÉDULES

La Faculté de Lille. — La Société de Saint-Luc. — La clinique de Lourdes. — Les incrédules. — Objections des hommes de science : Charcot. — Des hommes de lettres : Zola.

En 1858, au moment des apparitions de Lourdes, qui de nous était préparé à recevoir ces enseignements? Quel écho les visions de Bernadette pouvaient-elles trouver dans le corps médical?

Tous ou à peu près, sans examen, sans étude, nous n'aurions pas hésité à déclarer qu'il n'y avait dans ces révélations que le jeu d'une imagination malade. Où étaient, du reste, alors les médecins catholiques? Nous étions un petit groupe d'étudiants à l'hôtel Fénelon : Fabre, de Marseille; Régnault, de Rennes; Dezanneau, d'Angers. Au milieu de nous, M. Beluze jetait les fondements du Cercle catholique, et Garcia Moreno, le futur président de l'Équateur, nous étonnait par l'énergie de ses convictions et la forte trempe de son caractère.

Mais tous ces hommes, encore jeunes, sans programme arrêté, sans liens communs, ne pouvaient avoir aucune influence sur un courant d'idées. Depuis trente ans, que de chemin parcouru! Ce ne sont plus seulement quelques personnalités isolées et peu nombreuses, qui défendent parmi nous les idées catholiques, qui protestent contre l'enseignement matérialiste et athée.

Le médecin catholique, on le retrouve aujourd'hui partout : dans nos Facultés, nos Académies, nos hôpitaux, nos grandes villes, à l'étranger aussi bien qu'en France.

Il y a quinze ou vingt ans, Lala, de Rodez, notre ancien camarade d'internat, donnait un certificat à un malade qui avait été guéri à Lourdes. Il fut vivement pris à partie par la presse médicale, il fut l'objet des railleries et des sarcasmes de ses confrères, et nous, ses coreligionnaires, ses amis, nous nous disions peut-être que nous ne nous compromettrions jamais en pareille aventure. Aujourd'hui, plus de cinq cents médecins ont donné les certificats les plus explicites, ont reconnu le caractère surnaturel des guérisons de Lourdes.

Leurs affirmations ne soulèvent plus le dédain. Elles s'imposent, au contraire, à l'étude, aux méditations de leurs adversaires les plus irréconciliables. « Les faits existent, nous dit Bernheim, ces observations ont été recueillies par des hommes honorables, ce n'est plus qu'une question de point de vue à redresser entre des hommes également instruits et sensés. »

Non seulement les médecins qui font profession de foi catholique sont chaque jour plus nombreux parmi nous, mais encore ils se fusionnent, se réunissent entre eux, ils se constituent en Société. Le nombre appelle toujours l'organisation. Nous avons aujourd'hui des écoles, des associations qui ont pour programme la justification et la défense des principes religieux.

La Belgique nous a précédés dans cette voie avec son Université de Louvain. C'est là que nous trouvons le Dr Lefebvre, qui faisait, il y a quelques années, à l'Académie de médecine de Belgique, cette affirmation si nette de ses croyances : « Je crois, disait-il, au monde surnaturel, je crois en particulier à ces grandes manifestations de la puissance divine qu'on appelle les miracles, et ce n'est pas seulement ma foi de chrétien, c'est ma raison qui m'impose cette croyance. »

En France, nous avons la Faculté catholique de Lille, avec un personnel nombreux, avec des professeurs déjà célèbres et d'anciens agrégés de l'État. C'est dans cette école que se conservent toutes les traditions des universités chrétiennes, c'est de là que se répandent chaque année dans le pays de jeunes et vaillantes recrues, avant-garde des courants nouveaux qui pénètrent de plus en plus notre profession.

A Paris, la Société de Saint-Luc peut nous donner une idée plus exacte des progrès rapides du mouvement catholique qui se fait parmi nous.

« Il y a neuf ans, nous dit le Dr Dauchez, nous n'étions que 12 adhérents. Nous comptons aujourd'hui dans nos rangs 800 confrères. Dans ce nombre figurent 7 médecins et chirurgiens des hôpitaux de Paris, 13 professeurs de nos écoles de médecine de province, 5 membres correspondants de l'Académie, 5 médecins et chirurgiens des hôpitaux de Lyon, un grand nombre de médecins distingués des hôpitaux de province et 50 anciens internes des hôpitaux de Paris. En outre, cette Société est représentée dans toute la France par des Comités multiples : Comités du Mans, de Lille, de Marseille, de Poitiers, de Laval, d'Aix, de Besançon, de Lyon, etc.

Les médecins ont une chapelle à Montmartre, où l'on dit, tous les premiers vendredis du mois, une messe pour les confrères défunts. Ils se réunissent tous les mois en conférence, et tous les ans en assemblée générale; ils dégagent les découvertes de la science des théories opposées au véritable esprit scientifique et chrétien.

Dans nos centres universitaires les plus importants, à Paris, à Bordeaux, à Lyon, à Angers, etc., les jeunes étudiants en médecine sortis de nos collèges catholiques se réunissent, travaillent ensemble; ils ont leur bibliothèque et leurs conférences, ils trouvent des répétiteurs ou des maîtres qui les préparent à leurs examens, à leurs concours. C'est une sorte d'externat catholique, qui ménage la transition trop brusque entre la vie du collège et l'existence libre de l'étudiant. Il y a même dans certains centres universitaires des internats pour les étudiants en médecine, et de ces internats sortent souvent les plus brillants élèves dans les examens, les premiers numéros dans les concours.

Enfin, ce que nous voyons à Lourdes depuis quelques années est non seulement sans précédent, mais en dehors de toute prévision. Pendant les pèlerinages, nous avons une clinique ouverte auprès de la Grotte, et 3o et 4o médecins y sont réunis à la fois.

Une clinique dans un lieu de pèlerinage et pour constater les miracles, c'est un fait inouï et qui a bien lieu de surprendre. Les étrangers expriment leur étonnement sur ce point, et nous lisons dans une revue allemande : « Cela nous paraît étrange, à nous, gens froids du Nord, que cette relation de la clinique de Lourdes, avec ce bureau de médecins où doivent être constatées les guérisons merveilleuses qui se produisent. Involontairement, la pensée qu'ils sont là pour régler les manifestations de la puissance divine se présente à notre esprit. Mais il faut reconnaître qu'il survient à Lourdes chaque année un grand nombre de guérisons extraordinaires et qu'il est nécessaire pour tous les partis qu'un rapport scientifique soit fait..... »

Depuis que j'ai publié mon *Histoire médicale de Lourdes*, j'ai reçu un très grand nombre d'adhésions de confrères qui me sont inconnus : professeurs de nos grandes Facultés, membres de l'Académie, médecins de nos hôpitaux. Je ne puis douter des convictions qui animent mes confrères et qui leur font partager nos croyances et notre foi.

Avec la Faculté de Lille, la Société de Saint-Luc et la clinique de Lourdes, nous avons une démonstration jusqu'à l'évidence de ce mouvement qui se généralise chaque jour et qui pénètre le corps médical tout entier. Le médecin catholique n'est plus une individualité isolée, perdue dans les milieux où il reste sans influence, il est désormais groupé en masses compactes, il peut exercer une action décisive.

Ce n'est pas seulement en France que ce résultat se produit, mais encore à l'étranger, au Canada, à Beyrouth et jusque dans les républiques de l'Équateur et de l'Amérique du Sud.

Si nous constatons parmi les médecins, jusqu'ici si réfractaires à toute idée religieuse, une semblable transformation, il faut que, de nos jours, la société tout entière soit traversée par des courants catholiques bien puissants pour qu'ils aient pu arriver jusqu'à nous.

La supériorité des médecins catholiques ne s'affirme pas seulement de nos jours par le nombre, l'organisation, mais encore par les procédés d'étude et par les travaux publiés. En présence d'un fait qui semble contraire ou supérieur aux lois naturelles, on peut, on doit se demander si le fait existe réellement, s'il n'a pas été dénaturé, mal interprété.

Le médecin catholique suit les malades pendant des mois et des années, accumule les preuves, fait appel à l'expérience de ses confrères, reconnaît volontiers une erreur commise. On ne peut se faire une idée des études et des enquêtes qui se poursuivent depuis trente ans autour des guérisons de Lourdes.

Dupes *ou fripons*, nous disaient au début les incrédules; *suggestion*, nous répondent-ils aujourd'hui.

Mais pourquoi ne pas essayer la suggestion sur ces caries, ces tumeurs blanches et ces plaies que nous voyons guérir à Lourdes? Les malades de Lourdes ont subi tous les entraînements, rien n'y a fait! Devons-nous croire que leur heure n'était pas venue? avons-nous des moyens d'une puissance supérieure à tous?

Il y a trente-quatre ans que Bernadette annonçait au monde surpris que la Vierge lui apparaissait dans la Grotte de Lourdes. Il y a trente-quatre ans que les guérisons les plus étonnantes se succèdent autour de la Grotte.

Quel que soit le jugement que l'on porte sur les apparitions et sur les guérisons, on ne peut nier que, dans cette durée, un tiers de siècle, dans cette continuité ininterrompue, il n'y ait un premier résultat qui s'impose à nos méditations.

Les superstitions, les préjugés, les entraînements des foules ne résistent pas à l'épreuve du temps, surtout en France où tout est mobile, tout passe.

Les événements de Lourdes se sont produits sous l'empire; les préoccupations de la guerre n'en ont pas diminué le retentissement, et les mouvements politiques divers qui ont agité notre pays ont été sans influence sur ces manifestations. Le monde entier en a ressenti profondément le contre-coup, et il n'est pas un peuple dans l'univers qui ne connaisse aujourd'hui le nom de Lourdes.

Les œuvres humaines n'ont ni ce retentissement, ni cette durée.

Dans les jugements qui ont été portés sur Lourdes, nous trouvons d'un côté toutes les objections, toutes les négations qui ont été formulées; de l'autre, toutes les affirmations et toutes les preuves qui peuvent donner à nos guérisons leur véritable caractère.

Nous trouvons dans les procédés d'étude des différences considérables : les uns nient sans examen, sans connaître; les autres, avec une patience que rien ne lasse, reprennent le même fait sous vingt formes diverses, appliquent toutes les découvertes modernes à l'interprétation de ces guérisons inexplicables. Les seconds deviennent chaque jour plus nombreux, tandis que les premiers s'isolent peu à peu dans leurs négations systématiques.

Dans ce réveil de foi qui se manifeste parmi nous,

dans ce mouvement catholique si puissant qui ébranle le corps médical tout entier, reconnaissons l'influence des grands enseignements de Lourdes. C'est en vain que les médecins ont voulu fermer les yeux ou les oreilles; les manifestations surnaturelles se sont imposées aux volontés rebelles, la parole de Dieu a des échos qui pénètrent partout.

Le plan divin qui se révélait à Lourdes ne pouvait se circonscrire dans la guérison de nos infirmités physiques. Ce n'était qu'un moyen pour ébranler nos âmes, éclairer nos esprits. Pour comprendre ce plan providentiel dans toute son étendue, nous devons l'étudier, non dans quelque symptôme morbide effacé, mais dans le retentissement que ces événements ont eu dans le monde.

Si nous mettons en doute telle ou telle guérison, pourrons-nous mettre en doute ces conversions éclatantes et nombreuses qui se sont faites dans le corps médical? Nous formions un bloc qu'on ne pouvait entamer, véritable forteresse d'incrédulité. Ceux mêmes qui, parmi nous, faisaient profession de religion, formulaient les plus expresses réserves au sujet du miracle. Que de lettres j'ai reçues de mes confrères, dans lesquelles ils me disaient : « J'ai lu avec le plus grand intérêt votre ouvrage sur les miracles de Lourdes, auxquels je ne croyais guère avant de l'avoir lu; » et encore : « Votre livre me fait connaître des miracles évidents, irrécusables, je m'incline..... »

Aujourd'hui, on parle du miracle tout haut, on l'étudie, on le discute; une clinique fonctionne à Lourdes et le professeur Desplats, de Lille, propose de nommer une Commission permanente, qui serait chargée d'examiner les malades avant leur départ et à leur retour de Lourdes, et de porter les faits de guérison miraculeuse devant les Sociétés scientifiques.

Que de chemin parcouru dans ces dernières années ! Combien ces mouvements dans les opinions, les idées, sont plus extraordinaires que toutes les modifications obtenues dans l'état physique des malades ! Pour remuer ainsi le monde, pour retenir une société qui revenait au paganisme, pour éclairer la fin de notre siècle de semblables lueurs, il fallait la main et la parole de Dieu.

La France se mourait de ce qu'elle n'avait plus le sens du surnaturel. La Vierge est venue le lui rendre. Quand le temps, qui permet de saisir dans l'histoire l'harmonie des choses, aura passé sur nos merveilles, Lourdes s'expliquera, non seulement par ces guérisons matérielles qui frappent nos yeux, mais aussi par cette modification profonde imprimée à notre société plus malade encore dans son esprit que dans son corps.

II. — Charcot et Zola. — Lourdes et la Salpêtrière.

Dans un article publié dans la *Revue hebdomadaire*, M. Charcot a voulu nous donner sur le miracle le dernier mot de la science (1).

Le miracle, nous dit-il, est un phénomène naturel, dont on connaît parfaitement le mécanisme et les lois.

Il est le résultat d'un entraînement produit par la foi et il ne dépasse jamais la loi naturelle.

(1) *Revue hebdomadaire*, 2 décembre 1892.

Vous ne guérissez à Lourdes que des maladies nerveuses. Lourdes est une petite Salpêtrière, une grande si vous préférez. Voilà la thèse.

M. Charcot nous dit :

« Vous ne voyez guérir à Lourdes que des maladies nerveuses : la démonstration paraît faite pour les contractures, les paralysies, qui peuvent guérir sans que les lois naturelles soient renversées.

» Mais en revanche, on mène grand bruit autour de la guérison des tumeurs et des plaies qui sont, paraît-il, monnaie courante dans le domaine de la thérapeutique miraculeuse. S'il était démontré que ces tumeurs et ces plaies sont aussi de nature hystérique, *c'en serait donc fini du miracle?* »

M. Charcot nous représente un observateur qui, parvenu au sommet d'une montagne, se tourne sur un versant et décrit parfaitement ce qu'il voit devant lui ; mais il veut absolument que nous, qui regardons le versant opposé, nous ayons devant les yeux les mêmes objets, le même spectacle.

Il regarde du côté de la Salpêtrière, et il ne voit que maladies nerveuses sous les formes les plus variées, les plus étranges. De même, nous dit-il, du côté de Lourdes, dans ces tumeurs, dans ces plaies, dans toutes ces maladies que vous voyez guérir, vous n'avez que de l'hystérie. Vous prenez le change, vos yeux ne sont pas faits à ce spectacle, votre jugement manque d'expérience, mais vous devez voir ce que je vois dans mon hôpital. Je vais vous le démontrer ; si je ne pouvais le faire, les progrès de la science qui évolue sans cesse permettront à nos successeurs de le faire plus tard.

M. Charco ne connaît pas Lourdes;

Cette ignorance des choses de Lourdes entraîne tout d'abord l'auteur bien loin de son sujet. Pour étudier la question, il est obligé de remonter aux temple de Pharaon, à l'Asclépieon d'Athènes, et de prendre ses dernières informations chez les peintres du moyen âge et de la renaissance.

Quand une question est d'une actualité pareille, quand elle préoccupe non seulement tout un peuple, mais le monde entier, quand elle s'impose aux méditations des savants et des médecins, l'étudier négligemment dans les sanctuaires de l'ancienne Égypte n'est pas suffisant.

S'il était démontré, nous dit M. Charcot, que ces tumeurs et ces ulcères que la foi fait disparaître sont de nature nerveuse, c'en serait donc fini du miracle.

Il manque bien à cette proposition un mot. Pour conclure avec logique, il faudrait dire : *toutes ces tumeurs et toutes ces plaies*. Mais ne contestons rien ; telle qu'elle est, la proposition ne sera pas démontrée.

Une plaie nerveuse est une chose rare, très rare, si bien que M. Charcot n'en cite pas un exemple pris dans sa pratique, il est obligé de remonter jusqu'en 1731 pour en trouver un.

Et voilà que ce fait exceptionnel entre tous, ce fait que le chirurgien le plus répandu ne rencontrera pas une fois peut-être dans sa carrière, deviendrait à Lourdes d'une fréquence inouïe ; on n'y trouverait même plus que des plaies nerveuses.

En outre, non seulement les médecins de Lourdes, mais tous les médecins qui ont délivré des certificats, qui ont reconnu des plaies résultant de caries, de nécroses et de tous les vices organiques, comme la scrofule ou le cancer ; tous ces médecins, disons-nous, pris de cécité subite, n'auraient plus été capables de reconnaître la nature de ces plaies et auraient commis les erreurs de diagnostic les plus grossières, les plus invraisemblables.

Tout cela est affirmé sans preuve, sans connaître Lourdes, par intuition, par rapprochement, en prenant les peintres pour juges et d'après Carré de Montgeron.

Pour démontrer que toutes les plaies et toutes les tumeurs guéries à Lourdes sont de nature nerveuse, M. Charcot nous cite le fait suivant :

La demoiselle Coirin fit, en 1716, deux chutes de cheval. Il en résulta des accidents multiples, et on s'aperçut bientôt après qu'elle avait une tumeur et une plaie du sein. Le chirurgien du pays conseilla des cataplasmes. Mais la tumeur persiste, la suppuration continue, il survient des paralysies et des accidents nerveux. On parle de cancer..... La demoiselle Coirin reste dans ce triste état jusqu'en 1731. A ce moment, une pieuse femme fait pour la malade une neuvaine au tombeau du diacre Paris, elle lui apporte de la terre prise auprès du sépulcre. A peine la précieuse terre a-t-elle touché le sein, que la plaie commence à se refermer.

Le miracle était consommé, nous dit M. Charcot ; toutefois, il faut ajouter que la plaie n'était cicatrisée que vingt jours après, et que la malade ne put sortir que quarante-quatre jours plus tard.

Il y a dix ans seulement, ajoute M. Charcot, l'interprétation de cette curieuse observation eût offert bien des difficultés.

La malade en question avait de l'œdème nerveux déjà mentionné par Sydenham et décrit par Renaut, de Lyon.

Je ne vois pas pourquoi l'interprétation de ce fait pouvait offrir tant de difficultés il y a dix ans.

Alors comme aujourd'hui, on savait qu'un cancer ulcéré de ce volume ne reste pas stationnaire quinze ans.

Le mélange des accidents nerveux devait éclairer sur la nature de la lésion. Alors, comme aujourd'hui, on savait qu'une plaie peut guérir en vingt jours et qu'une malade peut arriver au terme de sa convalescence en six semaines.

Il n'y a pas là les éléments d'un miracle.

Les faits de Lourdes sont autrement simples et concluants. Ils se passent sous nos yeux, et nous ne sommes pas obligés d'aller prendre nos exemples à cent cinquante ou deux cents ans de distance.

Voilà une miraculée belge que tout le monde connaît. Son histoire est transparente comme le cristal. Il ne s'agit plus de la notion complexe de l'œdème bleu. Joachime Dehant arrive à Lourdes avec une plaie de la jambe droite dans le plus triste état. Il y a tout autour des lambeaux de chair gangrenés, noirâtres. La malade en arrache un ou deux débris, qu'elle laisse sur le plancher de la chambre ; ils y seront encore lorsqu'elle reviendra tout à l'heure de la piscine. Les os de la cheville sont sortis, cariés et nécrosés ; Joachime les a recueillis dans une tasse, et la tasse est pleine de débris. Les tendons ont été éliminés, et le pied, qui n'a plus de support, se dévie tout entier. On la plonge une première fois dans la piscine, à six heures du matin, elle y reste vingt minutes. Sa plaie n'a subi aucune modification. Elle rentre dans l'eau une seconde fois à neuf heures, et, en sortant, quand on regarde son pied, « on croirait, nous dit-elle, qu'on a passé sur ma jambe *un bas fait d'une peau neuve.* » Les os, les tendons, l'articulation, tout est refait, tout est en place; la peau est intacte. Elle marche, elle rentre dans sa chambre, où elle retrouve encore des lambeaux de chair qu'elle avait arrachés le matin même.

La barrière des lois naturelles n'est-elle pas renversée?

Où est l'hystérie? Où est la convalescence graduée?

N'est-ce pas une création instantanée des tissus détruits.

Tout le monde, en Belgique, connaît Joachime Dehant. Quand je lui demandai son adresse : « Écrivez, dit-elle, à Joachime, en Belgique; votre lettre me parviendra. »

Cette guérison a eu cent témoins, elle a été contrôlée par des médecins de toute opinion. Elle n'a pas rencontré un contradicteur, au moins dans l'exposé des détails tels que nous venons de les rappeler.

Que d'exemples semblables ne pourrions-nous pas citer!

De Rudder, encore un Belge dont la guérison a eu un retentissement plus considérable.

A Poitiers, Amélie Chagnon, Clémentine Trouvé, deux faits tout aussi probants; des plaies et des lésions osseuses instantanément guéries. Enfin, nous avons toutes les observations des derniers pèlerinages, parmi lesquelles il y a des faits de premier ordre.

Peut-on nous dire encore devant ces exemples que l'hystérie se dérobe sous des manifestations qui échappent à un observateur ordinaire? Peut-on nous dire que ce que l'on obtient à Lourdes on l'obtient aussi à la Salpêtrière ?.....

Cependant, chaque année, les médecins viennent en plus grand nombre à Lourdes, cherchent vainement à renfermer tous les faits dans le programme indiqué. Le cadre est trop étroit.

Il reste toujours des faits inexplicables.

Voilà vingt, trente ans, que l'on nous dit : « Vous ne voyez guérir à Lourdes que des maladies nerveuses, » et depuis trente ans nous répondons : « Il est impossible de ranger sous cette étiquette les faits que nous observons. C'est une légion de médecins de toute école et de tout pays qui viennent affirmer que ces guérisons échappent à toute classification. Ce sont des collègues de M. Charcot dans les hôpitaux, à l'Académie, des professeurs de Faculté, des hommes, dont le nom fait autorité, qui tiennent ce langage.

Jamais, à la Salpêtrière, vous ne pourrez obtenir une guérison comme celle de Joachime Dehant; vous ne pourrez pas l'expliquer, vous ne pourrez pas la mettre en doute.

Vous ne pouvez pas l'expliquer avec les données de la science naturelle. Vous ne pouvez pas davantage invoquer des forces inconnues dont l'avenir nous réserve le secret. Ces forces inconnues, pour les admettre comme possibles, il faudrait qu'elles ne fussent pas en opposition avec les principes admis, car ce serait alors des forces discordantes : et des forces qui en contredisent d'autres, la philosophie et la science les réprouvent également.

Nous savons que, pour refaire des tissus détruits, des os éliminés, il faut l'apport de matériaux nouveaux qui s'élaborent lentement, suivant les conditions de nutrition des tissus. Plus lentement surtout pour refaire des os.

Pour expliquer une reproduction instantanée, il faut donc faire appel à des lois inconnues, impossibles même et ne se traduisant que par des infractions aux règles établies et ces prétendues lois ne pourraient s'appliquer que très rarement, ce qui est même contraire au sens du mot *loi*.

Il faut donc bouleverser à la fois toutes les notions admises, et les mots et les choses, pour arriver à ces conceptions étranges, sans expliquer ce qui reste inexplicable.

Ainsi, pour défendre une thèse qui ne s'applique pas au sujet que l'on vise, on reste dans des notes subtiles, dans l'exception; on procède par hypothèses. On met en doute tous les témoignages, le jugement des médecins les plus autorisés, on fait appel à des lois impossibles, en raison de leur opposition avec les lois connues.

On remplace le mot *miracle* par le mot *inexpliqué*, pour écarter les questions que l'on ne peut résoudre.

Lorsque je montrai Clémentine Trouvé à M. Zola, je lui disais que cette enfant était arrivée à Lourdes avec une carie des os du talon, qui datait de trois ans. Clémentine avait plongé son pied dans la piscine, et là, en quelques secondes, une cicatrisation instantanée et complète s'était opérée :

« Mais si j'avais en main la démonstration que vous croyez tenir, me répondait Zola, je voudrais remuer le monde, amener ici les foules. »

Par la croisée entr'ouverte du bureau, nous apercevions 20 ou 25 000 âmes massées dans les avenues de la Grotte.

« La foule, la voilà, lui dis-je.

— Oui, me répondit-il, mais je veux dire la foule intelligente. »

La foule intelligente n'existe pas au sens exclusif du mot; qui dit foule dit élément mêlé, et la proportion des hommes intelligents dans les foules de Lourdes est peut-être supérieure aux moyennes admises.

Prenez 20 ou 30 000 hommes dans les quartiers de Paris, ville civilisée entre toutes, et vous verrez si vous avez dans une égale proportion des hommes instruits, des membres de nos grandes administrations, des professeurs de nos Écoles et de nos Facultés.

On ne peut avoir raison contre tout le monde, et devant ces manifestations qui grandissent chaque année, prenez garde que le bon sens public ne triomphe de vos fragiles théories, ne vous laisse isolé dans vos conceptions, ne fasse une lumière éclatante autour de ces questions que vous ne voulez pas connaître.

Rien n'est brutal comme un fait; en présence de ces guérisons qui se renouvellent chaque jour depuis trente ans, on ne peut détourner plus longtemps la tête et nous parler de Memphis ou d'Athènes, quand il s'agit de Lourdes.

On peut nous dire qu'il y a des erreurs commises, des faits mal interprétés, des maladies nerveuses qui nous donnent le change. Tout cela ne nous atteint pas. Ce n'est pas une question de nombre, mais de doctrine, que nous soutenons ici.

Nous voulons établir que nous ne sommes pas dans une clinique ordinaire, que ce que l'on observe à Lourdes, on ne l'observe pas à la Salpêtrière. Pour cette démonstration, nous donnons des preuves qui se renouvellent tous les jours et sous toutes les formes; mais on refuse obstinément de les étudier et de les connaître. On a recours à des argumentations subtiles pour échapper à cette logique inexorable des faits.

M. Zola au milieu des médecins de Lourdes.

M. Zola est venu deux fois dans le bureau des médecins de Lourdes.

La première fois, le samedi 20 août 1892, il y avait alors 15 ou 20 médecins qui étudiaient les guérisons qui venaient de se produire. Au milieu de nous se trouvaient un membre correspondant de l'Académie, plusieurs anciens internes des hôpitaux de Paris, des médecins de nos grandes villes et de nos principales stations thermales, des représentants des Facultés étrangères.

La première malade interrogée fut *Clémentine Trouvé*. Clémentine avait été guérie l'année précédente, à pareille date. Elle était atteinte depuis trois ans d'une carie des os du talon avec fistules nombreuses; son médecin déclarait dans son certificat que cette maladie n'était justiciable que d'une opération radicale ou d'un traitement à longue échéance. Cette enfant, venue à Lourdes le pied tout enveloppé de bandes et de charpie, pour étancher la suppuration qui coulait abondamment, avait laissé ses linges dans la piscine et, en sortant de l'eau, toute trace de ses plaies, de ses fistules avait disparu ; son talon, gonflé et déformé, avait retrouvé son état normal, elle marchait sans bâton, sans douleur.

« Mais, c'est du miracle que vous me montrez! nous dit M. Zola.

— Nous devons reconnaître, lui dis-je, que ce fait échappe à toute explication rationnelle et scientifique.

— Je regrette, ajouta-t-il, de ne pas avoir autour de moi des professeurs de Paris.

— Nous le regrettons avec vous ; la porte de notre clinique est ouverte à tous et nous faisons appel à toutes les volontés. *Nous voulons la discussion la plus libre et la plus complète.*

Cependant, dans le fait actuel, tout le monde peut constater si une plaie existe ou si elle est fermée, il est à peine besoin d'être médecin, il suffit de regarder, d'avoir des yeux.

— Aviez-vous vu la plaie avant la guérison?

— Son médecin l'avait vue ; que vaudrait mon témoignage ? Il serait suspect. Celui du médecin du malade offre toute garantie, d'autant que, dans l'espèce, son médecin n'est pas un convaincu et ne croit guère aux guérisons surnaturelles.

— Mais enfin, j'aurais voulu une enquête ne laissant aucun doute! Avez-vous d'autres témoignages?

— Cette enfant habite Rouillé, dans la Vienne, commune composée en grande partie de protestants ; dans cette commune, tout le monde a été témoin de la maladie, de la guérison ; on a construit une grotte sur le modèle de celle de Lourdes. Pendant le voyage à Lourdes, les infirmières qui accompagnaient la malade dans le train ont vu sa plaie. Ici, la directrice de la salle d'hôpital, qui accompagne encore l'enfant au milieu de nous, peut vous dire comment était le pied; enfin, les deux dames préposées aux piscines nous ont dit que bandes et charpie étaient restées au fond de l'eau et la guérison s'était faite sous leurs yeux.

— Mais je voudrais une enquête officielle; la photographie de la plaie à l'arrivée.

— La photographie renseigne mal, ne donne pas les teintes, ne pénètre pas dans les profondeurs des tissus. Et je me demande quelle garantie l'écharpe du commissaire ou le chapeau du gendarme nous donneraient de plus?

— Mais ce fait est ancien; nous ne pouvons recommencer cette information, je voudrais voir un fait récent.

— Je serai heureux de vous le montrer, s'il vient à se produire. »

La seconde malade était une poitrinaire, *Marie Lebranchu*, rue Championnet, 172, Paris. Longtemps soignée à l'Hôtel-Dieu, elle sortait de l'hôpital franco-néerlandais.

Le médecin, le Dr Marquezy, constatait dans son certificat qu'elle était atteinte de tuberculose pulmonaire avec ramollissement et cavernes; à l'Hôtel-Dieu, du reste, on avait trouvé dans ses crachats du bacille de Koch.

Elle était alitée depuis plusieurs mois, avait perdu 48 livres de son poids, remplissait chaque jour un crachoir, et toussait constamment. Elle venait, après sa première immersion, nous faire constater sa guérison. L'auscultation la plus minutieuse, pratiquée par les médecins présents au bureau, ne permet de constater ni souffle, ni râles; plus de matité, plus de toux, plus de crachats. Une modification instantanée et complète s'est produite dans l'état de ses poumons.

« Je trouve l'œil de cette femme bien brillant, nous dit Zola.

— Il n'est pas étonnant, lui dis-je, que sa joie se reflète sur son visage; si nous avions été plongés mourants dans la piscine et si nous en sortions guéris, nous contiendrions difficilement notre émotion.

— Je ne crois guère à la démonstration des miracles pour les maladies internes. Là, on n'y voit pas clair, et les médecins eux-mêmes se trompent souvent. »

M. Zola nous expose sa foi en la médecine, elle est des plus limitées, et nous n'avons pas en lui un adepte convaincu.

« Mais, tout n'est pas conjectural dans notre art, lui dis-je; la guérison d'une maladie de poitrine peut être démontrée presque avec la même évidence que la guérison d'une plaie.

Quand le poumon a la matité d'une planche, quand on a tous les signes d'une caverne, quand on voit un malade avec les yeux caves, la voix éteinte et cette physionomie si caractéristique des dernières périodes, il est à peine besoin d'être médecin : le premier venu lit sur sa physionomie le nom de sa maladie. Du reste, cette femme habite Paris, vous pouvez la revoir, la faire ausculter à son retour, faire prendre son observation dans les hôpitaux où elle a été soignée.

— Mais je n'ai pas besoin de tant de faits, nous dit M. Zola, un seul me suffit. La guérison instantanée d'une égratignure peut avoir la même force de démonstration que celle d'une plaie profonde. »

« N'êtes-vous ici que des convaincus ? nous dit M. Zola.

— Loin de là, le plus grand nombre de nos confrères sont, ici, sans conviction arrêtée ; ils veulent voir et ils réservent au moins leur adhésion. » Je lui nomme même quelques médecins parmi nous qui sont réfractaires à toute idée de surnaturel et de miracle.

M. Zola est venu nous voir une seconde fois. j'étais à peu près seul à ce moment. Il revint sur le fait de Clémentine Trouvé, qui le préoccupe particulièrement.

« Connaissez-vous son médecin?

— Personnellement, non ; mais je sais que ce n'est pas un convaincu. Il a dit bien haut : *Que ce soit le diable ou le bon Dieu qui ait guéri cette enfant, ça m'est égal; mais la vérité est qu'elle est guérie.*

— Je voudrais que vos enquêtes fussent plus complètes.

— A Paris, lui dis-je, nous avons une Commission de 15 médecins, présidée par un médecin des hôpitaux, qui examine tous les malades avant leur départ, délivre des certificats détaillés : les dossiers qui nous arrivent à Lourdes sont très complets, je voudrais que tous nos maîtres vinssent ici pour voir comment nous procédons.

— Ils ne viendront pas, nous dit M. Zola ; leur passé, leurs écrits, leur situation, tout les retient loin de vous et les retiendra longtemps encore.

— Reconnaissez que nous procédons avec une entière sincérité et qu'on ne peut mettre en doute notre bonne foi

— Je l'admets, nous dit-il, mais je voudrais plus de précautions.

Enfin, ajoute M. Zola, vous avez dit dans votre *Histoire de Lourdes* que vous aviez mis quatre ans pour voir un miracle; donnez-moi huit jours.

— Je vous en accorde quinze, si vous voulez.

— Je suis très surmené, nous dit M. Zola. Tout le jour, je vais des piscines aux processions, j'étudie, j'examine, et le soir, jusqu'à une heure avancée de la nuit, je dois classer mes notes. Je vous quitte, mais je reviendrai vous voir. Je veux assister seul à une de vos enquêtes et pouvoir me rendre mieux compte de votre façon de procéder. »

M. Zola n'est pas revenu, le temps lui fait défaut. Son scepticisme médical le rend très méfiant à notre endroit; il s'arrête à des objections de détail et qui sont loin d'avoir la même valeur. Il n'est pas avec nous sur son terrain. Cependant, s'il veut que les miracles soient constatés scientifiquement, il doit admettre, en principe, que les médecins sont surtout compétents en la matière, et que l'on ne peut mettre en doute les données les plus incontestées de notre art. On ne peut nous refuser de connaître une maladie de poitrine à sa dernière période et de marquer, dans chaque maladie, ce qui paraît dépasser les forces de la nature.

La visite de M. Zola dans le bureau des médecins de Lourdes pourra, malgré ses réserves et ses principes qui le retiennent loin de nous, attirer ici un plus grand nombre de médecins, nous aider à mettre au grand jour et en pleine lumière les résultats que nous constatons. On verra qu'à côté des questions de foi et d'enthousiasme, il s'édifie une œuvre de critique sérieuse et scientifique, faite sous les yeux d'hommes compétents. Mieux encore que dans le passé, l'on saura que la porte de notre bureau est ouverte à tous les médecins, à tous les savants.

RÉSUMÉ ET CONCLUSIONS

Bernadette et sa mission. — Faiblesse de l'instrument. — Grandeur du résultat. — Les médecins à Lourdes. — Principales objections. — Clinique pendant les pèlerinages. — Les archives, bulletin officiel de l'œuvre. — Encore le surnaturel dans notre siècle.

Nous avons démontré, dans la première partie de notre récit, que les visions de Bernadette ne furent le résultat ni d'un trouble de ses sens, ni d'une maladie de son esprit.

Une enfant de quatorze ans, une bergère ignorante ne pouvait, sans préparation, sans culture, faire entendre au monde de si hauts et si graves enseignements, proclamer le dogme à peine connu de l'Immaculée Conception, nous laisser l'image de cette Vierge idéale, que le génie des plus grands maîtres n'avait pas entrevue.

Pour jouer un tel rôle, il fallait plus que l'esprit borné de la fille du meunier Soubirous. Pour subir, pendant plus de vingt ans, le choc de toutes les contradictions, il fallait une volonté ferme au-dessus de toute défaillance, il fallait un mobile, un but bien défini. Pour remplir le monde de ces retentissants échos, la parole de cette enfant ne pouvait avoir une portée suffisante.

L'hallucination et la folie auraient-elles pu jeter devant ses yeux, comme dans un rêve, l'image de sa Vierge, et faire entendre à ses oreilles ces colloques mystérieux dont elle comprenait à peine le sens ? L'hallucination et la folie ne donnent ni le talent ni le génie. Devant son esprit troublé, les visions, les pensées de son enfance devaient seules se réveiller. Un malade ne reproduit pas un tableau de Raphaël, s'il ne l'a jamais vu ; il ne récite pas des poésies du Tasse s'il ne les a jamais apprises. L'esprit de Bernadette ne pouvait s'élever à la hauteur d'un programme divin, convier le monde à la pénitence, décrire avec cette méthode, cette sûreté, une Vierge dont aucune image n'avait pu lui donner le modèle.

Entre la cause et les effets, entre l'instrument et les résultats, il y a une disproportion qu'aucune théorie ne saurait combler.

Dès la quatrième apparition, un médecin est auprès de Bernadette. Il s'attache à ses pas, il ne la quittera plus. Il est incrédule, mais il rend hommage à la bonne foi, à la sincérité de l'enfant. Il discute, il écarte toutes les objections que l'on élève. Désormais, il n'y aura pas une heure dans la vie de Bernadette qui puisse échapper à la critique, à l'examen. Jamais âme d'enfant n'a été disséquée de la sorte.

Diday, Voisin, affirment qu'elle est hallucinée ; mais ils ne la connaissent pas ; ils ne l'ont jamais vue. Le Dr Robert, qui la voit chaque jour, déclare que c'est une femme simple, modeste et d'un rare bon sens.

Les premières guérisons qui se produisent autour de la Grotte viennent donner une confirmation éclatante aux paroles de Bernadette.

Tous les médecins des malades deviennent les témoins et les juges des modifications obtenues. Ainsi commence cette grande enquête qui se continue jusqu'à nos jours.

Nous avons le nom des malades, le nom des confrères appelés en consultation ; et, depuis trente ans, pas une protestation sérieuse ne s'est élevée. Du moins aucune contre-enquête n'a été tentée. Les faits, qui ont reçu la consécration du temps, qui sont appuyés par des documents sérieux, sont restés indiscutés.

Qu'il y a loin de là, disions-nous, à une œuvre de pur enthousiasme, sans moyens de contrôle ou de discussion !

L'histoire de Lourdes a été écrite en entier par des médecins. Devant cette série de témoignages qui s'étagent en se prêtant un mutuel appui, la négation ne suffit plus.

On a d'abord souri avec indifférence ; on a détourné la tête. C'est une fable, a-t-on dit. C'est une suggestion grossière. Ce sont des enfants, des malades, des foules que leur foi soulève et égare. Mais voilà que des hommes sérieux, des savants, des médecins sont entraînés à leur tour. C'est donc une folie collective ?

Non, tout le monde s'est trompé, il y a quelque chose dans ces affirmations répétées. La bonne foi est indiscutable ; ce n'est plus qu'une question de point de vue à redresser entre des gens également honorables, également instruits.

L'hypnotisme et la suggestion vont nous permettre de conclure une trêve et de donner satisfaction à toutes les affirmations. Convaincus et incrédules vont pouvoir se tendre la main. Avec l'École de Nancy, toutes ces guérisons merveilleuses sont des phénomènes nerveux méconnus. Elles sont l'effet d'une immense suggestion.

Mais cette suggestion qui nous a tous fait rêver, qui semblait nous ouvrir des horizons sans limites, commence à se ranger dans des limites précises et dans des lois bien connues. Nous savons qu'elle efface des troubles nerveux, mais qu'elle ne peut guérir en un instant une plaie profonde, restaurer un tissu détruit, enlever les tubercules de nos poumons. Et voilà que nous trouvons à Lourdes plaies et tumeurs qui s'effacent, poitrinaires qui ressuscitent, cancers qui disparaissent, maladies organiques de tout genre qui s'évanouissent, comme une douleur fugace.

Nous notons à peine les maladies nerveuses qui devraient occuper une si grande place dans les résultats obtenus.

Au milieu de ces foules innombrables, des effets de suggestion d'une puissance inouïe restent sans influence sur les guérisons. Ni les immersions répétées, ni les efforts soutenus de la volonté ne peuvent les assurer; elles se produisent en dehors de toutes les règles, à l'aller, au retour, sur des enfants inconscients, alors que les malades n'osent plus les attendre ou les espérer. *Le programme de ces guérisons n'est pas écrit de main d'homme.*

En vérité, les négateurs obstinés étaient de plus redoutables adversaires, plus difficiles à convaincre. Les suggestionnistes, en voulant préciser leurs objections, nous offrent un terrain de choix pour les réfuter. Si la suggestion est seule en cause, nous ne pouvons obtenir mieux que M. Charcot à la Salpêtrière, M. Bernheim à Nancy. Cependant, voilà que les maladies les plus rebelles, celles qui ont résisté aux soins des maîtres les plus éminents, ne semblent être qu'un jeu sous le souffle de cette puissance mystérieuse qui se révèle chaque jour à Lourdes.

Voilà trente poitrinaires qui figureraient avec honneur dans une statistique de Koch; voilà des malheureux depuis huit ou dix ans couchés dans nos hôpitaux, qui se relèvent et ne retombent plus. Avouons-le, ces résultats ne sont pas à notre portée. Médecins de toute école et de toute doctrine, reconnaissons dans ces événements des manifestations qui nous sont inconnues, que nous ne pouvons reproduire, qui échappent à toutes nos interprétations.

Disons avec Bernheim : Les faits existent, toutes ces observations ont été recueillies par des hommes honorables. Quant à l'interprétation, si nous voulons la connaître, étudions les faits, non pas à distance, en choisissant les exemples favorables à notre thèse, en écartant les autres; mais, imitons les confrères qui nous ont précédés.

Comme eux peut-être, nous trouverons, dans les malades de notre clientèle, une de ces guérisons que notre science ne pourra expliquer. Mais certainement, dans le grand nombre de faits qui ont été publiés, il nous sera facile de trouver tous les éléments d'une sérieuse enquête.

Le corps médical est engagé trop complètement dans ce grand débat, pour qu'il soit possible de fuir une solution qui s'impose. Ce n'est plus à des enfants, à des femmes, à des ignorants, à des abusés qu'il s'agit de répondre. C'est à des amis, à des confrères, à des hommes d'un talent, d'une expérience reconnus, et dont la probité ne fait doute pour personne. Nous avons vu qu'il y avait à Lourdes un bureau de médecins, une clinique véritable pendant les pèlerinages.

Lourdes a, de plus, ses archives.

Les missionnaires ne se sont pas contentés de graver sur la pierre et le marbre l'histoire de ces événements merveilleux, d'élever ces magnifiques basiliques qui continuent les plus belles traditions de l'art chrétien; dans un recueil mensuel et dans un journal hebdomadaire, ils ont conservé le récit des événements accomplis depuis plus de trente ans.

Avec les *Annales*, on peut reconstituer toute l'histoire de Lourdes. On trouve là non seulement le résumé des guérisons, les certificats des médecins, mais tous les progrès de ce mouvement inouï pour notre âge, qui commence auprès de la Grotte, en 1858, et s'étend bientôt dans le monde entier.

Quand l'homme veut interpréter une œuvre divine, il y a des lacunes et des imperfections dans son langage. Nous ne pouvons à notre gré déchirer tous les voiles. Mais, par un travail patient, persévérant, en accumulant les preuves que le temps nous apporte, nous arrivons toujours à la démonstration cherchée.

L'histoire de Lourdes doit se lire dans l'ensemble de ces faits merveilleux qui se prêtent un mutuel appui et forment un bloc inébranlable, à l'abri des vaines disputes et des critiques superficielles.

Sans doute, on peut détacher un exemple, chercher les côtés faibles, les résultats incomplets. On peut, pendant les pèlerinages, relever des affirmations prématurées, des espérances que le temps n'a pas confirmées.

Ce sont des objections de détails qui n'atteignent pas l'œuvre dans son ensemble. Il ne s'agit pas ici d'une question de nombre, mais de doctrine.

On peut relever contre nous toutes les erreurs que l'on voudra. Nous ne saurions prétendre à l'infaillibilité; il nous suffit de démontrer qu'il est un certain nombre de faits qui échappent à toute interprétation scientifique. C'est ce que nous venons de prouver surabondamment, dans le cours de ce travail.

J'ai pu donner à mon raisonnement une forme trop médicale; ma pensée reflète malgré moi l'empreinte de nos traités didactiques ou de nos enseignements cliniques. En comparant les guérisons de Lourdes aux guérisons que nous observons dans notre pratique, je compare des éléments dissemblables.

La clinique de Lourdes ne ressemble pas aux nôtres; nos lois sont dépassées ou violées. Quoique sur ce seuil nos regards ne puissent s'étendre au loin, il y a là matière à un enseignement grave, à une grande leçon, instructive pour le philosophe, pour le chrétien, pour le médecin. Détourner les yeux ne suffit plus; nous sommes une légion d'hommes, de toute condition et de tout état, qui avons vu et observé. Si une erreur de détail est encore possible, une erreur d'ensemble dans les faits et dans les personnes est inadmissible, à moins de renverser les grandes règles de la certitude humaine.

Trente-six ans se sont écoulés depuis les apparitions. Cette parole qui, le 11 février 1858, s'est fait entendre au pied des Pyrénées, a retenti déjà sous les cieux les plus lointains, jusqu'aux extrémités du monde et dans les solitudes les plus ignorées. Il n'est pas un peuple dans l'univers qui ne connaisse, ne bénisse, ou n'implore la Vierge dont Bernadette nous a laissé la ravissante image.

Si nous cherchons la raison ou le secret d'un retentissement aussi rapide, aussi étendu, des considérations d'ordres divers se présentent à notre esprit.

Sans doute, les conditions économiques qui régissent notre époque établissent entre tous les peuples une solidarité jusqu'à nous inconnue.

La pensée vole d'un pôle à l'autre avec la rapidité de l'éclair; avec les chemins de fer, les multitudes se meuvent et se déplacent; l'ère des grands pèlerinages, fermée depuis le moyen âge ou les Croisades, a pu se rouvrir avec des facilités nouvelles.

Nous touchons à ces commotions sociales entrevues par Joseph de Maistre, qui doivent, tout en nous broyant, nous mêler et nous fondre. Nous ne vivons plus isolés, inconnus les uns aux autres; toutes les grandes pensées, tous les grands mouvements retentissent dans le monde entier. L'humanité semble vivre d'une seule et même vie, et les peuples, comme les organes divers d'un même organisme, subissent les impressions et le choc de tous les courants qui agitent l'atmosphère.

Cependant, si telle est la raison matérielle de ces grands ébranlements, l'heure n'en est pas moins à Dieu. Il faut remonter jusqu'à lui pour trouver le secret et des merveilles qui ont apparu, et des grands résultats qui ont été atteints en quelques années.

Il y a trente ans, l'œuvre de Lourdes était bien modeste. Elle s'affirmait péniblement au milieu d'obstacles, de difficultés de tout genre; les puissances de la terre étaient coalisées contre elle, et la parole d'une enfant faisait seule écho à la voix descendue du ciel.

Depuis, que de chemin parcouru! Le miracle croît et se développe chaque année; on ne peut plus compter ceux qui rendent témoignage aux apparitions. Y eut-il jamais affirmation plus solennelle des manifestations surnaturelles? Dans ces lieux autrefois déserts, aujourd'hui célèbres, la raison rend les armes à la foi, la science confesse sa faiblesse et son néant.

Les médecins hostiles, sceptiques ou railleurs, vaincus par l'évidence des faits, sont venus, oubliant théories ou doctrines, rendre hommage à la vérité.

Certes, les œuvres de Dieu sont inimitables, elles ont toutes le même caractère de grandeur; cependant, je cherche vainement dans le passé, je ne trouve pas d'exemple pareil.

Une Vierge radieuse, blanche madone, idéale vision d'un monde supérieur, apparaît à Lourdes; elle dispense à pleines mains les faveurs célestes, elle déchire les nues sur notre tête, pour nous transmettre les ordres du Très-Haut et nous confier le secret de ses prérogatives les plus chères. Nous la reconnaissons à ses bienfaits mieux encore qu'à ses paroles; elle guérit nos souffrances physiques pour atteindre plus sûrement nos cœurs et réveiller nos âmes.

Ces appels réitérés d'un amour maternel, ces accents célestes ébranlent le monde entier et nous donnent, au milieu des plus sombres jours, des gages de surnaturelles et d'invincibles espérances.

TABLE DES MATIÈRES

LIVRE PREMIER

PRÉFACE..

CHAPITRE PREMIER

HISTOIRE ET LÉGENDE

Les historiens de Lourdes. — Incrédules et croyants. — Les maladies et les guérisons. — Grâces et miracles. — Les maladies organiques et les maladies nerveuses. — Chacun écrit à sa guise l'histoire de Lourdes. — Les erreurs inévitables.................. 1

CHAPITRE II

PREMIERS TÉMOINS DE LOURDES

Les médecins, premiers témoins des événements de Lourdes. — L'histoire de Lourdes repose sur une base scientifique. — Bernadette. — Les médecins étudient son état mental. — Leurs appréciations contradictoires. — Encore le surnaturel dans notre siècle. — Division du sujet.. 13

CHAPITRE III

LES APPARITIONS

Les deux premières apparitions. — La description de la Vierge. — La quinzaine. — L'extase. — Les appels irrésistibles. — Les visions font défaut. — Résumé de la quinzaine. — L'apparition du 25 mars. — « Je suis l'Immaculée Conception ! »............ 19

CHAPITRE IV

BERNADETTE — LES PERSÉCUTIONS

Bernadette après les apparitions. — Objet de la curiosité générale. — Elle répète son récit devant des milliers de témoins. — Sa pauvreté. — Son désintéressement. — Les persécutions. — Le commissaire. — M. Estrade. — Le procureur. — Le curé de Lourdes.. 38

CHAPITRE V

BERNADETTE EN PRÉSENCE DES MÉDECINS

Les médecins de Lourdes. — Dozous se sépare de ses collègues. — Le miracle du cierge. — Le rapport des médecins. — Ils parlent d'hallucination et d'extase. — Ils écartent la folie.......... 48

CHAPITRE VI

BERNADETTE EN PRÉSENCE DES MÉDECINS
(Suite.)

L'hallucination et le D' Diday. — Insinuations et rapprochements fantaisistes. — L'hallucination scientifique. — Ses principes et ses lois. — Historien et sculpteur. — La Vierge, ses paroles, ses ordres. — Faiblesse de l'instrument, grandeur du résultat. — L'hallucination chez les grands personnages. — Raison et folie. — Le D' Voisin... 55

CHAPITRE VII

BERNADETTE EN PRÉSENCE DES MÉDECINS
(Suite.)

Le D' Voisin affirme qu'elle est enfermée dans un asile d'aliénés. — On lui donne la preuve de son erreur. — Il refuse de se rétracter. — Le D' Robert Saint-Cyr déclare que Bernadette est un modèle de raison. — Le D' Voisin n'a jamais vu Bernadette. — Le D' Robert Saint-Cyr la voit chaque jour pendant les dix dernières années de sa vie. — Dozous et Balencie. — Les médecins de Lourdes et les médecins étrangers. — Bernadette et Jeanne d'Arc.................................... 69

LIVRE II

CHAPITRE PREMIER

LES PREMIÈRES GUÉRISONS

Les guérisons surnaturelles confirmant la réalité des apparitions. — Louis Bouriette et le D¹ Dozous. — La Commission d'enquête et le D¹ Vergez. — Blaisette Soupenne, blépharite. — Bouhohorts, atrepsie. — Henri Busquet, plaie lymphatique. — Théorie de la formation des tissus. — Le D¹ Diday cherche une explication naturelle. — Son embarras. — Ses distinctions subtiles. — Maladies organiques et maladies nerveuses. — Le D¹ Diday reconnaît que ces guérisons dépassent la portée des moyens naturels. — L'eau de Lourdes. — Son analyse. — L'hypnotisme. — D¹ Vergez.. 87

CHAPITRE II

APERÇU GÉNÉRAL SUR LES GUÉRISONS DE LOURDES

Trois grandes divisions 1° Les tumeurs et les plaies. — M™ Montagnon, hydropique : le D¹ Chétail. — Pierre de Rudder, jambe cassée, instantanément soudée après huit ans. — Marie Marcellin, tumeur volumineuse : le D¹ Audibert. — 2° Les maladies organiques. — M™ Poupel, phtisique et le professeur Regnault, de Rennes. — M™ de Laverrie et le D¹ Jouon, de Nantes. — 3° Troubles fonctionnels et maladies nerveuses. — Les poitrinaires. — Chouat, paralysie. — James Tombridge, mal de Pott. — Marie Souchet, ulcère de l'estomac.................................. 13

CHAPITRE III

LES CERTIFICATS MÉDICAUX

Les médecins refusent de constater les guérisons, de constater les maladies, de prononcer le nom de Lourdes. — Constantin James et Charcot. — Certificats contradictoires, de complaisance. — La prudence des médecins de Lourdes.............................. 122

LIVRE III

CHAPITRE PREMIER

LES ANNALES — PRINCIPALES GUÉRISONS

De 1868 à 1871. — Le P. Hermann; glaucome. — Mme Clotilde de La Rivière, poitrinaire. — Macary François, ulcère variqueux. — Hanquet, de Liège, maladie de la moelle. — Dr Béraud. — — Lourdes pendant la guerre. — De Verthamon. — Général de Sonis.. 135

CHAPITRE II

1872 — ANNÉES DES GRANDS PÈLERINAGES, DES NOMBREUSES GUÉRISONS

Léonie Charton, mal de Pott ; Dr Gagniard. — Caral, cancer : Dr Estrémé de Castillon. — Aurélie Bruneau, sourde et muette : Dr de Lamardelle, Poitiers. — Mme Gilbert : Dr Fabre, de Marseille. — Louise Delpon, paralytique ; Dr Chrestien. — Rachitisme ; Dr Masurel. — Tumeur blanche ; Dr Moreau. — Louis Veuillot.. 152

CHAPITRE III

1872-73-74.

Caroline Esserteau. — Mme Ancelin et le Dr Thibault, de Nantes. — Mme de Lamberterie. — Les médecins de la Corrèze et du Lot. — Coxalgie, par le Dr Galisson. — Les trois médecins de Milhau.. 164

CHAPITRE IV

1875. — PIERRE DE RUDDER

Une jambe cassée et non soudée depuis huit ans. — Sa soudure instantanée. — Les témoignages. — Une dernière enquête par le Dr Royer, de Belgique, faite dix-huit ans après la guérison. — Pas un doute n'est formulé.. 171

CHAPITRE V

1878-1882.

Carie costale : D' Cochet, d'Avranches. — Lucie Fraiture, plaie : D' Sarret. — D' Constantin James à Lourdes. — Cancer du sein : D' Martel. — Tumeur blanche : D' Cottin. — Joachime Dehant : D' Froidbise. — Les théories et les faits. — Les médecins protestants en présence des guérisons de Lourdes..... 193

CHAPITRE VI

1883-1885.

Notre-Dame de Lourdes en Belgique. — A Constantinople. — Principales guérisons. — M. le Cte de Mun à Lourdes. — Les cercles catholiques d'ouvriers. — Carie et tumeur blanche... 215

CHAPITRE VII

L'HISTOIRE DE LOURDES ÉCRITE PAR LES MÉDECINS

Les théories et les faits. — Trois cents certificats de guérisons. — Motifs d'incrédulité, motifs de certitude. — Les malades de la Salpêtrière. — Moyens de contrôle............................ 223

LIVRE IV

CHAPITRE PREMIER

BUREAU DES CONSTATATIONS

Le bureau des médecins. — Sa composition. — Son organisation. — Les médecins viennent chaque année plus nombreux. Pendant les mois d'août et septembre, nous avons eu 150 médecins et 4 à 5000 malades. — Certificats et photographie. — Premiers procès-verbaux de guérisons. — Leurs avantages. — Les missionnaires de Lourdes et les religieux de l'Assomption écrivent sous la dictée des médecins. — Ils ne sont pas responsables des erreurs inévitables. — Le programme des guérisons n'est pas écrit de main d'homme. — Un médecin protestant assiste à nos enquêtes. — Le pèlerinage national. — La moyenne des guérisons de chaque année................................... 235

CHAPITRE II

COMMENT ON CONSTATE UN MIRACLE

La femme à l'aiguille. — Le miracle ne se voit pas comme un tableau, comme un décor. — C'est l'esprit qui juge et non l'œil qui voit. — Encore la photographie. — Une dernière enquête sur Joachime Dehant. — Marie Lemarchand, la malade au lupus. — Les témoignages.. 260

CHAPITRE III

LES POITRINAIRES A LOURDES

L'imagination et le miracle. — Impuissance de la suggestion. — Les poitrinaires pendant le pèlerinage national de 1890......... 283

CHAPITRE IV

GUÉRISON DE SŒUR JULIENNE, DU MONASTÈRE DE SAINTE-URSULE DE BRIVE LE 2 SEPTEMBRE 1889

Poitrinaire au dernier degré. — Transportée mourante à Lourdes. — Guérison instantanée dans la piscine. — Six médecins ont constaté la maladie. — Sept médecins ont constaté la guérison. 287

CHAPITRE V

LES POITRINAIRES
(Suite.)

Guérison d'une de mes malades à Lourdes, au mois d'août 1889. — Ces guérisons sont contraires à toutes les lois physiologiques. — Jeanne Gasteau : mal de Pott. — Notre-Dame des Victoires envoie ses malades à Lourdes... 303

CHAPITRE VI

PLAIES ET TUMEURS — CANCERS

M⁻ᵉ Drossin et Marie Moreau, cancers du sein. — Amélie Chagnon, plaie et carie du pied, tumeur blanche du genou. — Sa guérison instantanée, le 21 août 1891. — Guérison de Mˡˡᵉ Gatté, fille du Dʳ Gatté, ostéite ancienne. — Élise Lesage, tumeur blanche du genou. — Le Dʳ de Saint-Germain.................... 323

CHAPITRE VII

MALADIES DE L'ESTOMAC

Ulcère de l'estomac ; Marie Jarland; D' Nave, D' Sarrazin. — Sœur Hubertine. — D' Klein. — D' Semal............ 357

CHAPITRE VIII

MALADIES DES YEUX

M. Henri Lasserre : rétinite. — Kératite diffuse. — Décollement des deux rétines. Vion-Dury. Sa guérison discutée à la Société d'ophtalmologie par un protestant et présentée comme un fait unique dans la science........................ 368

CHAPITRE IX

PARALYSIES

Ataxie. — M. l'abbé Sommois ; la maladie dure depuis treize ans, la guérison est instantanée. — Malade de Charcot. — Pierre Delannoy. — Guérison d'une paralysie par apoplexie cérébrale, D' Hélot, de Bolbec. — Lucie et Charlotte Renauld, paralysie infantile chez l'adulte. — Mme Gimard, paralysée depuis dix-sept ans, création instantanée des tissus détruits......... 378

CHAPITRE X

LES MALADIES NERVEUSES A LOURDES

Les maladies nerveuses de Lourdes ne ressemblent pas aux maladies nerveuses que l'on observe dans les hôpitaux. — Elles sont souvent compliquées de lésions organiques. — Une femme nerveuse peut se casser une jambe. — Guérison d'une de nos clientes, inutilement traitée par les maîtres de la science pendant quinze ans. — Mme Marguerite Savoye. — Résurrection d'un agonisant.................................... 284

CHAPITRE XI

LES MALADIES NERVEUSES A LOURDES

Le miracle expérimental et les guérisons de Lourdes. — Céleste Mériel, depuis sept ans à la Salpêtrière : sa guérison dans la piscine. — Une morphinomane inutilement traitée pendant deux ans; sa guérison à Lourdes. — Eugénie Bron......

CHAPITRE XII

HYPNOTISME, SUGGESTION ET MIRACLE

Il y a à Lourdes des entraînements d'une puissance inouïe. — Ils sont sans effet sur les guérisons. — Hypnotisme veut dire sommeil. — A Lourdes, personne ne dort. — Contrefaçon de Lourdes.. 403.

CHAPITRE XIII

LE MÉDECIN CATHOLIQUE DE NOS JOURS — LES INCRÉDULES

La Faculté de Lille. — La Société de Saint-Luc. — La clinique de Lourdes. — Les incrédules. — Objections des hommes de science : Charcot ; des hommes de lettres : Zola............... 422

RÉSUMÉ ET CONCLUSIONS

Bernadette et sa mission. — Faiblesse de l'instrument. — Grandeur du résultat. — Les médecins à Lourdes. — Principales objections. — Clinique pendant les pèlerinages. — Les archives, bulletin officiel de l'œuvre. — Encore le surnaturel dans notre siècle.. 493

FIN DE LA TABLE DES MATIÈRES

TABLE DES NOMS CITÉS

A

ADOLPHE (Frère), 440, 441.
ALLÈGRE (Dr), 229.
ARNOULD (Dr), 229.
ASSOMPTION (Les Pères de l'), 245, 246, 249.
ANGELIN (Mme), 166.
ARTUS, 70, 71, 72, 73, 102.
AUDIBERT (Dr), 114, 227, 331.
AUMONT (Dr), 410.

B

BACON, 99.
BALENCIE (Dr), 74, 75.
BALL (Dr), 392.
BARESSAUD (Berthe), 246, 247, 248, 500.
BELUZE, 472.
BERNET (Dr), 229.
BERNHEIM (Dr), 103, 283, 460, 468, 499, 500.
BLAVIGNAC, 417.
BLEYNIE (Dr), 229.
BONJEAN, 283.
BONNEFIN (Dr), 307.
BOCHOROTS, 65.
BOUBIETTE, 90, 91, 92, 95, 99, 101.
BRIERRE DE BOISMONT (Dr), 57, 59, 60.
BROCA, 70.
BROCHIN (Dr), 345, 347.
BRON (Eugénie), 455, 457.
BUCHMANN (Abbé), 210.
BRUN (Dr), 229.

BRUNEAU (Aurélie), 158.
BUGUOY (Dr), 229, 392.
BUCHASAM (Dr), 228.
BUSQUET (Henri), 97, 100.
BUTY (Dr), 410.

C

CAISSO (Dr), 228.
Cancer, 159, 199, 247, 323, 324.
CARRIER (Dr), 440, 442.
CAUSSADE (Dr), 410.
CAZEAUX (Femme), 100.
CHABOT (Mme de), 322.
CHAGNON (Amélie), 324, 326, 334, 335, 336, 337, 341, 356, 485.
CHARCOT (Dr), 103, 104, 128, 260, 378, 391, 392, 393, 411, 447, 449, 480, 481, 482, 483, 486, 499.
CHARRUAU (Dr), 228.
COTIN (Dr), 200.
CHATEAUBOURG (Dr), 315.
CHÉTAIL (Dr), 113, 114, 229.
CHRESTIEN (Dr), 227.
CHRISTIAN (Dr), 61, 62, 223.
COCHET (Dr), 194, 229.
COIRIN (Mlle), 260, 483.
COUPEL (Mme), 117.
COURTY (Dr), 425, 426, 429.

D

DAMOISEAU (Dr), 73.
DAUCHEZ (Dr), 424.
DEHANT (Joachime), 267, 268, 269, 270, 271, 272, 273, 274, 275, 276, 277, 278, 323, 324, 484, 486.

Delannoy (Pierre), 228, 391, 392, 393, 394.
Delbeup, 460.
Delechamp (Dr), 398.
Delmas (Dr), 414, 416.
Desmarres (Dr), 369.
Deploige, 268, 269, 271, 272, 273, 274, 277.
Devos (Mme Adélaïde), 274.
Dezanneau (Dr), 472.
Diday (Dr), 3, 56, 58, 67, 89, 103, 104, 469, 497.
Differe (Dr), 228.
Donato, 469.
Doucelin (Augustine), 428.
Dor (Dr), 372, 376, 377.
Dorval (Mme), 267, 275.
Dozous (Dr), 14, 18, 48, 49, 51, 74, 90, 120, 240.
Drossin (Mr), 323.
Drumont, 2.
Dubois (Célestine), 261, 422.
Dufour (Dr), 372.
Dujardin-Beaumetz (Dr), 392.
Duponchel, 294.
Dupont (Dr), 329, 333, 335, 338.
Dupuy (Dr), 410.
Durand-Fardel (Dr), 392.
Dutour, 40.
Duval (Mr), 200.

E

Empis (Dr), 392.
Esserteau (Caroline), 165.
Estomac (Maladies de l'), 120, 338, 360.
Estrade, 20, 27, 30, 45, 49.
Etcheverry, 445.

F

Fabisch (Dr), 62.
Fabre (Dr), 225, 227, 572.
Fabret (Dr), 440.
Ferrrol (Dr), 392.

Ferry (Célina), 438.
Filhol, 103.
Forest (Dr), 263.
Fouré (Mme), 394, 395.
Fractures, 171 à 211.
Froidbise (Dr), 201, 266, 269.

G

Gaffié (Dr), 343, 344, 346.
Gaillard (Dr), 329, 335, 336.
Gallard (Dr), 392.
Gasteau (Jeanne), 312, 317.
Gerin-Rose (Dr), 392.
Girard (Mme), 31, 411 à 421.
Giraud-Teulon (Dr), 369.
Gordet (Mr), 245.
Gouzot (Mr), 417.
Gouzot, curé, 287.
Grimaud (Dr), 229.
Gros (Dr), 239.
Guichard (Dr), 436, 437.
Guilmin (Abbé), 404.

H

Hallucination, 83 et suivantes.
Hanquet, de Liège, 145 à 152.
Head Henri (Dr), 254.
Hélot (Dr).
Hermann, 369.
Hoffmann, 59.
Hommes (Dr d'), 278, 279, 280, 281.
Hubertine (Sœur), 365, 366, 367.
Hydropisie, 113, 114, 164.
Hypnotisme, 103, 104, 404, 421.
Hystérie, 103, 104, 105, 424.

J

James Constantin (Dr), 128, 196, 229.
Jarland (Marie), 357, 360, 361.
Jean-Baptiste (Sœur) de Jésus, 372.
Jobert de Lamballe (Dr), 425.
Joron (Dr), 228.

TABLE DES NOMS CITÉS

JULIENNE (Sœur), 286 à 305.

K

KLEIN (Dr), 362.

L

LABBÉ (Dr), 262.
LABOUBLÈNE (Dr), 392.
LAGORCE (Dr), 289, 292.
LALA (Dr), 473.
LAMARDIÈRE (Dr), 329.
LA NÈGLE (Dr), 278, 279.
LASÈGUE (Dr), 55.
LASSERRE (Henri), 1, 34, 56, 58, 59, 101, 115, 369.
LATAPIE (Catherine), 96.
LATAPIE (Marie), 267, 276, 277.
LATAPIE, 274.
LATOUR DE TRIE, 103.
LAVELLE (DE), 357.
LE BÈLE, 228.
LEFEBVRE (Dr), 474.
LEGRAND, 269.
LÉON XIII, 252.
LE MAIGNAN DE LAVERRIE (Mgr), 117.
LEMARCHAND (Marie), 278, 279, 281.
LESAGE (Élise), 347, 350, 356.
LIMMINGHE (C*** de), 271.
LITTRÉ, 78.
LUYS (Dr), 28, 264, 451.

M

MAC GEVEN (Dr), 119, 211.
MAHOL (Dr), 228.
Mal de Pott, 153, 211, 312.
MAISTRE DE (Joseph), 503.
MARCELIN (Marie), 320.
MARFAN (Dr), 292.
MARIQUE (Dr), 210, 228.
MARQUÉZY (Dr), 491.
MARTEL (Dr), 229, 324.
MASCARET (Dr), 229.

MARTIN Henri (Dr), 448.
MAUREL (Dr), 227.
MENNESSIER (Dr), 315, 316.
MESSARD (Dr), 419, 420.
MESSET (Dr), 392.
MÉRIEL (Céleste), 446, 450.
MEURISSE, 217.
MICHAUT, 273.
MICHELET, 83.
Missionnaires de Lourdes, 246.
MONNIER (Dr), 229, 265, 399, 400, 402.
MONTAGNON, 113.
MOREAU (Mme), 105, 324.
MORENO (Garcia), 472.
Morphinomane, 450 à 454.
MORTILLET (DE), 79.
MONNIER (Mme), 328.
MULHER (Mme), 323.
MUN (C*** DE), 221.
MUSTAPHA, 220, 231.

N

NASSANS (Mme), 107.
NAUD (Dr), 416.
NAVE (Dr), 350.
NÉLATON (Dr), 425, 429.
NIVERT (Dr), 402.

P

PALAMINY (Mme DE), 280.
PLAIES, 195, 278, 280, 323, et passim.
Paralysies, 96, 106, 119, 170, 305, 306, 411.
PASTEUR, VI, 16.
PAYAN d'Aix (Dr), 119, 229.
PETIT (Dr), 228, 401, 403.
PEYRAMALE (Abbé), 84.
PEYRAT (Dr), 292, 302.
PICQUET (Constance), 247.
POMAREL (Dr), 229, 289, 292, 293, 298, 301.
POTAIN (Dr), 180.

R

RAIKEM, 271.
RŒDERER (DE), 33.
Rachitisme, 160.
RÉCAMIER (Dr), 247.
REDARD (Dr), 401.
REGNAULD (Dr), 117, 288, 472.
RENAULD (Lucie et Charlotte) 264, 265, 306, 308, 399, 400 à 407.
RENAUT (Dr), 484.
RICARD (Me DE), 332.
RIGAL (Dr), 300, 442.
RIGAUD (Me), 331.
RIZAN DE NAY (Vve), 105, 106, 107, 108, 115, 116.
ROSSIGNOL (Dr), 229.
ROUSSELOT (Dr), 131.
ROUSSET (Dr), 416.
ROYER (Dr), 262 à 277.
RUDDER, 175 et suivantes.
ROZIER (Dr), 306, 307.

S

SAINT-MACLOU (Dr DE), VIII, 117, 122, 233, 298, 302, 307, 444, 445.
SAINT-GERMAIN (Dr DE), 229, 350 à 355.
SAINT-CYR ROBERT (Dr), 74, 77, 78.
SARRET (Dr), 196.
SALINIÈRE (Mme DE LA), 331, 337, 342.
SARRAZIN (Dr), 859.
SAVOYE (Marguerite), 32, 433, 436.
SCHMITZ (Dr), 215, 216.
SÉGUR (Dr), 229.
SÉMAL (Dr), 367.
SEMPÉ (R. P.), VII.
SERRE (Dr), 321.
SONNOIS (Abbé), 379, 381, 382 à 390 et 391.
SOUBIROUS, 497.
SOUCHET (Marie), 120.
SOUPENNE (Blaisette), 94, 95, 100.

Sourds-muets, 158.
SPENCER, 79.

T

TALAMON (Dr), 115, 116.
TEUWENS, 323.
THIBAULT (Dr), 166, 228.
TOINSET (Dr), 228.
THORENS (Dr), 119, 211, 212.
TOMBRIDGE (James), 119, 211, 212.
TROUVÉ (Clémentine), 485, 489, 493.
Tumeurs blanches, 141, 169, 200, 324, 344, 347.
TURINAZ (Mgr), 83.

V

VACHIER (Mlle), 119.
VAN DROMME (Dr), 216.
VANNUTELLI (Mgr), 219.
VELPEAU (Dr), 425, 429.
VERGER (Dr), 16, 18, 78, 96, 105, 111, 112, 113, 120, 127, 211, 225, 228.

V

VERRET, 372.
VEUILLOT (Louis), 163.
VIANA (Joseph), 216.
VIARDIN, 263.
VIAUD, 410.
VILLEDON (Me DE), 328.
VION-DURY (François), 371, 374, 377.
VOGHT (Karl), 79, 93.
VOISIN (Dr), 13, 68, 69, 79, 407.

Y

Yeux, 308 à 327.

Z

ZOLA, 178, 487, 490, 493, 494.

Imprimerie E. PETITHENRY, 8, rue François Ier, Paris.

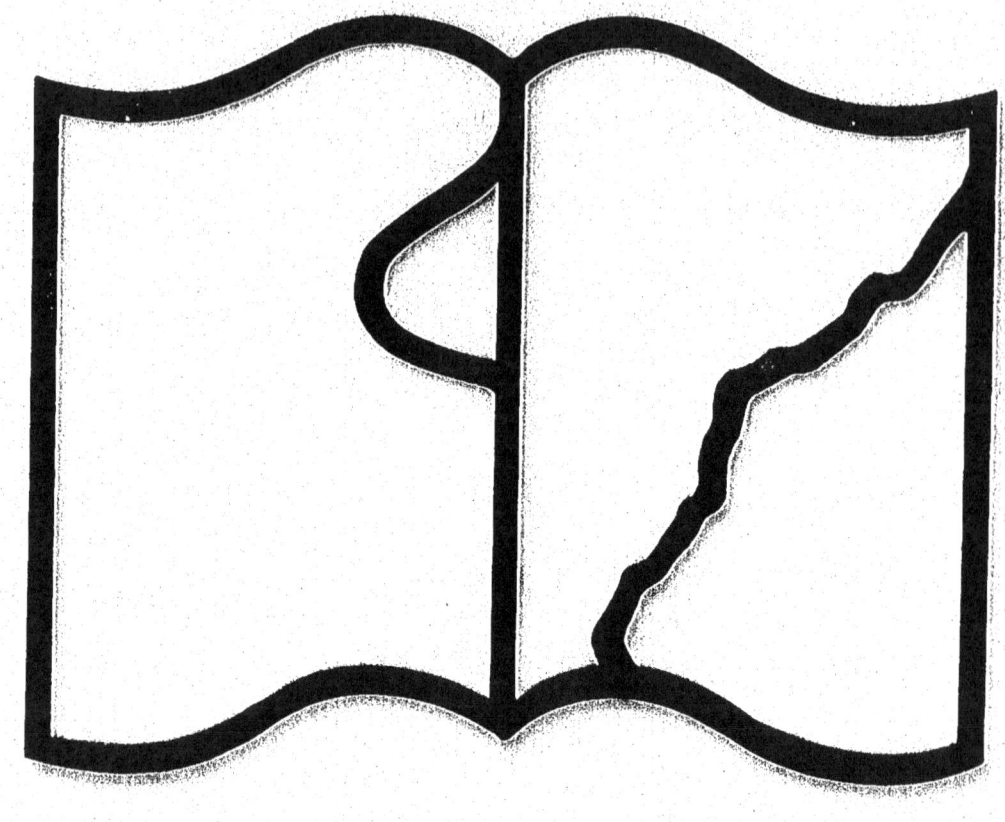

Texte détérioré — reliure défectueuse
NF Z 43-120-11

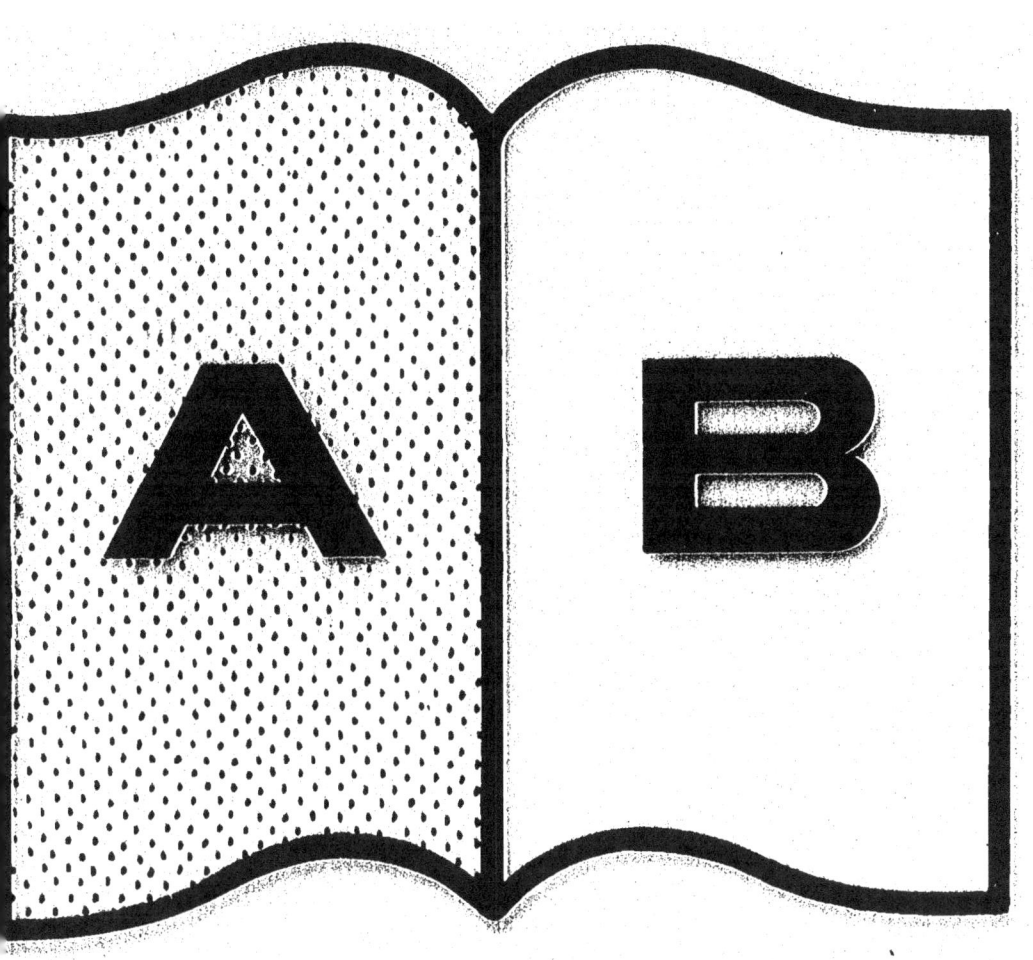

Contraste insuffisant

NF Z 43-120-14

www.ingramcontent.com/pod-product-compliance
Lightning Source LLC
Chambersburg PA
CBHW071936240426
43669CB00048B/1724